Tim Moore

T WIE TROUBLE

Mit Fords Tin Lizzy
durch Trumps Amerika

Tim Moore

T WIE TROUBLE

Mit Fords Tin Lizzy
durch Trumps Amerika

Aus dem Englischen von Olaf Bentkämper

covadonga

Die Originalausgabe dieses Buches erschien unter dem Titel »Another Fine Mess.
Across Trumpland in a Ford Model T« bei Yellow Jersey Press, London.
© Tim Moore, 2018

Gemäß UK Copyright, Designs and Patents Act 1988
ist Tim Moore der Urheber dieses Werkes.

Tim Moore:
T WIE TROUBLE
Mit Fords Tin Lizzy durch Trumps Amerika

Aus dem Englischen von Olaf Bentkämper

© der deutschsprachigen Ausgabe: Covadonga Verlag, 2019
Covadonga Verlag, Spindelstr. 58, D-33604 Bielefeld

ISBN (Print): 978-3-95726-038-3
ISBN (E-Book): 978-3-95726-040-6

Cover-Illustration: Sam Chivers
Übersichtskarte und Illustrationen im Innenteil: Michael A. Hill
Druck: Lensing Druck GmbH & Co. KG, Dortmund

Besuchen Sie uns im Internet: www.covadonga.de

Für M8 und P8

»Keine Blasphemie. Sag ruhig Kacke und Pisse, so viel du willst, aber niemals Jesus Christus oder Allmächtiger. Das meine ich ernst.«

Ross Lillekers spröder Derbyshire-Tonfall hing bedeutungsschwer im strahlend blauen Virginia-Morgen. »Ach ja, und verkneif dir das F-Wort. Das mögen die hier unten nicht besonders.«

Es war der erste Sonntag im Juli und wir standen vor einem großen weißen Haus in den adrett bewaldeten Vororten von Charlottesville. Hinter uns, in einer zart mit Kiefernnadeln bestreuten Einfahrt, stand ein großes, schlankes schwarzes Kraftfahrzeug von beträchtlichem Alter. Es war eine Weile her, wenn auch eine viel zu kurze, seit Ross dieses gebrechliche Relikt rückwärts aus dem zehn Meter langen Anhänger gefahren hatte, an dem er nun, auf dem Weg zu dem riesigen, gedrungenen Pick-up, der ihn gezogen hatte, erneut vorüberging.

»Denk dran, reichlich Wasser zu trinken, man trocknet echt aus, wenn man solche alten Kisten fährt.« Ross hielt an der Tür des Pick-ups inne. 16 Jahre in Texas hatten seinem unverkennbaren Chesterfield-Akzent nicht viel anhaben können. »Schön. Schätze, das war's. Ich bin dann mal weg.«

Dann zwinkerte er mit seinem guten Auge, demjenigen, das er sich nicht vor ein paar Jahren mit einer Nietpistole herausgeballert hatte, ließ den animalischen Dieselmotor an und tuckerte mit seinem kolossalen Sattelzug davon.

Ich sah ihm nach, bis er hinter einer baumbestandenen Bergkuppe verschwand, und lauschte, wie das Dröhnen dann allmählich verklang und mich mit Vogelgesang und dem fernen Brummen eines Rasenmähers zurückließ. Dieser Pick-up war das männlichste Fahrzeug, in dem ich je gesessen hatte, die Rückbank übersät mit fettverschmierten Schraubenschlüsseln und Kisten voller rasselnder Eisenwaren, von denen ich eine auf unserer Nonstop-Fahrt durch die Nacht tapfer als Kopfkissen zu zweckentfremden versucht hatte. Fünfzehn Stunden zuvor hatte Ross mich vor einem Flughafenmotel in Newark, New Jersey, eingesammelt. Bis dorthin war er bereits mehr als 3.000 Kilometer von Texas aus gefahren, wo er etwas südlich von Houston das große, schlanke schwarze Kraftfahrzeug bei dessen Vorbesitzer abgeholt hatte. Dieser Bob Kirk war 93 Jahre alt, ebenso wie das Auto, das er in den letzten 51 davon besessen hatte: ein 1924er Ford Model T Touring, der nun aus weit auseinanderstehenden, chromblitzenden Augen argwöhnisch auf seinen neuen Halter blickte. »Sieht aus, als würde er gleich anfangen zu reden«, hatte meine Frau gesagt, als ich ihr das Foto zeigte, das Ross mir ein paar Wochen zuvor per Mail geschickt hatte. Möglicherweise würde er genau jetzt damit anfangen: »Hey, Charlottesville! Wollte nur sagen, wie sehr ich mich darauf freue, von diesem verweichlichten Inselaffen quer durch das ganze bekackte Land gejagt zu werden. Kacke und Pisse, Freunde, Kacke und Pisse.«

Unsere Reise würde aufgrund eines bürokratischen Missgeschicks hier beginnen. Manche US-Staaten gestatten es Ausländern, Autos anzumelden, andere, sie zu versichern, aber kein einziger gestattet beides. In meiner Verzweiflung hatte ich mich an Miles gewandt, der in dem großen weißen Haus hinter mir wohnte. Miles, der Lebensgefährte meiner amerikanischen Cousine Patricia, hatte zwei entscheidende Fehler gemacht. Der erste war, bei unserer ersten und einzigen Begegnung, im vorigen Sommer in London, ein Interesse für Oldtimer bekundet zu haben. Sein zweiter war, in Virginia zu leben, sehr nahe der Ostküste, meinem geplanten Startpunkt. Jedenfalls hatten Miles' anschließende Taten gutgläubigen Edelmuts ihn geradewegs an die Abgründe leichtfertigen blinden Vertrauens geführt. Ich war es gewesen, der dieses uralte Auto für 14.000 Dollar gekauft hatte, aber vor den Augen des Gesetzes und der Versicherungsgesellschaft GEICO gehörte es ihm. Zu lernen, einen Ford T mit souveräner Sicherheit zu fahren, war ein Prozess, der nach übereinstimmender Meinung ein ganzes Jahr oder rund tausend Meilen erforderte, je nachdem, was zuerst eintrat. Jegliches Malheur während meiner langwierigen Lehrzeit würde tiefgreifende negative Auswirkungen auf Miles' zukünftige Versicherungsperspektiven haben. Und in den Worst-Case-Szenarien, die sich nun reißerisch vor meinem geistigen Auge abspielten, auch auf seine zukünftige Freiheit: ein qualmendes, um eine Bushaltestelle gewickeltes Knäuel alten schwarzen Metalls, unter dem ein Dutzend betagter Beine zuckten; ein großes, schlankes Loch in der Mauer einer Schule.

Wie auch immer, Miles und Patricia waren im Urlaub auf den Bahamas. Ich war von einem halbwüchsigen Neffen ins Haus gelassen worden und mit einem Versicherungsschein und einem Satz Nummernschilder wieder herausgekommen: 286GQ in eckigen Vintage-Lettern, daneben in kleineren Buchstaben der Zusatz »ANTIQUE VEHICLE VA«. Mit trockenen Lippen und flauem Magen beugte ich mich nun hinunter und schraubte sie über Bob Kirks verbeulten Blechschildern an. Hinten, direkt unter dem Ersatzrad, das ans senkrechte Heck des Autos angebracht war, »24FORD TX«. Vorne, hinter der Starterkurbel, die aus dem Kühlergrill herabhing wie ein Thermometer aus dem Mund eines Patienten, sein rühriges Sonderkennzeichen: »Zum Arbeiten zu alt, zum Sterben zu jung, nun sitz' ich hier mit Muttern rum.«

Das feuchte Gras glitzerte, weitere ungesehene Rasenmäher gesellten sich zur Symphonie und ein paar bezopfte Frauen in fliederfarbenen Leibchen und Shorts joggten geschmeidig vorüber. Dieser Sonntag im Tal der Seligen war die Ruhe vor dem Sturm und ich zog ihn mit einer eingehenden Begutachtung meines betagten Schützlings in die Länge. Der alte Herr Kirk hatte offenbar Schneid. Die Drahtspeichenräder waren in einem dunklen Violett lackiert und eingefasst von aufsehenerregenden Weißwandreifen, die dem kleinen Auto etwas vom Anthill Mob aus *Wacky Races* verliehen. Verschnörkelte rote Streifen zierten die Türen und die hervorspringenden vorderen Kotflügel. Die schwarze Lackierung war auf Hochglanz poliert und die außenliegenden Chromscheinwerfer blitzten in der Morgensonne. Ebenso der Ford-Schriftzug, der aus dem Kühlergrill einen kecken Grabstein machte.

Meine Habseligkeiten waren in zwei Reisetaschen verstaut. Ich hievte eine auf den Rücksitz und quetschte die andere in das eiserne Gepäckgitter, das an einem der Trittbretter angebracht war und ein wenig an die Falttüren einen alten Fahrstuhls erinnerte. Dann ging ich langsam um das Auto herum und versuchte, mich der zentralen Punkte – naja, überhaupt irgendwelcher Punkte – der kurzen Anleitung zu erinnern, die Ross mir gegeben hatte, bevor er abgefahren war. Als ein Model-T-Fachmann von Weltruf, der selbst etliche monumentale Touren in Vehikeln dieses Typs bestritten und überlebt hatte, war Ross der kompetenteste Lehrmeister, den ich mir hätte wünschen können. Aber während seiner Ausführungen hatten in meinem Kopf die Kräfte von Erschöpfung und überdrehter Panik miteinander gerungen und ich hatte nur sehr wenig behalten. Irgendetwas da unten drunter musste täglich geölt, etwas hier drüben wöchentlich eingefettet werden. Ich klappte die eine Hälfte der Motorhaube auf und blickte angestrengt auf das gusseiserne, rot gummierte Innenleben. Immerhin war nicht viel drin. Die auffälligste Komponente, eine große, auf den Motor geschraubte Metallkaraffe, war die Hupe. Diese gab ein gewaltiges Ahuga! von sich, ein evokatives nostalgisches Röhren, das mir, wie ich bereits jetzt ahnte, in schweren Zeiten Beistand leisten würde. Unzusammenhängende Fetzen von Ross' Vortrag spulten sinnlos durch meinen Kopf, wie eine verlorene Strophe aus »I am the Walrus«, in der Vokabeln wie Rasenmähervergaser und Bremsbackenstützbolzen wild durcheinandertanzten.

Aufgrund der hinderlichen Präsenz eines aus dem Boden aufragenden Hebels, dessen mannigfache Funktionen ich bald zu erkunden hoffte, hat der Model T keine Fahrertür. In der Touring-Ausführung, wie sie dieses Exemplar verkörperte, gibt es außerdem keine Seiten. Mein Model T war ein dreitüriges aufklappbares Cabriolet, an dem es allerdings nicht viel aufzuklappen gab: Zur Veranschaulichung hatte Ross das eisengerahmte schwarze Segeltuchverdeck zurückgeschlagen, wobei sich aus irgendeiner uralten Falte im Stoff eine verstaubte Sonnenbrille und ein Ohrring lösten. »Sieht nicht so aus, als hätte Bob es oft unten gehabt. Kann ich ihm nicht verdenken, zu dieser Jahreszeit wärst du innerhalb weniger Stunden bei lebendigem Leibe verbrannt.« Wir klappten das Dach wieder hoch und dort beließ ich es fortan auch.

Nun also, mit einem wappnenden Klatschen in die Hände und einem Aufblasen der Backen, entriegelte ich die kleine Metallklappe, die als Beifahrertür diente, stieg auf das Trittbrett und kletterte auf eine Art Chesterfield-Sofa für Arme, das die Sitzbank bildete. Ein bald vertrauter Refrain wurde angestimmt, als ich meinen Platz hinter der senkrechten, geteilten Windschutzscheibe einnahm und meinen Rücken und Hintern in Bob Kirks Holzkugel-Sitzauflage schmiegte. Das behäbige Knarren von Leder und Blattfedern, das sanfte Gluckern des Benzins aus dem 38-Liter-Tank direkt unter mir. Leinwand schürfte meinen Skalp und das hölzerne Lenkrad rieb an meinen Oberschenkeln. Der Model T wies mit geschlossenem Verdeck eine Höhe von mehr als zwei Metern auf, aber die Hälfte davon befand sich unterhalb meiner Füße. Reichlich Bodenfreiheit für die zerfurchten ländlichen Wege, die zu meistern dieses Fahrzeug konzipiert worden war. Das Lenkrad saß mir direkt vor der Brust, und es zu halten, erforderte weit ausgestellte, spitz angewinkelte Ellenbogen. Unten auf dem hölzernen Boden hatten meine Füße Mühe, ein Dickicht aus Pedalen und Hebeln zu bewältigen. Ich saß eine Weile da, mit den Knien am Kinn und gekrümmtem Rücken, eine Haltung, die ich zuletzt bei einem Elternabend einer Grundschule auf einem Kinderstuhl eingenommen hatte. Dies schien mir nicht ganz die optimale Fahrposition für eine transkontinentale Reise zu sein.

Eine letzte Inventur der Informationssysteme meines Model T hielt mich nicht lange auf. Die traditionelle Emphase auf Geschwindigkeit und zurückgelegte Distanz verschmähend, beherbergte das Armaturenbrett eine einzige, zitternde Anzeige, die verriet, ob die Batterie geladen wurde oder nicht. Zu ihrer Linken befanden sich das Zündschloss und der Schalter für die Scheinwerfer. Zu ihrer Rechten eine von Bob Kirks nachträglichen Ergänzungen: ein keckes kleines Thermometer mit einem Kaktus, einer sich aufbäumenden Klapperschlange und dem Wort TEXAS darauf nebst einer dünnen Säule roten Alkohols, derzufolge die Temperatur im Innenraum bereits 85 Grad Fahrenheit, also fast 30 Grad Celsius betrug. Weitere Accessoires von variabler historischer Authentizität waren hier und da verstreut. Ein einzelner runder Rückspiegel, der ans äußere obere Ende der Windschutzscheibe geklemmt war. Eine aus einem alten Truck ausgebaute Blinker-Vorrichtung, bestehend aus einem kleinen Chromstab, der mittels eines Gehäuses an die Lenksäule geklemmt war, das im Betrieb ein schrilles Summen von sich gab. Eine – hüstel – USB-Ladebuchse, die Ross in Eigeninitiative unter dem Armaturenbrett angebracht hatte und in die ich nun das Netzkabel meines Smartphones steckte, dazu eine entsprechende Halterung an der Innenseite der Frontscheibe. Würde ich mein Handy darin einsetzen, würde es mir, zum Preis universalen Spotts, navigatorischen Rat und die aktuelle Geschwindigkeit anzeigen. Die beiden abschließenden Armaturenbrett-Add-ons hatte Ross mit großer Geste präsentiert: »Und hier sind deine Becherhalter.« Streng genommen gab es noch eine Zusatzausstattung mehr: einen silbernen Knopf auf Höhe meines linken Knies. Wie dankbar ich war, dass die meisten Model Ts des Baujahrs 1924 bereits mit einem elektrischen Anlasser ausgestattet waren, wodurch die Handkurbel nur noch im Notfall zum Einsatz kam. Ich drehte den kleinen Blechschlüssel, stellte sämtliche Bedienelemente ein, so gut es eben ging, und senkte meinen klammen, unsicheren Zeigefinger vorsichtig in Richtung des silbernen Knopfs.

Wenn man es genau betrachtet, begann meine Reise nicht in Charlottesville. Sie hatte bereits im November zuvor daheim in Großbritannien begonnen, als meine Frau und ich eines Nachts, die winterliche Morgendämmerung säumte bereits die Gardinen, von einem Tumult auf der Straße geweckt wurden. Unser Sohn, der ein paar Freunde zu einer langen Präsidentschaftswahlnacht vor dem Fernseher eingeladen hatte, war draußen vor der Tür. Wir erkannten ihn an seinem kehligen Bariton, einem Instrument, das uns und unsere Nachbarn nun mit einer ohrenbetäubenden Darbietung von »Star-Spangled Banner« quälte. Es war sein Tonfall, ein offenkundiger, schwer derangierter Sarkasmus, der uns umgehend und grauenvoll klarmachte, dass in dieser Nacht das Unerwartete, das Undenkbare, tatsächlich eingetreten war. »Verkackte Arschgesichter«, brummelte ich und wir lagen im Halbdunkel da, die Hände unter der Bettdecke verschränkt.

Nur fünf Monate waren seit der letzten langen Gruselnacht vergangen, als 48 Prozent von uns unvermittelt in Brexit-Britannien aufgewacht waren und in entsetzter Fassungslosigkeit an unsere Schlafzimmerdecken gestarrt hatten. Diese 52 Prozent – wer waren diese Leute? Was hatten sie sich dabei gedacht? Und warum knallen Sie dieses Buch gerade jetzt in der Buchhandlung wieder ins Regal zurück?

Schließlich, und endlich, zeichnete sich nun eine gute Seite des Brexit ab: Das ungläubige Entsetzen, das meinen Haushalt seit dem Referendum erfasst hatte, diente als eine nützliche Impfung gegen den ausgewachsenen Schrecken eines Präsidenten Donald Trump. Aber der Brexit war nur unser ganz privates Unglück, ein idiotischer Schuss ins eigene Knie. Trump zu wählen hingegen fühlte sich eher so an, als würde man gleich der ganzen Menschheit eine Ladung Schrot ins Gesicht verpassen. Als ein Bürger der freien Welt wollte ich von ganzem Herzen verstehen, warum sein selbsternanntes Wahlvolk diesen notgeilen, grapschenden Narzissten, diesen infantilen Schwachkopf, diesen lächerlichen, orangen Scharlatan soeben zu meinem Anführer erkoren hatte.

Der Brexit erinnerte mich daran, wie sehr mir Europa ans Herz gewachsen war; Trumps erschütternde Wahl unterstrich, wie weit ich mich von Amerika entfernt hatte. Vergessen Sie die besondere Beziehung zwischen Briten und Amerikanern und auch die gemeinsame Sprache. Im Hinblick auf Werte, Kultur, Lebensweise und Anschauung – nennen wir es die Gesamtheit menschlicher Erfahrung – schien ich so viel mehr gemein zu haben mit unseren Verwandten vom Kontinent. Selbst mit den Finnen. Selbst mit den Franzosen. Die Amis waren jetzt die Fremden. Die meisten zumindest. Beziehungsweise nicht ganz die meisten, denn trotz Donalds fortwährendem Geblöke hatte er die Wahl gemessen an der Gesamtbevölkerung um drei Millionen Stimmen verloren. Fast jeder Amerikaner, den ich je kennengelernt hatte, lebte an einer der beiden Küsten, und ich hatte mich mit jedem von ihnen stets prächtig verstanden. Aber wie die Karten zur Wahl, die am nächsten Morgen über die Bildschirme flimmerten, sehr deutlich zeigten, hatten sie nicht für Trump gestimmt. Amerika war praktisch in drei Teile zerschnitten: Zwei schmale Streifen Demokraten-Blau säumten eine breite Schneise Republikaner-Rot, die sich über die gesamte Mitte des Landes erstreckte. Die weitgehend ländlichen »Flyover States« hatten einen Stein durch das Fenster der an der Küste lebenden Großstädter geworfen, hatten sie rüde aufgeweckt, diese herablassenden, arroganten Liberalen, die den Großteil des Landes bestenfalls als grünbraunes Nichts wahrnahmen, das man durch ein Flugzeugfenster betrachtet.

Plötzlich erinnerte ich mich daran, in der New York Times den Bericht über eine fast 5.000 Kilometer lange Motorradreise quer durch Amerikas provinziellen Norden gelesen zu haben, die ein Redakteur der Zeitung ein paar Monate vor der Wahl unternommen hatte. Da die meisten der Staaten, durch die er kam, traditionell republikanisch wählten, schenkte er den Trump-

Schildern, die entlang der Straße aufgestellt waren, zunächst nur wenig Beachtung. Aber es waren echt eine ganze Menge – er fing an zu zählen, gab aber bei hundert auf. Und viele davon waren monumentale, liebevoll gestaltete Arbeiten: drei Meter hohe, handgemalte Tafeln und bettlakengroße Flaggen. Ein Mann, der vor seiner Kran-Reparaturwerkstatt ein sieben Meter hohes Trump-Banner von der ausgefahrenen Leiter eines alten Löschfahrzeugs flattern ließ, erklärte stolz, dafür 500 Dollar hingeblättert zu haben. In Thorntown, Indiana, nach 4.000 Kilometern auf der Straße, begegnete der Reporter endlich seinem ersten Hillary-Clinton-Poster, einem herkömmlichen Wahlplakat im A3-Format, das in einen Vorgarten gepflanzt war. »Und ich musste hundert Kilometer mit dem Auto fahren, um es abzuholen«, grummelte der betagte Demokrat, der die Tür öffnete.

Die kleinen Städte, die Ebenen und Prärien, das übersehene, achtlos überflogene Herzland der USA: Hier hatte Trump gewonnen, und zwar gewaltig. Falls ich erfahren wollte, warum – und das wollte ich wirklich gerne –, war dies das Amerika, das ich würde aufsuchen müssen.

Niemand, nicht einmal Donald selbst, hatte es kommen sehen; niemand, am wenigsten er selbst, verstand, was es bedeutete. Als die frappierende Realität schmerzhaft ins Bewusstsein drang, versuchten sich die Berichterstatter an einer Bestandsaufnahme. Der Wahlsieg von Trump markierte nach fast einhelliger Übereinstimmung das Ende einer Ära. 1941 verkündete das *Time*-Magazin in einem Leitartikel, der die Nation ersuchte, zur Verteidigung der Demokratie in den Zweiten Weltkrieg einzutreten, das »amerikanische Jahrhundert«. *Time* zeichnete die Vereinigten Staaten als eine fortschrittliche, weltoffene, die Initiative ergreifende Kraft für das globale Gute, den dynamischen Führer des Welthandels, einen internationalen Samariter, der allen Nationen als Beispiel dienen werde, wie man sich zu betragen habe. Diese erhebenden Worte mochten sich in den anschließenden Jahrzehnten nicht immer in entsprechenden Taten niedergeschlagen haben, aber die Absicht war immerhin da. Damit war es nun vorbei. Trump gelobte, Amerikas Zugbrücke hochzuziehen und den Blick der Nation statt in die Zukunft in die Vergangenheit zu richten. »Vor allem aber«, hatte das *Time*-Magazin seinerzeit überschwänglich deklariert, »ist uns jenes undefinierbare, unverkennbare Zeichen der Führerschaft zu eigen: Ansehen.« Tja, das war einmal. Das amerikanische Jahrhundert war zu Ende, 25 Jahre zu früh.

Die Schlagzeilen der Fox-freien Welt beklagten ein schmerzlicheres und auch poetischeres Opfer.

»Bedeutet Trump zu wählen, den amerikanischen Traum aufzugeben?«

»Mit Trump im Weißen Haus ist der amerikanische Traum ausgeträumt.«

Ich begann mich zu fragen, was genau diese melodramatischen Nachrufe betrauerten. Viele definierten den amerikanischen Traum als eine simple ökonomische Progression: die Erwartung, ein besseres Leben zu führen, als es die eigenen Eltern taten. Die Verbesserung der Lebensverhältnisse von Generation zu Generation – in den USA verlässliche Realität seit hundert Jahren und mehr – war ins Wanken geraten. 94 Prozent der 1940 geborenen Amerikaner verdienten mehr als ihre Eltern; von denjenigen, die 1980 zur Welt kamen, waren es nur noch 50 Prozent. Bei Geringverdienern, dem untersten Einkommenszehntel, war der Rückgang sogar noch gravierender: von 88 Prozent der 1940 geborenen US-Bürger auf 33 Prozent des Jahrgangs 1980. Das Durchschnittseinkommen amerikanischer Haushalte hatte im Jahr 1999 seinen Höchststand erreicht und war danach gesunken. Aber so gerne ich es täte, konnte ich kaum Trump dafür verantwortlich machen: Er war nicht die Ursache dieser Entwicklung, sondern ihre Folge.

Nein, die orangebraune Bremsspur ging zurück auf das Kernprinzip des amerikanischen Traums, den stolzen Egalitarismus, der tief in die DNA des Landes der unbegrenzten Möglichkeiten eingeschrieben war. »Dieser Traum von einem Land, in dem das Leben besser und reicher und erfüllter für jeden sein soll«, schrieb James Truslow Adams in The Epic of America, jener Abhandlung aus dem Jahr 1931, die diese sinnfällige Redewendung prägte: »Mit Chancen für jeden, je nach Fähigkeit und Leistung ... Dies ist der amerikanische Traum, der Millionen Menschen aller Nationen an unsere Küsten gelockt hat.« Mit Anbruch der gespaltenen, polarisierenden, mauerbauenden Dämmerung des Donald ließ sich dies alles nur noch mit einem hohlen Lachen lesen, wobei ich mich allerdings für ein irres Jodeln entschied. Trump hatte es sogar höchstpersönlich gesagt, am Ende seiner berüchtigten Rede, in der er mexikanische Immigranten als Drogenhändler und Vergewaltiger abtat: »Der amerikanische Traum ist leider ausgeträumt.«

In Wahrheit, wie ich nun erfuhr, sehnte sich auch James Truslow Adams damals bereits nach glücklicheren Tagen zurück. Er brachte seine Gedanken inmitten der Depression, der Weltwirtschaftskrise, zu Papier, und seine Worte waren ein retrospektiver Lobgesang auf den goldenen Schlummer, der dem amerikanischen Traum vorausgegangen war. »Wenn wir das heutige Amerika mit dem von 1912 vergleichen, so scheint es, dass wir ein weites Stück zurückgeglitten sind«, schrieb er, bezugnehmend auf das Jahr, in dem die beiden letzten Festlandstaaten sich der Union angeschlossen hatten, somit ein passendes Geburtsjahr für den Traum anführend, der soeben gestorben war.

Ich las weiter, während Adams entschlossen seinen glänzenden neuen Slogan vom »amerikanischen Traum« ausgestaltete und definierte, was dieser bedeutete, indem er hervorhob, was er eben nicht bedeutete. »Es ist kein Traum von materieller Fülle ... noch von physischem Komfort und billigen Amüsements ... Es ist kein Traum von Kraftfahrzeugen.« Holla, Jimbo. Nun mal halblang. Behalt deine billigen Amüsements, wenn's denn sein muss, aber mal ernsthaft: Zu behaupten, der amerikanische Traum habe nichts mit Autos zu tun, ist so, als würde man ihm unvermittelt einen Kübel Eiswasser in die friedliche, verschlafene Visage kippen. Fragen sie einen beliebigen Menschen, sich den Traum vorzustellen, und er wird sich ein konsumorientiertes Zauberland mit grünen Wiesen und blauem Himmel ausmalen, dessen Eckpfeiler – Suburbia, Shopping-Mall, Highschool, Familienurlaub – durch Straßen miteinander verbunden sind. Vierrädriges Begehren bildete das Fundament der Kultur, die dem Traum zugrunde lag, und der Arbeitsmoral, die ihn verwirklichte. Wenn man ein Auto wollte und dafür arbeitete, dann bekam man eins. 1964, als Lyndon B. Johnson seinen Krieg gegen die Armut verkündete, waren selbst die rückständigsten Gegenden voller Autos. In den Appalachen besaßen 40 Prozent der ärmsten Einwohner eins und ein Drittel davon war als Neuwagen angeschafft worden. Der Besitz eines Autos war eine Art ungeschriebenes verfassungsmäßiges Recht.

Als die Chinesen Anfang der 1990er Jahre ihr eigenes Wirtschaftswunder ankurbeln wollten, lockerten sie einfach die Beschränkungen, denen der Privatbesitz von Kraftfahrzeugen unterlag. Diese Maßnahme reichte aus, um Millionen junger Menschen aus ländlichen Gebieten in die Städte zu locken. Entwurzelung, Vereinsamung und Jahre seelenloser Plackerei schienen ein kleiner Preis zu sein für einen eigenen fahrbaren Untersatz. 1985 besaßen nur 60 Einwohner von Peking ein Auto. 2000 waren es über eine Million. Selbst 2008, als auf den Straßen der Stadt über drei Millionen Autos fuhren, konnten Erstkäufer kaum an sich halten. »Ich kann es spüren, wenn sie in den Ausstellungsraum kommen«, erzählte damals ein Verkäufer aus Peking der Washington Post. »Die ganze Familie sucht gemeinsam das Auto aus. Die Begierde steht ihnen in die Gesichter geschrieben. Sie nehmen jedes Detail des Autos genau in Augenschein. Nachdem sie es mit nach Hause genommen haben, stehen sie jede Nacht mehrmals auf, um nachzusehen, ob mit dem Wagen alles in Ordnung ist.«

Heute gibt es sechs Millionen Autos in Peking und 163 Millionen in ganz China. Der amerikanische Traum ist mit dem Automobil auf Welttournee gegangen. Und das tat er, weil allgemeiner Kraftfahrzeugbesitz der greifbarste Ausdruck des amerikanischen Traums ist: individuelle Bewegungsfreiheit und sichtbarer Konsum in einem praktischen Paket. Einen kurzen, aber glorreichen Sommer lang, meinen ersten als Ex-Teenager, lebte auch ich diesen Traum.

Es war 1984 und mein Vater hatte den Zuschlag für einen dreimonatigen Auftrag in New York bekommen. Als Ein-Mann-Unternehmen heuerte sein Mikrofilm-Verlag dafür ein Team hartgesottener Söldner an: mich, meine Schwester, ihren Freund und meine Freundin, allesamt Veteranen von Mindata Micropublications beliebtem Dauerbrenner-Spielchen »Stumpfsinnigste Routinetätigkeiten für ein Pfund die Stunde«. Tagsüber saßen wir in einem dunklen Raum irgendwo in Upper Manhattan und drückten mehrere tausend Male die Auslöseknöpfe unserer Bell & Howell Filemaster. Dann nahmen wir die Subway zurück zu unserem Austausch-Apartment in Greenwich Village und versuchten, Baseball zu begreifen, während ein Trupp Kakerlaken sich von unter dem TV-Schränkchen aus auf Patrouille begab. Wir kochten abwechselnd, wobei mein erster Versuch, den zu vergessen mir nie gestattet wurde, darin bestand, in einer Auflaufform Tiefkühl-Zwiebelringe mit einer ganzen Flasche Rosé zu kombinieren. Noch bevor wir eingenickt waren, wurden wir unsanft aus unserem amerikanischen Traum gerissen. Dann in einen alptraumhaften Wachtraum geschleudert, als einigen der größeren Kakerlaken die Gabe schwerfälligen, unberechenbaren Flugs gegeben wurde.

Nach einer Woche begannen mein Vater und ich die Kleinanzeigen zu sichten und bald machten wir uns mit dem Pendelzug auf den Weg hinaus nach Hicksville, Long Island. Wir kehrten, nach Einbruch der Dunkelheit und in einer puckernden Wolke aus Abgasen, auf der ausladenden Sitzbank eines 1970er Oldsmobile Delta 88 Cabrio zurück. Mindatas neuer Firmenwagen war gefühlte sieben Meter breit und 25 Meter lang und hatte eine himmelblaue Lackierung, die weitgehend mit dem Pinsel aufgebracht worden war. Er besaß drei Radkappen und ein Achtspur-Kassettendeck, in dessen Schlitz eine Aufnahme von *The Concert Sound of Henry Mancini* steckte. Die Beifahrertür war mehr schlecht als recht mittels einer an die Außenseite geschraubten Badezimmerklinke gesichert. Angesichts einer Investition von 350 Dollar stellte das Fahrzeug vielleicht nicht die typischste Spielart aufsehenerregenden Konsums dar, gleichwohl erregte der Wagen zweifellos Aufsehen und, meine Güte, er konsumierte wie nichts Gutes. Im Verlauf der folgenden zehn Wochen verzeichneten wir, meine ich, einen Verbrauch von 30 Litern pro Kilometer.

Unsere Freizeitgestaltung wurde umgehend und auf wunderbare Weise transformiert. Nach Einbruch der Dunkelheit schipperten wir, das schmuddelige weiße Verdeck heruntergelassen und von Mancinis waffenfähiger, das dumpfe Grollen des Wagens übertönender Muzak berieselt, durch Chinatown und Alphabet City, bevor wir an irgendeiner hippen, von Lichterketten beleuchteten Burgerschmiede vorfuhren, »Moon River« an seinem orchestralen Höhepunkt abwürgten und mit großem Getue der Kutsche entstiegen, oftmals mittels eines schwungvollen Satzes aus dem Sitz heraus direkt auf den Gehsteig. Eine Stunde später kamen wir wieder heraus und das Auto war weg. »Hm, kam gerade 'n Abschleppwagen und hat die Karre huckepack genommen, Alter, was soll ich sagen?« Wir lernten es nie. Die Gebühren für das Auslösen kosteten uns mehr als der Wagen selbst.

Jedes Wochenende war ein kleiner Roadtrip, wir fuhren die Ostküste rauf und runter, nach New England hinein und wieder hinaus, bis hinunter nach Virginia. Wir hielten an jedem Garagenflohmarkt, den wir sahen und füllten den riesigen Kofferraum des Oldsmobile, in dem man leicht eine Leiche hätte unterbringen können, mit ironischer Kleidung und ausgedientem Americana-Plunder – alte Diner-Schilder, ein Baseball-Handschuh, die erstaunlichen Rücklichter eines 1950er Mercury, die aussahen wie verkleinerte, aus Chrom und rotem Glas geformte Modelle des Sydney Opera House. Die Sonne schien immer und stets erfüllten Henrys anschwellende Streicher die warme Brise. Summertime und das listening war easy. Das Fahren bisweilen allerdings nicht. Radkappen lösten sich in schöner Regelmäßigkeit von selbst und kollerten fröhlich in die Binsen. In schärferen Linkskurven schwang die Beifahrertür auf und eines Tages, wir fuhren soeben in den Lincoln Tunnel ein, versagten die Bremsen komplett ihren Dienst. Unser Vater holte uns unter heftigem Einsatz von Handbremse und zwischen zusammengebissenen Zähnen herausgepressten Flüchen irgendwie wieder zurück.

Er war der einzige versicherte Fahrer, was mich dazu zwang, meinen amerikanischen Traum auf privaten Straßen auszuleben. Noch heute werde ich regelmäßig daran erinnert, dass ich, während der Rest der Gruppe loszog, um sich an Thomas Jeffersons Haus oder einer von Frank Lloyd Wrights berühmten architektonischen Schöpfungen zu ergötzen, auf einem Parkplatz von der Größe von Hampshire herumgurkte, den linken Ellenbogen auf eine heiße blaue Tür gestützt. Ich bereue nach wie vor nichts. Selbst bei Schritttempo haftete der Erfahrung etwas Erhabenes und Episches an, ein Gefühl von Initiation: Seht her, ich fahre dieses riesige Auto in diesem riesigen Land. Der Wagen war der unumstrittene Star der Reise. Wann immer ich nachdenklich das »USA 1984«-Fotoalbum meiner Erinnerung aufschlage, taucht der Oldsmobile auf jeder Seite auf. Nur auf dem Cover sieht man leider die Aufnahme jenes Typen mit dem riesigen Afro, der einmal, mit nichts als einem gelben Rucksack bekleidet, auf der Fifth Avenue auf Rollerskates an uns vorbeirauschte.

Eines Samstags fuhren wir hinaus nach Rhode Island und übertrieben es mit den Flohmärkten: Als die Dämmerung über uns hereinbrach, war mein Vater zu müde, um heimzufahren, und zu vernünftig, um drei Motelzimmer zu bezahlen. Wir rumpelten von der Straße auf einen schmalen Feldweg und parkten am Rande eines brachliegenden Ackers. Aber so groß der Oldsmobile auch gewesen sein mochte, er war kein Schlafzimmer für fünf Erwachsene. Nach ein, zwei Stunden gemeinschaftlichen, zappeligen Schnaufens stieß der Freund meiner Schwester eine frustrierte Verwünschung aus, kletterte geräuschvoll aus dem Wagen und legte sich, alle viere von sich gestreckt, auf die Motorhaube. Erstaunlicherweise hörte ich ihn bald darauf schnarchen.

Im zartesten Licht des neuen Tages wankte ich, übernächtigt und von Insektenbissen übersät, durch das knisternde Gesträuch davon, um zu pinkeln. Ich wankte zurück, als hinter mir ein Paar Scheinwerfer langsam die Straße hinaufhüpfte. Ein Motor erstarb, ein Fenster summte herunter und eine Taschenlampe ging an.

»Sir?«

Ich tat mein Bestes, dem sehr ernst wirkenden Polizeibeamten, der nun seinem Wagen entstieg, unsere Situation zu erklären, aber das war von vornherein kein leichtes Unterfangen. Mein zukünftiger Schwager lag bewusstlos auf der Motorhaube, alle viere von sich gestreckt, mit einem schwarzen Lee-Van-Cleef-Hut über dem Gesicht. Es war ein rekordverdächtiger Tag an den vorstädtischen Wühltischen gewesen und als der Beamte zu dem Oldsmobile schritt und hineinblickte, folgte ich dem Strahl seiner Taschenlampe über einen schlafenden Wust aus extravagantem Kitsch und offenen Mündern. Ich erinnere mich an eine Menge Lurex und Fell. Selbst mein Vater, der mit dem Kinn auf der Brust hinter dem Steuer saß, hatte eine orangerot gesäumte Segelmütze auf dem Kopf. Erst jetzt kam mir in den Sinn, die Davy-Crockett-Mütze und die übergroße John-Lennon-Sonnenbrille abzunehmen, die ich nächtens im verzweifelten Versuch aufgesetzt hatte, mir die Mücken vom Leibe zu halten.

Ich habe die Mütze immer noch und auch die Mercury-Rücklichter. Und ein verblassendes Polaroid, auf das ich nur wenige Tage nach Trumps Wahl zufällig in einem Nachtschränkchen stieß. Es zeigt mich, in einem kreischend bunten Hawaiihemd und mit der klapprigen Lennon-Sonnenbrille auf einem Gehsteig in Manhattan, den Arm um eine Ronald-Reagan-Pappfigur gelegt. Wir beide strahlen bis über beide Ohren: Nie sah ich so glücklich aus, neben einem Republikaner zu stehen, insbesondere einem, den umarmen zu dürfen mich soeben fünf Dollar gekostet hatte. 1983 hätte ein findiger Straßenhändler auf jedem Gehsteig des Landes Ronnie aufstellen und damit ein paar Dollar verdienen können. Aber ein Trump-Aufsteller wäre radioaktives Marmite. Vor allem in Manhattan, seiner Heimat, wo mehr als 90 Prozent der Wähler ihr Kreuz woanders gemacht hatten.

Und als ich auf Ronnie und mich blickte, Arm in Arm lächelnd, dachte ich zurück an den Sommer '84 und jene friedvollen Tage auf offener Straße mit offenem Verdeck, trauerte um meine verlorene Jugend und Amerikas verlorene Gemeinschaft. Ich dachte weiter zurück bis ins Jahr 1912, als der amerikanische Traum geboren wurde. Und eine Mission begann verschwommen Form anzunehmen: ich, gemächlich durch die kleinstädtischen, großflächigen Staaten fahrend, die man heute eigentlich nur noch überflog, diese plötzlich so fremden Außenposten des Trumpland. Die Route legte sich quasi von selbst fest, in Gestalt einer fesselnden Wahlkarte, auf die ich in der Washington Post gestoßen war. Diese teilte die Nation in ihre 3.142 Countys und färbte jedes einzelne entweder Trump-Rot oder Hillary-Blau, je größer die Gefolgschaft in den einzelnen Wahlkreisen, desto kräftiger der Farbton. Ich lud die Karte herunter und druckte sie aus, die blutrote Scharte bemerkend, die die Appalachen und den Mittleren Westen durchzog, sowie den satt braunroten Grat, der sich von Texas aus nordwärts bis zur kanadischen Grenze zog. Bei genauerer Betrachtung stellte ich fest, dass es möglich wäre, ausschließlich durch Trump-wählendes Territorium quer durch die Vereinigten Staaten zu fahren, sofern man bereit war, ein paar Umwege und eine Gesamtstrecke von mehr als 10.000 Kilometern in Kauf zu nehmen, was mehr als dem Doppelten der Luftlinie entsprach. Damit war die Sache gebongt. Ein Roadtrip durch den amerikanischen Traum, von Küste zu Küste und von der Wiege bis zur Bahre. In dem Auto, das ihn damals aus der Taufe gehoben hatte, vor mehr als hundert Sommern.

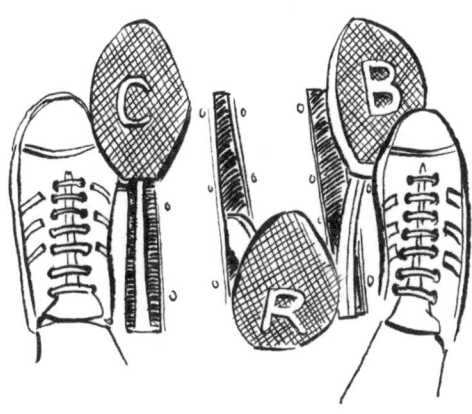

KAPITEL 2

Zu lernen, wie man einen Ford Model T fährt, ist ein teuflischer, leidvoller und oft angsteinflößender Prozess, der ganz und gar im Widerspruch steht zur heiteren und geflissentlichen äußeren Erscheinung des Autos. Wenn Sie zum ersten Mal hinter dem Steuer eines T sitzen, nehmen Sie sich Zeit, um das vertraute Gefühl des runden Lenkrads vor Ihnen und dessen beruhigende traditionelle Beziehung zu der gewünschten Fahrtrichtung zu genießen. Ich spreche diese Empfehlung aus, weil alles andere, was Sie über das Steuern eines Kraftfahrzeugs gelernt haben – absolut alles – im Begriff ist, vor Ihren entsetzten und traurigen Augen in der Luft zerrissen, mit Füßen getreten und verbrannt zu werden.

Schauen Sie hinab auf Ihre Füße. Dort befinden sich drei Pedale, was auf ermutigende Weise dem Standard zu entsprechen scheint, jedoch trügerisch ist. Das rechte, das Sie ohne Zweifel als das Gaspedal kennengelernt haben, ist die Bremse. Das linke ist die Kupplung, aber freuen Sie sich nicht zu früh. Treten Sie es halb durch und der Wagen befindet sich im Leerlauf. Indem Sie das Pedal auf den Boden durchtreten, wählen Sie den ersten Gang; nehmen Sie den Fuß herunter, schalten Sie in den zweiten. Weitere Vorwärtsgänge gibt es nicht und auch keinen Schalthebel. Willkommen in der Welt von Henry Fords Planetengetriebe: »die automatische Schaltung, die Sie mit den Füßen fahren«. Mittlerweile wird es Sie nicht überraschen zu erfahren, dass das mittlere Pedal, das als Bremse zu schätzen Sie gelernt haben, den Rückwärtsgang einlegt.

Richten wir unsere Aufmerksamkeit nun, mit bereits vor Unbehagen zusammengekniffenen Arschbacken, auf den großen Dampfmaschinen-Hebel, der aus dem Boden aufragt und der sich intim an Ihrem linken Oberschenkel reibt. Sicher ist das eine Handbremse. Aber ja – ja, tatsächlich! Ein bisschen. Allerdings fungiert er gleichzeitig als eine Art behelfsmäßige Kupplung, die als schrullige Parodie ihres per Fuß bedienten Gegenstücks dient. Ganz nach vorne gedrückt aktiviert der Hebel den zweiten Gang. Mittig eingestellt ist der Leerlauf eingelegt, jedoch vermag der Wagen in dieser Position auch im ersten Gang oder rückwärts zu fahren. Den Hebel ganz nach hinten zu ziehen, behält den Leerlauf bei, betätigt die Bremse und treibt zwei angespitzte Bolzen durch das Lenkrad tief in Ihre Handflächen hinein. Es liefe zumindest auf das Gleiche hinaus. Ach ja, und der andere in den Boden eingelassene Hebel, derjenige, an dem Sie sich beim Einsteigen die Nüsse angeditscht haben? Nun, der bedient die Ruckstell-Zweigang-Hinterachse. Fragen Sie nicht, was es damit auf sich hat, ich habe auch keine Ahnung. Hier steht irgendwas von einer »Untersetzungsstufe«.

Nun denn, Sie glauben, es wäre an der Zeit für eine angsteinflößend chaotische Probefahrt? Immer langsam mit den Pferden. Sie wissen ja noch nicht mal, wo das Gaspedal ist. Und Sie werden es auch nicht finden. Sehen Sie die beiden stummeligen Eisenstängel, die beiderseits der Lenksäule hervorstehen, direkt hinter dem Lenkrad? Mit dem rechten geben Sie Gas. Kein Scherz: Sie drücken ihn hinunter, um zu beschleunigen. Und der linke? Dumme Frage, der korrigiert oder hemmt gegebenenfalls die Zündung. Jeder, der weiß, wie Autos funktionieren, wird genau wissen, was das bedeutet. Wäre schön, wenn einer käme und es mir erklären würde.

»Zündung hoch, Gas runter!«

Meine erste Lektion darin, einen Model T zu starten, erhielt ich von James Dean. *Jenseits von Eden*, inszeniert nach John Steinbecks gleichnamigem Roman, spielte in der frühen T-Ära und enthielt umsichtig eine ganze Szene, die eben dieser Übung gewidmet war und in der Dean und eine Schar von Ensemble-Kollegen die oben genannte Phrase mit manischer Begeisterung skandieren. Da in den Anfangstagen des großen Hollywood-Kinos 15 Millionen Ford Ts vom Band rollten, war es keine Überraschung, sie in unzähligen Produktionen aus der damaligen Zeit auftauchen zu sehen, allerdings verschaffte mir eine entsprechende Sichtung des Materials vor meiner Abreise keinen weiteren praktischen Rat. Die traurige Wahrheit war, dass ein Model T immer nur auf die Leinwand gerollt zu werden schien, um Hohn und Spott über ihn auszugießen. In *Es geschah in einer Nacht* borgt sich der junge Clark Gable einen Model T – einen 1924er Touring genau wie meiner – für eine dringende romantische Mission, nur um dann mit anzusehen, wie seine hoffnungslose Schrottmühle von fast jedem anderen Fahrzeug auf der Straße überholt wird. Traurige Posaunen allenthalben. Besagte Szene in

Jenseits von Eden drehte sich um das lustige Gewese, das erforderlich war, um einen Model T überhaupt in Gang zu bringen: Nachdem der Zündhebel rauf- und der Gashebel runtergedrückt waren, verblieben nicht weniger als sieben Handlungsschritte, die Jimmy und seine Freunde auszuführen und zu skandieren hatten. Selbst Steinbeck, ein Autor, der sich üblicherweise mit Themen wie am Straßenrand verhungernden Großeltern und der Euthanasie an sanften Riesen mit Lernschwierigkeiten beschäftigte, konnte es sich nicht verkneifen, ein paar billige Lacher auf Kosten des Model T einzuheimsen. Der T besaß etwas – seine Omnipräsenz, seine Trägheit, seine seltsame Vermählung spartanischer Tugenden mit wahnsinnig machend komplexer Bedienung –, was dieses Auto zur unwiderstehlichen Zielscheibe für Hohn und Spott machte. Folgerichtig erwies sich der Model T als wiederkehrendes Requisit in den Slapstick-Werken von Fatty Arbuckle, Buster Keaton und, ganz besonders häufig, Laurel und Hardy. Ich habe mir vor meiner Reise viele davon angesehen. Nicht zuletzt lieferten sie einen nützlichen Leitfaden, welche Miene ich aufzusetzen hätte, sollte mein T mal zwischen zwei Straßenbahnwagen zerquetscht, in einer Sägemühle halbiert oder von einem bodenlosen, schlammgefüllten Schlagloch verschluckt werden.

Doch so hilfreich James Deans Mantra gewiss sein mochte – ich würde es vor meinen ersten paar hundert Startversuchen still anstimmen –, es würde allein nicht reichen. Ich bereitete mich auf eine Fahrt vor, die mehrere Monate in Anspruch nehmen würde, in einem Auto, das zu beherrschen, wie ich gewarnt worden war, ein ganzes Jahr erforderte. Und so tauchte ich wenige Wochen vor meiner Abreise ein in das Model-T-Netzwerk des Vereinigten Königreichs, dessen pulsierende Knotenpunkte hilfreicher Aktivitäten mich bald in Kontakt mit Ross Lilleker brachten, und vereinbarte zwei Probefahrten.

Die erste führte mich auf einen matschigen Bauernhof in Buckinghamshire, in Begleitung von Neil Tuckett, einem Tacheles redenden, altgedienten T-Experten mit grauen Locken, roten Wangen und einem Overall. Die zweite, auf im Abendrot gesprenkelten Alleen im tiefsten Kent, unternahm ich mit Deke Martin und seiner Frau Rachel, die mich in stilechter Garderobe begrüßten: sie mit Glockenhut und im Blümchenkleid, er in Weste und

mit Peaky Blinders-Mütze. Abgesehen von dem Großmut, der sie beide aus-
zeichnete, waren Deke und Neil sehr unterschiedliche Charaktere mit sehr
unterschiedlichen Autos. Neils Model T (beziehungsweise derjenige, den er
aus seiner umfangreichen Flotte für mich auswählte) war ein frühes Modell
mit großen Kutschenlampen aus Messing und hölzernen Wagenrädern: zwei
Teile Chitty, zwei Teile Bang. Dekes war einer der letzten Ford T, ein gedrun-
gener, dunkelroter 1926er Touring mit Drahtspeichenfelgen.

Zusammen brachten es diese zwei Probefahrten auf vielleicht sechs
Kilometer. Aber trotz ihrer Kürze und zahlreichen Kontraste hatten die
beiden Erfahrungen viele übereinstimmende Eindrücke hinterlassen. Die
scheppernde Explosion des Anlassens, ein einziges Zischen, Rasseln und
laterales Beben. Das schmerzhafte Dreschen und Heulen, wenn das Planetengetriebe sich in seine Bänder aus Baumwolle verbiss und ich von der
Startlinie ächzte, sogleich abgelöst vom Gefühl unkontrollierbar unsteter
Geschwindigkeit. Halsbrecherische Kängurusprünge, gefolgt vom tödlichen
Ruck des Abwürgens. Und die unausweichliche, schleichende Angst, dass
irgendetwas jederzeit kaputt gehen könnte, hauptsächlich weil in beiden
Fällen genau das passiert war. Neil verbrachte seine Zeit auf dem Beifahrersitz damit, beständig mit den ölverschmierten Fingerknöcheln gegen eine
an die Spritzwand geschraubte Holzkiste zu klopfen, eine Tätigkeit, die
manchmal die darin befindliche Zündspule in Habachtstellung brachte, uns
aber auch zweimal stumm ausrollen ließ. Deke hielt während meiner kurzen
Schicht am Steuer beständig die Ohren gespitzt und als ich rumpelnd in seinem Obstgarten zum Stillstand kam, sprang er mit einem Satz heraus,
klappte die Motorhaube auf und fing an, etwas über verrutschte Bänder zu
murmeln. Für eine Strecke von sechs Kilometern schienen das eine Menge
Probleme zu sein, vor allem zu Beginn einer Reise, die 1.500-mal länger ausfallen würde.

Und so sprach ich drei Wochen später und einen Ozean entfernt ein stilles Gebet, drückte den silbernen Knopf und zerstörte Virginias Sonntags-
ruhe mit dröhnendem, spuckendem Geratter. Ein wenig experimentelles
Herumspielen mit Gas- und Zündhebel verstärkte die Irrenhaus-Kakophonie
zu einer donnernden Doppeldecker-Flugparade, dann, vermittels einer

erschütternden Salve lärmender Fehlzündungen, dämpfte es sie zu einem unregelmäßigen Tuckern. Ich wuchtete den Bremshebel nach vorn und pflanzte meinen linken Fuß schwer auf die Kupplung, was die Luft mit protestierendem Klagen erfüllte, als der T die Auffahrt hinabrollte. Wie um alles in der Welt hielt diese uralte Maschine eine so wüste und schädliche Prozedur aus? Und wie sollte ich sie jemals zähmen? Ich drehte das Lenkrad nach rechts und eierte auf der falschen Seite der Straße in den Morgen davon.

Als eine Erzählung von Verzweiflung, Umbruch und spektakulärem Triumph über bittere Not ist die Geschichte von Henry Ford eine Geschichte über das junge, erwachsen werdende Amerika. Geknechtete Massen auf der Flucht – check. Trauer und Verlust – check. Zermürbende Mühsal, ein Übermaß an Kindern, tollkühnes Draufgängertum im beharrlichen Streben nach Glück – check, check, check. Angesichts seiner bescheidenen Herkunft und seines hart erarbeiteten Ruhms könnte man Ford mit Fug und Recht zum repräsentativsten Amerikaner aller Zeiten küren. Und in der Tat habe ich soeben beschlossen, genau dies zu tun.

Henrys irischer Vater William emigrierte im Alter von 21 Jahren aus Cork, in dem Jahr, das als »schwarzes 1847« traurige Berühmtheit erlangte, dem düsteren Höhepunkt der großen Hungersnot, die mehr als eine Million Opfer forderte und fast doppelt so viele Menschen zur Flucht zwang. Williams Mutter kam auf der Reise um, so dass er und sein Vater sich fortan um sechs jüngere Geschwister kümmern mussten. Sie ließen sich in Dearborn unweit von Detroit nieder, bauten eine Holzhütte und fanden eine Anstellung als Hilfsarbeiter beim Ausbau der Michigan Central Railroad. Von einem alten irischen Bekannten erstand die Familie schließlich dreißig Hektar Waldland, das sie mühsam rodete und kultivierte. 1861, drei Jahre nachdem William seinem Vater die Hälfte der Familienfarm abgekauft hatte, heiratete er Mary Litogot, die Adoptivtochter eines ebenfalls irischen Nachbarn. Mary war die Tochter belgischer Auswanderer, die beide in Dearborn gestorben waren, bevor sie drei Jahre alt war: ihre Mutter bei der Niederkunft und ihr Vater, als er ein Gespann Ochsen über den unzureichend zugefrorenen River Rouge führte.

Henry, das älteste Kind von William und Mary, kam 1863 zur Welt, drei Wochen nachdem der Bürgerkrieg mit der Schlacht bei Gettysburg sich zugunsten der Union wendete. Fords Farm begann inzwischen zu florieren. Dank der Nähe zu den Großen Seen und Kanadas gewaltigen natürlichen Ressourcen hatte sich Detroit bereits als Verkehrsknotenpunkt und aufstrebender Industriestandort etabliert, eine Stadt, deren wachsende Bevölkerung – 80.000 im Jahr 1870, davon fast die Hälfte im Ausland geboren – einen immer hungrigeren Markt für das Getreide, Fleisch und Obst der Familie Ford darstellte. Die Farm verdoppelte ihre Größe, weitere Kinder kamen hinzu, und William – inzwischen Friedensrichter und Diakon – baute das Familienheim zu einem Zehn-Zimmer-Bungalow aus, ziemlich stattlich für damalige Verhältnisse.

Wie seinerzeit die meisten Farmerskinder in seinem Alter schuftete Klein-Henry vor und nach der Schule viele Stunden in der Scheune und auf dem Feld. Der Sonntag begann mit einem 13-Kilometer-Marsch zur Kirche und zurück. So sehr er das Landleben Zeit seines Lebens schätzte, nährte diese Routine eine tief verwurzelte Abneigung gegen manuelle und fußläufige Pflichten und eine Fixierung auf deren mechanische Erfüllung. Seine zielstrebige Neugierde auf diesem Gebiet verschaffte ihm bald den Ruf eines tollkühnen Bastlers mit einer besonders eigenwilligen Faszination für die nutzbringende Zügelung von Energie. Eines Nachmittags im Sommer machte er sich daran, einen Bach zu stauen und umzuleiten, um ein kleines Wasserrad anzutreiben, und flutete damit unabsichtlich den Kartoffelacker eines Nachbarn. Um das Potenzial von Dampf zu erforschen, füllte er einen Tontopf mit Wasser, band den Deckel sorgfältig zu und platzierte ihn verstohlen im Kamin des familiären Esszimmers. Die resultierende Explosion zerschmetterte einen Spiegel und ein Fenster und hinterließ auf seiner Stirn eine Narbe, die ihn sein Leben lang zeichnen sollte. Ein späteres und ehrgeizigeres Experiment involvierte ein 40-Liter-Fass, eine selbstgebaute Blechturbine und eine ähnlich gelagerte Katastrophe, die den Zaun des Schulgebäudes niederbrannte und Henry einen weiteren Makel bescherte, diesmal auf der linken Wange, über dessen Herkunft er bis ans Ende seiner Tage spöttisch berichten würde. Mit Hilfe von Korsettstangen und Stricknadeln, die er von seiner nachsichtigen Mutter borgte, nahm er die Taschenuhren der Nachbarn auseinander und baute sie manchmal auch wieder erfolgreich zusammen. Er büßte fast einen Finger ein, als er das Heuschneidegerät seines Vaters unter die Lupe nahm. Und alldieweil hegte er einen tiefen Hass auf landwirtschaftliche Ineffizienz in all ihren Erscheinungsformen. Vor allem das Pferd war ihm ein Gräuel: kränklich, teuer, unzuverlässig, und jedes einzelne eine lebende Erinnerung an die Demütigung, die er einst erlitten hatte, als ein Fohlen ihn, einen Stiefel im Steigbügel verfangen, den ganzen Weg nach Hause hinter sich herschleifte.

»Außer Fressen haben Pferde und Esel nichts in ihren dummen Köpfen«, zeterte der junge Henry in einem Notizbuch, seinem Ärger darüber Luft machend, dass ein Viertel des gesamten Ackerlands in den USA dazu diente, die 25 Millionen Pferde der Nation durchzufüttern. »Und ein totes Pferd lässt sich nicht mit dem Schraubenschlüssel reparieren«, fügte er unverblümt hinzu. (Viele Jahre später, nachdem er eine Million Model Ts verkauft hatte, zückte er seine stets griffbereite Kladde und kritzelte hinein: »Das Pferd ist ERLEDIGT!«)

Aber dieser heimelige, glücklose, pferdehassende Himmel wurde 1876 auf den Kopf gestellt. Zwölf Tage nachdem sie ein totgeborenes Baby zur Welt brachte, das ihr siebtes Kind gewesen wäre, starb Mary. »Ich hegte nie besondere Zuneigung zur Farm als solcher«, erinnerte sich Henry. »Es war die Mutter auf der Farm, die ich liebte.« Doch einen Monat später hatte der dreizehnjährige Henry eine Erscheinung, die eine dauerhafte Ablenkung von seinem Kummer brachte und schließlich die Welt verändern würde. Neben seinem Vater auf der Familienkutsche sitzend, wurde Henry eines klappernden, schnaufenden Radaus gewahr, der sich ein Stück weiter abspielte, und sprang hinab, um der Sache auf den Grund zu gehen. Die Quelle des Tumults war eine dampfbetriebene Lokomobile von Nichols & Shepard, das erste pferdelose Fahrzeug, das er je zu Gesicht bekommen hatte. (Damals waren im »Maisgürtel«, dem Mittleren Westen der USA, mehr als 75.000 dampfbetriebene Dresch- und Erntemaschinen im Einsatz.) Henry schaute ehrfürchtig zu der Maschine auf, dann bombardierte er den Führer mit technischen Fragen. »Diese Begegnung zeigte mir, dass ich vom Instinkt her

Ingenieur war«, erinnerte er sich drei Jahrzehnte später recht fade. Als er jedoch dort inmitten des Lärms und der rußigen Schwaden stand, war sein junger Geist erfüllt von den überwältigenden Möglichkeiten eigenständiger, selbstbetriebener Beförderung. Fortan war Henry Ford ein besessener junger Mann. Für den Rest seines Lebens verwahrte er die Fotografie einer dampfbetriebenen Lokomobile an prominenter Stelle, »wo ich sie jeden Tag sehen konnte«.

An diesem Punkt legen wir besser den Finger auf die Vorspultaste und halten ihn dort, schauen zu, wie unscharfe sepiafarbene Gestalten in unterhaltsamer Hast hin und her huschen. Saus, da haben wir den 16-jährigen Henry, der nach Detroit abhaut, um in einer Tramwagenfabrik zu arbeiten. Dann in einer Werft. Dann als Maschinenschlosser-Lehrling. Drei Jahre vergehen und er wetzt wieder heim, wo er für benachbarte Farmer Lokomobile bedient und repariert. Schauen Sie, hier heiratet er Clara Bryant und sie leben auf einer Farm, die sein Dad ihnen überlassen hat. Was hat er vor? Sieht nicht nach Landwirtschaft aus. Nö, er benutzt eine Dampfmaschine, um Holz zu spalten. Zwei Jahre lang. Und jetzt – hui! – flitzt er wieder los, zieht mit Clara nach Detroit, wo er einen Job als Ingenieur bei der Edison Illuminating Company ergattert hat. Plopp! Ihr einziges Kind, Edsel, kommt im November 1893 im neuen Heim der Familie zur Welt. Bumm! Einen Monat später, an Heiligabend, bastelt unser Mann in der Küchenspüle einen kleinen Benzinmotor zusammen, wobei Clara den Brennstoff einträufelt, während Henry – ernsthaft, Alter? – ein Kabel von der Dose der Deckenlampe zur Zündkerze hält. Drei Jahre später stempelt Henry immer noch bei Edison, ist aber auch bis spät in die Nacht in seinem Holzschuppen zugange. Was er da treibt? Och, er baut nur ein Auto. Das sich allerdings – geht's noch, Hank? – als zu groß erweist, um durch die Schuppentür zu passen, also reißt er kurzerhand die halbe Wand ein, um gegen vier Uhr in der Früh sein benzinbetriebenes Quadricycle auf Jungfernfahrt durch das verschlafene Detroit zu nehmen. Hmmm, sieht ziemlich kacke aus, das Teil, wie ein übergroßer Kinderwagen, der mit einem Kanalbootruder gesteuert wird. Dennoch erregt das Gefährt bald Aufmerksamkeit, und schauen Sie mal, hier wuselt er auch schon mit einem schicken neuen Mantel und einem stattlichen Schnauzbart herum, versteht sich prächtig mit Thomas Edison, dem Bürgermeister von Detroit und einem Haufen anderer einflussreicher Bonzen und Industrieller. Wir schreiben das Jahr 1899 und Henry hat das Elektrizitäts-Unternehmen verlassen, um die neue Detroit Automobile Company zu leiten. Aber seine Geldgeber sind nur auf eine schnelle Mark aus, und wenn wir die Handlung verlangsamen, sehen wir, wie sie die Geduld verlieren mit Henrys Vision eines perfekt ausgereiften Autos, das sich an einen Massenmarkt richtet, der nicht existiert. Binnen zwei Jahren macht der Laden dicht. Henry geht auf die 40 zu und hat bis dahin 23 Autos gebaut. Drücken wir auf Pause, gerade als er sich seinen Schnauzbart abrasiert.

Am hektischen Beginn des Automobilzeitalters hatte es Henry mit der Konkurrenz von 2.500 Neugründungen in den USA zu tun, und in den Hinterhöfen von Detroit tummelten sich mehr Autobauer als in jeder anderen Stadt. Wären die Karten anders gefallen, würden wir heute möglicherweise in Kerosene Surreys oder American Beauties, in Juveniles, Gaylords oder Cuckmobiles herumgondeln. Wie ein wegweisender, aber nicht ganz so nervtötender Richard Branson entschied Henry, dass eine große Geste nötig wäre, um sich und seine Autos von der Masse abzuheben, eine tollkühne Publicity-Aktion. Und so meldete er sich, einmal mehr jenes jugendliche Draufgängertum aufbietend, das ihn fürs Leben gezeichnet und halb Dearborn in Schutt und Asche gelegt hatte, im Herbst 1901 für das erste Autorennen an, das je in Michigan stattgefunden hatte.

Ford war inzwischen nicht mehr der Jüngste und das einzige Fahrzeug, das er mit einer gewissen Regelmäßigkeit gesteuert hatte, war das klapprige Quadricycle, das es in der Spitze auf 35 km/h brachte. Er hatte nur einen einzigen Konkurrenten um das Preisgeld von 1.000 Dollar, aber das war Alexander Winton, der steinreiche Eigner des größten Herstellers benzinbetriebener Autos in den USA und ganz nebenbei auch der berühmteste Rennfahrer der Nation. Dass Henry Ford die Herausforderung annahm, war ein eindringliches Statement, das von seiner Unnachgiebigkeit und seinem grenzenlosen Ehrgeiz kündete – und aus Claras Sicht außerdem ein starrsinnig verantwortungsloses.

Das Rennen, ausgetragen am 10. Oktober in Grosse Pointe, löste in der aufstrebenden »Motor City« große Begeisterung aus. Geschäfte blieben an diesem Tag geschlossen. Gerichte vertagten sich. 8.000 Zuschauer pilgerten zur Rennstrecke, in vollgepackten Straßenbahnen, die alle halbe Minute vom Stadtzentrum aus losfuhren. Doch als die beiden Konkurrenten zur Startlinie rollten, waren die Zuschauer bestürzt angesichts des ungleichen Wettkampfs, der ihnen offenbar bevorstand. Neben Wintons mächtigem, 70 PS starkem *Bullet* nahm sich Fords gebrechlich anmutender *Sweepstakes* mit seinem 26-PS-Motor, den Henry mit seinem jungen Kompagnon Ed Huff gebaut hatte, wie eine recht kümmerliche Maschine aus. Huff, ein autodidaktischer Elektroingenieur, der mit Ford arbeitete, seit er 16 war, hatte *Sweepstakes* mit einem revolutionären Einspritzsystem ausgestattet, für das er Porzellan-Isolatoren verwendete – faktisch die erste moderne Zündkerze –, die ein ansässiger Zahnarzt auf Bestellung aus Keramik angefertigt hatte. Nun aber leistete er einen noch bemerkenswerteren Beitrag: Um an der Zündvorrichtung unterwegs Justierungen vornehmen zu können, verbrachte er das ganze Rennen auf dem Trittbrett. Mit der beherzten und geschickten Anhänglichkeit, die er an diesem Nachmittag unter Beweis stellte, verdiente er sich den Spitznamen, der ihn Zeit seines Lebens begleiten sollte: *Spider* – die Spinne.

Als die Flagge gesenkt wurde, überraschte es niemanden, dass *Bullet* sofort einen imposanten Vorsprung herausfuhr. Unbeschwert von relevanter Erfahrung hatte Ford Mühe, seinen Wagen bei hundert km/h in den Kurven zu kontrollieren, was Huff zwang, seine Basteleien an der frischen Luft um dramatische Verlagerungen des Körpergewichts zu ergänzen. Doch nach fünf Runden begann das leichtere Auto die Lücke zu schließen und als Bullet in Runde acht unter Spucken und Stottern überhitzte, zog Sweepstakes vorbei. Als die labile Kombo über die Ziellinie rollte, breitete sich unter den Zuschauern so etwas wie eine Massenhysterie aus. »Die Leute drehten durch«, schrieb Clara erleichtert, aber auch erschrocken an ihren Bruder. »Ein Mann warf seinen Hut in die Höhe und als er herunterfiel, trampelte er darauf herum. Ein anderer Mann musste seine Frau auf den Kopf schlagen, damit sie nicht außer Rand und Band geriet.«

Dem Sieger die Beute. Alexander Winton, der erste Mann, der ein Lenkrad an einem Auto anbrachte, Erbauer des ersten V8-Motors und des ersten präsidialen Motorwagens, ist nicht mehr als eine Fußnote der Automobilgeschichte. Aber mit seinem denkwürdigen Triumph in seinem ersten und letzten Autorennen machte sich Henry Ford einen Namen und die Autos, die diesen Namen tragen würden, weithin bekannt. Mit Geschwindigkeit verkaufte man Autos an die wenigen Reichen, aber bei den Massen im mittleren Marktsegment besaß die »Hase und Schildkröte«-Zuverlässigkeit, mit der sich Sweepstakes durchgesetzt hatte, deutlich mehr Zugkraft. (Nur so aus Jux und Dollerei würde Henry die Nerven seiner Gattin noch ein letztes Mal strapazieren, als er, im Alter von 41 Jahren, vor den Toren Detroits auf dem zugefrorenen Lake St. Clair einen Landgeschwindigkeitsrekord von 147,05 km/h aufstellte.) »Es ist nicht uninteressant«, bemerkte recht trocken eine Zeitungsannonce, »dass der Erbauer und Fahrer dieses Wagens außerdem der Konstrukteur und Erbauer des regulären Ford Runabout ist.« Die Öffentlichkeit blieb sieben Jahre, ein weiteres gescheitertes Unternehmen und neun Modelle von nur langsam steigender Attraktivität bei der Stange, bis Henry Ford und sein Team – allen voran Ed »Spider« Huff – schließlich das selbsternannte »universelle Automobil« vorstellten, das die Welt verändern sollte: den Ford Model T.

KAPITEL 3

Mein Entschluss, eine vollständige Reise von Küste zu Küste zu absolvieren, bedeutete, dass ich von Charlottesville aus zunächst 250 Kilometer zurück zum Atlantik fahren musste, in südöstlicher Richtung, also entgegen der westwärts gerichteten Anziehungskraft des klassischen amerikanischen Roadtrips. Ich kann nicht behaupten, dass mich dieser Umweg sonderlich beunruhigt hätte, denn unvorsichtigerweise hatte ich mir ganz andere Sorgen aufgehalst. In der Tat hatte ich unbekümmert einen weiteren Umweg eingeplant, der mich nach Detroit führen würde – eine Stadt, die den Präsidentschaftskandidaten Trump zwar rundweg abgelehnt hatte, aber unter den gegebenen Umständen nach einer Pilgerfahrt zu verlangen schien.

Nach einer das Nervenkostüm besänftigenden Präambel auf verwaisten Nebenstrecken, während der ich das Fahrzeug gemäß hiesiger Verkehrsregularien rechtsseitig neu ausrichtete, bog ich auf eine Straße ein, die recht bald zu Charlottesvilles vielspuriger Umgehungsstraße anschwoll. Ich hielt das Lenkrad so fest umschlossen, wie es meine glitschigen Handflächen erlaubten, und ordnete mich auf der Kriechspur ein, steif nickend, um das zustimmende Winken und Hupen passierender Autofahrer zu erwidern. Grüne

Ampel, grüne Ampel, grüne Ampel. Neil Tucketts oberstes Mantra ging mir durch den Kopf: *Wenn du einen T stoppen kannst, kannst du einen T fahren.* Grüne Ampel, grüne Ampel, rote Am— KACKE UND VERDAMMTE PISSE. Hoch über mir von einem Gerüst hängend und begleitet von einer gigantischen, blendenden Sonne, erwischte mich das erste Haltegebot auf amerikanischen Straßen völlig auf dem falschen Fuß. Die Vorderräder fast an der weißen Haltelinie, trat ich mit beiden Füßen die Pedale, irgendwelche Pedale, und riss den Handhebel nach oben. Wäre nicht zufällig Sonntag gewesen, wäre dies meine letzte Handlung auf Erden gewesen. Der T huschte über den Asphalt, der Motor knallte und erstarb, und ich kam, in gewagtem Winkel, einen guten halben Meter jenseits des geometrischen Zentrums der sechs-spurigen Kreuzung zum Stillstand.

Mit einem dünnen Summen drückte ich den Anlasser. *Ka-dunk-a-dunk-a-dunk-a-dunk-a-dunk-a-dunk-a-quieeek.* Dann Stille. Ich versuchte es noch ein-mal und noch einmal. Der Motor wollte einfach nicht anspringen. Noch ein-mal. Noch einmal. Noch einmal, aber inzwischen mit hörbar schwächer wer-dender Batterie. Dann tauchte rechter Hand ein extrem großes blaues Objekt mit großer Geschwindigkeit in meinem peripheren Sichtfeld auf, während ein extrem lautes Drucklufthorn durch jede Öffnung meines Kopfes schmetterte.

»Kannich helfn?«

Ich hatte die Augen fest geschlossen, gefasst auf einen letalen Einschlag oder Tod durch Beschämung. Ich öffnete sie und sah in ein sehr rundes und sehr rotes Gesicht, unterstrichen von einem feuchten Lächeln und ergänzt um eine geringe Zahl bräunlicher Zähne. Ich begriff, dass diese Worte ein Hilfsangebot waren, als zwei fleischige Hände den Rahmen der Front-scheibe fassten und anfingen, den Wagen rückwärts aus der Gefahrenzone zu schieben. Während wir langsam von der Kreuzung und auf den Schotter des Seitenstreifens krochen, schlängelte sich, zischend und rumpelnd, ein mehrachsiger blauer Truck langsam vor uns vorbei. Ich dankte meinem Retter, der um mir beizustehen anscheinend seine Pflichten als Verkäufer an einem mit Obst bestückten Tapeziertisch ein Stück weit hinter uns vernach-lässigt hatte. »Ihr Auto ist ein altes Auto«, sagte er mit großem Bedacht und ich ahnte, dass sein Nutzen sich womöglich erschöpft haben könnte. Ich öffnete einen Teil der Motorhaube und mir schlug eine beinahe sichtbare Hitzewelle entgegen. Die außerordentliche Befähigung des T-Motors für Wärmestrahlung würde mich immer wieder in Erstaunen versetzen. Es kam einem vor, als wäre Henry eine schreckliche Fehlberechnung unterlaufen und er hätte so durch Zufall den externen Verbrennungsmotor perfektioniert.

Nachdem ich mir drei Fingerspitzen verbrannt hatte und es mir nicht gelungen war, den T durch intensives Anstarren zu reparieren, erinnerte ich mich daran, wie ich unter den exakt gleichen Umständen häufig meinen alten Morris Minor wieder zum Leben erweckt hatte. Demgemäß beflügelt, bückte ich mich, zog meinen rechten Schuh aus und hieb mit der Sohle fest und wiederholt auf alles ein, was aussah, als würde es zum Zündsystem gehören. Dann sprang ich wieder hinein und betätigte den Anlasser. *Ka-dunk-a-dunk-a-dunk-a-quockquockquock-quieeek.* »'s war wohl nix«, bemerkte mein Assistent, den Rücken einer großen Hand langsam über die Nüstern ziehend. Das Klapperschlangen-Thermometer hatte bereits die 100 überschritten und siedende Ratlosigkeit trieb meinen Beschränktheitspegel in den kritischen Bereich. Ich rief Ross an.

In den anschließenden Stunden arrangierte ich das Innenleben meines Model T und große Teile seiner Karosserie auf dem heißen Asphalt zu einer kreativen Straßenrandinstallation. Als Basisschicht fungierten die abgenutzten Schraubenschlüssel und Schraubendreher aus der Werkzeugkiste, die Bob Kirk auf das Trittbrett an der Beifahrerseite geschraubt hatte. Obenauf und zwischen den beiden Plastikkisten, in denen sie im hinteren Fußraum untergebracht waren, lagen die Ersatzteile und die Ausrüstungsgegenstände, die Ross und Bob als überlebenswichtig für die Reise beigesteuert hatten. Eine Munitionskiste der Armee mit geöffnetem Deckel, die ein Sammelsurium aus Flaschen, Tiegeln und Pappkartons von archaischer Erscheinung preisgab. Ein Haufen kleiner Kaugummi-Döschen mit Beschriftungen wie »SPLINTE« und »ANLASSERTEILE«, die mit Filzstift auf die Deckel gekritzelt waren. Ein 7,5-Liter-Plastikkanister Benzin, ein kleinerer mit Wasser, drei Liter Öl. Ein Bündel Kabelbinder, eine Rolle Klebeband und verschiedene Sprühdosen. Eine Kiste Dichtungen und eine Fußpumpe, die ich unter dem Polster der Rückbank gefunden hatte. Das Polster der Rückbank. Im Staub auf ihren Scharnieren ruhend die Motorhaube, die sich vollständig gelöst hatte, als ich die gegenüberliegende Seitenklappe öffnete. Und darüber gebreitet wie eine von Dalís weichen Uhren die schweren schwarzen Falten eines Reifenschlauchs.

Ich vollzog diese großangelegte Transplantation unter den friedfertig-neugierigen Blicken meines Erretters auf der vergeblichen Suche nach einem Spannungsprüfer, den Ross irgendwo im Auto hinterlassen hatte und den ich, wie er mich ermahnte, brauchen würde, um den Prozess der Diagnose durchführen zu können. Ich hatte die Fahndung, nach dem ersten kurzen Telefonat, mit einem recht klaren Bild vor Augen eingeleitet: Demzufolge stellte ich mir das Gerät etwa taschenrechnergroß vor, mit einer Messanzeige und zwei dicken Kontaktstäben. Ich fand diese mir selbst eingegebene Vision so überzeugend, dass ich es nicht für nötig hielt, mir ihre Richtigkeit von Ross bestätigen zu lassen. Nun, bei der Begutachtung meines kleinen Impro-Schrottplatzes, nahm ich eine Neubewertung eines Werkzeugs vor, das unten aus dem Haufen hervorlugte, und rief ihn zurück. »Dieses Prüfding schaut nicht zufällig wie ein Schraubendreher mit einem Kabel an einem Ende aus?«

Das dienliche Vermächtnis dieser Episode bestand darin, Ross schließlich davon überzeugt zu haben, dass meine Bekundungen mechanischer Inkompetenz keineswegs auf falscher Bescheidenheit beruhten. Ich schickte mich wahrhaftig an, ausgestattet mit sehr profunder Unwissenheit ein hilfsbedürftiges, fragiles Relikt knapp 10.000 Kilometer quer durchs Land zu fahren. Als ich zum ersten Mal mit Ross telefonierte, gedachte er, meinen Platz in den Ausläufern mechanischer Basiskompetenz zu verorten, indem er fragte, ob ich jemals einen Zylinderkopf gewechselt hätte. »Tja, du wirst eine Menge Freude haben«, sagte er, als ich dies verneinte. »Auf jeder Reise, die ich mit dem T unternommen habe, gab es Menschen und Autos, die nicht durchkamen.«

Nun hielt ich das Telefon an mein sich rötendes Ohr und erwartete, und verdiente es auch, ein langes Schweigen zu vernehmen, gefolgt von einer genervten Verwünschung und einem abschließenden Klicken. Stattdessen führte mich Ross mit bemerkenswerter Geduld durch die elektromechanische Analyse, dabei seinen Tonfall mitfühlend zu dem eines Notdienst-Mitarbeiters rekalibrierend, der einen Säugling bittet, die Lebenszeichen eines komatösen Elternteils zu evaluieren. Und dann, es chirurgisch zu reanimieren. Denn nun, da ich den Fehler ermittelt hatte, galt es, ihn – mit Ross auf Freisprecher als Souffleur – zu beheben, indem ich den Verteiler auseinandernahm und dann den Zündzeitpunkt mittels einer denkwürdigen Kombination aus verzwickten, winzigsten Justierungen und beherztem, kräftigem Wuchten an der Handkurbel einzustellen. Diese Tätigkeiten entfachten die Neugier meines Gefährten aufs Höchste. Er kam näher heran, senkte seinen großen runden Kopf in den Motorraum und begann zu glucksen.

»Was zur Hölle ist das?«, rief Ross, während ich mit schmutzigen Fingern auf dem Display herumdrückte und vergeblich versuchte, die Lautsprecherfunktion ausfindig zu machen und zu deaktivieren.

»Das ist ein … ich habe hier einen Burschen, der, ähm … klingt es so besser?« Zur Ablenkung schlängelte ich eine Hand ins Auto und drückte den Anlasser, um ein dünnes elektromechanisches Husten auszulösen.

Ka-dunk-a-BRRRRRRACCHHH!

Nach zwei Stunden am Straßenrand erwachte das alte Automobil abrupt und furios zum Leben. Weder ich noch Ross hatten eine Ahnung, was wir gerade getan hatten, um es dazu zu bewegen. Wie sich ein ums andere Mal erweisen würde, schien der T zu kooperieren, wie und wann es ihm gefiel, eine eselhafte Launenhaftigkeit an den Tag legend, die in der Welt unbelebter Maschinerie keinen Platz hatte. Neben mir verzogen sich fünf bräunliche Zähne zu einem Lächeln und eine große rote Hand wurde erhoben. Ich erwiderte den Gruß mit einem Winken, dann bemerkte ich, dass ich noch eine kleine Plastikscheibe in der Hand hielt, die ich als den internen Staubdeckel des Verteilers erkannte. Und so, nach einer weiteren pfriemelnden Auszeit unter der Motorhaube, mäanderte ich geräuschvoll durch die drallen grünen Hügel von Zentral-Virginia davon.

250 Kilometer klingen nach keiner großen Entfernung, vor allem nicht in den USA, wo dies in vielen Bundesstaaten dem täglichen Weg zur Arbeit

oder einer Fahrt zum Einkaufen oder ins Kino und zurück entspricht. Aber für einen Novizen am Steuer eines Model T sind, wie ich Ihnen versichern kann, 250 Kilometer am Stück eine lebensverändernde Odyssee. An ihrem Abschluss sank ich vollständig bekleidet ins Nylon des Motels, alle viere von mir gestreckt, die Ohren noch klingelnd vom Dröhnen und Klappern. Dann neigte ich meinen leeren Kopf in Richtung der Gardinen und versuchte, ihn wieder zu füllen. Ich sah mich durch King William County tuckern, ein Kolonialreich betürmter Hexenprozess-Kirchen und sonnengebleichter Anger. Ich hörte das aufmunternde Rufen und Hupen selbst derjenigen, die über endlose Kilometer durch die gewundenen Hügel hinter mir hergeschlichen waren. Ahuga! Ich spürte die Hitze von Fords Feuerofen durch den Boden und die Sohlen meiner Schuhe aufsteigen, witterte den ersten, luftigen Hauch von Salz und Seegras.

Ich erinnerte mich der Runden auf dem Hof einer belebten Tankstelle in immer kleiner werdenden Kreisen: Wie meine Hände und Füße vollauf damit beschäftigt waren, einen kontrollierten Halt längsseits einer Zapfsäule hinzulegen, bevor der Bordstein auf brutalere Weise den Job erledigte. Wie ich den Vordersitz hochklappte, den somit offen gelegten Tankdeckel losschraubte und mit Hilfe eines Holzlineals den Inhalt auslotete. Wie ich unter den Blicken einer immer größeren Zahl Schaulustiger 30 Liter Normal einfüllte. »Welches Baujahr, Sir?« »Wie schnell fährt der?« »Kein Sicherheitsgurt?« »Naja, schätze, der ist eh witzlos, wenn man oben auf dem Benzintank sitzt...« »Wo kommen Sie her?« »Seit wann haben Sie den?« »Fahren Sie damit zum Oldtimerrennen in Richmond?« Wie ich zusah, wie diese offenen und freundlichen Mienen zu etwas ganz anderem entglitten, als ich die letzten drei Fragen beantwortete: Ich komme aus London in England; ich besitze dieses Auto seit sieben Stunden und fahre damit an den Pazifik.

Durch die Netzgardinen fixierte mich der T mit seinem arglosen, naiven Starren. Du hast ja Nerven, dachte ich, dazustehen und ganz lieb und nett und unschuldig dreinzublicken. Und nun erinnerte ich mich des dämonischen Grollens des ersten Gangs. Des zornigen, bockigen Abwürgens. Und vor allem des bleichen Schreckens, der von den eigensinnigen Vorderrädern ausging. Die kleinste Unebenheit auf der Oberfläche der Straße – eine Mulde, eine leichte Erhöhung, ein Kiesel, ein Zweig – ließ uns in anregend unberechenbarer Weise über den Asphalt schlittern; in überhöhten Kurven musste ich entgegen der Richtung der Kehre steuern, um zu verhindern, dass der T auf die falsche Spur und in den entgegenkommenden Verkehr geriet. Weniger todbringend, aber dafür umso beschämender waren meine Versuche, den Rückwärtsgang einzulegen. Diesem Vorgang war, wie Sie sich erinnern, ein eigenes Pedal vorbehalten, aber dieses auf den Boden zu pressen erwirkte nichts, sofern ich nicht gleichzeitig den Gashebel bis an die Schmerzgrenze durchdrückte. Selbst dann wurde rückwärtige Fortbewegung nur widerwillig vollzogen, was in seiner Gesamtheit jedes Mal eine audiovisuelle Darbietung bedeutete, die mir die falsche Sorte von Aufmerksamkeit bescherte.

Der Motelmanager – ein Inder mittleren Alters – hatte darauf bestanden, dass ich meine kostbare Antiquität vor der Tür meines Zimmers parkte. Wie traurig, seinen Kummer und Schrecken angesichts des haarsträubenden Manövers zu erleben, das diese Aufforderung nach sich zog. Wenigstens leistete er keine Widerrede, als ich anschließend mein Gepäck durch die Tür hineinwarf und verkündete, zu Fuß zu der von ihm empfohlenen Gaststätte zu gehen – der örtlichen Subway-Filiale –, obwohl dies hieß, zwei Kilometer entlang der zweispurigen Schnellstraße zu laufen. Anderthalb Stunden später schlurfte ich auf dem Seitenstreifen zurück, während mir Frühstück im Plastikbeutel gegen das Bein schlug: ein lauwarmes, übrig gebliebenes Drittel vom Sandwich des Tages.

Erst als ich aufwachte, fiel mir wieder ein, warum ich hierhergekommen war. Dies war das Motel, das dem ruhigsten Trump-wählenden Abschnitt des Atlantiks am nächsten lag, und außerdem befand es sich in Ordinary. Eine Stadt, die ihre Gewöhnlichkeit bereits im Namen trug, erschien mir als symbolträchtiger Startpunkt einer Reise durch das kleinstädtische, alltägliche Nullachtfünfzehn-Amerika unwiderstehlich. Und rückblickend muss ich sagen, dass Ordinary, Virginia, als ein Musterbeispiel modellhafter Eigentümlichkeit einen hervorragenden Job machte. Es war eher eine übergangslose Zone als eine Ortschaft, eine Ansiedlung ohne erkennbares Zentrum, nur ein weitmaschiges Netz stiller, von zweispurigen Straßen durchschnittener Wohngebiete. Keine Fußgänger, und überhaupt kaum sichtbare Anzeichen von Leben jenseits der Autos, die alle paar Sekunden vorbeirasten.

Der Subway, in den ich gegangen war, lag mitten in der spartanischen Ladenzeile, die den George Washington Memorial Highway säumte, eine Abfolge um die Existenz ringender Einzelhandelsgeschäfte mit einer Menge leerer, überwucherter Freiflächen zwischen den Gebrauchtwarenläden und Hunter's Heaven Guns & Archery. Ein enormes Sternenbanner, gute sieben Meter breit, flatterte sanft von einem Mast an der Straße. Im Rinnstein daneben quoll ein toter Waschbär auf. Auf einem Schild vor einer der Kirchen in Fertigbauweise stand »GEBET – AMERIKAS EINZIGE HOFFNUNG«. Auf meinem erschöpften Gang zum Subway zählte ich ein halbes Dutzend TRUMP-PENCE-Autoaufkleber, dazu ein selbstgemachtes Plakat im Vorgarten eines in einer Seitenstraße gelegenen Bungalows, auf dem in sehr großen Lettern »FOR SALE – AMERICA« stand und darunter, etwas kleiner: »Wenden Sie sich an die Clinton Foundation«. Allesamt sachdienliche Erinnerungen daran, dass Ordinary und viele tausend andere etwas heruntergekommene Orte wie dieser soeben eine kleine Rolle in etwas Außergewöhnlichem gespielt hatten. Im zweifellos unfassbarsten politischen Ereignis der Nachkriegs-Demokratie. Trump holte hier zwei Drittel der Stimmen, die Demokraten erzielten ihr schlechtestes Ergebnis seit 44 Jahren.

Um sieben Uhr in der Früh stand ich draußen auf dem Vorplatz des Motels, die Sonne brannte schon vom wolkenlosen Himmel, die Motorhaube des T war bereits geöffnet. In einer Hand: eine Literflasche SAE30-Motoröl. In der anderen: mein Mobiltelefon, die geöffnete Google-Seite mit der Eingabe »Wo ist beim Ford Model T der Öldeckel?« in der Suchmaske. Niemand hatte je meine Intelligenz damit beleidigt, es mir zu zeigen, und es war mir daher zu peinlich, danach zu fragen. Nun öffnete ich den angegebenen Verschluss und goss ein, während ich in regelmäßigen Abständen den Messstab begutachtete. Zu meinem Schrecken war die Flasche leer, bevor die geforderte Anzeige erreicht war, ein Verbrauch, der nicht gänzlich durch die schmierigen Pfützen zu erklären war, die sich über Nacht auf dem Platz gebildet hatten. Immerhin wusste ich, wo das Wasser hingehörte: direkt

unter den eleganten, silbern geflügelten Kühlerdeckel mit dem eingebauten »Motometer« zur Temperaturmessung, der den Kühlergrill krönte. Aber trotz meines angestrengten Bemühens rührte er sich keinen Millimeter. Ich zog und drehte und zerrte und fluchte. Dann, während ich versuchte, mir nicht seine Miene beim Lesen der Nachricht vorzustellen, schickte ich Ross eine Anfrage. »Wird einfach abgeschraubt«, antwortete er. Wenn auch erst eine Stunde später, nachdem ich das reizende Teil mit Hilfe einer Rohrzange gefügig gemacht hatte. Ich hatte außerdem, mit einer Kartusche eines dickflüssigen, roten Schmierstoffs, etwas noch viel Schlimmeres und weitaus weniger Erfolgreiches getan. Nur eine winzige Menge davon hatte ihren Weg in die leere Kammer von Ross' Fettpresse gefunden. Der Rest war gewaltsam an Stellen verteilt worden, von denen der bedauernswerte Motelmanager vermutlich noch heute manche entdeckt.

Ich hatte meinen offiziellen Start lange im Voraus auf Google Street View geplant und ich hatte gut geplant. Die Fleming Road, nur einen schnellen und angsterfüllten Katzensprung von Ordinary entfernt, war eine friedvolle, von Kiefern gesäumte Allee, die direkt in den Atlantik hineinlief, oder zumindest an das salzige Gestade der Chesapeake Bay, von der ich hoffte, dass man sie auch als Küste gelten lassen würde. Ich knirschte über die letzten Kiefernzapfen und stellte den Motor ab – die Vorderräder ruhten stilecht auf einem Streifen bleichen Sands. Zwei marode Anlegestege ragten in das flache, ruhige Wasser; auf der gegenüberliegenden Seite der Bucht stieg aus einem fernen Paar Fabrikschornsteine Rauch auf. Ich stieg aus. Donnerwetter, war das warm. Ein großer Raubvogel kreiste hoch oben am windstillen blauen Himmel. Ein Sternenbanner hing schlapp von seinem Mast auf dem umzäunten Grundstück eines Strandhauses. Ich leerte die kleine Wasserflasche in meiner Hand, dann ging ich über den Sand, beugte mich hinunter und füllte sie recht umständlich mit der lauwarmen Brühe. Um meiner Reise ein romantisches Gefühl der Sinnhaftigkeit zu verleihen, plante ich, sie damit zu krönen, ein paar Unzen Atlantik in den Pazifik zu kippen.

Ich blickte um mich und seufzte. Würde man die Schornsteine rausretuschieren, wäre dies durchaus ein Ort zum Verweilen. So aber besudelte ich die Szenerie wüst mit einem spuckenden, dröhnenden Wendemanöver in zwölf Zügen und einem beherzten Stoß ins Horn. Ahuga! Ahuga! Ahuuuuuuuuuuga!

KAPITEL 4

Das Auto, das am 27. September 1908 im Werk der Ford Motor Company an der Piquette Avenue in Detroit vom Band rollte, sah nicht gerade nach Kassenschlager aus. Mit seinen hohen Kotflügeln, den dicken Speichen der Wagenräder und den gedrungenen, kastenartigen Proportionen mutete es eher wie ein Rückschritt in das Zeitalter der Pferdekutsche an. Das Gleiche galt für den Karosseriebau: über ein Gerippe aus Hartholz gebogene Metallbleche. Der Rolls-Royce Silver Ghost, der ein Jahr zuvor vorgestellt worden war, war ungleich repräsentativer für den Automobilmarkt der damaligen Zeit: ein schnittiges Reiche-Leute-Spielzeug, das wie Samt über die glatten Straßen der europäischen Städte rollte.

Doch Ford setzte seine Hoffnungen auf die boomende amerikanische Mittelschicht, vor allem auf die Farmer, die es mit der Versorgung der wachsenden Bevölkerung der Nation zu Wohlstand gebracht hatten: Von 1900 bis 1910 schoss der Preisindex für Agrarprodukte um beispiellose 52 Prozent in die Höhe. Kein anderer Autohersteller schien zu wissen oder sich darum zu scheren, dass die meisten Amerikaner in Kleinstädten oder auf den sechs Millionen Farmen des Landes lebten. Da er selbst auf einer aufgewachsen war, wusste Henry hingegen sehr genau um die Prioritäten dieser Bevölkerungsgruppe: Robust, simpel, praktisch musste es sein. Die amerikanischen Straßen galten damals mit als die schlechtesten der Welt, die Räder des Model T waren daher so ausgelegt, dass sie sich in die Spurrillen der Fuhrwerke einfügten, und das hoch über dem Boden befindliche Chassis war dazu konstruiert, auch über extravagante Unebenheiten hinwegzufedern und -zusetzen. Klein und leicht, wie er war, konnte der T sich aus lockerstem Sand und dickstem Schlamm befreien. Seine Reichweite von rund 300 Kilometern übertraf das gesamte Netz asphaltierter Straßen der Nation um 80 Kilometer. Der Model T würde mutig dorthin gehen, wo nie ein Auto zuvor gewesen war. Und das für nur 825 Dollar, viel weniger als jegliches Konkurrenzangebot und – noch wichtiger für sein vorgesehenes Marktsegment – um die 150 Dollar billiger als ein Pferdegespann.

Henry war in höchstem Maße überzeugt von seinem »universellen Automobil«: Auf einer 2.000 Kilometer langen Testfahrt rund um die Großen Seen widerfuhr ihm nichts Schlimmeres als ein Platten. Aber weil zuvor noch niemand versucht hatte, viele Autos an viele Menschen zu ver-

kaufen – nur zwei Prozent der Familien auf dem Lande besaßen eins –, hatte er keine Ahnung, wie sein nützliches Angebot beim Publikum ankommen würde, bis am 2. Oktober, einem Freitag, die ersten Zeitungsannoncen veröffentlicht wurden. »Kein Auto unter 2.000 Dollar bietet mehr«, schmeichelte der Text, »und kein Auto über 2.000 Dollar bietet mehr außer Schnickschnack.« Für Henry Ford, inzwischen 45 Jahre alt, war es die letzte Chance auf den großen Wurf.

Er musste nicht lange warten. »Mit der Samstags-Post«, erinnerte sich die Ford Times viele Jahre später »kamen fast eintausend Anfragen. Bereits am Montag versanken unsere Sekretäre in Post, und Dienstagabend war das Büro geradezu überschwemmt.« Kein anderes Auto hatte sich bis dahin mehr als 7.000 Mal verkauft. Der Model T erreichte die doppelte Zahl noch bevor er überhaupt in Produktion ging. Ein Händler in Pennsylvania schwärmte: »Es ist ohne Zweifel die großartigste Schöpfung im Automobilbereich, die einem Volk je dargereicht wurde.«

Im Mai 1909 sah sich das überforderte Unternehmen gezwungen, zwei Monate lang keine neuen Bestellungen anzunehmen. Binnen eines Jahres war Ford den Räumen in der Piquette Avenue entwachsen und zog um in ein neu errichtetes Werk in Highland Park. »Es war das richtige Auto zur richtigen Zeit und zum richtigen Preis«, sagte Philip Van Doren Stern, der die Erzählung schrieb, auf der Ist das Leben nicht schön basiert, und somit als glaubwürdige Autorität für Kleinstadt-Wunder gelten dürfte. Und der Preis wurde immer richtiger. 1911 verkaufte Ford 35.000 Model Ts und Henry senkte den Verkaufspreis auf 680 Dollar. Zwei Jahre später setzte er 170.000 zu je 525 Dollar ab – ein paar Dollar weniger als das durchschnittliche Jahreseinkommen eines Amerikaners.

In den ersten Jahren des 20. Jahrhunderts fristete eine typische amerikanische Farmersfamilie nach herkömmlichen menschlichen Maßstäben ein ziemlich undankbares, wenn nicht gar rundheraus beschissenes Dasein: um vier Uhr morgens aufstehen, nach einer Nacht in einem unbeheizten Raum, und mit der Aussicht auf nichts weiter als ein Abendessen und Schlaf, wenn ein weiterer harter Tag überstanden wäre. Während Fords provinzielle Kunden sich also einredeten, einen Model T zu kaufen, um damit Getreidesäcke oder eine Rolle Stacheldraht zu transportieren, hatten sie sich in Wirklichkeit von den atemlosen, Horizont erweiternden Möglichkeiten verführen lassen, die diese Anschaffung versprach: ein Abstecher aufs Land zum Picknicken oder über die Hügel, um die Schwiegereltern zu besuchen, ein Tagesausflug zum Jahrmarkt mit heruntergeklapptem Verdeck auf offenen Straßen, einfach fahren um des reinen Fahrvergnügens willen. Aufregender Kitzel für Farmer, die sich sonst nie mehr als 15 Kilometer von zu Hause entfernten. Sehnsüchte befriedigen, von denen sie nicht einmal ahnten, dass sie sie hatten. Geschwindigkeit und Freiheit. Aus der fürchterlichen Isolation des ländlichen Lebens ausbrechen. Mit Leuten abhängen, die man tatsächlich mochte, statt mit welchen, die zufällig in der Nähe wohnten.

Norval Hawkins, Fords wegweisender Verkaufsleiter, begriff das alles. »Man verkauft keine Waren«, bemerkte er vorausschauend, »sondern Vorstellungen von Waren.« Seine Werbefeldzüge zielten auf Emotionen ab und zeigten stolze, einsame Model Ts über Slogans wie »Herr der Straße« oder »Gehorche dem Impuls«. Es gab frühe Versuche mit automobilem Sex-Appeal: Eine Anzeige zeigte einen jungen Burschen und zwei Mädels auf dem Rücksitz eines Model T, dazu die Zeile: »Sehen Sie sich das Bild an und entscheiden Sie selbst.« Henry Ford hegte ein eher nüchternes Verständnis von Marketing, glaubte aber dennoch, seine Kunden besser zu kennen als sie sich selbst. »Hätte ich die Leute gefragt, was sie wollen, hätten sie gesagt: ein schnelleres Pferd.«

Das Planetengetriebe, eine ernsthafte Abschreckung für diejenigen unter uns, die bereits Erfahrungen im Umgang mit Schalthebeln besitzen und sich erst in einem schmerzhaften Prozess von allen vertrauten Routinen lösen müssen, konnte von Bauern, die nie zuvor gefahren waren, rasch erlernt werden. Zudem war der Model T so konzipiert, dass er ihren Hinterwäldler-Basteltrieb ansprach: ein Auto, das von jedem Farmer mit Bindedraht und einem Hammer am Straßenrand repariert werden konnte. Als ein Indikator dafür, welchen Erfolg Henry unter der Landbevölkerung genoss, darf die Tatsache gelten, dass die Zahl der Automobilbesitzer in Iowa bis 1910 sechs Mal höher war als in New York City. Und fast jedes Auto in Iowa war seinerzeit ein Model T. In jenem Jahr stimmte das US-Landwirtschaftsministerium einen Lobgesang auf die Befreiung des ländlichen Amerikas durch den Model T an, der in der Feststellung gipfelte: »Nie zuvor haben so weite Teile der Einwohner eines Landes den erhebenden Geist gekannt, den freie Ausübung von Kraft und Unabhängigkeit bringen kann.«

1912 beschäftige Ford mehr Verkäufer als jedes andere US-Unternehmen. Der Konzern hatte 3.500 Händler im ganzen Land, und jeder von ihnen hatte jede einzelne der 5.000 Komponenten des Model T vorrätig zu haben. Eine beispiellose Reklame-Manie griff um sich, als Ford-Händler sich gegenseitig darin zu übertreffen versuchten, die erstaunlichen Möglichkeiten des Autos zu demonstrieren. Händler fuhren Ts zu Werbezwecken die Treppen des YMCA in Columbus, Nebraska, hinauf oder eine Treppe am Alamo Square in San Francisco hinunter oder gleich zwei Stockwerke rauf in den Flur eines Gerichtsgebäudes in Kentucky. Sie fuhren sie bis unters Dach beladen durch die Straßen: fünfzig Jungen in einem, drei Fässer Tabak in einem anderen, im nächsten eine ganze Abschlussklasse oder das Baseball-Team der St. Louis Browns. Ein Händler in Houston ließ seinen Wagen sechs Tage und Nächte lang mit 15 km/h laufen, ohne einmal den Motor abzustellen. Ein anderer, der beide Arme verloren hatte, zog eine Schau ab, bei der er die Anlasskurbel mit den Füßen bediente.

T-Besitzer waren nicht weniger erpicht darauf, die Möglichkeiten zu erforschen. Farmer nutzten ihre Autos als bewegliche Energiequellen zum Schälen von Getreide, zum Brettersägen und Wasserpumpen. Sie wurden an die Veranda herangefahren zum Buttern und Waschen. Prediger brachten am Heck einen Verschlag samt Schindelturm an und hatten eine mobile Kapelle. Zubehörhersteller bedienten den Sekundärmarkt und boten eine Vielzahl an Geräten und Vorrichtungen feil: Heizkörper, »Anti-Rüttel«-Vibrationsdämpfer, zigarrenförmige Sportwagen-Karosserien.

So richtig Fahrt auf nahm das Model-T-Phänomen im Jahr 1913, nachdem Ford und sein Team in Highland Park das erste Fließband vorstellten. Henry war weniger ein Erfinder als ein herausragender Innovator: Er konzentrierte sich darauf, bereits vorhandene Produkte und Methoden zu erweitern und zu verfeinern, sein Erfolgsgeheimnis war eine Zusammenführung entlehnter Techniken. Wichtigste Inspiration waren die Schlachthäuser von Chicago, wo Fleischarbeiter an einem über ihren Köpfen verlaufenden »Zerlegeband« die geschlachteten Tiere zerhackten. Ford kehrte dieses System einfach um, überzeugt davon, dass die Wiederholung einfacher manueller Aufgaben an einem Fließband wesentlich effizienter wäre als das herkömmliche Herstellungsverfahren, bei dem Teams von Facharbeitern an statischen Montagestationen Komponenten zusammenbauten.

Aber ebenso wie er es mit der Vorstellung des Model T getan hatte, wagte Henry auch hiermit einen kühnen Sprung ins Dunkel. Er baute Highland Park zur größten Fabrik der Welt aus, wo 14.000 Angestellte an Fließbändern und Hängekränen arbeiteten, die Autoteile bei gleichbleibendem Tempo von zwei Metern pro Minute in 300 Meter langen Produktionsstraßen an ihnen vorbeibeförderten. So etwas hatte man noch nie zuvor gewesen. »Wundervoll, wundervoll«, kreischte Präsident Taft nach einem Rundgang durch die neue Anlage. »Ich bin begeistert von der Größenordnung der Einrichtung und kann jetzt noch das Dröhnen der Maschinen hören!« »Das Ford-Werk ist ein Wunder«, schrieb einer der vielen nach Luft schnappenden Journalisten, die Highland Park einen Besuch abstatteten. »Hunderte von Teilen, in unfassbarem Tempo in gewaltigen Mengen hergestellt, fließen einem Punkt zu. Die Endfertigung ist die wundersamste Sache von allen.«

Tja, Henry hatte wieder mal recht behalten. Die Zeit für die Produktion eines Model T sank von dreizehn Stunden auf 93 Minuten und bald rollte in Highland Park alle elf Sekunden ein fertiges Auto vom Band. 1916 verkaufte Ford 500.000 Ts und senkte den Preis auf 345 Dollar. »Wie die biblische Geschichte vom Brot und den Fischen«, schrieb Fords Biograf Steven Watts. »Ford schien durch einen übernatürlichen Prozess die materielle Versorgung von Tausenden von Menschen zu schaffen. Seine Mitbürger reagierten mit einer Art kultischer Verehrung.« Erst jetzt prägte Henry die berühmteste Maxime des Model T. Vor 1915 hatten die Autos das Werk in den Farben Grün, Blau, Rot oder Grau verlassen, aber Schwarz war billiger und langlebiger, und angesichts einer beinahen Monopolstellung am Markt fühlte er sich ermutigt, es zur alternativlosen Wahl zu machen. 1917 stellte Ford sämtliche Reklame für das Auto ein und fing erst sieben Jahre später wieder damit an. Es war schlicht und ergreifend witzlos – dieser Wagen verkaufte sich eh von selbst. Inzwischen wurde er nicht einmal mehr vom Hersteller als »Model T« bezeichnet. Er war nun einfach »das Ford-Auto«.

Der allgegenwärtige T, ein nationales Heiligtum noch vor seinem zehnten Geburtstag, eroberte sich bald einen festen Platz in der Populärkultur. Zwangsläufig wurden Spitznamen ersonnen, zwei davon blieben haften. »Flivver«, eine umgangssprachliche Bezeichnung für billige und lustige Maschinen aller Art, war schon 1910 weit verbreitet. Niemand weiß genau, wo der Kosename »Tin Lizzy«, aus dem im Deutschen die »Blechliesel« wurde, seinen Ursprung hatte, doch das New Dictionary of American Slang wartet mit einer Herleitung auf, die heutzutage einen bitteren Beigeschmack hat: »Robust, verlässlich und schwarz wie die traditionelle, idealisierte Dienstmagd des Südens, Elizabeth genannt.« Es gab Dutzende Ford-Witzebücher und Tausende scherzhafte Postkarten, die sich mit sanftem Spott über die blecherne Klapprigkeit des kleinen Autos lustig machten oder seinen beherzten Schneid priesen. Henrys Lieblingswitz, wie er gegenüber dem Denver Express verriet, als er die Stadt 1915 besuchte, handelte von einem alten Mann, der mit seinem Ford begraben werden wollte, »denn das verfluchte Ding hat mich noch aus jedem Loch rausgeholt, in das ich geraten bin«.

In Varietés erklangen humoristische Knittelverse: »Meine Liebste hing überm Benzintank und warf hinein einen Blick, ich entzündete helfend ein Streichholz, oh, bringt mir die Liebste zurück.« Amerikas früheste Auto-Fummeleien wurden in einem populären Liedchen namens »Auf der guten alten Rückbank von Henry Ford« besungen. Am anderen Ende des kulturellen Spektrums schrieb der Avantgarde-Komponist Frederick Shepherd eine vierzehnminütige Fantasie mit dem Titel Flivver Ten Million, komponiert für echte Autohupen und mit Quietschen, Klappern und einer gewaltigen Kollision, die von der Kritik positiv aufgenommen und von mehreren namhaften Orchestern aufgeführt wurde. Das alles war gute Publicity. Ford störte sich auch nicht daran, dass Kaliber wie Laurel und Hardy sich auf der Leinwand wieder und wieder an seinen geliebten Maschinen vergingen, denn der Witz gründete darauf, dass diese plattgewalzten, halbierten und versenkten Ts weiterhin beharrlich ihren Dienst verrichteten.

Im Krieg ging Henrys universelles Automobil dann auf Weltreise, als 125.000 Ford Ts der Sache der Alliierten dienten und der schwereren europäischen Konkurrenz auf matschigen, zerschossenen Schlachtfeldern auf beeindruckende Weise den Schneid abkauften. Bald wurden Werke in Frankreich, Dänemark, Argentinien, Spanien, Uruguay, Italien, Belgien, Südafrika, Mexiko, Deutschland, Indien und auf der malaiischen Halbinsel eröffnet. Rund 300.000 Model Ts wurden im Ford-Werk in Manchester gefertigt und mehr als 750.000 von Ford Canada. Im Jahr 1921, als Ford eine Million Stück zu 325 Dollar das Stück absetzte, waren fast zwei Drittel der Autos, die es in Amerika gab, Model Ts. So wie auch die Hälfte der Autos weltweit. Und sie alle waren durch die Bank schwarz.

Den Gipfel ihrer Popularität erreichte die Blechliesel im Jahr 1924, als Ford zwei Millionen Model Ts zum Preis von je 260 Dollar das Stück baute und verkaufte. Danach ging es nur noch bergab. Doch es war ein ziemlich hoher Berg gewesen. Als die Produktion am 26. Mai 1927 eingestellt wurde, waren in 19 Jahren mehr als 15 Millionen Ford Ts hergestellt worden. Der VW Käfer brauchte fast doppelt so lange, um diese Marke einzustellen, und kein anderes Auto danach kam auch nur annähernd heran.

* * *

»Sie verfügen über mehr Geschwindigkeit, als Sie auf durchschnittlichen Straßen oder sogar auf allerbesten Straßen außer unter hervorragenden Bedingungen gefahrlos nutzen können, und sehr viel mehr, als Sie zu nutzen versuchen sollten, bis Sie sich mit Ihrer Maschine vollständig vertraut gemacht haben und die Bedienung von Bremse und Hebeln praktisch wie von selbst gelingt.« So lautete ein Abschnitt aus dem Benutzerhandbuch des 1909er Model T, überschrieben mit »Gehen Sie es langsam an« und gerichtet an einen Fahranfänger. Es ist eine spannende Einsicht in die Beschränkungen des frühen Automobilzeitalters, als ein Wagen mit einer Höchstgeschwindigkeit von rund 63 km/h als eine echte Gefahr erachtet werden konnte, wenn er in falsche Hände geriet.

Ich hatte zwei solcher Hände und dazu ein Paar ebensolcher Füße, die alle weit davon entfernt waren, irgendetwas wie von selbst zu bedienen. Andererseits fuhr ich auf Straßen, die besser waren als die allerbesten, die 1909 zu finden waren. Bis 1920 wurde jedes Jahr eine Milliarde Dollar in neue und verbesserte Straßen investiert und die Geschwindigkeiten wurden immer höher. Auf meinem Weg in nordwestlicher Richtung durch Virginia rollte ich geschmeidig dahin auf breitem, verwaistem Asphalt, vorbei an Briefkästen mit fünfstelligen Hausnummern, an Landplagen gelber Schulbusse, die über den Sommer abgestellt waren, an Gründerväter-Siedlungen mit Namen wie Gloucester, Essex, Port Royal. Zuversicht legte mir ihre besänftigende Hand auf die Schulter, dann begann sie verstohlen am Gashebel zu ziehen. Das GPS zeigte 63 km/h. Der T pendelte sich in einem surrenden Wohlfühlrhythmus ein. Ich entkrümmte mich ein klein wenig, entspannte mich, so gut es die Holzkugeln gestatteten, und ließ die warme, grüne Welt durch die geteilte Frontscheibe auf mich zukommen, während der geflügelte Motometer auf meinem Bug wie eine Kühlerfigur gleichmäßig auf und ab hüpfte. Das war schon besser. Das war schon viel besser.

Und so verfiel ich, für einige heiße und berauschende Tage, in so etwas wie eine Routine. Ich stand früh auf, um der Hitze zu entgehen, schüttete eine Flasche Öl nach, dann tuckerte und rumpelte ich nach Nordwesten in die ungefähre Richtung von Detroit, indem ich mich an den rötesten Flecken auf meiner Karte orientierte. Ich drang in die wohlhabenden Außenposten des Pick-up-Landes vor, vorbei an schmucken holzverschalten Farmhäusern mit ein paar dekorativen Weinstöcken davor und an Golfplätzen, die zwischen von der Sonne geküssten Maisfeldern angelegt waren. Die Straße begann sich durch Hügel zu winden und zu ziehen, die von Hickory, Eichen und Zuckerahorn bestanden waren. Es war eine Idylle, die nur von überreifen Kadavern beeinträchtigt wurde, die auf den ländlichen Asphalt gekleistert waren und Schwaden berauschender Verwesung in meine offene Kabine trugen: Waschbären, Hirsche, Füchse, Eichhörnchen, fette Opossums, das Fragezeichen einer platten schwarzen Schlange. Und diese armen kleinen Stinktiere mit ihren puscheligen Iros, deren Dünste mir schon aus einer Meile Entfernung in die Nase stiegen.

Ich füllte Benzintank und Magen an Tankstellen wieder auf, plauderte mit den ziellosen Sheriffs, die sich dort ständig zu versammeln schienen. Ziemlich häufig schlurfte ein freundlicher Senior heran und lehnte sich in die Kabine des T hinein. »Habe in so einem das Fahren gelernt«, sagte einer mit heiserem Kichern. »Das da ist die Bremse, das der Rückwärtsgang, und das da schießt dich direkt durchs Scheunentor.« Bei fast jedem dieser frühen Boxenstopps manifestierte sich irgendein drastisches Wartungsproblem. Ich prüfte den Reifendruck und stellte fest, dass er 70 Prozent unter den von Ross empfohlenen Werten lag, oder entdeckte, dass sich die Hälfte der Radmuttern gelockert hatte, oder vernahm ein schwaches Klirren, wenn ich die Tür zuwarf, stieg aus und entdeckte eine große rätselhafte Schraube auf dem Asphalt. Es war eine Art Funktionstest: Nach Jahrzehnten unbeständigen Rentner-Herumtuckerns wurde mein untadeliges altes Auto von den Härten dauerhaften Gebrauchs entzweigerüttelt.

Und ich stürzte mich wacker in den ersten ernsthaften Verkehr, gefangen in einem Netz miteinander rangelnder Spuren, wenn ich größere Ortschaften passierte. Da ich nicht wagte, einen Schulterblick durch die winzige Rückscheibe zu werfen, beschränkten sich meine Kenntnisse des rückwärtigen Geschehens auf das, was der ratternde und ruckelnde Seitenspiegel preisgab. Es war wie Toms Sicht der Welt, nachdem Jerry ihm mit der Bratpfanne eins übergezogen hat. War das nur ein Truck, der hinter mir herandampfte, oder deren sechs? Draußen auf offener Strecke war das kaum von

Belang: Was auch immer sich von hinten einem Model T nähert, zieht schon bald vorbei. Mitten im Stadtverkehr aber war die Ungewissheit zutiefst beunruhigend, allen voran die unbemerkt Überholenden, die plötzlich aus meinem toten Winkel herausschossen. Ich wich behutsam, mich für einen Aufprall wappnend, auf die Kriechspur aus, die dann von einem parkenden Wohnmobil versperrt war oder zu einer Rechtsabbiegerspur wurde oder aber sich einfach im Nichts auflöste. Der Stress verschlimmerte sich noch durch die Parade roter Ampeln, mit denen Amerikas Ringstraßen reich bestückt sind: Es sollte mehr als 1.500 Kilometer dauern, bevor mir erstmals das verachtete Symbol des europäischen Gängelverkehrssozialismus begegnete, der Kreisverkehr.

Ein früher Autofahrer bezeichnete die Betätigung des Bremssystems des Ford T sehr treffend als »eher ein Ritual als eine funktionelle Tätigkeit«. In meinem Fall bestand sie aus einer unter keinem guten Stern stehenden Verknüpfung aus Untauglichkeit und eigensinniger Unbeständigkeit, die, wenn in extremis angewendet, den Wagen mit blockierten Hinterrädern und nur minimaler Drosselung der Geschwindigkeit hilflos über die Fahrbahn schleudern ließ. »Gute Bremsen ermuntern zu schlechtem Fahren«, sagte Herbert Austin, der britische Henry Ford, ein Mann, der ungerechterweise an einer Lungenentzündung verstarb.

Wenn vor mir eine Ampel von Grün auf Gelb sprang, musste ich eine schnelle Entscheidung treffen: in die Eisen gehen und riskieren, seitwärts in die Mitte der Kreuzung zu schlittern, oder Vollgas geben und mit einer Salve warnender Ahugas über Rot heizen. Und das alles, während ich gleichzeitig versuchte, in gleicher Weise das aufmunternde Winken zu erwidern, all die gegrölten und zunehmend vertrauten Fragen zu beantworten, die mir von Fenster zu Fenster gestellt wurden (»Netter Schlitten – welches Jahr?«), und mir ein Lächeln für die Fotohandys abzuringen. Wie schrecklich nah manche Überholende auf der Jagd nach dem optimalen Schnappschuss herankamen. Doch wie erschreckend es auch war, konnte ich ihnen ihre Sorglosigkeit kaum verübeln. Von all den Gedanken, die sich einem beim Überholen eines extrem alten Autos anbieten mochten – ach, wie süß; was für ein entsetzlicher Radau; gelobt sei das 21. Jahrhundert –, gab es einen, der nie aufkam: Ich wette, der

Typ, der das Teil da fährt, hat absolut keine Ahnung, was er da treibt, und könnte in jedem Moment blindlings ausscheren und uns alle umbringen.

Die Boxenstopps gaben den Takt vor: Ich suchte eine weitere Tankstelle auf, um Flüssigkeiten und Nahrung nachzufüllen, und ein paar Stunden später steuerte ich die nächste an, um alles wieder abzuladen. Wie ich feststellen würde, spielte sich ein großer Teil des kleinstädtischen Lebens um die örtliche Tankstelle ab. Amerikanische Landbewohner fahren viel und zwar meist in einem Pick-up mit dem Kraftstoffverbrauch eines Eisbrechers, sie müssen daher oft nachtanken. Und nicht nur mit Bleifrei. Jede noch so winzige Tankstelle ist geradezu ummauert von Batterien mannshoher Glastür-Kühlschränke, die mit Reihen glitzernder, bunter Getränkedosen bestückt sind. Ich war wie gelähmt. Mit ihrer sterilen Innenbeleuchtung und den Schwaden kältetechnischen Dunstes hafteten diesen Installationen etwas ehrfurchtgebietend Futuristisches an, fast wie klimageregelte Aufbewahrungsanlagen für lebensspendende Kostbarkeiten.

Rar war der Kunde, der ohne eine von Kondensation perlende Erfrischung ging. In den größeren Tankstellen gab es außerdem Getränkespender zur Selbstbedienung mit ineinander gestapelten Bechern daneben, deren Füllmenge von Zylinderhut bis Regentonne reichte. An meinem dritten Morgen sah ich einen kräftig gebauten Sheriff mit einem Trinkbecher von der Größe eines Büroabfalleimers aus einer Tankstelle herauskommen. Als ich hineinging, um zu bezahlen, warf ich einen verstohlenen Blick in den Streifenwagen und sah ihn den Becher vorsichtig in einen verlängerten trichterförmigen Adapter einfügen, der im Becherhalter der Konsole steckte.

Nun, da der Quarzergipfel offenbar überschritten ist, rangiert Amerikas Sucht nach Limonaden einsam an der Spitze als größte Belastung für das Gesundheitswesen in den westlichen Industrienationen. Werfen wir einen Blick auf die klebrigen Tatsachen. In den letzten drei Jahrzehnten hat sich die Häufigkeit von Diabetes in den USA verdreifacht, während der Verzehr zuckerhaltiger Erfrischungsgetränke sich verdoppelte – auf 170 Liter im Jahr pro Kopf. Das Vorkommen von Fettleibigkeit hat sich unter Erwachsenen mehr als verdoppelt und unter Kindern im Alter zwischen sechs und elf Jahren gar vervierfacht. J. D. Vance, der in den Appalachen aufgewachsene

Autor von *Hillbilly-Elegie*, war neun Monate alt, als seine Mutter begann, sein Fläschchen mit Pepsi zu füllen. Mehr als ein Drittel aller Amerikaner gilt inzwischen als adipös – ein doppelt so hoher Anteil wie in Großbritannien, und wir sind immerhin die Fettwänste Europas.

In den 1970er Jahren war die größte Füllmenge, die bei McDonald's angeboten wurde, knapp 0,6 Liter. Heute ist es mehr als ein Liter. 1995 stellte die Fast-Food-Kette Wendy's den als »einen Strom eiskalten Vergnügens« gepriesenen 1,2 Liter fassenden »Great Biggie« vor. Dabei enthält schon eine normale 0,33-Liter-Dose Limo das Äquivalent von neun Teelöffeln Zucker. Trinken Sie einen Great Biggie und Sie haben mehr als 30 Teelöffel intus. Doch dieser spritzige, süße Strom wird noch in den Schatten gestellt von einem Sirup-Tsunami, der jeglicher physiologischen Vernunft spottet: Mit rund 1,5 Litern ist der »Double Big Gulp« von 7/11 um 156 Prozent größer als das Magenvolumen eines durchschnittlichen Erwachsenen. Junge Männer zwischen 12 und 29 konsumieren heute im Schnitt 600 Liter kohlensäurehaltige Limonade im Jahr – das sind jeden Tag fast zwei Liter. Ein erstaunliches Maß an Einsatzbereitschaft, geradezu ein Vollzeitjob.

Mir war das ganze hilflose, gedankenlose Ausmaß dieser Sucht erstmals zehn Jahre zuvor bei einem Bürgerkrieg-Reenactment in den Wäldern von Louisiana begegnet, wo ich im Rahmen der Recherchen zu einem Buch über gelebte Geschichte weilte, an dem ich damals arbeitete. Die zivilen Flüchtlinge, mit denen ich kampierte, zählten zu den fanatischsten und authentischsten Reenactment-Darstellern, die mir je untergekommen waren. Sie hatte ihre Ochsenkarren von Grund auf selbst gebaut, bis hin zu den Nägeln, die sie in einer holzkohlebefeuerten Hinterhof-Gießerei schmiedeten. Sie fertigten aus Tierknochen ihre eigenen Knöpfe, webten Kleider an einem Handwebstuhl, löffelten Maisgrütze aus zwiebelfleckigen Holzschüsseln und sagten »schon recht« statt »okay«. Sie wussten mehr über englische Geschichte als ich, jammerten viel weniger über Spinnen und bewahrten ihre Würde auch dann, wenn sie zu hören bekamen, dass sie in Knob Lick lebten. Eines Abends dann winkte mich ein Schmied mit einem verschlagenen Zwinkern in den hinteren Teil des Zelts und hob den Deckel eines großen hölzernen Eimers. Darin befanden sich drei riesige Flaschen Mountain Dew.

»Sag keinem, dass ich dir das gezeigt habe«, flüsterte er.

»Schon recht«, log ich.

Wohlgemerkt, ich äußere mich hier keineswegs aus einer Position vermeintlicher moralischer oder ernährungsbezogener Überlegenheit heraus. Der einzige Grund – Spoileralarm! –, warum ich mich auf meiner Reise im Ford T nicht auch selbst in ein diabetisches Koma soff, ist eine persönliche, historisch mehrfach belegte Korrelation zwischen dem Verzehr flüssigen Zuckers und der Ausbildung quälender Nierensteine. Dennoch schüttete ich neben den 99-Cent-Gallonen Wasser, die ich den ganzen Tag über unsicher auf meinem Schoss balancierte, jede Menge Müll in mich hinein. Da ich mich hinter dem uralten Steuer immer sicherer zu fühlen begann und die anregenden, fokussierenden Schübe reinsten Adrenalins somit ausblieben, war ich nachmittags auf beträchtliche Dosen zuckerfreien Taurins angewiesen, um die Geistesgegenwart aufrechtzuerhalten. Mit ihren infantilen Death-Metal-Namen – Relentless, Monster Rehab, No Fear – und Logos wie Fußballer-Tattoos sind Energydrinks zweifellos die albernsten und miesesten Lebensmittelerzeugnisse, die es gibt. Obendrein sind sie außerdem viel gefährlicher als einfache Limo und das auf anregend unmittelbare Weise: Energydrinks sind in den letzten Jahren mit Dutzenden tödlicher Herzattacken in Verbindung gebracht worden.

Auch schreckte ich nicht davor zurück, mich mit der fürchterlichen Fertigkost zu versorgen, die an jeder Tankstelle in rauen Mengen angeboten wurde. Kein einziges Mal blickte ich matt auf die endlosen Regale eingeschweißter Snacks und dachte: Oh nein. Schon *wieder* Fire Cracker Giant Red Hot Pickled Sausage als zweites Frühstück. Die Wahrheit ist: Ich liebe diesen ganzen Kram. Ich liebe es, meine geschürzten Lippen mit extremen und unirdischen Geschmackseindrücken zu besudeln, die scharlachroten Flamin' Hot Pork Rinds, die Erdnüsse im Honig-Chipotle-Mantel, die unsäglichen Dillgurken, die in einem transparenten Beutel psychedelisch gewürzten Essigs angeboten werden wie Souvenirs zum Mitnehmen aus der Intimwundbrandklinik. Ich zog die Grenze beim Beef Jerky, aber auch nur, weil es so unfassbar teuer war. Sieben Dollar für ein Päckchen Trockenfleisch? Mensch, das ist ein Wochenvorrat an Slim Jims, dem fußlangen Schwengel aus Separatorenfleisch – dem Snack, den man hinter dem Steuer eines rasenden antiken Fahrzeugs essen kann, ohne ganz und gar die Kontrolle zu verlieren.

Aber ich konnte es mir erlauben, diesen ganzen köstlichen Mist zu essen und es auch noch zu genießen, denn ich war im Urlaub, gewissermaßen, und würde zu gegebener Zeit in einen isländisch geführten, snack-intoleranten Haushalt mit forciertem Zugriff auf frische Lebensmittel zurückkehren. Was um alles in der Welt musste eine solche Ernährung aber langfristig mit einem anrichten? Und in einer solchen unmäßigen Fülle? Der Model T war ein schlankes und behändes Auto für eine hungrige, tatkräftige Nation. Wenn Amerikaner damals ein gestörtes Körperbild hatten, so war es unschöner Magerkeit geschuldet. Nachdem Angelo Siciliano 1922 seinen Namen in Charles Atlas geändert hatte, zielte er mit seinem Fitnessprogramm auf den »50-Kilo- Schwächling« ab und ließ sich sogar den Spruch »Hey, Skinny, yer ribs are showing!« patentieren: »Hey, Hänfling, man sieht deine Rippen!«. Bis in die frühen 1960er Jahre hinein waren amerikanische Zeitungen voller Annoncen für Ergänzungsmittel zur Gewichtszunahme, begleitet von Darstellungen sacht kurviger Frauen in Badeanzügen und von Sprechblasen, in denen Dinge standen wie »Ich kriege jede Menge Dates, seit ich 10 Pfund zugenommen habe!« oder »Kaum zu glauben, dass man mich mal Bohnenstange nannte!«

Nun, worauf auch immer diese hungrigen Menschen der Tat damals aus waren, sie waren längst entschwunden und hatten es sich geholt und in den Rachen gestopft. Amerikaner geben sechsmal mehr für Fertigsnacks aus als der weltweite Pro-Kopf-Durchschnitt. Eine normale Portion Pommes bei McDonald's ist heute dreimal so groß wie in den 1950er Jahren. Betrachten wir nur mal die normale – und sehr häufige – McDonald's-Bestellung des aktuellen Präsidenten, wie von seinem früheren Wahlkampfmanager enthüllt: zwei Big Macs, zwei Filet-o-Fish und ein Schoko-Milchshake. Mit 2.500 Kalorien enthält diese einzelne Mahlzeit bereits deutlich mehr als die empfohlene Tagesmenge für einen Mann in seinem Alter. Als die Verkörperung des aufgedunsenen, dekadenten Endstadiums des amerikanischen Traums schreitet Trump wacker voran. Von den 25 fettesten Staaten der USA haben nur zwei ihn nicht gewählt.

Henry Ford indes verachtete Fettleibigkeit, für ihn Beleg zügelloser Faulheit und Garant eines »schwerfälligen Gehirns«. »Wenn die Leute weniger essen würden«, meinte er, »würden sie keine Ärzte brauchen.« Er wäre außer sich zu erfahren, dass viele Model-T-Besitzer im 21. Jahrhundert ihre Lenkräder umgedreht haben, um ihren Wänsten ein paar Zentimeter mehr Freiraum zu verschaffen, oder aber sich ein »Fat Man«-Lenkrad mit Scharnier haben einbauen lassen, das sich über ihre Bäuche klappen lässt, sobald sie ihren Platz am Steuer eingenommen haben. Auf meiner Suche nach einem geeigneten T war ich auf die eine oder andere Gebrauchtwagen-Anzeige von reumütigen Besitzern gestoßen, die angaben, mittlerweile »zu dick« zu sein, um ihn zu fahren.

Kehren wir nach diesem wahrhaft ausladenden Exkurs nun aber mit einem holprigen Schnitt zurück zu einem Tag im Leben unseres Antik-Autofahrers, der nun wacker in Richtung der Appalachen tuckert. Nach etwa 240 Kilometern Hitze, Lärm und kohlensäurehaltigem Taurin neigt sich sein Tag dem Ende zu und er hält an irgendeinem einsamen und verlassenen Motel, in dem die Zeit buchstäblich stehengeblieben ist. Auf dem Nachtschränkchen werden sich eine Gideon-Bibel und ein klobiges altes Telefon befinden, und der gelbe Schein einer kraftlosen Lampe wird Wände erhellen, die von lange vergangenen Jahrzehnten zügelloser Eskapaden und feurigen Temperaments gezeichnet sind. Möglicherweise befindet sich ein mexikanisches Restaurant in der Nähe. Falls nicht, wird unser Reisender einen bedauerlichen Fehler mit ein paar übrig gebliebenen Subway-Stummeln machen und nebenbei den tief verwurzelten Geruch männlichen Verfalls im Zimmer um viele neue Schichten ergänzen. Dann wird er den Fernseher einschalten.

Ein Angestellter im Weißen Haus beschrieb seine Arbeit dort einmal als »zu versuchen, einen Schluck Wasser aus einem Löschschlauch zu trinken, der nie abgedreht wird«. So erging es mir in diesen ersten Tagen mit dem Versuch, eine Bestandsaufnahme von Trumpland vorzunehmen. Zu sehr war ich mit der grellen Diskrepanz zwischen der freundlichen, bukolischen Welt vor meiner Frontscheibe und der kakophonen Panik, die dahinter herrschte, beschäftigt. Keine Zeit, über den Zustand der Nation zu grübeln, angesichts drängenderer und umgehender zu lösender Rätsel, zum Beispiel wie zur Hölle man rückwärtsfuhr oder warum die blöde Beifahrertür ständig aufging. Die Fernsehnachrichten waren meine Hoffnung auf eine gelassene, informative Übersicht der Entwicklungen, doch während Trumps Präsidentschaft ihren kranken Lauf nahm, überboten sie sich gegenseitig in ihrer rasenden Fassungslosigkeit und steigerten sich hinein in ein gellendes Chaos aus Heulen und Schreien, Furcht und Schrecken. Gequälte Korrespondenten starrten ausdruckslos in die Linse und sagten: »Jim, in 30 Jahren politischer Berichterstattung habe ich so etwas noch nicht erlebt.« Bevor sie am nächsten Tag wieder das Gleiche sagen würden.

Und die Werbung, meine Güte, die Werbung. Es heißt ja immer, dass Fernsehnachrichten bald der Vergangenheit angehören werden. In Amerika liegt das daran, dass die Zuschauer alt, fett und krank sind und somit in Scharen dahinscheiden. (Das ist nicht nur eine herzlose Verunglimpfung, sondern eine bestürzende demografische Tatsache: Die Lebenserwartung männlicher Amerikaner geht seit 2009 langsam, aber stetig zurück und steht in manchen Countys in West Virginia heute bei 64 Jahren, auf Augenhöhe mit Namibia.) Fast jede einzelne Werbung, die ich bei den drei großen Sendern zu sehen bekam – CNN, MSNBC, Fox News – drehte sich um ernsthafte Erkrankungen, die Behandlung von Fettsucht oder altersbedingte

Gebrechlichkeit. Ich betätigte die Fernbedienung und schon stand die Country-Sängerin Marie Osmond in einem gegürteten pinkfarbenen Kleid vor mir, tätschelte sich den Bauch und trällerte: »Bye bye, hartnäckiges Bauchfett!« Oder eine alte Dame im Badeanzug hockte mit strahlendem Lächeln in einem Plastiksarg und schwärmte: »Eine begehbare Wanne – mit beheiztem Sitz!« »Finden Sie mit unserer kostenlosen Probepackung den Katheter, der für Sie der richtige ist – unsere Auswahl an Kathetern ist riesig! Vorgefettete Katheter! Antibakterielle Katheter! Stacheldraht-Katheter! Hochspannungs-Katheter!«

Mein Motel-Fernseher erschien mir allmählich wie ein Fenster in das dekadente, kränkliche Endstadium des amerikanischen Traums, die Vision eines Konsumismus, der sich selbst verspeist. Schaltete ich zu den *Simpsons* um, die sich an ein jüngeres Publikum richteten, animierte fast jeder Werbespot die Zuschauer dazu, sich dumm und dämlich zu fressen. »Iss, als gäbe es kein Morgen – bei Hardee's!«; »Hier bei Carl Junior's hauen wir beim Frühstück doppelt rein!«; »Ran an den karamellisierten Speck: Bei Arby's dreht sich alles ums Fleisch!«; »Alle Red-Robin-Burger nur 6,99 Dollar – natürlich mit unseren berühmten Fritten ohne Ende!«

Zurück auf den Nachrichtensendern versuchten dann die Alten der aufgedunsenen, immobilen Folgen ihrer zügellosen Jugend Herr zu werden und gingen aufeinander los, wenn sie scheiterten: »Komplikationen mit Netzimplantaten? Infektionen, wiederöffnende Wunden, chronische Schmerzen? Möglicherweise steht Ihnen eine Entschädigung zu.« Amerikas berühmt klagefreudiger Umgang mit dem Thema Gesundheit war so richtig in Fahrt gekommen. Selbst die Untertitel auf CNN wurden mir von der Rechtsberatungs-Hotline der Mesotheliom-Hilfe präsentiert. Spannend auch, dass den Hinweisen zu Risiken und Nebenwirkungen am Ende der Spots oftmals mehr Zeit eingeräumt wurde als den Anpreisungen des Produkts selbst, und sie wurden auch nicht mehr wie früher in einem unverständlichen Singsang heruntergeleiert *(kann-Kopfschmerzen-und-Eierfäule-verursachen-geben-Sie-nicht-uns-die-Schuld-wenn-Milz-explodiert)*.

Das Endergebnis all dieser Fremdkosten – die Milliarden, die für Werbung und Vergleiche vor Gericht draufgingen – war, dass der durchschnittliche Amerikaner heute 50 Prozent mehr für seine Gesundheit ausgibt als alle anderen auf der Welt. Man sollte es nicht glauben angesichts des ganzen Wirbels um Obamacare & Co., aber die USA haben pro Kopf über Jahre genauso viel für die Gesundheitsversorgung ausgegeben wie Länder wie Großbritannien, Japan, Frankreich und Deutschland. Es ist nur so, dass sie noch einmal die gleiche Summe – doppelt so viel wie die Schweizer, ihre ärgsten Verfolger – für die private Versorgung bezahlen.

Es ist skandalös, aber auch traurig. Diese verwässerten, verlogenen pharmazeutischen Spots mit ihrer endlosen Leier an Haftungsklauseln wirkten so entsetzlich fehl am Platz in diesem Land, einer einst so entschlossenen, hartgesottenen Nation, die nun von lähmenden Unsicherheiten geplagt war. Der ganze selbstsichere Tatendrang erschöpft, reduziert auf ein aufgedunsenes, lethargisches Jammern und Klagen. Ich musste an den dürren Loser aus Charles Atlas' Zeichentrick-Anzeigen denken, der herumgeschubst wurde, bevor er zwei Bilder weiter den Spieß umdrehte. Heutzutage wäre die ganze Seite voller Sternchen und Fußnoten. *Ergebnisse nicht repräsentativ. *Ausgiebige Muskelertüchtigung kann zu Schmerzen und Langeweile führen. *Biegsame Federvorrichtung kann in Nasenöffnung flitschen. *Wenden Sie sich an Ihren Anwalt, falls Schikane fortbesteht.

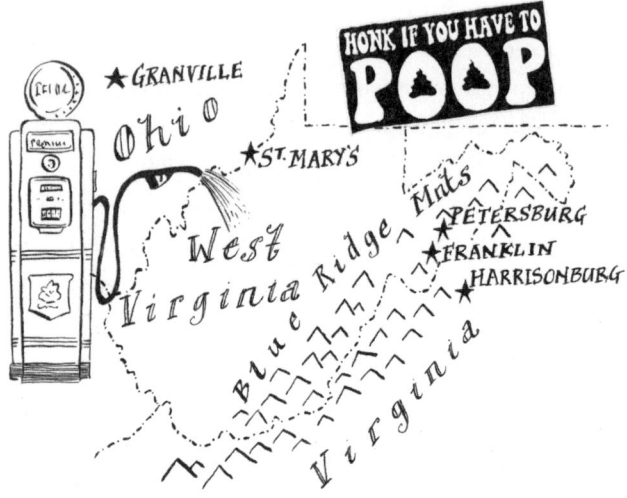

KAPITEL 5

Am Unabhängigkeitstag begann die Straße, anzusteigen und sich zu winden, und die Appalachen nahmen vor mir diesige Gestalt an: die leibhaftigen Blue Ridge Mountains von Virginia, in meinem leibhaftigen Laurel-und-Hardy-Auto. Der Feiertag lockte noch ein paar andere Antiquitäten auf die Straße, mit denen ich Ahugas austauschen konnte, und viele Balkone waren mit patriotischen Fähnchen geschmückt. Jemand hatte auf seiner Veranda ein großes Plakat aufgezogen: »ALLES GUTE, AMERIKA! HOFFE, DU MACHST ES NOCH EIN JAHR.« Ein Trumpophober? Ein Weltuntergangs-Prepper? Eine Mischung aus beidem? Das war eine Tür, an der ich gerne angehalten und geklopft hätte, doch anzuhalten ohne hinreichende Ankündigung und Vorbereitung war ein alle Gliedmaßen einbeziehender Tanz, den zu beherrschen ich noch nicht gelernt hatte.

»Gibt kein' 4. Juli für Farmer«, rief der picklige, strohblonde Jüngling, als ich an einem Stoppschild an einer einsamen Kreuzung ratternd und quietschend neben seinem Traktor zum Stillstand kam. Die nachgeschobene, für englische Ohren gänzlich unverständliche Erklärung hatte irgendwas mit Eiern, Holzwollefeuerwerk und einem gewissen John Naughty zu tun.

Die Appalachen würden offenbar ganz neue Herausforderungen bereithalten. Darunter auch steile Anstiege. Der T hatte tapfer seinen ersten blauen Kamm bezwungen, einen bewaldeten, gewundenen Brocken von einem Berg, der mich nach West Virginia hineinbrachte. Auf dem zweiten Pass aber begann der Motor zu stocken und meine Geschwindigkeit fiel ab auf ein erratisches Juckeln. Sollte das Auto in einer solchen Steigung den Geist aufgeben, würde ich es möglicherweise ebenfalls tun: Ross hatte mich gewarnt, dass die Handbremse eines Model T auf einem größeren Hügel nicht mehr viel ausrichten würde. Daher hatte er mich mit einem Paar Plastikkeile ausgestattet, das nun griffbereit neben mir auf dem Beifahrersitz lag. Sollte der Motor ausfallen und der T anfangen, rückwärts zu rollen, würde ich mir die Keile schnappen müssen, rausspringen und sie dann in einer fließenden Bewegung unter die beiden nächstgelegenen Räder klemmen. Das alles, bevor der Wagen ein Tempo aufgenommen hätte, das dieses Unterfangen unmöglich machte, was unweigerlich die Vernichtung des T oder meiner Wenigkeit oder von uns beiden bedeutet hätte.

Es war ein Szenario, das meinen Geist so vollständig beherrschte, dass ich den bärtigen alten Knacker am Straßenrand gar nicht bemerkte. Ein Knarzen und ein Kippen und schon war er neben mir: auf dem Trittbrett an der Beifahrerseite, eine knochige Hand auf dem Dach und die andere um den Rahmen der Frontscheibe geklammert. »Was dagegen, wenn ich ein Stück mitfahre?«, fragte er, eine geübte Kauerhaltung einnehmend, und blickte lässig hügelan voraus. Wie sonderbar, aber auch wie herrlich: ein leibhaftiges Bindeglied zu der Zeit der Trittbretter, als Autos so langsam fuhren, dass man aufspringen konnte, wenn eins vorbeifuhr. Überdies bot sich nun ein dienliches Tauschgeschäft an: »Ganz und gar nicht«, rief ich über das abgehackte, lautstarke Spotzen des Model T hinweg, »aber falls der Motor ausfällt, könnten Sie mir einen Gefallen tun und diese Dinger unter die Räder klemmen?« Er blickte in die Kabine und schielte skeptisch auf die Keile und den Ellenbogen, mit dem ich auf sie zeigte. Dann, ohne ein Wort zu sagen, sprang er ab.

Als der Motor schließlich den Geist aufgab, wählte er dafür umsichtig ein sanftes Gefälle kurz vor Harrisonburg aus: Ich glitt auf den Seitenstreifen,

öffnete die Motorhaube und rief Ross an. Oder vielmehr ich versuchte es. Wie es von nun an immer öfter der Fall sein würde, hatte ich kein Netz. Nach einer halben Stunde hoffnungsvollen Stocherns hielt ein riesiger, sehr männlicher Pick-up, dem ein entsprechender Herr entstieg. Bruce C. Wood II. – »Bruce the Deuce« – hatte eine Country-Star-Frisur, ein kariertes Hemd und einen großen Hund, der auf dem Beifahrersitz hockte. Er brauchte nicht lange, den T zu reparieren: Meine Zündkontakte waren hinüber und er baute einen neuen Satz aus einer von Bob Kirks Tabakdosen ein, doch ich erfuhr in der kurzen Zeit eine Menge über Bruce. Ich erfuhr, dass er Rüstungsunternehmer in der Sparte Luftfahrtelektronik war und sich bald auf den Weg nach Afghanistan machen würde, um als Pilot von Spionagedrohnen nach improvisierten Sprengsätzen zu suchen. Ich erfuhr außerdem, dass er ein Boot hatte, alleinstehend war, niemals seine Haustür abschloss und immer eine Waffe bei sich trug: »Klar doch, hab auch eine im Wagen.« Er klappte den Verteilerdeckel wieder zu und wies mich an, den Anlasser zu betätigen. Das Auto erwachte röhrend zum Leben. Guter alter

Bruce. Guter alter, stets bewaffneter, Taliban den Arsch aufreißender Bruce the Deuce.

Ich drang tief ins kleinstädtische Trumpland vor und seine Bewohner schienen viel netter zu sein, als ich es mir in meiner nachlässigen Fantasie ausgemalt hatte. Ein Hells Angel mit Stahlhelm zeigte mir einen erhobenen Daumen. Jeder, dem ich begegnete, war freundlich und hilfsbereit. Die Menschen wussten, wie man Sachen repariert, und sie taten es mit einem Lächeln. Aber lieber Himmel, was waren diese Leute konservativ. Das Paar Adidas, das ich mit auf die Reise genommen hatte, hatte ich allein aufgrund der Maße ausgewählt: Meine erste Probefahrt auf dem Bauernhof hatte gezeigt, dass die Bedienung der dicht beieinanderliegenden Pedale des T extrem schmale Schuhe erforderte, und diese waren die schmalsten, die ich auftreiben konnte. Aber da sie auch ein klein wenig rot waren, wurden meine Füße nun regelmäßig mit äußerster Verblüffung angegafft. »Netten Wagen haben Sie da, welches Baujahr hat d— ... mein lieber Mann, was sind denn das für abgefahrene Treter? Marlene, der Kerl hier hat ein Paar Schuhe, die sind R-O-T!« Wenn Sie in Europa nur mit Ihrem Schuhwerk einen solchen Aufruhr provozieren wollten, müssten Sie schon goldene Angelstiefel tragen. Und sonst nichts.

Dieser robuste Traditionalismus weitete sich in privaten Angelegenheiten zu einer gezierten, fast viktorianisch anmutenden Sittsamkeit aus. Denken Sie zum Beispiel an die Ausscheidung von Körperflüssigkeiten – nun tun Sie mal nicht so, als wollten Sie nicht. Ich begegnete einem geradezu phobischen Widerwillen, auch nur einzuräumen, dass so etwas jemals geschah. Das fing an mit diesen Euphemismen, etwa der Tür in der hintersten Ecke der Tankstelle, die mimosenhaft »Bad« oder »Pause« gewidmet war. Darin waren die Urinale stets von Sichtblenden abgeteilt, die vom Hals bis zu den Knien reichten, damit andere Ruhebedürftige bloß nicht auch nur den winzigsten Fitzel eines Blicks auf einen Schniedel erhaschen könnten. Und die auf der ganzen übrigen Welt gepflegte Tradition des raschen Abschlagens am Straßenrand – dank meines ausgiebigen Wasserkonsums eine beständige Versuchung, der ich gelegentlich erlag – wurde so streng missbilligt, dass mir auf meiner Reise kein einziger Gleichgesinnter begegnete.

Aber kurioserweise schienen Kleinstädter mit der handfesteren Variante der Lokusbenutzung einen wesentlich entspannteren Umgang zu pflegen – Sie wissen schon, dem, äh, Vollbad, der großen Pause. Von all den seltsamen und beunruhigenden Dingen, die ich hinten auf Pick-ups geklebt sah – von »WENN SIE DIES LESEN KÖNNEN, SIND SIE IN SCHUSSWEITE« bis hin zum Babyrobben-Keul-Bekenntnis »I ♣ SEALS« –, war der schlimmste Slogan, und zwar mit großem Abstand, »HUPE, WENN DU KACKEN MUSST«. Ich habe unterwegs drei solcher Aufkleber gesehen. Nach dem dritten Mal stellte ich online ein paar Recherchen an. »Erhöhen Sie den Fahrspaß mit diesem ›Hupe, wenn du kacken musst‹-Sticker! Kleben Sie ihn hinten auf Ihr Auto und Sie werden staunen, wie viele Leute um Sie herum auf die Toilette müssen! *Nutzung außerhalb der USA auf eigene Gefahr!*« Warum um alles in der Welt sollte man andere Verkehrsteilnehmer zu so etwas auffordern wollen? Und warum um alles in der Welt sollten sie dem nachkommen wollen? Welch unerhört befremdliche Idee.

Doch andererseits neigten Amerikaner ja dazu, unerhört befremdlich zu sein, selbst diejenigen, von denen man es an sich nicht erwarten würde. Nehmen Sie nur Henry Ford und Donald Trump. Zwei in vielerlei Hinsicht völlig unterschiedliche Charaktere: Ford war ein redlicher, sparsamer Erwachsener, der ein genügsames Leben frei von Skandalen führte und der einmal sagte: »Ich habe lieber recht, als dass ich Präsident wäre.« Aber in manchen Dingen waren sie sich durchaus ähnlich. Die himmelschreiende Arroganz. Das Misstrauen gegenüber den Mainstream-Medien. Beide gaben nicht viel auf Experten und Intellektuelle, beide waren bisweilen erschütternd ignorant und unartikuliert (Interviewer klagten, dass Ford regelmäßig »dubiose Zitate« anführte und dass ihm »die Fähigkeit abging, seine Ideen zu erläutern«, und einmal erklärte er in einem Gerichtssaal, die Amerikanische Revolution habe im Jahr 1812 stattgefunden). Und beide waren erstaunlich exzentrisch.

Donald Trump grient und feixt ständig, aber er lacht nie, nicht einmal, wenn er seine eigene Steak- oder Wodkamarke auf den Markt bringt. Die zwölf Dosen Cola light am Tag. Diese Frisur. Ein Mann, der solche Angst vor Keimen und Bakterien hat, dass er keine Fahrstuhlknöpfe anrührt, dafür aber minutenlang Staatsgästen die Hände schüttelt, in grotesker Parodie eines Alphamännchens aus der Vorstandsriege. Henry Ford seinerseits stimmte jeden Morgen ein Lied an, um »den Tag richtig zu beginnen«, und mochte es, »Grünzeug vom Straßenrand« zu essen: ganze Büschel wahllos zusammengeklaubter Kräuter, die er an der Straße pflückte und zwischen zwei Scheiben Brot stopfte. Er hegte eine Fixierung auf den Kinderreim »Mary Had a Little Lamb« und beschäftigte extra ein Team von Forschern, die nach dessen möglichen Ursprüngen fahndeten, und veröffentlichte zu gegebener Zeit seine Theorien in einer 40-seitigen Abhandlung (später kaufte er das Schulhaus aus dem frühen 19. Jahrhundert in Massachusetts, in das angeblich einst ein Babyschaf einer gewissen Mary Sawyer gefolgt war). Es erscheint unfair, Fords lebenslangen Pazifismus ins absurde Spiel zu bringen, doch die amerikanische Presse war nicht zimperlich. Als 1914 der Erste Weltkrieg ausbrach, wurde er für sein Gelöbnis verhöhnt, seine Produktionsstätten lieber niederzubrennen, als sie zu Munitionsfabriken umzufunktionieren, und ebenso für seine Anregung, auf jede Armeeuniform das Wort »MÖRDER« zu sticken. Nachdem Henry im Jahr 1915, in dem naiven Versuch, die USA aus dem Krieg herauszuhalten, 500.000 Dollar in ein »Friedensschiff« investierte, tauften Journalisten es »Good Ship Nutty« und gossen Hohn und Spott über »Fords Narretei« aus.

Dennoch, wie heiter und pragmatisch Kleinstadt-Amerikaner auch sein mochten, und wie traditionsbewusst und doch ziemlich sonderbar, konnten sie außerdem extrem spärlich gesät sein. Niemand war zur Stelle, als das Auto in einem stillen Appalachental ein paar Meilen hinter der kleinen Ortschaft Franklin krepierte, und eine geschlagene Stunde lang kam auch niemand vorbei. Dann, als ich an dem einsamen Rastplatz hockte, ratlos und mit offener Motorhaube, hatte ich plötzlich eine Eingebung. Ohne recht zu wissen, was ich tat, oder warum, schraubte ich das uralte Zündschloss vom Armaturenbrett, stemmte den Deckel auf und kratzte rußigen Dreck aus 96 Jahren von seinen Blechkontakten. Ker-BRRAAACH! Übertönt von gloriosem Triumphgeheul hörte ich John-Boy seinen Monolog am Ende jeder Waltons-Episode herunterbeten. »Die Wahrheit ist: Die Dinge geschehen nicht einfach so, wie wir es möchten, und wenn sie es nicht tun, ist es keine

Schande, sich von jemandem helfen zu lassen, der ein wenig weiser ist. Denn eines Tages, vielleicht sogar etwas später noch am selben Tag, mag dieser jemand du selbst sein, Blödmann.«

Ich machte kehrt und übernachtete in Franklin, in einem 42-Dollar-Motel mit Styropordecke und einem auf Backsteinen aufgebockten Bett. »Sie haben da ein echt süßes altes Auto, Sir«, sagte die junge Kellnerin des zum Motel gehörigen Diners, während sie zusah, wie ich mit meinem letzten Fetzen Fajita scharfe Sauce der Marke Texas Pete vom Teller wischte. Die reflexartige Gutmütigkeit in Amerikas Dienstleistungsbranche wird oftmals mit matter Unaufrichtigkeit vorgetragen, ein Produkt ihrer Trinkgeld-Kultur, aber draußen in den kleinen Städten kam die Wärme stets von Herzen. »Na, wie wär's mit etwas Arschcreme?«

»Hmm?«

»Wir haben Vanille oder Erdbeere.«

»Oh, ach so. Danke, aber ich kann nicht mehr.«

Sie nahm meine Ablehnung auf, als hätte ich einen 40-Liter-Eisbecher bestellt.

»Super! Kaffee?«

»Nein, danke.«

»Gebongt!«

Ich sah aus dem Fenster, wo mein altes Auto allein unter einem kaputten BELEGT-Neonschild stand. Der Model T hatte quasi im Alleingang das Zeitalter des Autourlaubs ausgelöst, Amerikas bevorzugte Reiseart für einen Großteil des 20. Jahrhunderts. Familien, die sich nie weiter als bis zum nächsten See oder Berg vorgewagt hatten, stiegen in ihre Ts und verbrachten den Sommer auf der Straße, die grenzenlose Majestät ihrer Nation erkundend und auf das migratorische Erbe zurückgreifend, das ihre Vorfahren an ihre Gestade gebracht hatte. Der amerikanische Traum ging auf Tournee: 1919 hielten bereits zehn Millionen Autofahrer an, um in neuen »Autohöfen« zu übernachten. Das Wort »Motel« wurde 1925, ein Jahr nach der Geburt meines T, aus der Taufe gehoben. Ein typischer Familien-Roadtrip dauerte einen Monat und kostete alles in allem um die hundert Dollar. Aber jüngere und kühnere Autofahrer unternahmen noch ambitioniertere Touren, und der billige und robuste Flivver war dabei das Fahrzeug ihrer Wahl: Nachdem seine Produktion eingestellt wurde, war er für 'nen Appel und 'n Ei zu haben. Der bescheidene Fundus relevanter Literatur, den ich mitgebracht hatte, beschrieb zahlreiche solcher Abenteuer. Im Juli 1934 packte Darlene Bjorkman, eine 22-jährige Lehrerin aus Bradford, Illinois, fünf Freunde in ihren silbern lackierten 1926er Model T, den ihr Vater für zehn Dollar gekauft hatte, und machte sich auf die erste von sieben Sommertouren, die sie auf 130.000 Kilometern durch 44 Bundesstaaten führen würden. Weniger ausgreifend, aber persönlich resonanter war die Geschichte von Dib Fewer und Tod Snedeker, zwei 19-Jährigen aus San Francisco, die 1931 eine dreimonatige Reise nach New York und zurück unternahmen. Ihr T war ein schwarzes 1921er Coupé, das Dib umsonst von seinem Nachbarn bekommen hatte, der es an einer belebten Kreuzung zu Schrott gefahren und dabei einen gebrochenen Arm davongetragen hatte.

Als eine Fahrt von Küste zu Küste in einem schwarzen T traf dieses Abenteuer selbstredend einen Nerv bei mir. Die Namen der Beteiligten schadeten natürlich auch nicht. Mal ehrlich: Dib Fewer! Und der Nachbar? Pinky Robinson. Und ihr Auto tat ein Übriges. Einer von Dibs Schulfreunden fuhr ein identisches schwarzes Coupé und ihre Freunde hatten die Autos zu Ehren eines Zwillingspaars getauft, das in dem populären Comicstrip »Mike and Ike (They Look Alike)« die Hauptrolle spielte. Dibs T bekam ersteren Namen verpasst, und bevor Dib und Tod sich auf den Weg machten, malte er ihn in großen, schwarzen Lettern auf den vernickelten Kühlergrill des Autos. MIKE. Ich hatte zum Abendessen ein paar Bücher mitgebracht und blätterte in einem, bis ich auf das entsprechende Foto stieß. Es entlockte mir stets ein Lächeln. Dib und Tod – Jeans, offene Hemden, zurückgegeltes Haar, Errol-Flynn-Schnauzbärte – sind die lässige Verkörperung der kommenden amerikanischen Generation. Das klapprige, steife Auto, neben dem sie stehen, indes erscheint, obwohl selbst kaum im Teenager-Alter, wie das hinfällige, matronenhafte Relikt aus einer bereits fernen Vergangenheit. Und der Name auf dem Kühler packte mich jedes Mal, so trocken, so unaufgeregt, so wunderbar trotzig antiheroisch. Er packte mich auch jetzt wieder. Ich mochte Mike. Dann blickte ich hinaus aus dem

Fenster auf meinen eigenen gebrechlichen schwarzen Oldtimer. »'n Abend, Mike«, sagte ich, ohne nachzudenken.

»Falls Sie vorhaben, mit diesem Fahrzeug nach Norden zu reisen, würde ich um den Berg herumfahren, Sir. Es regnet wie der Teufel da oben und es gibt ein paar Zehn-Prozent-Rampen.« Das kleinstädtische Amerika ist durchsetzt von Sheriffs, die anscheinend nicht viel zu tun haben, außer ausländischen Autofahrern in antiken Karren höflichen und zuvorkommenden Rat zu erteilen. »Halten Sie die Ohren steif.«

Der Regen war den ganzen Morgen über stärker geworden und ich verbrachte eine nasse und schweißtreibende Stunde auf einem Motelparkplatz damit, mein Auto – Mike! – in Bob Kirks Wettergardinen einzupacken: vier Bögen schmieriger, semi-transparenter Plastikplane, die mit Hilfe von Spannschlössern und Lederriemen um die offenen Seiten befestigt wurden. Da drinnen war es wie in einem undichten Maschinenraum, heiß, feucht und laut, das Puckern des T verstärkt zu einem rasselnden Gedonner. Regen tropfte stetig vom Armaturenbrett und spritzte mir durch den schmalen Spalt zwischen Dach und Windschutzscheibe in die Augen. Abgase, die sich sonst durch die offenen Seiten zerstreuten, begannen die Kabine zu füllen. Ich gab den handbetriebenen Scheibenwischer nach einem einzigen verschmierten Zug wieder auf und drückte stattdessen mein Gesicht direkt an die regennasse Scheibe und versuchte, mir einen Reim auf die impressionistische Landschaft zu machen, die sich vor mir entfaltete.

Der Sheriff war an mich herangetreten, als ich an einer Tankstelle von Bord ging, eine umständliche und demütigende Buckelei durch die winzige, unter Plane verborgene Türklappe. Es war, wie durch eine Katzentür zu kriechen. Der Wiedereinstieg war noch schlimmer: Ich wand mich auf allen vieren hinein, hob meinen gesenkten Kopf und führte den eisernen Schaft des Gashebels fest in mein rechtes Auge ein. Ich begann zu verstehen, warum Old Bob sich nach 51 Jahren von dem Wagen getrennt hatte: Einen T zu fahren, war einfach kein Spiel für alte Männer. Vor allem wenn es über große, nasse Distanzen ging und man kaum davon sprechen konnte, den T zu fahren, sondern das Ganze vielmehr dem Versuch glich, eine ohrenbetäubende, außer Kontrolle geratene Gartenlaube zu bändigen. Ein Teil von mir fing an, dieses ganze Unterfangen zu bereuen. Dieser Teil war mein Verstand.

Wie mir geraten, fuhr ich um den Berg herum, allerdings würden ihm noch zahlreiche weitere folgen. Der Umweg führte Mike und mich durch einen Leichenzug von Talsiedlungen, die verzweifelt um ihre Existenz rangen, die Hauptstraßen gesäumt von leer stehenden Ladenlokalen und eingerahmt von todgeweihten Industrieunternehmen. Die hauptsächliche Quelle von Wohlstand und Beschäftigung in diesem Teil von West Virginia waren anscheinend Geflügelfarmen und entsprechende Verarbeitungsanlagen, deren Lkw in regelmäßigen Abständen unter viel Geschrei und Gestank an mir vobeirauschten. Gemessen an den in diesem US-Staat sonst üblichen Standards an Armut und Verfall ging es Orten wie Moorefield und Petersburg sogar noch ganz gut: Ihre Bevölkerungszahl war nur gesunken statt eingebrochen, und nur ein Fünftel der Bürger lebte unterhalb der Armutsgrenze. Doch in den umliegenden Wohngebieten fiel mir etwas auf, das zu einem dauerhaften Trend werden sollte. Die Leute mit Geld, die in schicken, holzverschalten Häusern mit hübschen Vorgärten zugange waren oder glücklich und zufrieden in funkelnden Buicks vorbeifuhren, waren samt und sonders alt. Wenn ich hingegen jemanden auf einer durchsackenden Veranda mürrisch dreinblicken oder die Tür eines moosfleckigen Pickups mit unterschiedlichen Reifen zuschlagen sah, war er in meinem Alter oder etwas jünger. Die betagten Herrschaften, die ihren sorglosen Ruhestand genossen, waren ihre Eltern. Die Drive-by-Demografie war krass und ließ nach allgemeiner sozio-ökonomischer Übereinkunft nur einen Schluss zu: Ich sah das Ende des amerikanischen Traums.

Fords Fließband in Highland Park mochte den Würdenträgern und Journalisten, die das Werk besichtigten, wie ein Weltwunder erschienen sein, aber für die Arbeiter war es eine ohrenbetäubende, monotone Hölle. Nur wenige hielten es lange aus. Ende 1913 betrug die Fluktuation im Werk 380 Prozent und Henry musste tausend Leute einstellen, nur um seine Arbeiterschaft um hundert Beschäftigte zu steigern. Am 5. Januar 1914 enthüllte er seine drastische Lösung: Der Tageslohn des Unternehmens, zuvor 2,34 Dollar für eine Neun-Stunden-Schicht, würde auf fünf Dollar für eine

Acht-Stunden-Schicht angehoben. Die Ankündigung sendete Schockwellen durch die Nation. Alle Zeitungen im Land machten mit Fords Fünf-Dollar-Tag auf, mit Zitaten, die wie Standing Ovations klangen: »Eine neue Epoche für die Industriegeschichte der Welt!«; »Ein hervorragender Akt des Edelmuts!« Ein Kommentator pries Ford als »einen von Gottes Ehrenmännern«; Sozialisten und Gewerkschafter bejubelten den Fünf-Dollar-Tag als »die Lösung der Arbeiterkämpfe im Land«. Am anderen Ende des ökonomischen Spektrums freilich wandelte sich Unruhe bald in nackte Panik. »Er hat den Verstand verloren, oder?«, fragte der Herausgeber der New York Times, als er von der Neuigkeit erfuhr. »Finden Sie nicht, dass er den Verstand verloren hat?« Das Wall Street Journal nannte den Fünf-Dollar-Tag »einen Fehler, wenn nicht gar ein Verbrechen«. »Schön für ihn, wenn er es sich leisten kann«, sagte der konkurrierende Autobauer J. J. Cole. »Andere können es nicht.« Doch wie sich herausstellte, konnten sie.

Der bemerkenswerte Model T machte Henry Ford berühmt, aber sein Fünf-Dollar-Tag hinterließ ein tiefgreifenderes Vermächtnis. Der Fordismus – die Massenproduktion von Gebrauchsgütern durch Arbeiter, die gut genug bezahlt wurden, diese zu kaufen – bedeutete einen Paradigmenwechsel in der Beziehung zwischen Belegschaft und Bossen, eine Erwartung von proletarischem Wohlstand nährend, die bald zur amerikanischen Norm wurde. Die Arbeiter in Highland Park wachten auf und erfuhren, dass sie über Nacht praktisch in die Mittelschicht aufgestiegen waren. Plötzlich könnten sie sich selbst die Autos leisten, die sie bauten. Und dazu elektrische Bügeleisen, Kühlschränke, Grammofone und Radios. Sei es zufällig oder absichtlich, hatte Henry Ford einen Zusammenhang entdeckt, der offensichtlich sein sollte: Massenproduktion hatte wenig Sinn ohne Massenkonsum. »Man wird nicht reich, indem man die Leute arm macht«, sagte er später einmal. »Sie können sich die Produkte nicht kaufen und dann steht man da.« Plötzlich gab es weitere Millionen potenzieller Käufer für einen Model T, also mussten weitere Millionen mehr davon produziert werden. Wo Ford voranging, folgten andere bald nach. Die Industrielöhne zogen überall an und der Acht-Stunden-Tag – der es ganz nebenbei ermöglichte, in Highland Park in drei Schichten rund um die Uhr zu arbeiten – wurde die

Norm. Binnen eines Jahres erhöhte Ford den Tageslohn auf sechs Dollar, um der Konkurrenz weiter eine Nasenlänge voraus zu sein. Da Konsumgüter in Massen von den Bändern liefen und aus den Regalen der Geschäfte gerissen wurden, hielten die Arbeiter alle Trümpfe in der Hand: Schon bald organisierten sie sich in Gewerkschaften, erstritten bezahlten Urlaub, Krankenversicherung und großzügige Renten. Der Fordismus demokratisierte den Wohlstand und ebnete dem Massenmarkt-Konsumismus den Weg, und er schuf damit eine Vorlage für den amerikanischen Traum und eine materialistische Lebensweise, die sich in der gesamten industrialisierten Welt ausbreitete. Ford bezeichnete sich selbst nicht als Erfinder. Aber er erfand das 20. Jahrhundert.

Der plötzlich lukrative Anreiz von Fabrikarbeit zog Migranten von überall aus den verarmten Appalachen nach Detroit und in andere Industriestandorte in der Region. Wie sich herausstellte, brauchte man offenbar keine Bildung, um gutes Geld zu verdienen, solange man bereit war, seine Zelte abzubrechen. Städte wie diejenigen, durch die ich gekommen war, wurden 50 Jahre lang allmählich ausgesaugt. All die hungrigen Draufgänger zogen nach Norden in die Fabriken, und die örtlichen Unternehmen machten dicht. Folglich gab es, als sich der »Rust Belt«, der »Rostgürtel«, in den 1980er Jahren zu zersetzen begann, nirgendwo mehr ungelernte Arbeit: keine Arbeitsplätze in der Industrie, für die man hätte abwandern können, und nur noch wenige vor Ort. Doch leider bestand und besteht die Verachtung für Bildung weiter fort – ein beständiger Verdruss für postindustrielle Arbeitgeber, die hin und wieder versuchen, in Städten in den Appalachen ein Geschäft aufzuziehen und Mühe haben, Bewerber mit Grundfertigkeiten oder Lust auf eine Ausbildung anzulocken. Ford schuf eine ganze neue Klasse an wohlhabenden Arbeitern, aber als die fetten Jahre vorbei waren, waren sie dafür in keinster Weise gewappnet.

Nachdem Ford den Fünf-Dollar-Tag entfesselt hatte und Arbeiterlöhne überall in die Höhe schossen, entwickelte sich das Streben, mehr als die eigenen Eltern zu verdienen – eine im gesamten Verlauf der amerikanischen Geschichte treibende Kraft –, zu einer selbstgefälligen Gewissheit. Doch in den letzten 30 Jahren ist das alles ins Wanken geraten. Die meisten Jobs verschwanden und diejenigen, die geblieben sind, waren schlecht bezahlt: Amerikanische Männer mit Highschool-Abschluss verdienen heute real 40 Prozent weniger als noch 1970. Das stete Wachstum, das den amerikanischen Traum erhalten hatte, flaute ab und verpuffte dann völlig, so dass eine ganze Generation einen sozialen Abstieg erlebte. Burschen jenseits der 40 oder 50 schlagen sich mehr schlecht als recht mit Niedriglöhnen und Sozialhilfe durch, während ihre Väter mit fetten Betriebsrenten einen draufmachen.

Man muss allerdings sagen, dass dieses sich Durchschlagen bisweilen ziemlich relativ ausfiel. Jeder zweite dieser mürrischen Verandahocker hatte eine rostige Satellitenschüssel auf dem Dach und neben den meisten Eingangstreppen stand ein Rasentraktor: Das Recht, auf seinem Arsch zu sitzen, während man den Rasen mäht, war offenbar fest in die Verfassung des ruralen Amerikas eingeschrieben. Es war nicht ganz *Früchte des Zorns*, aber dennoch: Von der Glückseligkeit der mittleren Jahre war hier nicht viel zu spüren. Dies waren die ersten Amerikaner, die Mike mit finsterer Gleichgültigkeit vorüberfahren sahen. Die Dinge waren den Bach runtergegangen und es erschien alles echt unfair. Umfragen zeigen übereinstimmend, dass die weiße Arbeiterklasse die pessimistischste Bevölkerungsgruppe im Land ist: Fast zwei Drittel von ihnen glauben, dass sich das Land seit den 1950er Jahren zum Schlechten entwickelt hat. J. D. Vance, der solche Dinge als selbsternannter Hillbilly sagen darf, meint, dass appalachische Männer in zunehmendem Maße dazu neigen, die Schuld bei jedem anderen zu suchen außer sich selbst. Obama schloss die Kohlebergwerke, die Chinesen stahlen uns die guten Jobs, die Hispanics die schlechten. Er führt Studien an, die zeigen, dass die Leute eine Lüge leben. Sie pochen darauf, dass sie mehr arbeiten, als sie es eigentlich tun, dass sie weniger Schulden machen und öfter zur Kirche gehen. Und siehe da, es begab sich, dass Bitterkeit, Apathie, Verzweiflung und ein gewaltiges Gefühl der Desillusionierung mit dem Status quo zu den Kräften geronnen, die den Donald zeugten. Kurz zusammengefasst: Trump war ganz und gar Henrys Schuld.

»Ist das ein 24er?«

Es war das erste Mal, dass jemand richtig geraten hatte. »Sicher lassen sich viele Leute durch die neueren Räder täuschen. Ich habe einen 24er und einen

25er, habe sie beide hinten in der Scheune eines Onkels gefunden und sie komplett restauriert.« Ich stand an einer Tankstelle auf einer Passhöhe in den Appalachen und hatte soeben meinen ersten echten Model-T-Typen kennengelernt. Er schien jung, gemessen an der übrigen Gemeinde, und balancierte eine niedliche, etwa dreijährige Tochter auf der Hüfte, während er neben meinem Auto stand und durch die Sammlung an T-Fotos auf seinem Smartphone scrollte. »Dies ist mein Onkel mit dem 25er, als ich gerade damit fertig war. Er wusste zu dem Zeitpunkt nicht mal mehr, wer ich war, aber als er das Auto sah, war er zu Tränen gerührt.« Ich versuchte, höfliches Interesse zu bewahren, aber es war nicht leicht: Ich hatte zu weit von der Zapfsäule geparkt und Mühe, den Stutzen des robusten und stramm gezogenen Tankschlauchs in Mikes unter dem Sitz befindliche Tanköffnung zu wuchten.

»Wie sind Ihre Bremsen? Ihnen stehen 33 Kurven und 300 Meter Gefälle bevor, direk— ... Liebling! Oh mein Gott, Liebling, hat er dich im Gesicht erwischt?«

Hatte ich in der Tat, und der Hof war erfüllt von den entsetzlichen, schrillen Schreien, die dies belegten. Ein voreiliges Betätigen des Abzugs hatte einen kurzen, aber kräftigen Strahl raffinierten Erdöls durch das Innere meines Wagens und zwischen ein Paar weit aufgerissene junge Augen geschickt. Ich stand hilflos und bestürzt da, die Zapfpistole in der schlaffen Hand, während der Vater seine wehklagende Tochter rasch in den Tankstellenladen davontrug. Wie wurden solche Dinge hierzulande gehandhabt? Dies war schon jetzt mein längster Aufenthalt an einer Tankstelle, ohne die ortsansässigen Gesetzeshüter auf den Plan zu rufen, somit würde ich gewiss schon bald zur Rechenschaft gezogen werden. Ich stellte mir einen Sheriff mit verspiegelter Pilotenbrille vor, der mich bedauernd auf den Asphalt drückte, eine Hand fest unter meinem Kinn, während sich die andere um den Abzug der Zapfpistole spannte. »Tut mir wirklich sehr leid, Sir, aber ich werde Ihnen eine Lektion darin erteilen müssen, wie wir das in West Virginia regeln.«

Ich stand lange fünf Minuten da. Als der Vater schließlich wieder auftauchte, die Tochter im Arm mit einem dicken Stoß feuchter Tücher über dem Gesicht, brabbelte ich einen Schwall kleinlauter Entschuldigungen. Er ließ sie in einer Art post-traumatischer Abwesenheit über sich ergehen, noch immer außerstande zu begreifen, wie ein Model-T-Kamerad, mithin ein aus-gewiesen patenter Mann, so sträflich ungeschickt sein konnte. Vielleicht ver-spürte er aber auch keinen Zorn in der Gewissheit, dass die bevorstehende Abfahrt Vergeltung genug sein würde. Beinahe hätte sie mich mit einer Höchststrafe belegt. Ich kroch in kleinem Gang und strömendem Regen die stürzenden Kehren hinab, während sich in meinem Rückspiegel eine unge-duldige Armada aus Scheinwerfern massierte, und erlitt an einer steil abfal-lenden T-Kreuzung im Talgrund einen aufregenden Verlust an Boden-haftung. Im Ringen um Kontrolle löste sich beinahe das Lenkrad in meinen Händen. Anschließend, und noch viele Wochen danach, musste ich etwa alle halbe Stunde mit den Fingern die große Mutter in der Mitte anziehen. Dann verdunkelte sich der Himmel, die Hügel traten zurück und ich blickte über einen großen, braunen Fluss hinweg auf meinen nächsten Bundesstaat.

St. Mary's war West Virginias letzter Außenposten, eine weitere ausgedien-te Stadt mit einer Menge leer stehender Gebäude, die sich über regengefüll-te Schlaglöcher hinweg verdrießlich anblickten. Ich hielt dort, um aufzutan-ken, und war im Begriff, Münzen in den Luftautomaten der Tankstelle zu füttern, als ein Bursche in Overall mit einem prächtigen zweizackigen Zie-genbart über den Hof herantrottete: »Steck deine Vierteldollar wieder in die Tasche, mein Freund, ich habe in meinem Laden um die Ecke einen Kompressor.«

Sein Name war KD, und seine Interpretation meines Namens ergänzte diesen um eine zusätzliche Silbe, die sich noch mehr in die Länge ziehen sollte, je weiter westwärts ich kam. »Tja, Tieam«, sagte er, als er wenig später einen Luftschlauch auf Mikes linken Vorderreifen setzte, »ich schätze, es steht nicht gut um St. Mary's, seit die Raffinerie dichtgemacht hat.« KD war Schulbusfahrer und verdiente sich etwas mit dem Bau spezialangefertigter Hotrods dazu, von denen zahlreiche in grell lackierten Einzelteilen um uns herum lagen. »Meine Busstrecke wird jedes Jahr kürzer. Gibt einfach nicht genug Kinder heutzutage.« Er stieß einen kurzen, geübten Seufzer durch die angegrauten Bartzacken aus. Ich hatte ihn bereits über meine Mission und die bis dato erduldeten Schwernisse in Kenntnis gesetzt, und mit einer gewissen Erleichterung kam er nun auf das Thema zurück. »Aber wie auch immer, Tieam, was du dir vorgenommen hast in diesem alten Schätzchen ist einfach sagenhaft. Ich freue mich echt, ein kleiner Teil davon zu sein. Autofreunde werden anderen Autofreunden immer helfen.«

Ein Autofreund? Ich? Der neu verliehene Ehrentitel stieg mir sofort zu Kopfe und schob jegliche Erinnerung an das benzingeblendete Kleinkind und die beschämende Ignoranz beiseite, die meine Google-Suchanfragen offenbart hatten. Während KD sich abwechselnd zu jedem Reifen hinunterbeugte, stützte ich einen Ellenbogen auf Mikes Motorhaube und fing an, dummes Zeug zu quasseln. »Ironischerweise, KD, war der Verteiler, der mir solche Probleme bereitet hat, nur ein Aftermarket-Ersatz für den bekanntermaßen unzuverlässigen Spulenkasten des Model T«, hörte ich mich schwadronieren. »Gleichwohl ist es vielleicht recht passend, dass er aus einem VW Käfer stammte, der freilich den Model T als das meistproduzierte Serienauto der Welt ablöste.« Aber KD hielt sein Gesicht nun sehr angespannt gegen ein Hinterrad gedrückt und hörte nicht zu.

»Du weißt, dass deine linke Bremse abgefallen ist?«

Ich beugte mich hinunter und teilte seine Entdeckung: Die Hälfte meiner Entschleunigungs-Vorrichtung hatte sich aus ihrer Halterung gelöst und baumelte schlaff und nutzlos mehrere Zentimeter unter der Radnabe. Gott weiß, wie lange das schon so war. Meine morgendlichen Checks, wenn man sie so nennen konnte, waren an diesem Tag aufgrund des schlechten Wetters gestrichen worden.

»Mist«, sagte ich. Das klang etwas dürftig, also sagte ich noch etwas anderes. »Nun ja, gute Bremsen ermuntern zu schlechtem Fahren!«

KD brauchte nicht lange, die maßgebliche Halterung samt Schraube wieder auf einer Sicherungsscheibe aufzusetzen, allerdings tat er dies in einem Schweigen, das von Bestürzung erfüllt war. Die Kräfteverhältnisse unserer Beziehung verlagerten sich weiter zu meinen Ungunsten, als ich rückwärts aus seiner Werkstatt setzte und den Wagen draußen auf dem nassen Schotter abwürgte. Dann wollte Mike einfach nicht anspringen: Nicht einmal ein keuchendes Husten, nur steinerne Stille. KD rutschte auf einem kleinen Rollwagen unter das Auto, dann rutschte er wieder hervor, stand auf und wischte sich Regentropfen von der Brille.

»Batteriekabel war lose. Versuch mal die Scheinwerfer.«

Ich betätigte den Schalter und eine Glühlampe knallte.

»Den linken hast du gerade zerschossen.«

KD rollte zurück unter das Auto, bearbeitete zu meinen Füßen Dinge und kam wieder hervor. »Anlasser ist hinüber«, diagnostizierte er knapp. »Wir müssen kurbeln.« Ich war nicht mehr Tieam.

Ich sprang hinaus, griff das nasse Metall und wuchtete vergebens, während ich gleichzeitig versuchte, nicht an die schrecklichen Verletzungen zu denken, die dieser Vorgang in vielen Fällen nach sich gezogen hatte (wenn ein T fehlzündete, während man kurbelte, hatte dies in der Regel einen ausgekugelten Daumen zur Folge, Ross hatte es allerdings einmal geschafft, sich den Unterarm zu brechen). KD probierte es; drei Passanten probierten es. Niemand hatte Erfolg. »Anschieben«, befahl KD mit etwas, das einem Bellen nahekam. Vier Paar Hände legten sich auf Mikes Hinterteil; erstaunlicherweise gelang es mir, mit all den Hebeln und Pedalen genau das Richtige anzustellen, und er ruckelte abrupt zum Leben. Weniger erstaunlich war, dass ich zum Ende der Straße rumpelte, im letzten Moment erkannte, dass ich im Begriff war, in eine Einbahnstraße einzubiegen, kopflos zurück auf den Tankstellenhof beidrehte und, den linken Kotflügel einen Zentimeter von einem funkelnden geparkten Cadillac entfernt, mit einem röchelnden Bocken zum Stillstand kam.

Zehn Minuten und ein weiteres Anschieben der Schande später saß ich am anderen Ende des Hofs hinter dem Steuer, den Anlasser auf donnernden Leerlauf gestellt. »Der Pazifische Ozean, gell?«, brüllte KD, dem Skepsis und blanker Unglaube in großen Lettern in die nasse Miene geschrieben standen. Ich brachte nicht mehr als ein blasses Nicken zustande, während sich meine Züge zu der Maske dümmlicher Verwirrung verhärteten, die sich von nun an im Angesicht von Widrigkeiten stets automatisch einstellen würde: mein Stan-Laurel-Gesicht. Wie hatte auf einen Schlag so viel schiefgehen können? Erst konnte ich das Auto kaum stoppen und nun bekam ich es nicht in Gang. Im strömenden Regen rollte ich über eine Trägerbrücke und nach Ohio hinein. Der Silberstreif an diesem trüben, niederschmetternden Horizont: Ich hatte einen vollen Tank. Und den würde ich brauchen, denn wenngleich Hilfe zur Hand war, so war diese Hand doch noch 170 Kilometer nonstop entfernt.

Der Regen war furchteinflößend, unablässig, irrsinnig, er hämmerte maschinengewehrartig auf das Dach und fegte in tosenden Wellen über den Asphalt. Durch die Regentropfen, die über die Windschutzscheibe zappelten, konnte ich kaum die Straße erkennen. Die Spritzer vom Armaturenbrett schwollen zu ungebrochenen Strömen an, die rasch meine Hose und meine Schuhe durchnässten. Ein steter Wasserfall stürzte vom Zündhebel hinab. Durch den Spalt oberhalb der Scheibe flog mir nun so viel Wasser in die Augen, dass ich die Sonnenbrille aufsetzte. Es schien reiner Wahnsinn, in einem Museumsstück mit dünnen Reifen, nur einem Scheinwerfer und keinem Scheibenwischer weiterzufahren, aber ich hatte zu viel Angst, anzuhalten und den Motor abzuwürgen. Stattdessen verlangsamte ich zu einem plätschernden Kriechen und sah zu, wie sich im Rückspiegel Scheinwerfer scharten und tanzten, bis sie nach einer Weile von einem Gigawatt-Leuchten aus Rot und Blau ersetzt wurden und ein markerschütterndes BWUUUUP ertönte.

Ich fuhr rechts ran, ein durchnässter Ausländer in roten Schuhen ohne gesetzlichen Anspruch auf die einäugige Antiquität, der sich jetzt wackligen Schrittes ein Beamter näherte. Mike war nun zwei US-Bundesstaaten von seinem gemeldeten Wohnsitz entfernt und das Einzige, was ich an Papieren vorweisen konnte, waren ein paar verschwommene Scans auf meinem Handy.

Jemand erzählte mir später, dass State Trooper die fiesesten aller Gesetzeshüter seien, humorlos, bockig und pedantisch. Aber der weibliche State Trooper, der sich nun neben mir an meiner geteilten Beifahrergardine auf Bordsteinseite aufbaute, wirkte im schlimmsten Fall ein wenig gereizt und wollte nicht mal meinen Führerschein sehen. Ich hatte das starke Gefühl, dass es ihr vor allem darum bestellt war, sich möglichst wenig dem Niederschlag und dem brachialen Leerlauf auszusetzen, in dem ich den Motor laufen ließ.

»Könnten Sie das abstellen?«

Ich erklärte ihr sehr laut, warum ich das nicht konnte.

»Okay, nun, Sie haben eine Kolonne aus 18 Fahrzeugen hinter sich. Ich folge Ihnen seit Coopersville. Sie müssen entweder schneller fahren oder aber an die Seite.«

»Auf jeden Fall, Ma'am«, log ich.

Sie nickte skeptisch, dann lehnte sie sich in den Wagen hinein.

»Und Sie sollten vielleicht die Sonnenbrille abnehmen.«

Nun, ich packte es. Der Regen ließ nach und nach 170 Kilometern nonstop ohne Abwürgen und mit zusammengekniffenen Arschbacken brauste ich auf eine prächtige Einfahrt in den ländlichen Vororten von Granville, Ohio, und stellte erschöpft den Motor ab. Die vielen Gebäude, die um mich herum gruppiert waren, und die gepflegten Anlagen, in denen sie verstreut lagen, gehörten einem Mann, mit dem ich ein paar Tage zuvor über den Model T Ford Club of America Kontakt aufgenommen hatte. Ich war dem MTFCA einige Monate vor meiner Abreise beigetreten: Er war der größte Club von Model-T-Besitzern weltweit, so groß, dass ich nicht mal sein einziger Tim Moore war. Nachdem meine Mitgliedschaft bestätigt wurde, kündigte ich im Online-Forum des Clubs mein ehrgeiziges Vorhaben an, was Reaktionen hervorrief, die etappenweise von Hohn und Spott zu begeistertem Zuspruch voranschritten. Nun hatte Club-Mitglied Paul Griesse eine völlig neue Front an Aufgeschlossenheit eröffnet, indem er anbot, mich über Nacht bei sich aufzunehmen. Aber die Dinge waren ein wenig in Bewegung geraten, seitdem er die Einladung per E-Mail ausgesprochen hatte, und ich plante, mir seinen Edelmut nun auf zügellose Art und Weise zunutze zu

machen. Aus einer Nacht wurden drei, und in den Tagen dazwischen chauffierte Paul mich 240 Kilometer durch die Gegend auf der Suche nach einem Ersatzanlasser, fütterte mich wie einen dicken, fetten König durch und teilte mit mir schwindelerregende Feierabendmengen an gutem Bourbon. Paul und seine Frau Linda ließen mir ihre Gastfreundschaft mit entspannter Geselligkeit zuteilwerden und waren so buchstäblich darauf bedacht, dass ich mich wie zu Hause fühlte, dass sie mir ein eigenes Haus zur Verfügung stellten: ein Domizil mit mehreren Badezimmern, das über einer ihrer vielen Garagen errichtet worden war. Welch vortreffliche Menschen.

Paul fuhr total ab auf Fords. Im Alter von 74 Jahren hatte er vor kurzem seine Sammlung von 50 Oldtimern auf ein halbes Dutzend Lieblingsstücke von Ford verkleinert, darunter zwei Model Ts und ein Model A, den er seit mehr als 40 Jahren besaß. Seine Leidenschaft durchlief den Stammbaum des Unternehmens bis zu seinem Gründervater. Eines Nachmittags, während wir meinen halbwegs reparierten T auf der Hebebühne in der Garage zurückließen, führte Paul mich in ein kleines anliegendes Büro, das sich als ein

waschechter Schrein für Old Man Ford entpuppte. Überall waren fotografische Porträts von Henry, der junge Henry am Lenker seines Quadricycle, der alte Henry am Steuer des fünfzehnmillionsten Ts, der vom Fließband rollte. Die Regale ächzten unter dem Gewicht um Henry kreisender Literatur. Paul war, wie so viele der alten T-Typen, von denen ich noch profitieren würde, ein unverbesserlicher Fordaholic: Wenn er über das Fließband sprach, von dem der Model T gerollt war, oder über Henrys Fünf-Dollar-Tag, schüttelte er sanft den Kopf, immer noch baff angesichts all dessen, was der große Mann geleistet hatte.

1917 verfasste ein ganz besonders bündiger Zeitungskolumnist eine »Kurze Geschichte der USA«, die so ging: »Kolumbus, Washington, Lincoln, Roosevelt, Ford.« Henrys Ruhm war inzwischen zu wahrer Heldenverehrung erblüht. Der Fünf-Dollar-Tag war bereits ein Sechs-Dollar-Tag und er hatte seinen Arbeitern soeben die erste Tranche einer Gewinnbeteiligung ausgezahlt, die in den folgenden vier Jahren 48 Millionen Dollar unter ihnen verteilen würde. Kaum weniger unglaublich löste er sein Versprechen ein, jedem, der 1914 einen Model T kaufte, einen Scheck über 50 Dollar zu schicken, sofern das Unternehmen in jenem Jahr mehr als 300.000 Autos absetzte – ein Gelübde, das Ford mehr als 15 Millionen Dollar kostete. Er war der reichste Mann im Land und häufte jedes Jahr Reichtümer von 20 Millionen Dollar an, aber er war auch einer von ihnen: ein Junge von der Farm, der es zu etwas gebracht hatte und der niemals seine Wurzeln und die Werte des Mittleren Westens vergaß. »Amerika ist nicht nur Chicago und New York«, verkündete er. »Es ist da draußen zwischen den alten Dorfplätzen, den kleinen Orten und den Farmen. Gott erschuf das Land, der Mensch erschuf die Stadt.« Henry hatte ein tolles Gespür für volksnahe Sinnsprüche: »Wenn die Hände eines Mannes schwielig und die einer Frau verschlissen sind, kann man gewiss sein, dort Ehrlichkeit zu finden.« »Es ist eine Schande, reich zu sterben.« »Hindernisse sind die furchtbaren Dinge, die man sieht, wenn man sein Ziel aus den Augen lässt.« »I'm just a teenage dirtbag, baby.«

Henry war der Freund der Farmer und Liebling der Kleinstädter. Als das American Magazine mit der reißerischen Schlagzeile »Henry Ford spricht über seine Mutter« aufmachte, setzte es 1,9 Millionen Exemplare ab. (»Möge

Gott es Ihnen lohnen, was Sie über Ihre Mutter gesagt haben«, schrieb eine weibliche Verehrerin. »Als ich von den altmodischen, bestickten Pantoffeln las, konnte ich die Tränen nicht zurückhalten.«) 15 Jahre lang erhielt er jeden Tag über tausend Briefe. »Bis Sie uns ein kostengünstiges Transportmittel gaben«, schrieb ein Farmer aus Berea, Ohio, »war niemand, den ich kannte, weiter als fünf Meilen von zu Hause fort gewesen. Gott segne Sie, Henry Ford.« Die Leute erzählten ihm, sie hätten ein Pony in ihren T geladen und es zum Tierarzt gefahren. Sie berichteten von Model Ts, die den Rasen mähten, Schafe schoren und sogar Nüsse knackten. »Mein T macht alles, außer das Baby in den Schlaf zu wiegen und mit der Dienstmagd zu schlafen«, prahlte ein ländlicher Briefeschreiber. Vor allem schickten ihm die Leute Unmengen an leerem Geschwätz, als würden sie einem engen Freund oder Verwandten schreiben. »Wir pflanzten heute unsere Kartoffeln, aber der Rest des Gartens ist noch nicht so weit.« »Wir haben 85 Hühner, drei Wochen alt.« »Könnten Sie vorbeikommen und uns beim Buttern helfen?« Eine Familie aus Oregon lud Henry und seine Frau zum Abendessen ein und fragte, ob sie ihr Hähnchen lieber gebraten oder gekocht hätten. »Es scheint, als hätten wir Sie unser ganzes Leben lang gekannt.«

Auch hundert Jahre später dachten meine alten Autogenossen noch immer so über Henry. Zwar teilten nur wenige seinen spartanischen Sinn für Mäßigung – Henry trank nicht und verabscheute jegliche Form von Luxus –, doch verehrten sie die Kultur, in der er verwurzelt war. Denn in den meisten Fällen war es auch die ihre. Wie er waren sie bodenständige Amerikaner bescheidener Herkunft aus der Mitte des Landes, die es dank harter Arbeit und der Verwirklichung kühner Ideen zu Wohlstand gebracht hatten.

Diese Tage in Granville waren meine Initiation in das geordnete Reich traditioneller, tüchtiger Maskulinität, die in der Garage jedes Model-T-Besitzers herrschte, oder vielmehr in der »Werkstatt«, wie ich bald gelernt haben sollte, sie zu nennen. Penibel arrangierte Batterien an Werkzeugschränken und Ersatzteilkästen, Regale voller Dichtmasse und Schmiermittel, die Etiketten nach außen, und ein oder zwei Ts mit einer Auffangwanne unter der inkontinenten Front. In der Regel gab es ein Haustier – in diesem Fall eine rundliche getigerte Katze mit dem Kopf in einem Plastiktrog voll Trockenfutter – und Nachweise unbekümmerten Konservatismus. Auf einem von Pauls Werkzeugschränken war ein Aufkleber, auf dem stand: »Ich unterstütze PETA: People Eating Tasty Animals.« Und innerhalb dieses Reichs nahm ich den Platz verzagter Unsicherheit ein, der mir bald zur Gewohnheit werden würde: Mein Beitrag beschränkte sich meist auf das Angebot, mal eine Taschenlampe zu halten oder große, augenscheinliche Dinge abzuschrauben. Immerhin steckten in einem Model T eine ganze Menge davon: Wie zuverlässig er nach den Maßstäben seiner Zeit auch gewesen sein mochte, wurde vom T dennoch erwartet, häufiger mal liegenzubleiben und dann von Farmern eigenhändig repariert zu werden, wenn das geschah. Meine Neuauflage des originalen Wartungshandbuchs begann wie folgt: »1. Demontage Ihres Fahrzeugs.« Indem man sechs Schrauben löste, konnte man die gesamte Karosserie entfernen. Es amüsierte mich, dass fast jede Reparatur an meinem Auto mit den gleichen zwei Anweisungen begann: »Okay, Tieam, mach die Haube auf und zieh den Boden hoch.«

Drei heiße Nachmittage lang wechselten Paul und ich uns damit ab, uns unter dem T die Finger schmutzig zu machen. Während wir arbeiteten, erzählte er mir seine Geschichte. Sein Vater war einer von neun Brüdern aus Nebraska, die allesamt Pfarrer wurden – ein Familienschicksal, dem Paul so unbedingt entgehen wollte, dass er mit 19 für hundert Dollar ein Flugticket nach Hawaii kaufte. Sechs Jahre später kehrte er mit einer Frau, drei Kindern und seiner ersten Million aufs Festland zurück. Man kann wohl sagen, dass ich, als ich Granville verließ, mehr über die Herstellung von industriellen Luftentfeuchtern wusste, als ich je zu träumen gewagt hätte. Paul zog nach Ohio, baute seine Firma zu einem Weltkonzern aus – Indien erwies sich als besonders lukrativer Markt – und entdeckte seine Liebe zu alten Autos. Es war der definitive amerikanische Lebensstil von dazumal: hart arbeiten, hart spielen. »Ich arbeitete neun Stunden im Büro, kam heim, zog meinen Overall über und arbeitete vier oder fünf Stunden an den Autos.« Selbst im Ruhestand und von einem Hüftleiden geplagt, blieb Paul ein Mann der Tat. Als ich über dem Garagentor ein Hornissennest entdeckte, ging er sogleich hinaus und schlug es mit einem dicken Ast kurzerhand von der Traufe.

Nach getaner Arbeit und einem starken Drink auf der Terrasse von Pauls Poolhaus fuhren wir zum Abendessen in die Innenstadt von Granville. Es war ein äußerst reizendes kleines Städtchen, erbaut um einen altehrwürdigen, malerischen College-Campus und eine gediegen modernisierte alte Hauptstraße, auf deren breiten Gehsteigen zahlreiche elegante Menschen unter gestreiften Markisen zu Abend aßen. Die milde Luft und Pauls leichte Hand an der Bourbonflasche verstärkten den angenehmen Eindruck noch. Allgemein herrschte eine Stimmung entspannten Wohlstands, die so gar nicht zu meinen bisherigen Erfahrungen zu passen schien, und bald fand ich auch heraus, warum: Ich war vom rechten Weg abgekommen. Granville war ein Flecken Demokraten-Blau im Roten Meer von Ohio, die Heimat von College-Akademikern und wohlhabenden jungen Fachkräften, die nach Columbus pendelten, in die nahe gelegene Hauptstadt des Bundesstaats. Das urbane Amerika wählte mit überwältigender Mehrheit demokratisch – die bevölkerungsreichste Stadt, die sich für Trump entschieden hatte, war Mesa, Arizona, ein Ort, von dessen Existenz ich zuvor nicht einmal gewusst hatte und der in der Statistik als die siebenunddreißiggrößte Ansiedlung der USA geführt wird. Doch Paul war eingetragenes Mitglied der Republikanischen Partei: Im hinteren Teil eines Nebengebäudes entdeckte ich das Parteisymbol, einen zur Parade bereiten Sperrholz-Elefanten, der hinter einem knallroten Ford Cabrio aus den fünfziger Jahren lauerte. Es war ein Elefant im Raum und Paul ließ ihn raus, als wir Eiscreme schleckend durch Granville schlenderten, hin und wieder an einer Bank Halt machend, um seine Hüfte zu schonen.

»Natürlich ist Trump ein Trottel, aber, weißt du – wir sind Republikaner.« Paul zuckte hilflos die Achseln: Sein Wunschkandidat, den er auch mit Wahlkampfspenden unterstützt hatte, war der unermesslich weniger abstoßende Gouverneur von Ohio, John Kasich. Ich konnte ihn nur bedauern. So musste es sich wohl anfühlen, wenn der Fußballverein, den man sein Leben lang unterstützt hat, einen Trainer verpflichtet, für den man sich einfach nicht erwärmen kann, weil er schlicht und ergreifend ein riesengroßes Arschloch ist. Und der dann die Meisterschaft gewinnt, aber mit 17 Russen vorne drin.

»Also, Tim, glaubst du, unsere Zeit als Nummer eins ist vorbei?«

Die Frage schien naheliegend und das Stocken in Pauls Stimme deutete darauf hin, dass er meine Antwort bereits kannte. Donald Trump ins Weiße Haus zu wählen, zeugte wohl kaum von einer selbstbewussten, optimistischen Nation, die sich in ihrer eigenen Haut wohlfühlte. Ich war nicht der Einzige, der seine Wahl als ein Ereignis empfand, mit dem eine Ära zu Ende ging – eine einst strahlende Supermacht auf dem absteigenden Ast, die blindlinks dagegen wütet, das ihr Licht erstarb. Wann hatte dieses Licht am hellsten gestrahlt? Seit ich mich auf den Weg gemacht hatte, waren mir ein ums andere Mal anachronistische Anzeichen des täglichen Lebens begegnet, anhand deren sich Amerikas Zenit irgendwann um das Jahr 1962 herum datieren ließ. Die dünne 100-Volt-Netzspannung, die Mühe hatte, einen Wasserkocher auf Touren zu bringen. Die beschissenen, wackligen zweipoligen Stecker. Die sperrigen Toploader-Waschmaschinen in der Motel-Wäscherei, wie Requisiten aus einer Schwarzweiß-Sitcom. Der Deoroller, den ich mangels Alternativen in einer Drogerie in West Virginia gekauft hatte, ein echtes Relikt aus grauer Körperhygienevorzeit, das eifrig Härchen einsammelte, während es meine Achseln mit mentholhaltigem Schmalz kleisterte.

Mochte dieser ganze Krempel auch schlecht gealtert sein, so war er ein halbes Jahrhundert vorher die verheißungsvolle Zukunft. Haushaltsgeräte und heiße Duschen für alle! Amerika war ein Versuchsgelände für das moderne Leben in der industrialisierten Welt. Stolz erfand es all diese häuslichen Annehmlichkeiten, dann popularisierte und standardisierte es sie, während der Rest der umnachteten, ungewaschenen, dampfbetriebenen Welt ehrfürchtig zusah. Mehr als ein halbes Jahrhundert lang gingen sie voran und wir folgten. Sie waren um Längen die Nummer eins. Ich weiß noch, wie meine amerikanische Cousine Patricia, die Lebensgefährtin von Miles, uns 1976 zum ersten Mal in London besuchte und ihre Toilettenartikel im Bad auslegte. Ich war neugierig. Eine Flasche Erdbeer-Haarspülung faszinierte mich besonders. Ich hatte noch nie von Haarspülung gehört – ich bin ziemlich sicher, dass es so etwas in Großbritannien damals nicht gab, außer vielleicht als eine Art Heilschlamm, der nach Wick Vaporub stank und die Kopfhaut aufschreien ließ. Dieses Zeug aber war eine blassrosa Creme und (entschuldige, Patricia) roch gut genug, um es zu trinken. Es war außerdem mit einem runenartigen Robo-Tattoo geschmückt – der erste Strichcode, den ich in meinem Leben zu Gesicht bekam. Patricia hatte die Zukunft in eine Flasche abgefüllt und herübergebracht.

Aber damit war das Ende der Fahnenstange erreicht. Europa und der Ferne Osten holten sie nach und nach ein, und weil Amerikaner niemals ihr Land verlassen – Patricia war die Ausnahme, die diese Regel bestätigte –, merkten sie es nicht mal. Als meine Frau und ich Mitte der 1990er Jahre zum ersten Mal Friends schauten, waren wir erstaunt zu sehen, wie Chandler seinen auserlesenen Manhattan-Sarkasmus in ein Telefon von der Größe eines Weinschlauchs ergoss, die Art klobiger Peinlichkeit, wie selbst meine Eltern sie längst entsorgt hatten. Und weil Amerikaner so arrogant und halsstarrig sind, brauchten sie, selbst als sie es mit Verspätung endlich merkten, ewig, um zu reagieren. Der achtspurige, fossile Brennstoffe in rauen Mengen verschlingende American Way of Life war und blieb für sie das unschlagbare Original.

Ich dachte über all dies nach und fühlte währenddessen Schokoladeneis meine Hand hinabrinnen. Dann leckte ich mein klebriges Handgelenk ab und sagte: »Wenn du mich fragst, Paul, ich fürchte, ja.«

»Nun, ich hoffe, du irrst dich.«

Es war nicht leicht, einen so zuversichtlichen und unverwüstlichen Kerl so niedergeschlagen zu sehen. Ich wollte ihn trösten. Ich wollte erzählen, dass mein Land etwas Ähnliches erlebt und seine eigene traurige Reise von einer globalen Supermacht zu einem abgeschlagenen Nachzügler durchgemacht hatte. An diesem Morgen hatte ich mit Paul und einem halben Dutzend seiner ältesten Freunde in einem Diner gefrühstückt – Ärzte, Anwälte, Apfelbauern, alle ebenso wie er Säulen der Gemeinde, und die meisten von ihnen Automobilfreunde. Als er von meiner Nationalität erfuhr, leierte ein Kerl, der einen klassischen alten Triumph besaß, eine Reihe von Witzen herunter, die sich über Lucas Industries lustig machten, einen einstmals wichtigen britischen Automobilzulieferer, der vor einigen Jahren von einem amerikanischen Hersteller aufgekauft worden war. »Weißt du, wie wir

Lucas nennen? Den Fürsten der Dunkelheit! Hast du dich je gefragt, warum ihr warmes Bier trinkt? Weil Lucas eure Kühlschränke baut! Mir wurde letzte Woche ein Herzschrittmacher von Lucas eingesetzt und er läuft wie 'ne AAAAAAAAAAAAH!«

Ich gluckste höflich. Ja, Britannien war einst groß gewesen und beherrschte die Weltmeere und all das, dann ruhten wir uns auf unseren Lorbeeren aus, ließen den Kahn absaufen und standen am Ende als Lachnummer da. Danach aber, auch wenn es eine Weile dauerte, lernten wir unsere Lektion. Wir akzeptierten unsere Grenzen und einen bescheideneren Platz auf der Weltbühne. Wir sahen ein, dass es bescheuert war, Dinge wie Autos und Autoteile auf billige Weise zu entwickeln und zu bauen, und dass es daher klüger wäre, es gut sein zu lassen, bis wir uns richtige – sprich: ausländische – Investoren gesichert hätten. Wir schluckten unseren Stolz und räumten ein, dass imperiale Maßeinheiten mit der überzeugenden Simplizität des metrischen Systems nicht mithalten konnten, wie allein schon anhand der absurden Bruchzahlen ersichtlich war, die in die Schraubenschlüssel in meinem Werkzeugkasten gestanzt waren (»Tieam, du hast mir den 5/8er gegeben, ich brauche aber den 9/16er«). Vor allem aber lernten wir, über uns selbst zu lachen. Die meisten Lucas-Witze kannte ich schon, denn wir hatten sie zuerst gerissen.

Als ich Münzen herauskramte, um das Trinkgeld unserer Kellnerin zu ergänzen, fiel mir ein weiterer eigensinniger Anachronismus auf. Die höchste Münzeinheit, die in den USA in großen Mengen im Umlauf war, war nach wie vor der Quarter, der Vierteldollar, mit einem Nennwert von weniger als 20 Eurocent. Meine Hosentaschen klimperten stets schwer: Ich musste ständig Quarter-Münzen sammeln, um ganze Hände voll davon in Luftkompressoren, Waschmaschinen und Trockner zu stecken. Alle paar Jahre versucht die US-Notenbank aufs Neue, die Dollarmünze wieder einzuführen und Amerikaner an die gewaltigen Einsparungen zu erinnern, die eine Abkehr von der Dollarnote mit sich brächte (nach derzeitiger Schätzung 4,4 Milliarden Dollar im Lauf von 30 Jahren, der üblichen Lebenszeit einer Münze). Und jedes Mal scheitert sie. Von den 1,4 Milliarden Dollarmünzen, die je geprägt worden sind, ist über die Hälfte an die Notenbank zurückgegangen, ungeliebt und unerwünscht. Mir kam kein einziges der noch im Umlauf befindlichen Exemplare unter. Die Verbraucher können mit ihnen einfach nichts anfangen. Sie wollen einen großen verschwitzten Batzen guter alter amerikanischer Greenbacks.

Die Bundesbehörden könnten die Sache natürlich forcieren, indem sie die Dollarnote aus dem Umlauf nehmen, so wie die kanadischen Behörden es 1989 taten (ein Jahr, nachdem die Bank of England die Ein-Pfund-Note aus dem Verkehr gezogen hatte). Aber das werden sie nicht tun, denn sie haben zu große Angst vor dem Aufschrei, den es unweigerlich auslösen würde. Wie ich feststellen sollte, war das meistgeschmähte Adjektiv in Amerikas Herzland dieses andere Wort mit F: föderalistisch. Das amerikanische Kleinstadtvolk ist so konservativ, so starrsinnig stolz auf seine engstirnigen alten Sitten und steht föderativer Einmischung dermaßen feindselig gegenüber, dass die Behörden es in mehr als hundert Jahren nicht einmal wagten, die Größe ihrer Münzen zu ändern. Infolgedessen ist die Herstellung von Pennys, Nickels und Dimes inzwischen teurer als ihr Nennwert. Eine Ein-Cent-Münze zu prägen, kostet das Finanzministerium 1,7 Cent. Welch absurder Zustand. Die Bank of England führte Plastikbanknoten ein, während ich weg war. Würde das US-Finanzministerium das wagen, könnte Donald Trump sich vermutlich zum Kaiser ernennen und käme damit durch.

Ich nahm viel mehr mit aus Granville als nur einen reparierten Ford. Ich lernte endlich, den Rückwärtsgang einzulegen (wie Paul geduldig demonstrierte, bestand der simple Trick darin, vor dem Treten des erforderlichen Pedals den großen Hebel in die mittlere Position zu hieven). Ich verfeinerte meine Theorie, dass Amerikas zunehmend stürmische sozio-politische Verhältnisse auf irgendeine Weise eine Spiegelung ihres zunehmend stürmischen Wetters seien: Auf dem Weg, meinen Ersatzanlasser zu besorgen, brach eine Mini-Apokalypse Bäume entzwei und legte in einer Tankstelle, die wir ansteuerten, um uns unterzustellen, den Strom lahm, und ein paar Tage später, als ich mit dem T eine Probefahrt auf Pauls weitläufigem Anwesen unternahm, fanden wir die Straße von sturmgefällten Ästen blockiert vor. Und ich ergänzte meine innere Elegie an den amerikanischen Traum um eine bittersüße Strophe. Paul war eines der letzten Exemplare, die von Henry Fords anderem Fließband gelaufen waren, demjenigen, das hart arbeitende, mutige Unternehmer hervorbrachte. Ein verlorenes Zeitalter, als Amerikaner noch Geld auf der Main Street machten und nicht nur an der Wall Street. Richtige Geschäftsleute, die vielen Menschen Arbeit gaben und richtige Sachen herstellten. Noch immer stolz, noch immer pragmatisch und wohlhabend, aber auf dem sachte absteigenden Ast, mit kaputter Hüfte und Hörgerät. Als ich den T auf ihrer Einfahrt wendete, winkte ich Paul und Linda ein von Herzen kommendes Lebewohl, der brandneue Oberklasse-SUV hinter ihnen ein eloquentes Zeugnis vom Ende einer Ära. Nach Ford auf Ford auf Ford, einer ununterbrochenen Lebenszeit der Loyalität, war Pauls neues Gefährt nun ein Honda.

KAPITEL 6

»LANDWIRTSCHAFT – OHIOS GRÖSSTE INDUSTRIE!«

Man vergisst leicht, wie sehr Amerika nach wie vor von Landwirtschaft dominiert wird, was vielleicht der Grund für die riesigen Tafeln an der Straße ist, die sie aufgestellt haben, um einen daran zu erinnern. Ohio zum Beispiel hatte ich mir vorher nicht unbedingt als dermaßen agronomisch geprägt vorgestellt – dies war immerhin der Staat, in den in J. D. Vance' *Hillbilly-Elegie* all die Leute aus Kentucky auf der Suche nach einem besseren Leben in der Fabrik nordwärts gezogen waren. Tatsächlich ist fast jeder Bundesstaat der USA landwirtschaftlich geprägt. Nach wie vor gibt es 2,2 Millionen Farmen in Amerika, die zusammen eine Fläche bedecken, die weit größer ist als Indien. Vergleichen Sie das mit Großbritannien, wo heutzutage mehr Menschen Sandwiches belegen und verkaufen, als in der Landwirtschaft arbeiten.

An diesem heißen und feuchten Morgen kehrte Ohio pflichtgemäß seine Fruchtbarkeit heraus. Es war, als würde man durch ein Freiluftgewächshaus knattern: Die vom Unwetter reichlich gewässerten Kornfelder leuchteten hell, von oben brannte die Sonne herab und röstete meinen Unterarm langsam bei lebendigem Leibe. Mir kam der Gedanke, dass meine einzige Chance auf eine gleichmäßige Bräune wäre, kehrtzumachen und den ganzen Weg zurückzufahren, sobald ich die Westküste erreicht hätte. Dies waren einige der einsamsten Straßen, die ich je befahren hatte. Ein Bussard pickte an einer blutroten Schmiere auf dem Asphalt herum. Ich kam an ein paar hinfälligen Holzbauten vorbei, auf die in riesigen verblassenden Lettern »CHEW MAIL POUCH TOBACCO« gepinselt worden war, schäbig-schicke Relikte einer Werbekampagne für Kautabak, im Zuge derer einst 20.000 Scheunen in 22 US-Staaten verziert wurden. Und ausnahmsweise war ich nicht der lethargischste Verkehrsteilnehmer, und auch nicht die größte Pottsau unter ihnen. Dies war das Land der Amish und über weite, angenehme Teile des Tages war das vorherrschende Verkehrsmittel ein glänzend schwarzer Pferdewagen, die Sitzbank voller Bärte und Hauben, eine Spur dampfender Pferdeäpfel hinter sich herziehend.

Es gibt 320.000 Amish People in den USA und obwohl diese holzbefeuerten Komfortverächter vor allem mit Pennsylvania assoziiert werden, sind in Ohio fast genauso viele beheimatet. Ein Drittel von ihnen lebt ausschließlich in der fernen, ruralen Vergangenheit. Das waren diejenigen, die ich mit Sensen über der Schulter aus weißen Walmdachscheunen schlurfen sah oder die auf der Veranda Kleider von anno dazumal auf die Wäscheleine hängten. Doch gab es auch zahlreiche Belege einer etwas nuancierteren Integration in die Gegenwart: eine Straßenreklame für Fiberglas-Wagenräder etwa und Hinweisschilder auf offenbar von Amish betriebene Wirtschaftsunternehmen (»GRANDPA'S KÄSESCHEUNE, ELF MEILEN GERADEAUS«; »KINDERZIMMERMÖBEL – LINKS AB, ZWEI MEILEN«). »Auch sie sind Amerikaner, also verdienen sie natürlich auch gerne Geld«, hatte Paul erklärt, als wir zufällig auf eine Amish-Familie stießen, die auf Granvilles gediegenem Bauernmarkt ambitioniert bepreiste Zucchini feilbot.

Er informierte mich über einige der Besonderheiten und Grauzonen im Alltag der Amish, der im Allgemeinen von den Capricen ihres örtlichen Bischofs diktiert wurde. Eine Gemeinde hatte sich wegen eines Streits über die Zahl der zulässigen Falten in der Haube einer Frau entzweit. Eine andere erlaubte es, Autos zu besitzen, solange sie schwarz waren. Ich sah ein Pferd, das eine dieselbetriebene Strohpresse über ein Feld zog, und jede Menge Sonnenkollektoren. Generell war es offenbar in Ordnung, viele uner-

laubte technologische Wege zu beschreiten, solange man es nicht an die große Glocke hängte oder geborgtes Gerät benutzte. Als ich zum Tanken anhielt, sah ich Männer mit Strohhüten und wallenden, die Oberlippe freilassenden Bärten, die an der Telefonzelle auf dem Hof Schlange standen. Die Amish sind Experten darin, das 21. Jahrhundert auszublenden, aber mir waren bereits ein paar Pferdewagenfahrer aufgefallen, die Mike mit ausgeprägter Neugier musterten, und nun kam der letzte Bart in der Schlange – ein Bursche mittleren Alters mit Rundbrille und einer Plastikkanne Milch in jeder Hand – herüber und verwickelte mich in ein Gespräch.

»Ich nehme an, Sie werden da drin ein bisschen nass.«

Die Amish sprechen zu Hause einen Dialekt namens Pennsylvaniadeutsch und wenngleich das Gebaren dieses Burschen schüchtern war, gab er seine Worte in einem ausdruckslosen Schwarzenegger-Plärren von sich.

»Keine Sicherheitsgurte, kein Radio, nichts dergleichen?«

Er begutachtete über den Rand seiner Brille hinweg Mikes Innenraum, und plötzlich verstand ich: Mein glänzend schwarzer T war das fehlende

Bindeglied zwischen seinem glänzend schwarzen Pferdewagen und der modernen Welt. Wissen Sie was, schien er zu überlegen, ich schätze, der Bischof könnte damit leben. Während er die Stirn runzelte und neugierig und anerkennend nickte, schaute ich hinüber auf die vor seinen Wagen gespannten Pferde, die an ein Geländer neben der Autowaschanlage gebunden waren, und fing an, mich wie ein fortschrittlich gesinnter Farmer am Steuer eines der ersten Automobile im Land zu fühlen. Es war eine Szene wie aus einer von Henry Fords frühesten Werbekampagnen: Mach's gut, alte Schindmähre. Wie aufs Stichwort hob sich ein buschiger Schweif und eine Fuhre Pferdeäpfel klatschte auf den Asphalt. Abgesehen von seiner überlegenen Effizienz und den günstigeren Betriebskosten wurde der T seinerzeit auch als grüne Alternative zu den Tieren angepriesen, die allein die Straßen von New York Tag für Tag mit 230.000 Litern Urin und tausend Tonnen Kacke düngten und deren Kadaver üblicherweise zur Verwesung, Zersetzung und Entsorgung einfach in der Gosse liegen gelassen wurden. Einen berauschenden Moment lang war Mike die strahlende, neue Zukunft, nicht die klappernde, schmutzige Vergangenheit. Andererseits sollte man nicht vergessen, sich auch folgende Zahl vor Augen zu führen, die durchaus symbolhaft etwas über Amerikas rückwärtsgerichtete Gegenwart und seine gestrige Vorliebe für alte Sitten erzählt: Die Bevölkerung der Amish hat sich in den vergangenen 15 Jahren verdoppelt.

Und dann, ziemlich plötzlich, war ich im »Rust Belt«, dem »Rostgürtel« der USA, rumpelte über von Unkraut überwachsene Bahnschienen, knirschte Straßen hinab, die gesäumt waren von verrammelten Geschäften und schlurfenden Trinkern, gewöhnte mich wieder an eine Welt mit Demokraten, dunkelhäutigen Menschen und hohen Gebäuden, die keine Kirchen oder Getreidesilos waren. Schwärme von Seevögeln, die von den Großen Seen herüberkamen, kreischten vom blauen Himmel herab. Ein alter Mann an einer Tankstelle bot mir 20.000 Dollar für mein Auto und fuhr mit einem gezwungenen Lachen davon, als ich meine Hand ausstreckte, um einzuschlagen. (Nichts für Ungut, Mike – einen schnellen Dollar zu machen, ist halt der American Way.) Toledo war ein abgewirtschaftetes Durcheinander, als Dib Fewer und Tod Snedeker 1931 in Mike 1.0 in die

Stadt kamen, erschüttert angesichts der vor arbeitslosen Gammlern wimmelnden Flussufer und Parks. Der ausgebrannten, allumfassenden Verwahrlosung um mich herum nach zu urteilen, hatte sich der Ort offenbar nie erholt. Es war so weit: Ich unternahm einen eigenwilligen Abstecher von meinem Weg durch Trumpland, um eine Wallfahrt zur schäbigen Schnalle des Rostgürtels anzutreten. Nach 93 Jahren würde mein T heimkehren.

Detroit war bereits eine Autostadt, bevor Henry Ford es zur »Motown« erhöhte, und es erscheint wie ein kleines Wunder, dass er zufällig in der Nähe aufwuchs: In irgendeinem Paralleluniversum ist Henry in Kansas geboren, baut nie ein einziges Auto und das 20. Jahrhundert braucht sehr viel länger, um in die Gänge zu kommen. In den 1900er Jahren war Detroit die Heimat vieler Kutschenbauer und Fahrradhersteller, die zusammen die Kernkompetenzen boten, die viele aufstrebende neue Automobilkonzerne anlockten: Als der Model T vorgestellt wurde, waren bereits 40 Autobauer und 200 Automobilzulieferer in der Stadt ansässig.

Aber der Erfolg des T und das Phänomen Highland Park machten Detroit zu einem globalen Industrieschwergewicht. In der ganzen Stadt wurden riesige neue Fabriken hochgezogen, in denen Kraftfahrzeuge, Zündkerzen, Reifen und Werkzeugmaschinen hergestellt wurden. Arbeitshungrige Migranten strömten aus den Appalachen, dem schwarzen Süden, aus Kanada, aus Ost- und Südeuropa herbei. Ford entwuchs dem 50 Hektar großen Gelände in Highland Park und eröffnete 1926 einen erheblich größeren Standort am River Rouge, ein paar Meilen weiter westlich in Dearborn, Henrys Heimatgemeinde. Dieser 400 Hektar große Komplex umfasste die größte Gießerei der Welt und beschäftige alles in allem erstaunliche 103.000 Menschen. Bald kamen zwei Millionen Besucher im Jahr, um das Gelände zu besichtigen. Gegen Ende der 1920er Jahre hatte sich Detroit als eine der wohlhabendsten Städte der Welt etabliert. Es wuchs auch 30 Jahre später noch, inzwischen die fünftgrößte Metropole der USA mit fast zwei Millionen Einwohnern. Michigan Central Station war der größte Bahnhof auf Erden und das Chrysler-Hauptquartier in Detroit war nach dem Pentagon das zweitgrößte Bürogebäude der Welt.

Aber wie Sie vielleicht wissen, hat die Geschichte von Detroit eine recht dramatische Wende zum Schlechten genommen. Ich tat mein Bestes, die Anzeichen dessen zu begutachten, als ich Mike durch die Vororte lenkte, aber wenn Sie in einem Model T eine urbane zweispurige Straße befahren, sind Sie gut beraten, beide Augen auf diese Straße zu richten. Vor allem wenn sie sehr nass und von Schlaglöchern übersät ist. Es trug auch nicht zu meiner Beruhigung bei, dass meine Ohren von unter der Haube einen ominösen Backbeat zum Geklapper schwerer Regentropfen auf Leinwand vernahmen: ein gedämpftes, perkussives Tonk-Tonk-Tonk, so als würde jemand versuchen, sich aus einem Ölfass freizuboxen.

Die regenverschmierte Silhouette einer fensterlosen Fabrik, gähnende Leerflächen entlang der Straße, ein vernebelter, flüchtiger Blick auf Kanada, drüben auf der anderen Seite des Detroit River. Tonk-tonk-TUNK-TUNK-TUNK. Ein verfallener Busbahnhof. Aua: ein das Rückgrat brechender, bordsteinseitiger Krater. Noch mehr Brachland. TUNK-TUNKETI-TINKETI-TONK. Leere Bürgersteige. Ein Baum, der aus einem Dach herauswuchs. Die beunruhigende Erkenntnis, dass der Verkehr sich stetig weiter lichtete, je näher ich der Skyline der Innenstadt kam.

»Wir werden das Stadtproblem lösen, indem wir die Stadt verlassen«, prophezeite Henry Ford einst, und die Motown Detroit, eine Stadt, die auf Autos errichtet war, war die erste Metropole, deren Grenzen neu gezogen wurden, um dem zu entsprechen. Ab den 1940er Jahren begannen sich Vororte bis weit in die ländlichen Gebiete von Michigan hinein auszudehnen, mit den Büros und Fabriken der Innenstadt durch miteinander vernetzte Schnellstraßen verbunden. Diese wurden direkt durch die ursprünglichen Wohnviertel angelegt, was viele dieser Quartiere zerstörte und andere brutal abschnitt, fortan eingeklemmt zwischen acht Spuren Beton und rasendem Metall. Aber das neue suburbane Traumland war mit einer ganz bestimmten Sorte Detroiter im Sinn erbaut worden: der weißen. Detroits schwarze Einwohner, die 1950 nur 20 Prozent der Bevölkerung ausmachten, stellten fest, dass staatliche Zuschüsse für Hypothekendarlehen nur Weißen bewilligt wurden, die ins Umland zogen. Obendrein entwickelten die Gemeindeverwaltungen der wachsenden Vorstädte politi-

sche Strategien, um den Zuzug von Schwarzen zu stoppen – üblicherweise ein Punktesystem, das Religion, Ethnie, Akzent und »Amerikanisierung« berücksichtigte. »Die kommen hier nicht rein«, prahlte Orville Hubbard, der Bürgermeister von Dearborn, einem Reporter gegenüber. »Sobald wir von einem Neger hören, der umzieht, reagieren wir schneller als die Feuerwehr.«

Detroit war bis dahin ein recht guter Ort gewesen, um schwarz zu sein. Henry Ford war nach den Maßstäben der damaligen Zeit bemerkenswert unvoreingenommen, und sein Beharren darauf, dass schwarze Arbeiter den gleichen Lohn erhielten wie ihre weißen Kollegen, trug dazu bei, die Stadt als den Geburtsort der schwarzen Mittelschicht zu etablieren. Aber nun fand sich Detroits schwarze Bevölkerung plötzlich eingepfercht von gigantischen Highways in einer verfallenden Innenstadt wieder, die von den Miethaien in den Armenvierteln und den Behörden gleichermaßen vernachlässigt wurde. 1966 wurde weniger als fünf Prozent der Behausungen in Detroits Innenstadt ein »guter Zustand« bescheinigt. Es war eine so unattraktive Umgebung, dass selbst die Fabriken in die Vororte umzogen und das zentrale Detroit arbeitslos und heruntergekommen zurückließen.

Die Rassenunruhen in Detroit 1967 zählen zu den schlimmsten in der amerikanischen Geschichte. Von den 43 Menschen, die in jenem Juli ums Leben kamen, wurden 30 von Polizei und Nationalgarde erschossen. Mehr als 2.500 Läden wurden geplündert oder niedergebrannt; es gab 7.200 Verhaftungen. »White flight«, die »weiße Flucht«, das hässliche Etikett für Detroits urban-suburbane Rassentrennung, beschleunigte sich anschließend dramatisch. Innerhalb von sechs Jahren waren eine halbe Million weiße Einwohner in die Vorstädte abgewandert, und die Stadt, die 1950 zu 80 Prozent weiß gewesen war, war bald zu 80 Prozent schwarz. Und die Gesamtbevölkerung nahm unaufhaltsam ab: Amerikas fünftgrößte Stadt fiel bald aus den Top 20 heraus. Die Arbeitslosigkeit explodierte, der Stadtverfall verschärfte sich und die klammen Behörden waren überfordert.

In den Achtzigern gab es in Detroit mehr Waffen als Menschen und die Mordrate der Stadt war die höchste im Land, dreimal so hoch wie in New York. 1986 wurde im Schnitt jeden Tag ein Kind erschossen. Es gab nicht nur Crack-Häuser, sondern ganze Crack-Hochhäuser, verfallene Bürogebäude in der Innenstadt, die von Drogengangs umfunktioniert wurden. Brandstifter legten komplette Straßenzüge leer stehender Gebäude in Schutt und Asche. 1984 gingen in einer einzigen Nacht 800 Häuser in Flammen auf. Dennoch gibt es weiterhin 70.000 baufällige Gebäude in Detroit und rund hundert Quadratkilometer brachliegendes Land, eine Fläche, die größer ist als das Kerngebiet von Paris. 2013 meldete Detroit, mit 18 Milliarden Dollar Schulden, Konkurs an. Und erneut gibt es, sofern man es darauf reduzieren will und eine Schwäche für komplett unfaire Pauschalurteile hat, nur eine einzige Person, auf die man mit dem Finger zeigen muss. Autos machten Detroit groß, dann machten sie es kaputt. Und wer baute die Autos? Sorry, Henry.

TUNK-TUNK-DONKDONKDONKDONK-pschhhhhhhhhh. Der Regen hatte aufgehört, als ich Mike von seinem Elend erlöste und den Motor in der Einfahrt eines hübsch erhaltenen herrschaftlichen Hauses aus den 1920er Jahren abstellte. Jeder Rasen entlang der Straße sah wie ein Golf-Green aus und von jedem Vordach flatterte eine Flagge. Dies war ein ganz anderes Detroit als dasjenige, das ich nur wenige Minuten zuvor verlassen hatte, als ich von der East Jefferson Avenue in das sorgsam begrünte Grosse Pointe einbog. Bald hielt ein riesiger Pick-up rumpelnd neben mir und ein stattlicher Mann in einem gebügelten pinkfarbenen Hemd stieg aus, schritt herüber und schüttelte mir kräftig die Hand.

Mein Cousin Marshall, Patricias Bruder, ist der wahrscheinlich amerikanischste Amerikaner, den ich kenne. Als ich ihn, als Teenager, zum ersten Mal traf, war er ein erfolgreicher Ringer und mehr als 30 Jahre später hatte er immer noch den entsprechenden Nacken. Nach vielen Jahren in der Armee, wo er als Nachrichtenoffizier an einigen der sandigsten Einsatzorte der Welt diente, nahm Marshall einen Bürojob in Fords Abteilung für neue Märkte an. Ich hatte ihn ein paar Tage vorher angerufen und er hatte mir überaus freundlicherweise angeboten, mich in dem Haus aufzunehmen, in dem er mit seiner Frau Libby und ihren beiden kleinen Töchtern lebte. Nun erläuterte ich ihm Mikes Malaise, wobei ich nicht vergaß zu erwähnen, dass ich bereits Kontakt mit einer freundlichen ortsansässigen Seele vom MTFCA aufgenommen hatte – einem Burschen namens Peter, der in Dearborn lebte und eine mechanische Begutachtung angeboten hatte.

»Klingt so, als könntest du eine Weile hier sein«, sagte Marshall. Ich lächelte verlegen.

»Komm, ich führe dich herum.«

Wenig später fuhren wir durch die gesprenkelten Alleen. Marshalls Firmen-Pick-up schien das richtige Fahrzeug zu sein – der Ford F150 ist Amerikas meistverkauftes Auto und eine mobile »Make America Great Again«-Metapher. »Fords F-Serie legt die Messlatte nicht nur höher«, brummelte die Off-Stimme in den TV-Werbespots, »sie ist die Messlatte.« Welch bezeichnendes Beispiel für die Rhetorik der Trump-Ära – große Fresse, nichts dahinter. Und auch wenn der F150 der Nachfolger des Model T als Amerikas vierrädriger Liebling gewesen sein mochte, bildete er doch die klotzig-plumpe Antithese zu Henrys leichtem und behändem universellen Auto. Indes erwies sich das Marshall-Mobil als bewundernswert geeignet für die Führung. Grosse Pointe stand für gepflegten Zierrasen und Country Clubs am See. Dann fuhren wir über eine Kreuzung und plötzlich befanden wir uns in Stalingrad.

»Ist viel besser hier als noch vor ein paar Jahren«, sagte Marshall, während er durch die kratergleichen Schlaglöcher donnerte, »was ein bisschen beängstigend ist, schätze ich.«

Ich starrte aus dem Fenster, sprachlos angesichts eines Anblicks, der sich mir hinter Mikes bespritzter, vibrierender Frontscheibe entzogen hatte. Die East Jefferson Avenue, die wichtigste Durchgangsstraße nach Downtown Detroit, war übersät von verkohlten Ruinen, verrosteten Rollläden und verrammelten Fenstern. Manche der verlassenen Tankstellen und Lagerhallen waren zu provisorisch anmutenden Fitnessstudios und Autowaschanlagen umfunktioniert worden, aber die meisten waren abgerissen worden, riesige Lücken aus moosbewachsenem, brüchigem Beton zurücklassend. In Grosse Pointe war jeder weiß; hier waren die wenigen Menschen, die unterwegs waren, samt und sonders schwarz. Marshall deutete auf ein verfallenes Kino, auf dessen Dach Sträucher wucherten.

»Besser schnell durch hier«, raunte er, als wir über eine rote Ampel huschten. »Ein Kumpel von mir musste hier vor ein paar Jahren mal anhalten, da hat eine Kugel zwei Fenster durchschlagen.«

Ich nickte matt und sank ein wenig tiefer in meinen Sitz. Nie zuvor hatte ich einen so frappierenden, brutalen Kontrast in einem Stadtbild erlebt, und das sage ich als jemand, der 1990 durch ein Loch in der Berliner Mauer gekrochen ist.

Wir bogen von der Jefferson in Richtung Norden in ein Wohngebiet ab und die Stimmung schlug erneut um. Die ersten paar Häuser sahen einigermaßen gepflegt und wohlhabend aus, von ähnlichem Baustil und Alter wie Marshalls. Ein paar hatten sogar Ausflugsboote in der Einfahrt. »Hier in der East Side kannst du ein Haus für 30.000 Dollar kaufen«, raunte er. »Dasselbe Haus in Grosse Pointe würde eine halbe Million kosten.« Ich verstand diese Diskrepanz, als der Häuserbestand bruchstückhafter und spärlicher wurde und dann ganz verschwand, verdrängt von schütterem Grasland, das hier und da von alten Bäumen durchsetzt war.

»Dies war in den Fünfzigern und Sechzigern das italienische Viertel.«
Marshalls Stimme war nun zu einem Attenborough-Flüstern gedämpft.
»Einer meiner besten Freunde ist hier aufgewachsen.«

Ich blickte auf die ausgedehnte Strauchlandschaft um mich herum und
dachte: Wer denn wohl – Mogli? Ohne all die einsamen Hydranten und
Marshalls Erläuterungen hätte ich niemals geglaubt, dass dies einst eine
dicht besiedelte Wohngegend gewesen war.

»Wenn ich sage, dass sich die Lage verbessert hat, meine ich damit, dass
die Stadt besser darin geworden ist, leer stehende Gebäude abzureißen. Als
wir vor 20 Jahren hierherzogen, war jedes Haus in der Gegend verfallen oder
ausgebrannt. Selbst in den besseren Vierteln warfen die Leute einfach die
Schlüssel auf den Rasen, wenn sie auszogen. Die Häuser wollte keiner
geschenkt haben.«

Wir fuhren weiter durch frisch gepflanzte Nutzwälder, Hartholz-
Setzlinge, die in sauberem Raster auf einst bewohnten Grünflächen
gepflanzt worden waren. Marshall erzählte mir, dass in den ländlicheren

Gebieten der Detroiter East Side inzwischen wilde Truthähne und Fasane ein vertrauter Anblick waren, die durch die jungen Wälder und die 1.400 Gemüse- und Obstgärten streiften, die in den letzten Jahren angelegt worden waren. In manchen Straßen standen einzelne verbliebene Häuser wie einsame Farmen verloren inmitten der sich ausdehnenden Überwucherung. In vielen Gegenden überlebten nur noch die Kirchen dank ihrer feuerfesten Steinbauweise (amerikanische Bauherren pflegen eine starrköpfige, althergebrachte Liebe zum Holz: Wände und Dächer typischer Behausungen gelten als Verschleißteile mit einer Lebensspanne von 20 Jahren). Aber die meisten dieser Kirchen standen verlassen da und vor der einzigen, die wir passierten, die weiterhin ihren vorgesehenen Dienst verrichtete, stand ein Schild, das jeden Dienstag eine warme Mahlzeit versprach. Das Gras breitete sich noch weiter auf die Straßen aus, neben Möbeln, Reifen und ausrangierten Autos. Selbst die weniger trostlos wirkenden Straßen, in denen man eine ansehnliche Zahl Behausungen mit Fenstern darin und Autos davor sah, lagen in gespenstischer Stille da. Die einzigen Menschen, die die sommerliche Brise genossen, waren ein paar alte schwarze Burschen, die jeder für sich allein auf einer ramponierten Veranda hockten und zusahen, wie das, was von der Welt noch übrig war, vorbeizog.

Es ging weiter und weiter und wir sprachen weniger und weniger. Alle paar Blocks machte mich Marshall leise auf eine Sehenswürdigkeit aufmerksam. Die Tankstelle, wo Libby einmal angehalten hatte und der Kassierer herausgerannt kam und schrie, sie solle weiterfahren. Die Zeile verfallener Läden, wo die Unruhen 1967 ihren Ausgang genommen hatten. Henry Fords erstes herrschaftliches Haus an der Edison Street, wo eine ansehnliche Zahl vergleichbarer Bauten heute ausgebrannt und ohne Dach dastand. Das noch prachtvollere Haus, das sein Großenkel Alfred, sehr zum Entsetzen der Familie Ford, in einen Hare-Krishna-Tempel umgewandelt hatte. »Da büchsen häufig Pfauen aus«, sagte Marshall, als wir an den schäbigen, schmiedeeisernen Toren vorbeifuhren. »Einer ließ sich ein paar Jahre lang bei uns in der Straße nieder – wir nannten ihn Fred.«

Gleich hinter der nächsten Kurve kamen wir an einem eleganten modernistischen Flachbau vorbei, über dessen verrammeltem Eingang »Stark

School of Technology« stand, hinter einem Schild, auf dem zu lesen war: »ZU VERKAUFEN/VERMIETEN – KONTAKT: ÖFFENTLICHE SCHU-LEN DETROIT«. Falls Sie noch weitere Belege für Detroits Niedergang benötigen: Es stehen heute aufgrund der immer geringeren Nachfrage 79 aufgegebene Schulen in der ganzen Stadt zum Verkauf. Noch 2003 waren in Detroits öffentlichem Schulsystem 170.000 Kinder angemeldet, heute sind es noch ganze 50.000. Und falls Sie noch einen benötigen: Die Stark School of Technology wurde auf dem Gelände der Rennstrecke von Grosse Pointe erbaut, wo Henry Ford sich 1901 seinen Namen gemacht hatte.

Es war schrecklich und tragisch, aber auf eine recht düstere Art und Weise auch faszinierend. Verständlicherweise sind die Detroiter der Elends-touristen überdrüssig, die sich an den Ruinen ergötzen; dennoch hatte ich das Gefühl, dass Marshall insgeheim durchaus Gefallen fand an unserer kleinen Tour. »Schau, ich weiß, wie Leichen riechen«, raunte er dramatisch, als wir durch einen maroden Park am Ufer fuhren, »und als ich zum ersten Mal hier aus dem Auto stieg, habe ich sie gerochen.«

Schließlich, die Schatten auf den grasbewachsenen Gehsteigen wurden bereits länger, machten wir uns auf den Rückweg Richtung East Jefferson Avenue. Ein paar Blocks vor jener erstaunlichen Kreuzung, der unsichtbaren Mauer zwischen Schwarz und Weiß, Wohlstand und Armut, Leben und Tod deutete Marshall mit dem Finger auf eine einsame Straße. »Vor ein paar Jahren hockten eines Abends fünf Kids aus meinem Viertel da herum und rauchten im Auto Gras. Den Scheiß kann man in Grosse Pointe nicht brin-gen, ohne erwischt zu werden. Jedenfalls fuhr ein Kerl vorüber und fing an, mit einer AK47 loszuballern, 30 Schuss, eins der Mädchen starb und drei andere waren übel zugerichtet. Sie haben ihn nie erwischt.« Er gab Gas und wir rasten über die East Jefferson und nach Grosse Pointe. »Ich habe meinen Töchtern gesagt, dass ich sie niemals diese Straße überqueren sehen möch-te.« Kaum einen Kilometer weiter hielten wir vor seinem Haus.

Am Morgen folgte ich Marshalls F150 nach Dearborn, über tausend Ampeln und ebenso viele Schlaglöcher. Die entsetzlichen Stöße und Schläge kosteten mich eine verchromte Radkappe und vielleicht fünf Prozent meiner Leberfunktion, übertönten aber immerhin die schlimmsten der sich stetig verstärkenden Klopfgeräusche aus Mikes Motor. Nach einer Stunde machten wir erstmals Station, in einem Konvoi gleichgesinnter, gleichgeschlechtlicher Pilger: Das »The Henry Ford«, Amerikas größter Museumskomplex samt Freilichtgelände, ist ein Disneyland für alte Männer.

Henry mochte nicht rumgeprotzt haben, aber er war auch nicht gerade ein Muster an Demut. Das Model-T-Phänomen ließ die Grenze zwischen Arroganz und schlichtem Realismus verschwimmen: Wenn Ford sich als »Urheber des Industriezeitalters« bezeichnete, stellte er vermutlich bloß eine nüchterne Tatsache fest. Als sich Ende der 1920er Jahre der Staub der T-Ära legte, begann Henry, eine Bilanz seiner bahnbrechenden Leistungen zu ziehen. In wenigen kurzen Dekaden hatte sich Amerika zu einer industriellen Supermacht gemausert und die Welt für immer verändert. Und dies hatte es größtenteils ihm und einer Schar Gleichgesinnter zu verdanken, Männern wie Thomas Edison, Harvey Firestone, den Brüdern Wright und Henry J. Heinz: Herzland-Amerikaner von bescheidener Herkunft, die es zusammen auf keinen einzigen College-Abschluss brachten. Darauf gründete Fords berühmtestes Zitat: »Geschichte ist weitgehend Mumpitz. Sie ist nur Tradition. Die einzige Geschichte, die einen Funken wert ist, ist die Geschichte, die wir heute schreiben.« Mit anderen Worten: Wozu sich mit der verstaubten Historie plagen, wenn meine Freunde und ich all diese strahlenden Brocken Gegenwart schmieden? In diesem Sinne können wir zumindest versuchen, ihm nachzusehen, dass er, in einem Museum, das er nach sich selbst benannte, einen Großteil seines späteren Lebens der Zementierung eines sklavischen Personenkults widmete.

Erbaut auf einem riesigen Gelände rund fünf Kilometer vom Haus seiner Kindheit entfernt, öffnete »The Henry Ford« im Jahr 1933 seine Pforten. Seine gewaltigen Ausstellungsräume wurden pflichtgemäß mit Maschinen aus Henrys Privatsammlung bestückt: mechanische Klaviere, Dampfmotoren, Fettpressen und eine Flotte bedeutender Kraftfahrzeuge. Doch die spirituelle Heimat des Museums bildete das Außengelände. Greenfield Village, durch dessen grüne Peripherie Marshall und ich nun spazierten, war ein schlichter Schrein für die damaligen Legenden, die dieses kühne neue Amerika gebaut hatten. Die altertümlichen Gebäude, die sich um uns herum

sonnten, waren von Henry von ihren ursprünglichen Standorten hierher verfrachtet und neu aufgebaut worden: Dies hier war die originale Fahrradwerkstatt, in der die Brüder Wright ihre Flugmaschine konzipierten, und dort drüben stand das originale Haus, in dem H. J. Heinz aufgewachsen war. Und da: das Gartenhäuschen mit dem Büro von Luther Burbank, dem Amateurbiologen, dem Schöpfer der Russet Burbank, der Model T unter den Knollen, der bis heute meistangebauten Kartoffelsorte weltweit. Werkstätten und Laboratorien, die mit seinen besten Kumpels Edison und Firestone zu tun hatten, wurden besonders herausgestellt; ich war fasziniert, diese drei legendären Gestalten gemeinsam auf Fotografien zu sehen, die sie anscheinend auf ganz normalen Campingausflügen zeigten. Es interessiert Sie vielleicht zu erfahren, dass Thomas Edison auf einem der ersten dieser Ausflüge die Bierbong erfand, wobei Sie sich allerdings nicht zu sehr für diesen Gedanken erwärmen sollten, denn das Ganze habe ich mir gerade ausgedacht.

Aber die meiste Aufmerksamkeit richtete sich auf Henry, und das mit einem heiteren Mangel an Zurückhaltung. Zur Eröffnung von Greenfield

Village schritt der alte Mann bedächtig in eben jenes Schulhaus, in dem er den Tagträumen von seinen ersten Maschinen nachgehangen hatte, setzte sich an ein Pult, das sich an derselben Stelle befand, an dem sich seines befunden hatte, und ritzte, so wie er es als Achtjähriger getan hatte, seine Initialen hinein. Daneben befanden sich exakte Nachbildungen der Schule, die Henry danach besuchte, und vom Haus seiner Lieblingslehrerin. Der detailgetreue Nachbau vom Heim seiner Kindheit war eine besonders liebevolle Arbeit. Heute sind sämtliche Angestellten in Greenfield in Tracht der damaligen Zeit gekleidet, und als ich mich hinunterbeugte, um die Täfelung rund um den Esszimmer-Ofen zu inspizieren, in der Hoffnung, von seinen jugendlichen Tüfteleien mit Dampfkraft verursachte Schrapnellschäden zu entdecken, trat eine freundliche alte Dame in Schürze an mich heran und verwickelte mich in ein Gespräch. »Mr. Ford schickte Leute im ganzen Land herum, um genau diese Art Ofen aufzutreiben«, zwitscherte sie. »Alles musste genau richtig sein. Wie es heißt, brauchten sie 18 Monate, um einen zu finden.« Eine ähnliche Suche wurde gestartet, als Henry auf dem Hof der Farm auf eine Scherbe einer gemusterten Keramik stieß. Acht Angestellte waren im Einsatz, die auf der Jagd nach einem einzigen Stück mitunter Hunderte Briefe wechselten. Fords eigene Geschichte war niemals Mumpitz.

Und natürlich gab es Model Ts, wohin man auch blickte. Ich war gerührt, den echten fünfzehnmillionsten T zu Gesicht zu bekommen, denjenigen, den ich den ergrauten Henry aus der Fabrik hatte fahren sehen. Und ich war doch ziemlich überrascht zu entdecken, dass er, wenn man ihn nicht auf einer Schwarzweiß-Fotografie betrachtete, dunkelgrün war. Noch spannender war die Flotte von Ts, die die Alleen von Greenfield hinauf und hinunter tuckerten, ein jeder mit einem Mann mit Melone und Weste am Steuer und ein paar fleischigen Besuchern auf der Rückbank. Die reibungslose Gewissheit ihres Vorwärtskommens, mochte es auch relativ sein, schien ein Affront gegen meine Mühen. Zumindest bis ich einen Burschen mit einem Strohhut bezüglich der Wartungsroutine befragte und er mit den Augen rollte. »Drei Mechaniker sind in Vollzeit mit 13 Autos beschäftigt. Können Sie sich das vorstellen?« Ich versicherte ihm, dass ich es könne. Mir ging auf, nur vielleicht 1.500 Kilometer und fünf Pannen zu spät, dass es vermutlich töricht war, ein Fahrzeug, das kaum in der Lage war, eine Spritzfahrt auf einem Jahrmarkt zu absolvieren, quer durch einen riesigen Kontinent zu fahren.

Das Museum zollte der führenden Rolle, die das Kraftfahrzeug im 20. Jahrhundert gespielt hatte, üppige Anerkennung. Ich ging an Bord des originalen Busses aus Alabama, in dem Rosa Parks sich 1955 weigerte, ihren Sitz einem weißen Mann zu überlassen, womit sie der Bürgerrechtsbewegung auf die Sprünge half. Ich gaffte den originalen Lincoln an, in dem JFK erschossen wurde, und das befestigte Verdeck, das jemand nachträglich angeschraubt hatte (»Besser spät als nie«, flüsterte ich Marshall zu). Ich verbrachte 20 Minuten in einem Model-T-Fahrsimulator und wartete vergeblich darauf, dass mein meisterhaftes Können mit tosendem Applaus gewürdigt würde.

Diese Ehre wurde stattdessen Henrys universellem Automobil zuteil, mit einer ausufernden, multimedialen Lobhudelei, die mit einer Ehrentafel eingeleitet wurde:

Der Ford Model T veränderte die Welt, er ebnete einer neuen Ordnung von Stadt und Land, von Arbeit und Freizeit den Weg, indem er die immense Anziehungskraft der Automobilität aufzeigte. Henry Ford übernahm und erweiterte Fließbandtechniken, um den Preis des Autos um fast 60 Prozent zu senken und gleichzeitig dessen Qualität zu steigern. Der Model T wurde zum universellen Symbol der Fähigkeit moderner Ingenieurskunst, Luxusgüter in Massenware zu verwandeln.

Ich las diese berauschenden Worte und verstand, warum ich von alten Menschen umgeben war. Dieser letzte Satz zollte Henry und seiner Greenfield-Village-Posse die Anerkennung und fing die grenzenlose, revolutionäre Begeisterung jener Zeit ein. Und was für eine bemerkenswerte Zeit dies doch gewesen war, um in ihr zu leben! Bahnbrechende Verbesserungen der Lebensumstände, von denen Durchschnittsamerikaner zu Beginn der T-Ära nicht einmal zu träumen wagten, waren an ihrem Ende alltäglich geworden. 1930 hatten bereits 70 Prozent der US-Haushalte elektrischen Strom; mehr als die Hälfte besaß ein Radio; 40 Prozent hatten ein Telefon; 45 Prozent ein Auto. Es gab eine Million Kühlschränke in amerikanischen Haushalten. 40 Jahre lang gab es ständig neue, kostspielige Innovationen, die alle als der letzte Schrei angepriesen wurden. Besonders angetan hatte es mir ein Poster, das für eine Demonstration von Edisons Phonograph warb, die 1878 in Friedrich's Music Hall in Grand Rapids, Minnesota, stattfand: »Er kann sprechen, singen, schreien, lachen, pfeifen und KORNETT-SOLI NACHSPIELEN.«

Da er sowohl ziemlich jung als auch extrem kompetent war, bot Peter Nikolajevs ein wenig Hoffnung für Amerikas Zukunft. Und, noch viel wichtiger, auch für meine: Auf der kurzen Fahrt zu seinem schmucken vorstädtischen Häuschen in Dearborn verschlimmerte sich das Klopfen des Motors zu einer Gatling-Kanone, die im Dauerfeuerbetrieb leere Blechbüchsen rausfeuerte. Peter war der neueste Retter in der Not, den ich durch den MTFCA herbeigerufen hatte, ein bei Ford angestellter Programmierer für diagnostisches Gerät mit einer fröhlichen Ehefrau, zwei kleinen Kindern und einem reizenden roten Model T, der sich zwischen allerlei grellbuntem Kinderkram in eine kleine Garage zwängte. Wir gaben uns die Hand, räumten ein wenig um und schoben Mike hinein. »Mach die Haube auf und zieh den Boden hoch«, befahl Peter und es ging wieder los.

In den folgenden Stunden hielt ich eine Lampe, während Peter von oben den Zylinderkopf und von unten die Ölwanne ausbaute. Während er arbeitete, erzählte er mir, dass er dem T bereits im Alter von acht Jahren verfallen war, als er einen sah, der auf einem örtlichen Jahrmarkt ausgestellt wurde. »Wenn du ihn starten kannst, kannst du ihn haben«, feixte der Besitzer, während der kleine Peter erfolglos an der Kurbel drehte. Doch die Leine war ausgeworfen und mit sehr Edisonscher Entschlossenheit – »Erfolg hat nur, der etwas tut, während er wartet«, hatte der produktivste Erfinder aller Zeiten einmal gesagt –, verbrachte Peter die nächsten fünf Jahre damit, Gelegenheitsarbeiten zu verrichten und Dosenpfand zu sammeln, bis er 2.500 Dollar gespart hatte und seinen ersten T kaufen konnte.

»Tja, ist schön, wenigstens eine einfache Antwort zu haben.«

Die Nacht war lange hereingebrochen, als Peter mit einer Pleuelstange in den ölverschmierten Händen unter dem Auto hervorkam. Selbst ich konnte sehen, was nicht stimmte: Die Schicht glänzenden, weichen Metalls, mit der die Kontaktfläche überzogen war, war fast vollständig abgeplatzt. Ich hatte eigentlich vor, Ihnen die Geschichte der zinnbasierenden Legierung namens Babbitt in aller Ausführlichkeit zu erzählen, aber angesichts des endlosen Kummers, den ihre Nutzlosigkeit mir bereiten sollte, bringe ich es leider nicht über mich. Das hast du davon, längst verblichener Isaac Babbitt aus Taunton, Massachusetts.

Peter vermaß den Pleuel mit großer Sorgfalt, während ich die Brocken, Splitter und Flocken aus Babbitt aufklaubte, die sich rund um die Ölwanne und anderswo verteilt hatten. Ein Ersatzpleuel wurde bestellt; es würde zwei Tage dauern, bis er einträfe. Dann, nachdem ich gerade das Waschbecken der einen Familie akribisch verdreckt hatte, ließ ich mich von einem Uber-Fahrer nach Grosse Pointe kutschieren und verzierte die Dusche einer anderen mit zinnhaltigem Glitzerstaub.

In den nächsten 48 Stunden gönnte ich mir die komplette Ford-Dröhnung. Die Familie beherrscht Detroit noch immer: Abgesehen von den zahlreichen Niederlassungen und dem River-Rouge-Werk, wo heute 6.000 Arbeiter den F150 bauen, prangt ihr Name auch in großen Lettern über zahllosen Schulen und Kliniken, die sie im Laufe der Jahre gestiftet hat, und einem Football-Stadion, in dem die Detroit Lions ihre Heimspiele austragen. Als Erstes nahm ich mir Henrys Bude vor, Fair Lane, ein flaches, klobiges Herrenhaus, das er 1915 in einer ruhigen Ecke von Dearborn, am Ufer des River Rouge, erbauen ließ. Mein Uber-Fahrer brachte mich dorthin durch das Zentrum von Dearborn, das in trefflicher Hommage an Orville Hubbard, den fanatisch rassistischen früheren Bürgermeister, heute Heimat der größten muslimischen Gemeinde des Landes ist. Das auffälligste stadtweite Vermächtnis ist die Schawarma, ein erfreulich günstiges und zuverlässig schmackhaftes Gericht ähnlich dem Kebab, das sich in ganz Detroit als die beliebteste Mittagsoption etabliert hat. Ich gönnte mir den Spaß mehrfach. Irgendwo in der Stadt steht eine Tafel, auf der es heißt, auf Arabisch: »Donald Trump kann dies nicht lesen, aber es macht ihm trotzdem Angst.«

Mein Fahrer – zufällig ein Iraker – setzte mich an einem leeren Besucherparkplatz ab. Unter einem leichenblassen Himmel sah Fair Lane mit seinen gedrungenen Türmchen und kleinen Fenstern düster und trostlos aus, eher wie ein gestauchtes Schloss Colditz als wie das Heim des reichsten Mannes der Welt. Eigentlich wären Henry und Clara auch am liebsten einfach in ihrem bescheidenen Haus in der Innenstadt geblieben, aber die öffentliche Hysterie, die der Fünf-Dollar-Tag ausgelöst hatte, machte dies untragbar: Ein beschwerliches Jahr lang mussten die Fords tagtäglich vor der eigenen Tür vor lauter Fans und Journalisten einen wahren Spießrutenlauf bewältigen. Das mürrische und abweisende Fair Lane wirkte denn auch nicht gerade wie eine Herzensangelegenheit. Ich kann mir nicht vorstellen, was Henry veranlasste, sein Haus am Ufer des Flusses zu errichten, in dem sein Großvater erfroren war.

Wie auch immer, die jüngeren Fords warteten nach Claras Ableben ganze fünf Jahre, bevor sie die Immobilie der University of Michigan stifteten, und ich war nicht unglücklich, das Haus verschlossen vorzufinden. Henrys wahre Leidenschaft kam in dem mächtigen Nebengebäude am Fluss zum Ausdruck: wie praktisch, einen Thomas Edison bei der Hand zu haben, um sich ein eigenes Wasserkraftwerk konstruieren zu lassen, und wie typisch, dass es genug Saft erzeugte, um ganz Dearborn mit Strom zu versorgen.

Welch ein Kontrast zu dem eleganten Hightech-Haus, das sein Sohn Edsel so weit entfernt vom väterlichen Heim erbauen ließ, wie es nur ging: 40 Kilometer östlich am Ufer des Lake St. Clair. Das war nur ein Katzensprung von Marshalls Haus, den ich auf dem Beifahrersitz eines Jeeps meisterte, der von seinem deutschen Au-pair-Mädchen gefahren wurde. Schon rein äußerlich dazu entworfen, Erinnerungen an ein Ensemble gemütlicher Cotswold-Cottages zu wecken, vereinte Ford House im Inneren ästhetisches Feingefühl, zeitgemäße Innovation und gigantischen Reichtum in einer Weise, die unserer Reisegruppe ein beifälliges, an- und abschwellendes Gurren entlockte.

Eine Bildungsreise nach Europa vermittelte dem jungen Edsel einen Geschmack für Mobiliar, das viel älter, Design, das viel neuer, und Kunst, die viel besser war als alles, was sein Heimatland zu bieten hatte. Er kehrte mit einem Haufen Chesterfield-Anrichten und Wandvertäfelung im elisabethanischen Stil sowie der vollständigen Haupttreppe von Lyveden House in Northamptonshire heim, angeblich die Begleichung einer Spielschuld. An den Wänden hingen Kopien der Renoirs und Van Goghs, die heute im Detroit Institute of Arts hängen, manche über hundert Millionen Dollar wert. Es gab ein fabelhaftes Art-déco-Arbeitszimmer mit runden Möbeln und Deckenflutern. Und so viele innovative Annehmlichkeiten und Schwelgereien: ein gekühltes Frischblumen-Zimmer, ein zentralisiertes Staubsaugsystem und ein erstaunliches Netzwerk verborgener Schläuche, die an eine in einer Kammer versteckte Orgel angeschlossen waren und das Spiel des darin sitzenden Musikers durch das ganze Haus leiteten. Wie kurios, dass es der utilitaristische Model T gewesen war, durch den diese ganze Verschwendung finanziert wurde.

Und in diesem Kontrast finden wir auch die Wurzel von Henrys bekanntermaßen schwierigem Verhältnis zu seinem einzigen Kind. Als der junge Edsel sich in der heimischen Werkstatt die Kuppe eines Fingers abtrennte, war sein Vater erzürnt ob seiner Ungeschicklichkeit. Nachdem er Edsel einen Platz im Vorstand der Firma überlassen hatte, ließ er keine Gelegenheit aus, ihn zu untergraben: Als Henry entdeckte, dass sein Sohn für den Bau eines Büroblocks in Highland Park verantwortlich war, ordnete er einen sofortigen Baustopp an und ließ das halbfertige Gerüst als Mahnung jahrelang stehen. Er machte Edsel zum Präsidenten des Unternehmens, überließ ihm eine eigene Marke zum Spielen (Lincoln) und ein riesiges Gehalt, dann verübelte er es ihm, für nichts davon gearbeitet haben zu müssen. Edsel wiederum schien es große Freude zu machen, seinen strengen und enthaltsamen Vater zu ärgern. Er rauchte und nahm auch gerne mal einen zur Brust. (Einmal, als Edsel im Ausland weilte, schickte Henry einen Trupp Schläger los, um seine Hausbar zu zertrümmern.) Er pendelte in einem 600 PS starken Schnellboot mit Flugzeugmotor zur Arbeit und kaufte den ersten MG, der in die USA importiert wurde. 1935 wurde er zum bestgekleideten Mann in Amerika gewählt, vor Fred Astaire. Er beauftragte Diego Rivera, einen mexikanischen Kommunisten, 27 monumentale Wandgemälde von Arbeitern in River Rouge zu gestalten. Er gewann eine Treppe beim Kartenspielen.

Der Kampf zwischen Vater und Sohn war der Kampf zwischen Form und Funktion, zwischen eigenhändiger harter Arbeit und bleistiftkauender Kontemplation, zwischen alt und neu. Eine Tafel zu Ehren des Juniors stellte den Unterschied heraus: »Edsel Bryant Ford – Automobilstilist, Förderer der Künste, Wohltäter von Polarexpeditionen, Menschenfreund, Gentleman.« Er war der hochtrabende elitäre Liberale, Henry der schlichte, bodenständige Jedermann. Niemand sah Henry je mit einem Buch, und sein Lieblingslied war eine Volksweise, deren titelgebender Refrain fragte: »Wer warf die Latzhose in Mrs. Murphys Suppe?« Nachdem Henry die Schule gekauft hatte, in die, wie er überzeugt war, Mary mit ihrem kleinen Lamm gegangen war, ließ er eine Tafel anbringen, auf der es hieß: »Sarah Josepha Hale, deren Genie das Gedicht in seiner heutigen Form vollendete.« Als eine Gruppe von Kunsthändlern versuchte, den reichsten Mann der Welt für ein paar alte Meister zu interessieren, blätterte er mit großer Freude durch ihre illustrierten Broschüren und war dann perplex, als sie einen Kauf abschließen wollten: »Aber warum soll ich denn ein Original kaufen, wenn ich mir die Kataloge, die Sie mir gegeben haben, ansehen kann?«

Henry war ein fleischgewordener Model T; Edsels entscheidendes Projekt war der erste Lincoln Continental, ein schnittiges, modernistisches Coupé, geformt wie eine Träne und angetrieben von einem V12-Motor. Der Continental war bildschön – er ist eins von nur acht Autos, die vom New Yorker Museum of Modern Art zu »automobilen Kunstwerken« auserkoren wurden –, aber er war auch die Art teurer, in kleinen Stückzahlen aufgelegter Angeberschlitten, die Henry so sehr verachtete. Mit 3.000 Dollar kostete der erste Continental zehnmal so viel wie der letzte Model T und verkaufte sich deutlich mehr als zehnmal weniger: In seinem ersten Produktionsjahr, 1940, wurden ganze 400 abgesetzt.

Edsel starb drei Jahre später im Alter von 49 Jahren an Magenkrebs: Henry würde ihn um vier Jahre überleben. Selbst über das Grab hinaus sollte der alte Herr zuletzt lachen: Der 1958 vorgestellte Ford Edsel wurde so verheerend aufgenommen, dass die Mittelklasse-Limousine bis heute ein Inbegriff kommerziellen Scheiterns ist. Nur 118.000 Edsels wurden abgesetzt, was dem Unternehmen einen Verlust von 350 Millionen Dollar bescherte. Manche gaben dem Marketing die Schuld, manche der Unzuverlässigkeit des Autos. Aber es steckte eine noch viel simplere Lehre dahinter: Wenn sich dein Auto verkaufen soll, gestalte seine Front nicht wie eine Muschi.

Und, eines düsteren, feuchtkalten Nachmittags, kehrte ich dann dorthin zurück, wo alles begann. An die Piquette Avenue.

Der Fortbestand des Ford-Werks an der Piquette ist fast ebenso erstaunlich wie seine Geschichte. Von der matschigen Straße aus gesehen, wirkte die abgehärmte, dreistöckige Ziegelfassade eher wie eine kunstvoll verfallene Mikrobrauerei denn wie die Geburtsstätte des Automobilzeitalters. Als Grabstelle war dieser Ort weitaus überzeugender: Das kleine Gebäude, in dem der erste Model T gebaut wurde, ist ein einsamer Überlebender inmitten der Ruinen des postindustriellen Detroit, rundherum, so weit das Auge blickte, nur Ödland aus graffitiübersäten Gerippen und knotigem Gestrüpp. Die einzigen anderen aktiv genutzten Bauten waren zwei alte Lagerhallen gegenüber, die eine umfunktioniert zur Abundant Faith Cathedral, die andere zur Soul Saving Church. Zwischen ihnen geparkt, die Räder auf der Bordsteinseite tief in braunem Wasser, stand ein schäbiger Ford mit dem Nummernschild »PSALM37«.

Amerika ist nicht gerade überreich gesegnet mit historischen Stätten von globaler Bedeutung, ich war daher ziemlich überrascht zu erfahren, dass das

Piquette-Werk einsam und verlassen dagestanden hatte, bis das Gebäude im Jahr 2000 von einer Gruppe Model-T-Liebhaber aufgekauft wurde. Von den Denkmalschutzbehörden wurde es erst 2002 anerkannt. Das Erdgeschoss ist an eine Industriewäscherei vermietet und das Museum in den oberen Etagen wurde von den ehrenamtlichen Enthusiasten eingerichtet, die es bis heute betreiben. Ganz offensichtlich könnten sie ein wenig finanzielle Unterstützung gebrauchen. Als ein weiterer dieser Mikrostürme den Tag zur Nacht machte und den Himmel zerrüttete, wehte der Regen durch die alten Schiebefenster herein und sprenkelte den hölzernen Fabrikboden.

Zwischen 1903 und 1908 produzierte Ford sieben Modelle von unterschiedlicher Zugkraft, vom luxuriösen Model K für 2.500 Dollar bis zum billigen und fröhlichen Model N, einem Zweisitzer für 500 Dollar. Der Model N verkaufte sich immerhin 7.000 Mal: eine Rekordzahl für die damalige Zeit und eine, die Henrys Entschluss besiegelte, auf den Massenmarkt abzuzielen und das Geld in die relevante Forschung und Entwicklung zu stecken. Ende 1906 trennte er eine kleine Ecke in der beengten obersten Etage seines Fabrik-

gebäudes ab und setzte eine einzelne Tür mit einem großen Vorhängeschloss ein. Nur sieben handverlesene Männer – darunter der 14-jährige Edsel – bekamen den Schlüssel. Das dominierende Inventar darin waren ein alter Schaukelstuhl, der Henrys Mutter gehört hatte, und eine Kreidetafel. Er plante, etwas zu tun, das noch nie getan worden war, und das von Grund auf innerhalb eines Jahres – ein Zeitplan, der Freigeister erforderte, die sich nicht scheuten, sich über allgemeingültige Weisheiten hinwegzusetzen. College-Abschlüsse, die, wie er befand, die Fantasie einschränkten, waren nicht erwünscht. Vertrauen und Loyalität hingegen waren unerlässlich, und wenngleich für Henry zu arbeiten kein Zuckerschlecken war, würden sich diese Qualitäten zu gegebener Zeit enorm bezahlt machen.

Ich fand Fords geheiligten »Geheimraum« in den Frühstadien eines Wiederaufbauprojekts vor, was es, im Verbund mit dem scheppernden Regen, knifflig machte, in die Stimmung einzutauchen. Und ebenso der Kurator, der mir auf Schritt und Tritt folgte, wofür ich ihm aber kaum einen Vorwurf machen konnte. Ich war einer von vier Besuchern und der mit Abstand lästigste: Ich konnte es einfach nicht lassen, Dinge anzufassen. Es fiel mir sehr schwer, all die Model Ts mit der gebotenen Ehrfurcht zu behandeln, wo ich doch selbst mehr oder weniger in einem lebte, den ich noch dazu ständig mit Chips und Dosen und Fürzen bis tief in seine uralte Polsterung hinein besudelte.

»Sir, Besucher werden gebeten, nicht die...«

»Tschuldigung!«

Jedes Mal, wenn ich glaubte, mich beherrschen zu können, erlitt ich einen Rückfall und stupste irgendetwas an. Hmm – ich frage mich, ob dieser explodierte Model-T-Antrieb den gleichen komischen zw—

»Sir, Besucher sind wirklich gehalten...«

»Tschuldigung!«

Wow, ein 1924er Touring genau wie mei—

»Sir...«

»Tschuldigung!«

Hm, mal sehen: »1927 Ford Model T Tudor Sedan, Besitzer: Peter Nikolajevs.« Hey – das ist doch Pe—

»Sir…«

»Tschuldigung!«

Wie dem auch sei, die jungen Tüftler, die Ford auswählte, um hinter der verschlossenen Tür in der Dachtraufe an der Piquette Avenue seinen Traum zum Leben zu erwecken, waren ihm alle wohlbekannt. Das Museum erwies ihnen mit einer Reihe von Infotafeln die Ehre, aber ich stelle sie Ihnen lieber in der Manier einer Jazz-Combo vor (mit einer Entschuldigung an Henry, der Jazz mit abgrundtiefer Inbrunst verachtete). An den Flowcharts: Peter Martin, ein Kanadier, der seit seinem zwölften Lebensjahr in der Branche beschäftigt und die fünfte Person war, der Henry je einen Job gegeben hatte. Er war als Herstellungsleiter vorgesehen. An den Tabellen: James Couzens, Sohn eines kanadischen Seifefabrikanten, der sieben Jahre lang als Prüfer von Eisenbahnfrachtwaggons zubrachte und sich dann einen Bürojob bei einem Kohlehändler ermogelte, der zufällig einer von Fords wichtigsten Investoren war. Couzens war Henrys Geschäftsführer und als solcher mit einem beeindruckend breit gefächerten Aufgabenbereich betraut, der Vertrieb, Werbung, Einkauf, Logistik und Buchführung umfasste. An der Drehbank: Charles Sorensen, ein Däne, der 1905 als 24-jähriger Modellbauer in den Betrieb kam und Henry mit seinem Talent umhaute, halbgare technische Ideen in wahrhaftige Metallkomponenten umzuwandeln. An den Blaupausen: József Galamb, ein erstklassiger Maschinenbauer aus Ungarn, der noch keine zwei Jahre in den USA war, als er Ende 1905 von Ford angeheuert wurde, und noch immer nur gebrochen Englisch sprach. Und am Verteilerkasten: unser alter Freund Spider Huff, Angestellter bei Ford seit er 16 war und temperamentvoller Volt-Hexer. Lasst es krachen, Jungs!

Man könnte sagen, dass Henry Ford mit einem ungewöhnlich guten Auge für Talent gesegnet war – und man sollte es auch, weil es wahr ist. Und doch scheint es noch immer bemerkenswert, wenn nicht gar erstaunlich, dass sein kleines, junges Team nicht nur die Hausforderung stemmte, ein wahrhaft universelles Auto zu entwickeln, sondern gemeinsam auch noch die erforderlichen Anlagen mitbrachte, dessen Herstellung, Vermarktung und Verbreitung in einer Größenordnung jenseits jeglicher Vorstellungskraft zu bewerkstelligen. Dass es ihnen gelang, ist wohl Ausdruck jener vielseitigen, alltagstauglichen Brillanz, die, wie in Greenfield Village gewürdigt, auf wundersame Weise am Anbruch des 20. Jahrhunderts im Herzen der USA in so mannigfacher Weise in Erscheinung trat. Beachtenswert ist außerdem, dass keiner aus Henrys Team, mit der möglichen Ausnahme des enigmatischen Spider Huff, in den Vereinigten Staaten zur Welt gekommen war.

Henrys Vision für den Model T beruhte auf leichten Materialien. Ein leichtes Auto würde besser mit dem Matsch und dem Schlamm auf dem Land zurechtkommen, und da es einen kleineren Motor benötigte, wäre es auch billiger in der Herstellung. Nachdem er ein paar überraschend unverbogene Komponenten aus einem verunglückten französischen Rennauto untersucht hatte, entwickelte er eine Faszination für Vanadium-Stahl, der dreimal stärker war als andere Stahllegierungen und somit weitaus sparsamer eingesetzt werden konnte. Aber in den USA hatte bis dahin niemand mit Vanadium experimentiert, dessen Herstellungsprozess Temperaturen erforderte, die höher waren, als jede Gießerei im Land erreicht hatte. Als sein Team anregte, einen Metallurgen einzustellen, um das Dilemma in Angriff zu nehmen, ließ Henry seiner Verachtung für ausgebildete Fachkräfte freien Lauf. »Macht aus Wandersee einen Experten!«, schrie er zur Beunruhigung aller: John Wandersee war ein Handlanger, der seine Karriere bei Ford damit begann, den Fabrikboden zu fegen. Aber Henry hatte wie immer den richtigen Riecher. Wandersee machte pflichtgemäß eine kleine Gießerei in Ohio ausfindig, eignete sich die notwendigen Kenntnisse an und binnen Monaten leitete er die werkseigene Herstellung hochwertigen Vanadiums.

József Galamb hatte endlich das Material, das er brauchte, und fertigte einen Entwurf nach Henrys Vorgaben an: ein federleichtes, funktionales Familienauto, günstig in Herstellung, Anschaffung, Wartung und Pflege. Der Model T war keine Schönheit – aus ästhetischer Sicht hatte er viel mit den plumpen Vorgängermodellen gemein, die um mich herumstanden. Ein Großteil der Technik – inklusive des grässlichen Planetengetriebes – wurde direkt von früheren Ford-Modellen übernommen. Letztlich umfasste der Model T nur drei bedeutsame Innovationen. Der Einsatz von Vanadium. Ein abnehmbarer Zylinderkopf, der Motorreparaturen immens vereinfachte. Und schließlich Spider Huffs Magnetzündung im Schwungrad, ein ambitioniertes

Arrangement aus Magneten und Kupferspulen, das es – einzigartig für ein so günstiges Auto – dem T erlaubte, ohne Batterie zu laufen, ein enormer Anreiz in ländlichen Gegenden zu damaliger Zeit, als Batterien fürchterlich unzuverlässig waren. Aber als ein billiges Auto, das auch noch funktionierte, erwies sich das Gesamtpaket als unwiderstehlich.

Als die Bestellungen sich häuften, fingen Sorensen und Martin an, mit beweglichen Montagebändern zu experimentieren, stellten ein Chassis auf Skier und zogen es mit einem Seil vorbei an verschiedenen Arbeitsstationen. Aber das Unternehmen war seinem kleinen Werk schlicht entwachsen, und noch bevor das Jahr vorbei war, fing Henry an, sich nach einer neuen Heimat umzusehen. Er hatte in etwas mehr als einem Jahr 14.000 Model Ts gebaut und verkauft und er hatte neun Millionen Dollar auf der hohen Kante. Ab Anfang des Jahres 1910 verfügte er zudem, an einem Standort sechs Kilometer nördlich in Highland Park, über die größte Produktionsstätte der Welt. Zwei Tage später steuerte ich ein kleines schwarzes Auto genau dorthin, um seinem Schöpfer zu begegnen.

Die East Side von Detroit, die mich so erschüttert hatte, als ich sie in einem semigepanzerten Pick-up an der Seite eines stattlichen Veteranen durchquert hatte, erschien seltsam harmlos, als ich in einer offenen Antiquität hindurchfuhr. Mike hatte eine so entwaffnende Ausstrahlung, wirkte so freundlich und gebrechlich, dass es mir zunehmend schwerfiel, mir vorzustellen, dass ihm oder seinem Insassen irgendjemand etwas Böses wollen könnte. Und das Auto kündigte sein Herannahen nicht mehr mit durchdringendem Steeldrum-Getöse an. Am Nachmittag zuvor hatten Peter und ich in seiner drückend heißen Garage erfolgreich die neue Pleuelstange eingebaut: eine Aufgabe von unerwarteter Präzision, die uns abverlangte, auf der Suche nach einer mikroskopisch perfekten Passform papierdünne Blechscheiben einzeln abzulösen. Ich bedankte mich überschwänglich, dann tuckerte ich zurück nach Grosse Pointe, wo ich einen letzten Abend bei Marshall verbringen würde. Trotz seiner Unpässlichkeit würde Mike nie wieder auf so glückliche Weise heimisch wirken wie vor diesem herrschaftlichen Anwesen, unter einem eleganten Ziegelbogen geparkt, der zu Marshalls Garage führte – so elegant, dass kein modernes Auto sich durchzwängen konnte. Nun, nach weiteren Lebewohls und meinen Bekundungen tiefer Dankbarkeit, wand ich mich um Schlaglöcher herum durch den staubreichen Verfall.

Ich hatte zwar keine Angst, aber die Szenerie ließ mich keineswegs kalt, zumal ich hinter dem Steuer eines Autos saß, das diese Stadt groß gemacht und so viele der schicken neuen Häuser gebaut hatte, die einst die East Side geprägt hatten. Schmutzige Planen flatterten auf löchrigen Dächern und ramponierten Veranden. Trostlose selbstgemachte Schilder ragten aus dem hohen Gras: »NACH DEINEM TOD WIRST DU GOTT BEGEGNEN«; »ICH LÖSE SCHECKS EIN«; »SPOTTBILLIG ZU VERKAUFEN, RUFEN SIE NICK AN«. Das ganze Bataillon jener verzweifelten Einzelhandelsbemühungen des letzten Auswegs: Gebrauchtwarenläden, Schnapsläden, Bibelläden. Am traurigsten waren wie immer die einst stolzen und mächtigen öffentlichen Bauten, all die Schulen und Bibliotheken, inzwischen beschmiert und fensterlos, in dichter Vegetation verlorene Ruinen.

Absolut jeder war schwarz. Mit 83 Prozent weist Detroit von allen US-Städten den höchsten Anteil der schwarzen Bevölkerung auf. Die Segregation ist jedoch dermaßen tief verwurzelt, dass ich auf meiner fünftägigen Tour durch Automuseen und klamme vorstädtische Garagen – die Welt alter, weißer Männer – so gut wie nie mit Menschen schwarzer Hautfarbe zu tun hatte. Ein ums andere Mal wollte ich einen Bus besteigen, und ein ums andere Mal wurde mir abgeraten, oft mit dramatischer Dringlichkeit. »Ich war lange Polizeibeamter und ich würde nicht den Bus nehmen«, sagte der Wachmann an Edsels Pförtnerhaus, als ich fragte, welcher Bus in die Stadt führe. »Lassen Sie es einfach, im Ernst.« Andere reagierten nicht minder besorgt, und niemand hatte die geringste Ahnung, was ein Ticket kosten mochte oder ob ich eins beim Fahrer kaufen könnte. Als der T außer Gefecht war, reiste ich daher überallhin per Uber oder deutschem Au-pair. Ich brauchte eine Weile, um zu merken, dass es eine Frage der Ethnie war: Nicht ein einziges Mal sah ich in einem vorbeifahrenden Bus ein weißes Gesicht. Ich bin ziemlich sicher, dass dies nicht das war, wofür Rosa Parks Widerstand geleistet hatte. Dies war weniger ein Anzeichen von Rassenhass als vielmehr trauriger Ausdruck von Lebensweisen, die sich nirgends überschnitten, und des beiderseitigen Argwohns, der dadurch hervorgerufen wurde. Dennoch, für mich als Londoner, geboren und aufgewachsen in einer der erfolgreichsten multiethnischen Städte der Welt, war das alles ein ziemlicher Schock. Downtown Detroit, bis vor wenigen Jahren eine fotogene Ruine, hat zuletzt dank der milliardenschweren Unterstützung von Dan Gilbert – Gründer des Hypothekenfinanzierers Quicken Loans und ein Kind der Stadt – so etwas wie eine Renaissance erlebt. Die herrlichen Art-déco-Wolkenkratzer wurden saniert und sind wieder vermietet. Es gibt eine todschicke neue Straßenbahnlinie. Marshall und Libby nahmen mich an einem Abend mit in die Innenstadt, wobei sie gestehen mussten, dass sie vor dieser Runderneuerung niemals nach Einbruch der Dunkelheut dorthin gefahren waren. »Wir hatten keine Angst – es hatte einfach nichts geöffnet, niemand war unterwegs, es gab nichts zu tun.« Wenn sie abends ausgehen wollten, überquerten sie die Ambassador Bridge und fuhren nach Kanada rüber. Das Angebot an unerwünschten und baufälligen Immobilien war damals so gewaltig, dass die Stadtbehörden anfingen, mitten in der Innenstadt ein riesiges Gefängnis hochzuziehen, jedoch sorgten Korruption und Ineffizienz dafür, dass es nie fertiggestellt wurde.

Heute ist die Innenstadt von Massen an Studenten und Hipstern mit ihren E-Zigaretten und Cupcake-Manufakturen, ihren Radwegen und Bauernmärkten bevölkert. Doch im Gesamtbild von Detroit, den verwahrlosten Stadtlandschaften, durch die ich nun langsam holperte, ist Downtown nicht mehr als ein funkelndes Detail. Wie schillernd und reizvoll es auch sein mochte, wird es umschlungen und überschattet von post-suburbanem Brachland, das nie wieder bevölkert werden wird. Die eine Million Einwohner, die seit den 1950er Jahren abgewandert sind – zwei Drittel der Gesamtbevölkerung der Stadt –, kommen nie mehr zurück. Während ich durch einen weiteren Wald mitten in der Stadt fuhr, kam mir in den Sinn, dass das, was Detroit wirklich bräuchte, ein Kochwaschgang und eine Runde urbanes Tetris wären: erst schrumpfen, dann die Lücken füllen.

Schließlich erreichte ich die Woodward Avenue, bog rechts ab und da war er: ein ramponierter vierstöckiger Firmensitz mit einem flaggenlosen Mast auf dem Dach und Efeu, der sich an der Fassade ausbreitete. Dahinter befand sich ein sechsstöckiger Klotz von eher industriellem Aussehen mit riesigen, schmutzigen Fenstern und wackligen Feuerleitern an den Seiten. Jenseits davon, mehrere Zehen von Highland Parks früherem Fußabdruck besetzend, lag die »Model T Plaza«: zwei Schuhgeschäfte, ein Ramschladen und ein McDonald's, alle umschlossen von einem leeren Parkplatz. Es lag eine gewisse harsche Gerechtigkeit darin, dass die frühere Heimat des universellen Autos heute annektiert war von Konsumtempeln in ihrer niedersten Erscheinungsform, dem Vermächtnis von Amerikas Automobilzeitalter. Ich rumpelte auf einen Hof aus bröselndem, moosdurchzogenem Beton, dann hievte ich sämtliche Hebel nach oben und kam knirschend zum Stillstand. Tja, da wären wir also. Willkommen daheim, Mike.

Vor dem Firmensitz stand etwas schief eine Gedenktafel im von Gänseblümchen getüpfelten Gras. »HOME OF MODEL T«, lautete die Überschrift: »Heimat des Model T«.

Hier in seinem Werk in Highland Park begann Henry Ford 1913 mit der Massenproduktion von Automobilen an einem beweglichen Fertigungsband. Bis 1915 baute Ford eine Million Model Ts. 1925 wurden an einem einzigen Tag mehr als 9.000 Stück gefertigt. Massenproduktion breitete sich von hier bald in alle Bereiche der amerikanischen Industrie aus und gab das Muster vor für das Leben in Wohlstand und Überfluss im 20. Jahrhundert.

Emotionen prickelten mir den Rücken hinab und wieder hinauf. Wie um alles in der Welt war es möglich, dass eine Maschine, die vor fast hundert Jahren direkt vor dieser Ruine zum ersten Mal rumpelnd zum Leben erwachte, noch immer zugange war? Wo waren sie hin, die »14.000 tobenden, rasenden Verrückten« die hier einst arbeiteten, wie es ein Journalist in einer Schilderung von Highland Parks hyperproduktiver Kakophonie beschrieb? Es übertraf die Vorstellungskraft. Das unbeholfene, amateurhafte Gebaren des Model T ließ sich so viel besser vereinbaren mit dem Werk an der Piquette Avenue, wo eine Handvoll kunstfertiger Mechaniker ein paar Dutzend Autos am Tag zusammenschraubten. Die Vorstellung, dass an diesem Ort in jeder Stunde Hunderte davon ausgespuckt wurden – 17 Jahre lang fast eine Million

im Jahr – ging mir einfach über den Verstand. Im Inneren von Highland Park
bearbeitete seinerzeit eine mächtige automatische Standbohrmaschine den
ganzen Zylinderblock eines Model T in einem Durchgang, gleichzeitig aus
vier Richtungen 45 Löcher bohrend. Aber draußen wurden die meisten Rohmaterialien noch in quietschenden Pferdefuhrwerken herangekarrt.

Die Woodward Avenue war die erste asphaltierte Straße der Welt, die erste
Straße überhaupt, die von einer aufgemalten Linie geteilt wurde, die erste,
die von einem Schneepflug geräumt wurde. In ihrer lärmenden Blütezeit
wurden auf der Woodward Amerikas erste Dragsterrennen ausgetragen (das
»Rod« in »Hot Rod« ist eine Verkürzung von »Roadster«, dem zweisitzigen
Model T, der damaligen Speed-Junkies als Vehikel der Wahl diente). Aber
sechs Spuren waren inzwischen vier zu viel für den spärlichen Verkehr, der
stoßweise vorbeirollte. Highland Park, eine eigenständige Gemeinde, die
ringsum von Detroit umschlossen war, hat seit den 1950er Jahren 80 Prozent
seiner Bevölkerung eingebüßt. Vor ein paar Jahren ließ die Stadt, um ihre
Gläubiger vom Elektrizitätswerk zu besänftigen, sämtliche Straßenbeleuch-

tung abbauen. 2001 wurde die gesamte Polizei von Highland Park gefeuert. Die Stadt hat keine Rettungswagen mehr. Die Feuerwehr, die aus einer alten Lagerhalle heraus operiert und ihrer Besatzung zehn Dollar die Stunde zahlt, muss jedes Jahr mit 150 Bränden fertig werden, fast alle vorsätzlich in baufälligen Gebäuden gelegt. Mit den Worten von Mark Binelli, Autor von *The Last Days of Detroit*: »Highland Park ist das Detroit von Detroit.«

»Ist das eins dieser T-Modelle?«

Ich drehte mich um und stand einer adretten schwarzen Frau mit gebügelter weißer Jeans und einem breiten Lächeln gegenüber, die einen sehr lauten Müllsack schleppte.

»Das ist ja was, noch nie einen gesehen, und ich lebe seit 1956 hier in der Stadt.«

Sie bückte sich, hob eine leere Getränkedose auf und ließ sie mit einem dünnen Klimpern in den Sack fallen.

»Musste vor ein paar Jahren nach einem Brand vom Grand Boulevard wegziehen und bin dann hier gelandet.« Ihr Lächeln stockte kurz; sie schaute auf Mike und es kehrte zurück. »Was für ein hübscher Wagen. Haben Sie einen wunderschönen Tag.« Und damit zog sie weiter, ein ganz anderes Beispiel für Überfluss ins 21. Jahrhundert hinter sich herziehend.

Ich stieg schwerfällig wieder ein, schmiss Mike an und rollte langsam auf der Straße davon, die einst direkt durch das Herz von Highland Park führte. Hier war es, wo Henry und seine Mitstreiter auf wundersame Weise einen zuvor kleinen Betrieb in eine 50 Hektar große Maschinerie überführt hatten, die die Welt auf Räder stellen würde. Und sie alle verdienten sich eine goldene Nase. Peter Martin, »Apostel des Förderbands«, erhielt 1913 einen Bonus von 18.000 Dollar, genug, um 40 Model Ts zu kaufen, und Henry übertrug ihm später die Leitung des River-Rouge-Werks. Als er Martin zum Vizepräsidenten beförderte, sorgte der alte Mann ziemlich kleinkariert dafür, dass er mehr als der Präsident verdiente, denn das war sein Sohn Edsel. Charles Sorensen, der dänische Modellbauer, stieg ebenfalls zum Vizepräsidenten auf und beaufsichtigte während des Krieges etwas, das als das große Meisterwerk der Fließbandproduktion gelten muss: Unter seiner Leitung wurden in Fords Werk in Willow Run in jeder Stunde 488.193 Komponenten zu einem

B-24-Bomber montiert. Jeder, der in der Genese des T eine Rolle gespielt hatte, wurde reich belohnt. Harold Wills, der Ingenieur, der das berühmte Ford-Logo mit Hilfe einer Schriftart aus einem Druckset für Kinder entwarf, starb als Millionär.

Henry scheute sich nicht, echten Groll zu hegen, aber er verhielt sich auch Teammitgliedern gegenüber anständig, von denen er meinte, dass sie ihm übel mitgespielt hatten. Er überwarf sich mit James Couzens, aber als sein Geschäftsführer kündigte, um eine politische Laufbahn einzuschlagen, kaufte ihm Henry für unglaubliche 30 Millionen Dollar seine Anteile an der Firma ab. Auch unter schwierigsten Umständen hielt Henry dem flatterhaften Spider Huff die Treue – dem Meister des Zündmagneten, der in jenem Rennen, mit dem Henry sich einen Namen gemacht hatte, auf seinem Trittbrett gekauert hatte.

Huff war mir immer wie ein unpassendes Mitglied von Fords engstem Kreis erschienen. Ihre Lebensweisen standen in krassem Widerspruch: Spider heiratete viermal, trank viel und kaute so viel Tabak, dass er in seinem Auto einen Spucknapf einbauen ließ. Regelmäßig ging er auf Sauftouren und blieb über Wochen verschollen. Einmal, verärgert darüber, Huffs Büro in Highland Park wieder einmal verwaist vorzufinden, schickte Henry einen Assistenten los, ihn aufzutreiben. Er brauchte nicht lange. Der Mann begab sich zu Spiders Lieblingsbordell, klopfte an jede Tür und rief: »Huff, bist du da drin?« Endlich erhielt er eine Antwort: »Nein, bin ich nicht.« Der Assistent riss die Tür auf und fand Spider im Bett mit zwei weiblichen Angestellten.

1920 kündigte Spider bei Ford und gründete seine eigene Firma, Huff Laboratories. Wie kaum anders zu erwarten, ging das Unternehmen bald pleite und ließ ihn hoch verschuldet zurück. Obwohl Henry ihm einen stattlichen Bonus von 10.000 Dollar für die Konstruktion der Schwungrad-Zündmagneten für den Model T gezahlt hatte, verfiel Huff nun darauf, seinen alten Freund auf unbezahlte Tantiemen zu verklagen: 2,50 Dollar pro Magnet in den 4,5 Millionen bis dahin hergestellten Model Ts, großzügig auf elf Millionen Dollar abgerundet. Das Gericht verlor nicht viel Zeit damit, die Klage abzuweisen. Henrys Antwort? Er bot Spider eine leitende Position in

Fords Elektrotechnik-Testabteilung an, wo Huff bis zu seinem Tod arbeitete. Ein früherer Manager von Ford fasste diese außergewöhnliche Beziehung in seinen Memoiren so zusammen: »Huff war der einzige Mann, der Mr. Ford sagen durfte, was mit seinen Autos nicht stimmte, ohne gefeuert zu werden.«

Ich tuckerte vorüber an ein paar verbliebenen Klötzen des Highland-Park-Werks, die zu einem unausgegorenen Industriepark zusammengeschustert waren. Dann nahmen vor mir die Überreste der größten Fabrik der Welt Gestalt an: ein massiver, aufragender Humpen aus gebrochenen Ziegeln und Beton. Ein Ayers Rock aus Geröll. Es war fast nicht zu ertragen. So viele Geschichten, so viel Geschichte, und alles begraben unter einem Berg aus Mauerwerk.

»Detroit war der Geburtsort der Moderne«, sagte eine dort lebende Fotografin zu Mark Binelli, »aber es ist auch der Friedhof der Moderne.« Wie recht sie doch hatte. Und ebenso Geoff Dyer in seinem Essay über Detroit als ein modernes Pompeji: »So wird die Zukunft enden. So hat die Zukunft immer geendet.« All die mitreißende, pulsierende Produktivität für immer verstummt. Ich fühlte mich wie Charlton Heston am Ende von *Planet der Affen*, als er den halb im Strand vergrabenen Überresten der Freiheitsstatue gegenübersteht. Und dann, weil man die Detroiter East Side in der Regel für sich allein hat, klang ich auch wie er: »IHR WAHNSINNIGEN! IHR HABT SIE IN DIE LUFT GESPRENGT! ICH VERFLUCHE EUCH! ICH VERFLUCHE EUCH ALLE!«

KAPITEL 7

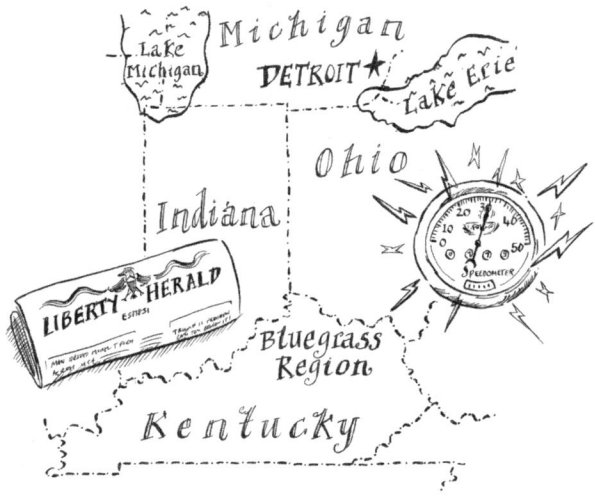

»Geschmeidig, Alter – Chitty Chitty Bang Bang, we love you!«

Wie gut, wieder auf offener Straße zu sein, unterwegs in Richtung Südwesten, und unter einem wolkenlosen Himmel die Kilometer und die Redneck-Grüße einzusammeln. Die Interstate Highways zu meiden, hieß, auf den Nebenstraßen zu improvisieren, die sich wie ein Raster durch heiße, flache Maisfelder zogen: zehn Kilometer senkrecht, zehn Kilometer waagerecht, zehn Kilometer senkrecht. Die Farmen fingen an, ein wenig marode auszusehen, die Scheunen gezeichnet von Alter und Verwahrlosung. Ein alter Bursche verkaufte an der Straße Heu zu 3,75 Dollar den Ballen. Ich fuhr wieder nach Ohio hinein, dann nach Indiana, Riemen getrockneten Fleischs kauend, lauwarmes Wasser und Taurin trinkend, überfahrenen Tieren ausweichend.

Die Ortschaften waren verschlafen und zudem spärlich gesät. Einige der größeren waren umgeben von einem schäbigen Hinterland aus Tankstellen und Ramschläden, zwei oder drei Bausatz-Kirchen, vielleicht einem Walmart, eventuell einem Motel und grundsätzlich einer Ansammlung aufgegebener Gewerbebetriebe. Hatte die Stadt ein Restaurant, so befand es sich hier und es war mexikanisch. Dann kam ich unter einem großen Wasserturm auf Stelzen hindurch, auf den man die US-Flagge und den Stadtnamen gemalt hatte, und fuhr die alte Hauptstraße hinunter. Diese war schnurgerade und garantiert abgewirtschaftet, ein Mahnmal einer blühenden Vergangenheit. Ein halbes Dutzend verhärmter viktorianischer Herrenhäuser mit verrottenden Veranden und dem einen oder anderen schiefen Türmchen. Hinter verfallenden Pseudo-Wildwest-Fassaden ein paar großzügig proportionierte Gemischtwarenläden, die an zwei Vormittagen in der Woche allen möglichen Plunder verkauften oder auch gar nichts mehr, nie wieder. Abblätternde, sorgsam per Hand auf Ziegel und Holz gemalte alte Reklametafeln, die für Champions Spark Plugs oder American Wire Fence warben. Mitten im Zentrum ratterte ich über alte Gleise, daneben ein fleckiger Getreidesilo von der Größe einer Mondrakete, der auf sie herabblickte, dann wiederholte sich die obige Sequenz in umgekehrter Reihenfolge.

Die Namen dieser Ortschaften entfielen, wie ich bemerkte, auf drei Kategorien. Manche waren offenbar von heimwehkranken Siedlern getauft worden (Berne, Warsaw, Antwerp), andere in nüchterner Bezugnahme auf eine ansässige Industrie (Saline, Cement City), wieder andere zu Ehren einer ereignisreichen Vergangenheit, die man unbedingt mitteilen musste. »DEFIANCE – an dieser Stelle, in der Mitte des Indianerfriedhofs, ordnete General ›Mad‹ Anthony Wayne im August 1794 den Bau eines Forts an. Er sagte: ›Ich fordere Engländer, Indianer und alle Teufel der Hölle heraus, es einzunehmen‹, und nannte es nach unserem schönen Wort für renitenten Trotz: Defiance.« »FORT BINGAMON – in der Nähe dieses Forts, errichtet als Bollwerk gegen die Indianer, stand Samuel Bingamons Hütte. Als sein Heim von Indianern überfallen und seine Frau verwundet wurde, erschoss und erschlug Bingamon eigenhändig alle bis auf einen der sieben Angreifer.«

Jene raren Ansiedlungen, die mit ganz und gar nichtssagenden Namen geschlagen waren, fühlten sich genötigt, irgendein volkstümliches Ruhmesblatt herauszuposaunen, in der Regel indem sie es in riesigen Lettern auf den Wasserturm pinselten: »HUDSON – VIERTLIGAMEISTER IM WRESTLING 2008.« »WREN – OFFIZIELLE WIFFLEBALL-HAUPTSTADT VON OHIO«. Kleinstädter lieben es, Vorüberfahrende weiterzubilden und zu inspirieren. Und sie lieben es noch viel mehr, sie mittels Vorhof- und Vorgartenaushängen zu verwirren und zu verstören. »TIERKLINIK PLATTER WASCHBÄR – WUSSTEN SIE, DASS SEEKÜHE BIS ZU 60 JAHRE ALT WERDEN?« »KINDERTAGESSTÄTTE LYNN-VIEW – FREIHEIT IST NICHT UMSONST.« »LIEBEN SIE DAS VERGNÜGEN MEHR ALS GOTT?«

Mike kam jetzt richtig auf Touren, rollte geschmeidig mit hohem Fünfziger-Tempo, machte ordentlich Kilometer: 270, 290, manchmal 320 am Tag, während wir durch die Felder bretterten. Der Verkehr war sogar noch spärlicher, und ich begann mich so sehr zu entspannen, wie es eben möglich war am Steuer eines Autos, dessen Lenkrad ich alle halbe Stunde während der Fahrt festziehen musste und das als Ganzes auf unberechenbare Weise über die Straße eierte, sobald man nur über einen verirrten Kiesel fuhr. Meine 1.500 Kilometer währende Lehrzeit war abgeschlossen und mir wurde klar, dass ich mich in diesem Auto nie würde noch sicherer fühlen als jetzt.

Zum ersten Mal begann ich, eine Hand vom Lenkrad zu nehmen und sie in der Brise baumeln zu lassen, den Gashebel auf eine Art Redneck-Tempomat gestellt und meine unbeschäftigten Füße zu beiden Seiten der Pedale ausgestreckt. Auf den langen Geraden war es, als würde man eines dieser schmalen, langen englischen Hausboote einen Kanal hinabsteuern: Geschwindigkeit einstellen, Kurs halten, ab dafür. Die Kurven waren eher Kunst als Wissenschaft, und bevor ich eine in Angriff nahm, rief ich sämtliche Gliedmaßen aus dem Urlaub zurück. Ein wenig das Gas drosseln, eventuell runterschalten, dann den Wagen nach Gefühl behutsam um die Kehre herumschmeicheln, in der Hoffnung, dass sich Rutschen und Schlittern gegeneinander aufheben würden. Derweil dünnten die Siedlungen immer mehr aus und die Landschaft schien sich um mich herum auszudehnen: die endlosen Weiten eines großen Landes, das immer größer zu werden schien.

Je tiefer ich in den Mittleren Westen vordrang, desto abgeranzter wurden die Motels, jedoch blieb die herzliche Gastfreundschaft ungetrübt. Eines Morgens begrüßte mich ein Rezeptionist mit einer ganz anderen Miene als derjenigen, die ich aufgesetzt hatte, als ich den Kühlschrank in meinem

Zimmer öffnete und ihn mit den pelzigen Speiseresten des vorigen Bewohners gefüllt vorfand. »Guten Morgen, Sir«, strahlte er. »Ich wette, Sie freuen sich auf eine Tasse unseres Kaffees? Draußen ist ein wunderbarer Tag!« Er hatte zumindest zur Hälfte recht. Ich wusste, dass der Kaffee scheußlich sein würde.

Meistens teilte ich diese Örtlichkeiten mit Langzeitmietern, hauptsächlich Familien, die, wie ich annahm, von der Sozialhilfe lebten. Was sie verriet, war ein Babygitter vor der offenen Tür, über dem Wäsche zum Trocknen hing. Die größeren Kinder scharten sich stets still um den T, neugierig, aber scheu, bis eine erschöpft wirkende Mutter den Kopf zum Fenster hinaussteckte: »Jaydon und Leanne, lasst den Mann in Ruhe sein Auto reparieren oder ich hole euch beide wieder rein.« Als ich an die Rezeption des Colonial Manor Motel in Bryan, Ohio, kam, traf ich auf eine andere Bewohnerin, die neben dem Wasserspender ein Baby in einem rosa Leibchen auf dem Schoß schaukelte.

»Wie heißt die Kleine?«, erkundigte ich mich strahlend.

Ein freundliches Lächeln und ein unbekümmertes Achselzucken. »Keine Ahnung.«

Je weiter südlich ich kam und je ländlicher es wurde, desto länger dauerte es, selbst simpelste Transaktionen durchzuführen. Dies waren Orte, die wenig Erfahrung hatten mit Menschen, die zwar Englisch sprachen, aber keine Amerikaner waren. Jedes Mal, wenn ich mich zum Abendessen setzte, bat ich um ein Glas Wasser, und jedes Mal fuhr die Kellnerin zurück und warf den Nachbartischen angewiderte Blicke zu, als wollte sie sagen: »Ist das zu fassen? Der Scheiß Hugh Grant hier hat gerade einen verdammten Klabastertee bestellt!« Nach mehreren Anläufen flachte ich alles zu einem lobotomierten John-Wayne-Singsang ab. »Ein Glaaaaaaaas Waaaaaaasser, bitte.« Damit haute es meistens hin, allerdings kehrte eine Kellnerin in Indiana mit einem schäumenden Glas Bier und einem strahlenden Lächeln zurück. »Und hier ist ihr Michelob Ultra!«

Häufig fand ich auf dem Tisch ein Exemplar der örtlichen Tageszeitung vor. Wenn dies der Fall war, hob es jedes Mal meine Stimmung. Man konnte keine dieser Gazetten durchblättern, ohne hin und weg zu sein von den

Menschen, die sie schrieben und die sie lasen; wenn ich meinen Burrito mit einem Margarita herunterspülte, konnte ich mir sogar vorstellen, für immer unter ihnen zu leben. Das schönste Beispiel, dem ich begegnete, ebenfalls in Indiana, stellte sich auf folgende Weise vor: »Der Liberty Herald – die einzige Zeitung auf der Welt, die sich um Union County schert.« Seine Titelseite berichtete von einer kürzlichen Episode, in die der Schulbus verwickelt war: »Zum Zeitpunkt des Unfalls waren keine Schüler an Bord, aber bei der Kollision ging das linke Rücklicht zu Bruch.«

Der Mittelteil des Herald widmete sich Libertys Ortsgruppe des 4-H Clubs, einer Art Landjugend mit sechs Millionen Mitgliedern in aller Welt (die fraglichen vier Hs stehen für »Head, Heart, Hands & Health« – Kopf, Herz, Hände und Gesundheit). Dies war ein Zwei-Margarita-Abend und ich fürchte, mir mochten angesichts der würdevollen, ernsthaften Kandidatinnen für den Titel der diesjährigen Union County 4-H-Schönheitskönigin, die mir unermüdlich in schwarz und weiß entgegenstrahlten, die Tränen gekommen sein. »Alyssa ist Präsidentin des Reitclubs Flotte Gerte ... Olivia wird unterstützt vom Bund Progressiver Hausfrauen ... Madeline engagiert sich beim Cheerleading und in der Gemeinschaft christlicher Athleten ... Emily ist Mitglied der presbyterianischen Gemeinde, wo sie ehrenamtlich für die Tafel arbeitet.« Und auf der gegenüberliegenden Seite, ihre jungen männlichen Gegenstücke, breit an Nacken und kurz an Schur, die ihre Hoffnungen für die bevorstehende 4-H-Viehmesse skizzierten: »Mein Name ist Ethan Hornung und ich bin Mitglied im Hopeful Homemakers Stateline Farmers Club. In meinen zehn Jahren bei 4-H ist die Schweineschau das einzige Projekt, an dem ich bislang teilgenommen habe, aber lassen Sie sich davon nicht täuschen. Für mich gibt es nichts Schöneres, als meine Sau in der Arena zu präsentieren. Meine Zukunftspläne sehen vor, die Tierpräparatoren-Schule in Idaho zu besuchen.« Gott segne dich, Ethan Hornung.

Und so, gesättigt von Tortillas und Rührseligkeit, begab ich mich hinaus in den warmen Abend. Die Temperatur schien nach Sonnenuntergang noch eine oder zwei Stunden lang zu steigen, wenn der Boden und die Wände und der Asphalt die Hitze freigaben, die sie im Laufe des Tages gespeichert hatten. Ich hatte die Straßen fast immer für mich allein. Nichts schien in diesen

Städten nach Einbruch der Dunkelheit je zu passieren. Als doch einmal etwas passierte – wiederum in Bryan –, handelte es sich um den Brand in einer Autopolsterei etwa anderthalb Kilometer die Straße runter, der den Abend mit dem Heulen von Sirenen erfüllte und fröhliche Männer in Unterhemden auf den Parkplatz meines Motels lockte. »Sind fünf Feuerwehren zugange da unten«, rief einer aufgeregt einem anderen zu, die leuchtenden Augen auf einen orangefarbenen Schein in der Ferne gerichtet. »Das Baby wirft ordentlich Qualm aus.«

Aber meistens waren nur ich und die Glühwürmchen und ein oder zwei Kaninchen unterwegs, die in der windstillen, blutwarmen Abenddämmerung herumhoppelten. Ich wanderte die Hauptstraße hinab, nahm die geschlossenen Geschäfte in Augenschein – eine Drive-in-Bank, deren Geldautomat tief im Löwenzahn stand, ein Fotograf, in dessen Schaufenster sich zwei Dickerchen über einem Teppich aus toten Fliegen das Ja-Wort gaben – und spielte Flaggenzählen. Stellen Sie sich ins Zentrum einer beliebigen amerikanischen Kleinstadt, egal wie verwahrlost sie sein mag, und Sie werden stets mindestens drei Sternenbanner entdecken, ohne den Kopf bewegen zu müssen. Acht war eine typische Anzahl. Und ich lauschte mit gespitzten Ohren dem schwermütigen Pfeifen eines Güterzugs, der charakteristischen Nachtmusik amerikanischer Kleinstädte.

Wenn ich zu meinem Motel zurückkehrte, hatte Mike normalerweise einen Fanclub um sich geschart. Der ortsansässige Willie Nelson mit grauem, hinten aus dem Kopftuch lugendem Pferdeschwanz oder ein paar Weißbärte mit abgeschnittenen Jeans und Kappen, die für Traktoren oder Hundefutter warben. Eine schwielige Hand wurde mir hingestreckt: »Ich heiße Frank J. Weck und das hier ist Elway Buckridge. 'nen echt hübschen T ham se da. Unterwegs zur Automesse in Revenge?« Diese Burschen hatten stets die reizende Angewohnheit, in die anschließende Unterhaltung ihre eigenen Abenteuer einzustreuen, wie abseitig diese auch sein mochten. »England, was? Ich war mal in Anchorage, Alaska.« Oder, exaltierter: »Lassen Sie mich von Mike Chapman erzählen, er war Brite, halber zumindest, ich wohnte mit ihm Mitte der Siebziger unten in Louisville zusammen, der Kerl hatte irgend so ein Stressding, stotterte 'n bisschen, wie dem auch sei, er ließ sich auf diese Alte mit dicken Titten ein, nech, die waren für Mike wie 'ne grüne Ampel, und so vor vielleicht zehn, zwölf Jahren bin ich wieder unten in Kentucky, fahr an 'ne Tanke und da arbeitet 'n Typ vor dem Reifenshop nebenan und, schlag mich tot, es ist der gute alte Mike Chapman, wir drücken uns ein bisschen und geben uns die Hand, dann 'ne Woche später gehe ich wieder hin und er ist nicht da, also wie dem auch sei, das ist meine Mike-Chapman-Geschichte.« Dann nickten sie, sehr langsam, bestimmt zehn oder zwanzig Mal, und fügten hinzu: »Elway hat sich gerade so einen hydraulischen Holzspalter geholt. Verdammt gute Maschine.«

Einige dieser alten Burschen waren schon ziemlich hinfällig, und es gab mir einen Stich, sie mühsam zurück zu ihren Pick-ups tapern zu sehen. Ich verspürte den beständigen Drang, ihnen die Schlüssel abzunehmen. Das unveräußerliche Recht zu fahren ist in der Kleinstadt ein ungeschriebener Zusatzartikel, eine universelle Freiheit, die blind ist gegenüber Alter, Gebrechlichkeit und sabbernder Demenz. Ich schätze, auch dies ist ein Vermächtnis von Henry und seinen 15 Millionen Model Ts. Eines Abends donnerte ein verbeulter SUV erratisch auf den Motel-Parkplatz und kam neben dem kleinen Zirkel an T-Bewunderern quietschend zum unsicheren Stillstand. Das Fenster summte herunter und ein gelblicher Geist schob vorsichtig den Kopf heraus. »Ich hatte mal ein 1930er Model A Cabrio«, krächzte er. »Katze hat sich im Dach niedergelassen und das ganze Teil aufgefressen.« Dann summte das Fenster wieder rauf und der SUV kehrte, mit einem Umweg über zwei Bordsteine und ein Blumenbeet, auf die Straße zurück.

Wenn der letzte Senior in die Dunkelheit abgerauscht war, ging ich auf mein Zimmer und schaltete die Nachrichten ein. Nach einem gemächlichen, liebenswürdigen Kleinstadtabend war es stets ein Schock, die neue Runde an Hass und Wut zu erleben, die an diesem Tag die nationalen Radiowellen erschüttert hatte. Kommentatoren auf beiden Seiten tobten und kreischten und schlugen die Hände über den Köpfen zusammen; Interviewer schrien mit wildem Blick ihre Gäste nieder; Teilnehmer an Diskussionsrunden schimpften durcheinander, dann rissen sie sich die Mikrofone vom Revers und stürmten hinaus. Und hinter all dem saß Trump, aufgestützt in seinem Bett mit seinem Handy und dem Schoß voller Cheeseburger, und genoss es, all die rasenden Nachrichtenzyklen zu befeuern, indem er weitere eklige Kackhaufen in die Runde warf. Er erklärte der unberechenbarsten Nuklearmacht den Twitter-Krieg oder tauschte seinen Pressechef gegen einen grotesken Cartoon-Mafioso aus, dann tauschte er elf Tage später den grotesken Cartoon-Mafioso gegen einen Vier-Sterne-General des US Marine Corps aus. Sein Versuch, eine anständige Antwort zum Scheitern seiner Partei zu formulieren, Obamacare zu kippen, lief darauf hinaus, an einem einzigen Tag dreimal komplett seine Meinung zu ändern. Seine einzige Strategie schien darin zu bestehen, jede hochrangige Figur in seinem eigenen Kabinett systematisch zu unterminieren.

Müsste ich den einprägsamsten Moment dieser irrsinnigen Wochen herauspicken, würde ich mich wahrscheinlich für Trumps Rede beim National Scout Jamboree entscheiden, dem nationalen Pfadfindertreffen, als 35.000 Teenager, die in Erwartung eines lauen Sermons über Kameradschaft und Knotentechniken angetreten waren, stattdessen eine ausschweifende, aufgeblasene Reminiszenz an den zurückliegenden Wahltriumph ihres Präsidenten zu hören bekamen.

»Aber ihr erinnert euch an diesen unglaublichen Abend mit der Landkarte, und die Republikaner sind rot und die Demokraten sind blau, und diese Karte war so rot, es war unglaublich. Und wisst ihr, wir haben einen riesigen Nachteil im Wahlmännergremium. Popular Vote ist viel leichter. Wir haben… – wegen New York, Kalifornien, Illinois musst du praktisch die ganze Ostküste holen. Und das haben wir. Wir gewannen Florida. Wir gewannen South Carolina. Wir gewannen North Carolina. Wir gewannen Pennsylvania. Wir gewannen und gewannen.«

Diese Art dummes Zeug war es, weshalb man in Sachen Trump nicht neutral sein konnte und weshalb auch die Nachrichtenkanäle inzwischen jeden Schein von Unparteilichkeit aufgegeben hatten. Fox News hatte sich freilich nie auch nur den Anschein gegeben, seriös zu berichten, und wenngleich ich mein Bestes tat, ihnen eine faire Chance zu geben, hielt ich nie länger als 15 Minuten am Stück durch. Bis dahin hatte ich mindestens zehn Werbejingles über mich ergehen lassen, die mich anherrschten: »FOX NEWS – FAIR UND AUSGEWOGEN!« oder »FOX NEWS – WIR BERICH-

TEN, SIE ENTSCHEIDEN!«, und mindestens drei Moderatoren, die mit selbstzufriedenem Grinsen Hohn und Spott über die »prawdaesken Mainstream-Medien« ausgossen. Dies alles auf einem landesweit ausgestrahlten Fernsehsender zu erleben, der von Rupert Murdoch betrieben wurde, baute sich zu einer orwellianischen Dissoziation auf, die dafür sorgte, dass meine Schläfen pochten, meine Fäuste sich ballten und mein Mund brüllte: »IHR UNFASSBAR SELTSAMEN UND VERSTÖRENDEN MENSCHEN!«

Als liberaler Elitarist fühlte ich mich natürlich bei CNN und MSNBC besser aufgehoben, obwohl nicht zu leugnen war, dass sich beide Sender in den wenigen Wochen seit meinem Aufbruch von einer Position nomineller Unparteilichkeit zurückgezogen und nach und nach in Richtung einäugiger Propaganda bewegt hatten. Die Moderatoren changierten nun zwischen zwei Mienen: gequälte Fassungslosigkeit und verächtliche Abscheu. Manchmal machte ich den Ton aus und versuchte mir vorzustellen, worüber sie wohl berichten mochten, als würde ich es nicht bereits wissen. Die naheliegende Interpretation war, dass sämtliche Kinder der Nation von einem aufgeblasenen, gigantischen Transvestiten fortgelockt worden waren. Es gab immer weniger Gäste, die sich pro Trump äußerten, und die kühle Höflichkeit, mit denen man ihnen in den ersten Interviews noch begegnet war, war höhnischer Verachtung gewichen. Das war es, was Trump anrichtete: Er polarisierte, er entzweite, er zwang einen, sich auf seine oder die andere Seite zu schlagen. So war es nun jedem Amerikaner möglich – und beinahe sogar unvermeidlich –, sein ganzes Leben in der eigenen Echokammer zu verbringen und nur die Nachrichten zu hören, die er hören wollte, seine Vorurteile erhärtend und seine Ängste schürend. Man konnte entweder in einer Welt leben, in der Trump auf ewig ein infantiler Narzisst war, oder in einer, in der die Fake-News verbreitenden liberalen Mainstream-Medien auf ewig seine tapferen Versuche vereitelten, Amerika wieder groß zu machen.

Über viele Jahrzehnte verpflichtete die sogenannte Fairness-Doktrin alle Fernseh- und Radiosender in den USA, über beide Seiten jeder politischen Geschichte oder Debatte zu berichten. Doch auf Druck der Konservativen wurde die Doktrin 1987 aufgehoben. Binnen eines Jahres startete Rush Limbaugh seine wüst anti-liberale Radio-Talkshow: Bald war er auch im Fernsehen präsent, mit einer auf mehreren Kanälen laufenden Show, die den Weg ebnete für Rupert Murdochs Fox News, das 1996 auf Sendung ging. Dies war das Jahr null, das Jahr, in dem Amerika unversöhnlich in zwei Teile gespalten wurde. Man schaue sich nur mal beispielhaft die jüngere Wahlgeschichte der Gemeinde LaSalle Parish in Louisiana an, die mit überwältigender Mehrheit für Trump gestimmt hatte. Dies war eine Gegend, die traditionell eher republikanisch wählte, aber oft nur mit knapper Mehrheit: Bei der Wahl 1996 holten die Demokraten 39 Prozent der Stimmen und die Republikaner 45. Aber mit jeder folgenden Wahl klaffte die Lücke weiter auseinander, bis sie sich zu einer gähnenden Kluft ausgeweitet hatte. Trump holte in LaSalle 89 Prozent der Stimmen, satte 80 Prozentpunkte mehr als Hillary Clinton.

Nach meiner Rückkehr nach England twitterte ein Mann aus Kansas ein Foto, das sich viral verbreitete. Es zeigte die Absage einer Einladung zur Goldenen Hochzeit, die seine Eltern von einem ihrer ältesten Freunde erhalten hatten: »Alles Gute zum 50. Hochzeitstag, eine stolze Leistung! Leider können wir nicht teilnehmen, da ich mit Liberalen nichts gemein habe – wir leben in einer anderen Welt, mit anderer Ethik und Moral, und ich würde mich nicht wohlfühlen.« Mal ehrlich – eine Goldene Hochzeit! Konservativer geht es doch kaum. 1960 gaben nur fünf Prozent der erwachsenen Amerikaner an, dass es sie »beunruhigen« würde, würde ihr Kind einen Angehörigen der Partei heiraten, für die sie nicht gestimmt hatten. Als 2010 die gleiche Frage gestellt wurde, antworteten ein Drittel der Demokraten und 40 Prozent der Republikaner mit »ja«. Dies war das neue Amerika: Die Gräben waren gezogen und eine Verbrüderung mit dem Feind kam nicht infrage. Jenes Pfadfindertreffen war nicht nur wegen des großkotzigen Geschwafels des Präsidenten denkwürdig gewesen: Obwohl einige der Teenager gebuht hatten, hatten auch schrecklich viele von ihnen applaudiert und frenetisch gejubelt.

Eine Stunde Nachrichten war alles, was ich am Stück ertragen konnte. Es war so erbarmungslos und so anstrengend. Zerstört und verängstigt machte ich die Glotze aus, goss zwei Fingerbreit Bourbon aus einer Plastikhalbliterflasche in einen Plastikbecher und begab mich hinaus, wo mich ein freundliches Chromgesicht erwartete, das im Schein einer Natriumdampflampe lächelte. Dann setzte ich mich in mein universelles Automobil, innerlich und äußerlich erwärmt von Jim Beam und einer sommerlichen Brise, und entspannte mich zur Serenade zirpender Insekten und dem schwermütigen Pfeifen einer fernen Lokomotive.

Eines Morgens zog ein bitterkalter Nebel auf, und ich fuhr, mit bis zum Hals zugeknöpfter Jacke hinter dem Lenkrad kauernd, zitternd durch die geisterhaften Felder des südlichen Indiana. Dieser Morgen markierte meine ersten stümperhaften Versuche mit dem mächtigen Radio, das ich auf die Reise mitgenommen hatte. Über lange Minuten fummelten meine durchgefrorenen Finger erfolglos am Regler, dann maunzte eine Steel-Gitarre aus dem Äther. Ein Mann sang nach Country-Art den Blues, und dies, ich schwöre es, waren seine ersten klar verständlichen Worte: »Wenn du sehen könntest, wie ich in diesem alten Auto lebe, tja, dann würdest du dich wahrscheinlich fragen, warum ich überhaupt am Leben bleiben möchte.« Dann wurde die zähflüssige Melancholie von Knistern und Knacken verschluckt, und ich fuhr weiter in fassungslosem Schweigen.

Das breite, flache Meer aus Grün des Mittleren Westens begann sanft zu steigen und zu fallen, dann stürzte es abrupt hinab zum kilometerbreiten Ohio River. Der Ohio ist der mächtigste Zufluss des Mississippi und die gigantischen Frachtschiffe, die sich gegen seine Strömung stemmten, wirkten wie zu Badespielzeug geschrumpft. Wir überquerten ihn recht vorsichtig auf einer dieser rostigen Modellbau-Trägerbrücken von der Sorte, die immer so aussieht, als würde sie gleich von Stukas bombardiert werden. Mike schlitterte auf den Stahlträgern, die üblicherweise die Oberfläche solcher Übergänge bildeten, fürchterlich herum. Einen Model T zu fahren, so hatte ich mittlerweile gelernt, war stets ein Gemeinschaftsprojekt, ein Pakt zwischen Mensch und Maschine. Das Beste, was ich mir erhoffen konnte, war, dass Mike in der Mehrzahl der Fälle tun würde, was ich von ihm verlangte: starten, anhalten, links abbiegen, rechts abbiegen, über Brücken fahren, statt von ihnen zu stürzen. Nachdem ich mich mit den potenziell tödlichen Kehrseiten abgefunden hatte, empfand ich dies als eine befreiende

Offenbarung. Alles lief darauf hinaus, Mike möglichst wenige Entscheidungen zu überlassen. Maßvoller Einsatz von Gashebel und Lenkrad. Gleichmäßige und behutsame Handhabung der Bremse. Nicht mehr als eine seltene Justierung am Zündhebel, um bergauf die Leistung zu erhöhen und bergab wiederum die Motorbremse zu verbessern. Lediglich im Stadtverkehr, wo der Bedarf an dringlicheren und drastischeren Korrekturen regelmäßig eine Reprise meines panikerfüllten Schlingerns und Rutschens aus den Anfangstagen hinter dem Steuer heraufbeschwor, gerieten die Dinge aus dem Ruder. Doch Ortschaften waren nun immer rarer gesät und immer verschlafener.

Kentuckys geschichtsträchtige Bluegrass-Region war ein exklusives, kultiviertes Reich aus Rennpferd-Gestüten und Bourbon-Brennereien, seine rundlichen Hügel besetzt von mächtigen Eichen und adretten weißen Zäunen. Ich bekam ein bisschen Heimweh: Es sah ein wenig so aus wie ein idealisiertes, überdimensioniertes England, mit mehr Geld, strahlender Sonne und stärkerem Schnaps. Mike führte eine Kolonne gelassener Wochenend-Ausflügler und ein paar deutlich weniger gelassene Einheimische durch die kurvenreichen Anhöhen des Bourbon-Landes und kleine Ortschaften, die von den Rufen ehrgeiziger Väter bei den Baseballspielen ihrer Kinder widerhallten.

Dann stießen wir ganz allmählich in ein anderes Kentucky vor. Es gab aufgegebene Farmen, die ersten, die ich zu sehen bekam, und eine Menge verrammelter Schaufenster. Eine Familie mit zu vielen Kindern und nicht genug Zähnen saß um einen Kanonenkugelhaufen Melonen herum unter einem Campingpavillon. Hillbillys liefen herum und stellten Hillbilly-Dinge an, wie zum Beispiel ein großes Loch in die Seite ihres Hauses zu sägen, riesige Plastikfässer eine steile Wiese hinunterzurollen oder in einem abgewrackten alten Auto mit Konföderierten-Flagge auf der Motorhaube Bier zu trinken. Der Pick-up war nun der unangefochtene König der Straße: Eines trägen Nachmittags auf dem Cumberland Plateau zählte ich 19 in Folge, die mich überholten. Ein Passagier auf dem Beifahrersitz des letzten von ihnen kühlte seine bloßen Füße im Fahrtwind. Die Menschen kommunizierten in etwas, das man wohlwollend als gemessenen Tonfall bezeichnen könnte, während mein eigener Akzent zunehmend unverstanden blieb.

Ich begann, mich wie der Süden zu fühlen: heiß, träge und leicht irre. Diese Dreieinigkeit kumulierte im Super 8 Motel in Danville, Kentucky, als ich Mikes Räder auf dem abschüssigen, klebrigen Asphalt des Parkplatzes festkeilte.

»Mein Name ist Calvin T. Parr Junior«, verkündete ein leicht zerzauster alter Bursche, der ein schmuddeliges Karohemd und eine Mütze mit einem Bulldozer darauf trug, »und ich möchte, dass Sie mir Ihren Ehering geben.«

Mein Glaube an die gesetzestreue Anständigkeit des kleinstädtischen Amerikas war bereits tief verwurzelt, und ohne zu zögern zog ich meinen goldenen Ring vom Finger und legte ihn dem alten Mann in die geöffnete Pranke.

»Nun, dies ist ein ganz natürliches Produkt«, sagte er, ein zerknautschtes Tütchen eines kreideartigen Pulvers über den Ring auskippend, bevor er die Hände zusammenlegte und sie energisch aneinander rieb. Nach ein paar Sekunden klemmte er den Ring zwischen seinen Daumen und hielt ihn mit entrückter Miene in die Höhe. »Der Herr gab ihn mir soeben in einem Traum.«

»Nein, Augenblick mal«, beeilte ich mich zu sagen. »Ich gab ihn Ihnen soeben auf diesem Parkplatz.«

Er hörte nicht zu.

»Schauen Sie, wie er in der Sonne glitzert! Leuchtet dieses Gold nicht geradezu?«

Ich lehnte mich hinüber und nutzte die Gelegenheit, um mir meinen Ring zu schnappen. Er schien nicht ausgetauscht worden zu sein. Er schien auch nicht mehr zu leuchten als vorher.

»Das ist ein auf Schiefer basierendes Polierpulver. Das Rezept kennen nur ich und der Herr.« Er warf einen raschen Blick über die Schulter, dann senkte er seine Stimme zu einem Flüstern: »Ich hatte die Gelegenheit, damit im Fernsehen aufzutreten, aber der Herr sagte zu mir: ›Nein, Calvin – du musst damit nach Japan gehen.‹«

Dies schien ein guter Moment, meine Taschen zu schnappen und einen Abgang zu machen.

»Ist nicht einfach nur Politur. Schauen Sie, wie schön es meine Hände macht.«

Er hielt sie in die Höhe. Sie hätten jemandem gehören können, der beruflich mit Ziegeln jonglierte. Ich wünschte ihm Glück und schleppte meine Habseligkeiten in Richtung Rezeption davon, begleitet von seinen verklingenden Mahnungen.

»Ich kann dreihundert Flaschen am Tag machen! Schätze, das werd' ich wohl müssen!«

Dieser eingefleischte rurale Erfindergeist war ein weiteres von Henry Fords Vermächtnissen. Sechs Millionen Farmer betrachteten ihn als einen der ihren: Sie gefielen sich in der Vorstellung, von seinem Jedermann-Genie berührt zu sein, und manche glaubten auf diffuse Weise, ein Anrecht auf einen Teil des Vermögens zu haben, das es ihm beschert hatte. Fords überarbeitete Sekretärinnen und Sekretäre bearbeiteten Tag für Tag über hundert Briefe selbsternannter Erfinder, mit Vorschlägen für alles Mögliche von elektrischen Revolvern bis hin zu Kaffeemaschinen für das Armaturenbrett. Eine selbstzündende Zigarette; ein hohles Lenkrad, das sich an kalten Tagen wie eine Wärmflasche füllen ließ; eine Hupe, die »Ford« brüllte. Ihre Unverfrorenheit war oftmals herrlich grandios. »Mein Preis ist 250.000 Dollar und das ist es allemal wert. Ich hätte das Geld gerne postwendend in bar.« »Hätten Sie Interesse am besten Getriebe der Welt? Dann hören Sie mal zu, Junge, ich habe das Deluxe Baby. Wenn ich nach Detroit komme, versprechen Sie mir einen fairen Deal?«

Ein paar Stunden später war ich wieder unten an der Rezeption und erkundigte mich bei der drallen jungen Besatzung, ob sich in fußläufiger Entfernung ein Restaurant befände.

»Sie meinen, zu Fuß gehen?« Ihre Augen weiteten sich, während sie damit rang, sich das Unvorstellbare vorzustellen. »Ich weiß nicht ... ich meine ... bloß ... nun ja, da ist dieser Mexikaner den Highway runter, das Essen ist gut und sie servieren alkoholische Getränke, aber das muss halt so ...« Sie atmete laut aus und schüttelte den Kopf. »Halt vielleicht so eine halbe Stunde sein?«

Dies war zu einem wiederkehrenden Dialog am Empfangstresen geworden und in Motels wie dem Danville Super 8, die sich weit draußen zwischen Malls und Tankstellen inmitten eines Dickichts aufragender, erleuchteter Schilder an irgendeinem peripheren Highway scharten, sogar zu einem unausweichlichen. Im Red Roof Inn in Fairmont, West Virginia, war die Frau an der Rezeption so entgeistert, als ich nach dem Fußweg zu einem deutlich sichtbaren Walmart fragte, dass sie einen Bund Autoschlüssel auf das Resopal knallte. »Das ist mein Pick-up draußen. Ist aber ein Raucherauto.« Küstenamerikaner mochten auf dem Laufband ihre Tagesration Schritte absolvieren, aber in den Flyover States geht niemand irgendwohin zu Fuß. Eines Nachmittags in Detroit spazierte ich in einem noblen Teil der Stadt fast fünf Kilometer einen sonnigen, breiten Bürgersteig entlang und begegnete exakt zwei anderen Fußgängern: Der eine war ein vergnügter alter Spinner, der in einem Plastiksack hübsche Laubblätter sammelte, der andere ein Schwarzer, der in einer Bushaltestelle schlief. Das stete Bestreben, fußläufige Aktivität zu vermeiden – und wenn dies scheitert, sogar ihre brutale Unterjochung – ist eines der markantesten Vermächtnisse von Fords universellem Auto. An den wenigen Stellen, wo man berechtigt ist, zu Fuß einen Highway zu überqueren, leuchtet in dem Moment, wo man den Fuß auf den Asphalt setzt, die rote Hand der Panik auf: LAUF, KLEINER MANN, LAUF UM DEIN ARMSELIGES, WERTLOSES LEBEN.

Nun, bis zu dem mexikanischen Restaurant war es auf kürzestem Weg nicht einmal ein halber Kilometer, allerdings erforderte dieser, über ein paar steile Böschungen zu klettern und unter Hecken hindurchzukriechen. Ich würde der Pedestrophobie der Eingeborenen nach und nach weniger kritisch gegenüberstehen. Man hat schließlich nicht jeden Abend Lust, matschige Abwasserkanäle und Parkplätze maroder Autohäuser zu durchqueren, während man in Schweiß gebadet und von blutsaugenden Insekten halbtot genagt wird. Wie dem auch sei, 15 Minuten später saß ich, die Frisur zerstört und die Brauen triefend, hinter einem Taco-Salat.

Angesichts meiner umfangreichen Erfahrungen mit mexikanischer Speise im amerikanischen Stil scheinen an dieser Stelle ein paar relevante Tipps angebracht. Hier zwei wichtige Lektionen, damit Sie in solchen Läden stets gut zurechtkommen:

1. Bestellen Sie nicht den Taco-Salat, sofern Sie nicht gern eine Woche alte Salatblätter aus einer frittierten Pappbettpfanne essen.
2. Sofern Sie nicht gerne mit dem Gesicht voran in Erdhörnchen-Bauten landen möchten, bestellen Sie kein drittes alkoholisches Getränk.

Am nächsten Morgen öffnete ich die Haube, um Mike seine Frühstücksflasche Öl zu verabreichen, und sah, dass etwas nicht stimmte. Etwas Fundamentales: Der Keilriemen hatte sich zu einem unbekannten Zeitpunkt des vorigen Tages zu einem Klumpen grauer Spaghetti zerfetzt und wie ein Rattenkönig um die untere Rolle gewickelt. Das war kein schöner Anblick, und auch gewiss keiner, der kompatibel war mit einem achselzuckenden Zuschlagen der Haube und einer pfeifenden Rückkehr auf die offene Straße. Zumindest nicht in jedem anderen Auto. Aber beflügelt von dem fixen Gedanken, dass ich ja immerhin ein paar Meilen – vielleicht sogar eine ganze Menge – ohne nachteiligen Effekt absolviert hatte, hackte ich den gepeinigten Leichnam des Riemens von der Rolle, lud meinen Kram ein und fuhr in Richtung Sonne davon. Es fühlte sich wie eine Art Wendepunkt an. Die patenten Redneck-Fähigkeiten, die erforderlich waren, einen T unterwegs zu flicken, würden sich hoffentlich irgendwann noch einstellen. Aber zumindest hatte ich mir schon mal erfolgreich die wild entschlossene Scheißdrauf-Attitüde angeeignet, die dazugehörte.

KAPITEL 8

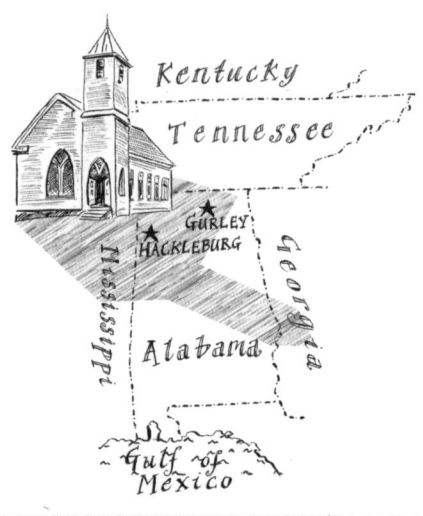

Ich überquerte die Staatsgrenze von Tennessee auf dem Grundy Quarles Highway. Amerikaner stehen einfach drauf, Lokalgrößen mit einem Haufen Infrastruktur zu würdigen. Die meisten dieser Leute, vermutete ich, waren Staatsdiener, aber wer weiß: Grundy Quarles klang eher nach jemandem, der sich einen Namen beim Hot-Dog-Wettessen gemacht hat. Ohne Unterlass rumpelte ich über die Brücke zu Ehren von Wilkes T. Thrasher, kleckerte mir im Picknickbereich des nach Jeff Busby benannten Staatsparks reichlich Outlaw Energy aufs Kinn oder schändete im Wildschutzgebiet, das an Hernando de Soto erinnert, einen Baum. Ich nehme an, es ist einfach Teil des amerikanischen Kults ums Individuum, die Legende eines Landes, das von großen Männern errichtet wurde. Wie schade, dass noch niemand auf die Idee gekommen war, Donald Trump mit einer Interstate-Tankstelle und ein paar Plumpsklos zu ehren.

Grundy Quarles hatte es ganz gut erwischt. Sein Highway wand sich, tief und schnurgerade in den korkartigen Fels geschnitten, über einige spektakuläre Sandsteinklippen. Am Fuße seines steilsten Abschnitts wählte ich den falschen Gang – diese Ruckstell-Untersetzungsstufe an den Anstiegen zu schalten, war wahrlich eine Pein – und trieb Mike kraft meines Willens voran, während der ungekühlte Motor sich diese große rote Felsspalte hinaufquälte. Der Motometer war kurz davor, in die Luft zu gehen, als ich endlich über Grundys Passhöhe kroch, halb im Sitz aufgerichtet und Mike wie ein Jockey auf der Zielgeraden anspornend.

Alles um mich herum wirkte plötzlich südstaatenartiger. Bob Kirks Klapperschlangen-Thermometer kletterte auf 43,3 Grad Celsius. Die Reklame am Straßenrand war durch die Bank entweder ominös oder volkstümlich: »LERNEN SIE ANGEWANDTE KAMPFTECHNIKEN IN URBANER UMGEBUNG«; »DONNY'S DINER – WENN SIE HIER NICHT ESSEN, MÜSSEN WIR BEIDE VERHUNGERN.« Ich fand immer größere und exotischere Kadaver in den Lamellen des grabsteinartigen Kühlergrills, schillernde Libellen und blaugrüne Käfer. Hin und wieder mogelte sich zu meinem Entsetzen etwas Großes und Summendes durch den schmalen Spalt oberhalb der Windschutzscheibe und verirrte sich direkt in mein Gesicht. Diese Zwischenfälle riefen die am wenigsten dienliche aller menschlichen Reaktionen hervor – tollpatschige Panik. Wäre ich in einem Sarg heimgekehrt, dann aus diesem Grund. »Mein Vater starb, wie er lebte«, mochte eins meiner Kinder einer Horde weinender Trauergäste erzählen, »mit einer Tüte Chips im Schoß auf Wespen fluchend.«

Und ich stieß immer tiefer in den »Bibelgürtel« vor. Selbst in den winzigsten Dörfern wimmelte es von Kirchen, die meisten brandneu und viele enorm groß. Tennessee ist die Heimat von 67 Megakirchen (wozu laut Definition alle protestantischen Gemeinden gehören, die wöchentlich im Durchschnitt mindestens 2.000 Kirchgänger zählen). Pro Kopf sind das die meisten aller US-Staaten. Ich entdeckte nun, dass ich recht nah an Jamestown vorbeikam, das mit 230 Kirchen bei einer Bevölkerung von 1.900 Seelen den Landesrekord hält. Und ich umging nur knapp Dayton, die Stadt in Tennessee, wo 1925, ein Jahr nachdem mein T in Highland Park vom Band gerollt war, der berüchtigte Scopes-Prozess verhandelt wurde. In diesem Musterprozess ging es darum, ob an Schulen die Evolutionstheorie gelehrt werden durfte. Das Urteil fiel zugunsten der Kreationisten aus, aber im Nachhinein wurde so viel Hohn und Spott über diese rückständigen, auf die Bibel pochenden Hillbillys ausgeschüttet, dass die auf die Wissenschaft bauenden Progressiven, die die Schlacht verloren hatten, den Krieg letztlich gewannen.

So dachten sie zumindest. Befeuert vom Aufstieg des Teleevangelismus, setzte in den 1980er Jahren eine Gegenreaktion ein. Zwischen 1985 und 2005 nahm der Anteil der amerikanischen Erwachsenen, die die Evolution anerkennen, sogar ab, von 45 Prozent auf 40. Einer jüngeren Gallup-Studie zufolge glauben erstaunliche 42 Prozent der Amerikaner, dass der Mensch vor 10.000 Jahren von Gott erschaffen wurde. Nur ein Fünftel meint, dass Gott in der Evolution keine Rolle gespielt hat. Seit 2012 lehrt fast jede Schule in Tennessee und ebenso in Louisiana neben der Evolution auch Kreationismus, acht weitere Staaten erwägen Gesetze zu erlassen, die Lehrer schützen sollen, die Kreationismus als wissenschaftliche Theorie präsentieren. Quer durch die Nation verfechten nur 30 Prozent aller Biologielehrer an

Highschools im Unterricht »einen eisern pro-evolutionären Standpunkt«. In den folgenden Wochen passierte ich zahllose anti-evolutionäre Tafeln: »Im Anfang SCHUF GOTT«, verkündeten sie, neben einer rot durchgestrichenen Progression vom Affen zum Homo erectus.

Als abtreibungs- und wissenschaftsbefürwortender europäischer Heide, der Presbyterianer nicht von Pfingstkirchlern unterscheiden kann, fand ich es erdrückend und ein bisschen beängstigend. Wie mochte wohl die Country Church of the Nazarene in Amerikas rätselhaftes sakrales Spektrum passen? Wie die Bikers Church? Wie die Cowboy Church? Die Schilder vor jeder religiösen Einrichtung boten wenig Anhaltspunkte auf irgendetwas, außer ob der amtierende Pastor die Grammatik beherrschte und dass er einer passiv-aggressiven Gesinnung anhing. »JESUS LIEBT SOGAR MICH«; »LÄCHLE – DEINE MUTTER WÄHLTE DAS LEBEN«; »SEI GUT ZU JEDERMANN. ICH SORTIERE SIE SPÄTER – GOTT.«

Auf harmlos-säkularer Ebene haben Amerikas Kirchen seit jeher weit verstreuten Gemeinden einen sozialen Mittelpunkt geboten. In der Zeit vor dem T mochte der Kirchgang die einzige Gelegenheit gewesen sein, Nachbarn zu treffen und vielleicht Freundschaften mit ihnen zu schließen. Deswegen lief Henry Ford jeden Sonntag 13 Kilometer zu Fuß zur Kirche und zurück. Kirchen bilden nach wie vor das Rückgrat vieler kleinstädtischer Sozialstrukturen: Sie betreiben Sportvereine und Jugendclubs und organisieren Gemeindeausflüge. Doch wie diese grellen Botschaften an der Straße andeuteten, war etwas Tiefgreifenderes am Werk. Etwas buchstäblich Fundamentaleres.

Amerika ist ein Land, das von religiös Andersdenkenden besiedelt wurde, ich schätze also, es ist nur natürlich, dass sie nach wie vor auf ihre Freiheit pochen, anzubeten, wen immer sie wollen. Der nationale Überlegenheitskomplex, der ein so herausragendes Merkmal der amerikanischen Christenheit ist, scheint vor diesem Hintergrund beinahe unausweichlich. Wären Sie auf der Suche nach freier Religionsausübung um die halbe Welt gereist, würden auch Sie zweifellos eine starke und anhaltende Dankesschuld gegenüber der Nation empfinden, die sie Ihnen gewährte, und Ihre neue Heimat verzeihlicherweise als das Gelobte Land erachten. Danach aussehen tut es auf jeden Fall: Auf den mehr als 3.000 Kilometern, die ich bisher zurückgelegt hatte, war ich ein ums andere Mal überbordender Fruchtbarkeit und landschaftlicher Pracht in einem Maße begegnet, wie sie in Europa unbekannt ist. Der Landschaftsmaler Thomas Cole beschrieb Amerikas mächtige Wildnis auf denkwürdige Weise als »das unbefleckte Werk Gottes«.

Wir sollten zudem würdigen, wie unendlich viel Amerika hat, worauf es stolz sein kann: den Planeten von Diktaturen zu befreien, die Welt auf Räder zu bringen und den Menschen auf den Mond. Aber je weiter diese greifbaren Errungenschaften zurückliegen, desto stärker scheinen Patriotismus und christlicher Glaube in den letzten Jahren verschmolzen zu sein. Beides hat, nehme ich an, viel mit blindem Vertrauen zu tun, und in den kleineren Orten wurde dies in zahllosen Vorgärten und auf Stoßstangen beherzt zum Ausdruck gebracht: »GOTT, SCHNEID & WAFFEN MACHTEN AMERIKA«; »SELIG IST DIE NATION, DEREN GOTT DER HERR IST«. Ich sah so manches mit Stars and Stripes angemalte Kreuz.

Die Nationalflagge wird mit religiöser Hingabe verehrt: Mehrere Tage lang ging Fox News einem »unfassbar abscheulichen« Vorfall nach, bei dem bei einer Veteranenparade irgendwo in Minnesota nach dem Aufräumen ein paar kleine Papierfähnchen in einem Müllsack gelandet waren. Nach einem Aufschrei willigten die Behörden ein, die Flaggen zu bergen und sie in einer speziellen Zeremonie mit der gebührenden Ehrerbietung »außer Dienst zu stellen«. »Mamaw hatte immer zwei Götter: Jesus Christus und die Vereinigten Staaten von Amerika«, schreibt J. D. Vance über die Großmutter, die ihn großgezogen hat. »Ich war da nicht anders und auch niemand sonst, den ich kannte.« So viele Kleinstädter sind, ziemlich ungeniert und inbrünstig, überzeugt davon, dass sie in God's Own Country, Gottes eigenem Land, geboren und aufgewachsen sind, dass sie die Auserwählten sind. In diesem Zusammenhang erscheint das Versprechen, Amerika wieder groß zu machen, weniger wie ein Wahlslogan als wie der Schlachtruf eines gerechten Kreuzzugs.

Es war überwältigend und oft surreal. Angesichts von 1.600 religiösen Sendern in den USA muss es schwierig sein, die frohe Botschaft auf eine Weise zu verkünden, wie sie zuvor noch nicht verkündet worden ist. Ich stellte einen Radiosender ein und hörte einen Mann, in einer von bösen

Vorahnungen aufgeladenen Intonation, menschliche Versuchung mit einem kaputten Geschirrspüler vergleichen. Eines Abends knipste ich im Motel den Fernseher an und wurde begrüßt von einem Prediger von lässigem Gebaren und extrem strahlend weißen Zähnen, der sich ruhig über eheliche Probleme ausließ: »Wenn Sie das Gefühl haben, dass Ihre Ehe zerbrochen ist, legen Sie sämtliche Teile in Gottes Hand und er wird etwas Wunderschönes daraus machen.« Dann schwenkte die Kamera zurück, und hinter ihm, auf einen Sockel montiert, war ein lebensgroßer Weißer Hai.

Aber die Sache ist die: Wenn ich die amerikanischen Kleinstädter als eine abstrakte Einheit betrachtete, sie nach ihrem christlichen Fundamentalismus, ihren Wahlentscheidungen und ihren privaten Waffenarsenalen beurteilte, erfüllten sie mein sentimentales Großstädterherz mit Schrecken. Aber auf individueller Ebene waren sie einfach wunderbar: fröhlich, umgänglich, gastfreundlich, höflich, zuvorkommend, hilfsbereit, begeisterungsfähig, informativ, witzig. In Cookeville schlenderte ein jugendlich aussehender Hausmeister mit Baseballmütze und riesiger Sonnenbrille herüber, als ich Mike auf seinem Motelparkplatz belud. »Ihr Model T da ist ein echt schönes Teil«, brummte er, bevor er einen Blick auf die unansehnlichen Reihenhäuser warf, die um uns herum standen. »Schon komisch, dass mit diesem alten Wägelchen das alles angefangen hat, dieses ganze Autotouren-Ding.« Allmählich sprachen die Virginia-Nummernschilder für sich, wiesen mich als Besucher aus einem fernen Reich aus, als Mann auf einer Mission. An einer versifften Tankstelle nahe der Staatsgrenze von Alabama kam ein Trupp Fernfahrer heran und schüttelte mir mit markerschütternder Festigkeit die Hand:

»Von Küste zu Küste, was? Das ist ja mal 'n Ding.«

»Heiße Bubba Merryweather der Zwote, echt schön, Sie kennenzulernen, Sir.«

»Mein Großpapa hatte auch einen Model T. Er hat eine kleine Benzinpumpe eingebaut, um die Anstiege raufzukommen. Ich saß einmal hinten drin im Regen, das war toll: Er bearbeitet den kleinen Handwischer an der Windschutzscheibe, Großmama reißt wie wild an der Benzinpumpe, beide besorgen es dem Wagen so richtig!«

Jedes Mal, wenn ich an den Straßenrand fuhr, hielten andere Fahrer an, um zu fragen, ob ich Hilfe bräuchte. Bärbeißige Vierschröter, Kleinkinder, hippe Teens, junge Mütter, alte Männer und alles dazwischen – nie zuvor war ich so allseits geliebt worden. Niemand lachte über das scheußliche Loch in meinem Hosenboden, das mir das Schubbern über Bob Kirks Holzkugel-Auflage inzwischen beschert hatte – zumindest nicht, bis ich den Raum verlassen hatte. Jeder, der unter einem schwer angeschlagenen Selbstwertgefühl leidet, täte gut daran, eine transkontinentale Reise in einem Ford Model T in Erwägung zu ziehen. Der Absturz danach ist allerdings ziemlich heftig.

Ich fuhr 800 keilriemen- und sorgenfreie Kilometer. Lediglich an langen Anstiegen oder roten Ampeln, die zu lange brauchten, um umzuschalten, erlitt ich mitunter schweißtreibende Schrecksekunden. Wir befanden uns mittlerweile im »Sonnengürtel« der USA, und die Hitze war erbarmungslos und erstaunlich. Sie trieb Schindluder mit meinem Kopf, meinem Mund und meinen Gliedern. Ich begann, den Gashebel in die falsche Richtung zu ziehen. Unglublicherweise nickte ich zweimal am Steuer ein, in Hypnose versetzt von den Temperaturen und den stroboskopischen Schatten der Telegrafenmasten, die über den aufgeweichten Asphalt zuckten. Beide Male wurde ich glücklicherweise sehr wirkungsvoll wachgerüttelt von lautstarkem Geschmetter der Rückbank-Symphonie: das windgepeitschte Knallen der garstigen blauen Plane, die ich über meine Taschen und Kisten drapiert hatte, im Konzert mit dem Scheppern der Energy-Drink-Dosen und Ölflaschen im Abfalleimer des hinteren Fußraums.

Bis weit in den Abend hinein, wenn ich zusammengesackt vor einer dampfenden Tortilla saß, schien die Welt um mich herum noch zu schimmern und zu pulsieren, wie sie es den ganzen Tag über vor Mikes vibrierender Frontscheibe getan hatte. Dann holte ich eines Abends die Karte mit meiner Route durch Trumpland heraus, stellte mühsam den Blick scharf und begriff, dass ich bald in den tiefsten Süden vorstoßen würde, wo Model-T-Typen spärlich gesät wären. Und dass ich anschließend Texas erreichen und mich von dort nach Norden wenden würde, ein Ansinnen, mit dem ich viel Kopfschütteln und Unverständnis geerntet hatte: »Sir, Sie nehmen in der heißesten Zeit des Jahres direkten Kurs auf den heißesten Teil der USA.«

Das Problem mit dem Keilriemen würde bis dahin gelöst werden müssen, und sofern ich mir dafür irgendeine Hilfe erhoffte, würde ich mich allmählich umschauen müssen.

Der MTFCA leistete erneut seine wundertätige Arbeit und leitete mich zu Bill Robinsons Werkstatt in Gurley, Alabama, nicht weit entfernt von der eng mit dem Wettlauf ins All verknüpften Stadt Huntsville, Heimat des Marshall Space Flight Center der NASA. Bei der Vorbeifahrt erhaschte ich einen Blick auf die 110 Meter hohe Saturn-V-Rakete, die sich wie eine Kathedrale zu Ehren amerikanischer Leistungsfähigkeit über dem Zentrum erhebt. Die Rakete, die den Menschen auf den Mond brachte, wurde 1963 in Huntsville vom früheren Nazi-Raumfahrtgenie Wernher von Braun und seinem Team entwickelt. Sie bestand aus drei Millionen Teilen – die alle einwandfrei funktionieren mussten – und verlor bei 13 Starts nicht einmal eine Nutzlast. Es ging mir schlichtweg über den Verstand, dass Mike und die Saturn V weniger als 40 Jahre trennten. Mir kam in den Sinn, dass diese beiden Maschinen sehr trefflich den Anfang und das Ende des goldenen amerikanischen Zeitalters bildeten. Egal, wie lange die Menschheit überleben mochte, wir werden gewiss nicht noch einmal einen so gewaltigen Fortschritt in so kurzer Zeit erleben.

Nach den Gesetzen der Wahrscheinlichkeit schien eine Begegnung mit einem grausamen und entmutigenden T-Typen überfällig zu sein, aber es würde nicht in Gurley passieren. Bill war ein weiterer prachtvoller Kerl, ein groß gewachsener, gewichtiger Ruheständler mit grauem Bart und einem Gestus heiterer Zerstreutheit, die das Los derer sein mag, die in der Salty Bottom Road leben. Ein selbstgemaltes Schild an seiner Werkstattwand wünschte mir »Happy Hillbilly Christmas«. Einer der fünf Ts aus seiner Flotte war ein Tourer im gleichen Alter wie meiner: Mit einem Zwinkern klappte Bill die Haube auf und stieß einen Daumen an die Zündkontakte, die, wie ich bemerkte, aus Stacheldraht gefertigt waren.

»Irgendein bestimmter Grund, warum du nicht selbst einen neuen Riemen eingebaut hast, Tieam?«

Ein abgebrühtes Lächeln zupfte sachte an Bills Mundwinkeln. Es war eine berechtige Frage: Ich hatte ihm gerade dabei zugesehen, wie er das Ganze in drei Minuten erledigt hatte. Offenbar hätte ich in jedem x-beliebigen Auto-zubehörladen einen Ersatzriemen mit dem korrekten Durchmesser bekommen können. Ein weiterer Muss-besser-werden-Stempel in meinem vernichtenden Zeugnis.

Bald gesellten sich zwei weitere T-Männer zu uns, Dave und Seth, die beide einen auf das Wesentliche reduzierten, zweisitzigen offenen Speedster fuhren. Seth war der jüngste alte Autofreund, der mir unterkommen würde, ein Maschinenbaustudent aus Huntsville, dessen knallgelber T einen technologischen Ausgleich zu seinen Studien auf dem Gebiet der 3-D-Druckanwendungen für die Luft- und Raumfahrtindustrie bot. Der Wagen war seit 1914, als sein Ururgroßvater ihn neu kaufte, im Familienbesitz – eine wunderbare Geschichte, jedoch eine, die mich kaum überraschte: Die wichtige Nebenrolle, die der Model T in der Familiengeschichte fast jeden Kleinstadtamerikaners spielte, nahm ich inzwischen als gegeben hin. Weit mehr überraschte es mich zu hören, dass Seths leistungsfördernde Anpassungen – ein zusätzlicher Vergaser, ein Hochdruck-Zylinderkopf, alles sklavisch der damaligen Zeit nachempfunden – seinem T eine Höchstgeschwindigkeit von 120 km/h bescherten. »Schätze, ich sollte darüber nachdenken, die Bremsen zu verbessern«, kicherte er trocken.

Dave und Seth waren gekommen, um mich in die Praxis des gemeinschaftlichen Oldtimer-Tingelns einzuführen. Es war eine schwindelerregende Angelegenheit. Bill führte uns in einem 1921er Model T Depot Hack, einer Art putziger Bushaltestelle auf Rädern, von seinem Hof, und drei herrliche Stunden lang rollten wir hintereinander weg durch die suppige Hitze des alabamischen Hochsommers. Rote Hügel hinauf und hinab, über den breiten Tennessee River, an Feldern und Gärten vorbei, die von Getreide und Farben überbordeten: Teppiche aus Grün, durchsetzt von flauschiger weißer Baumwolle, grelle Explosionen von Bougainvillea und Kreppmyrte. Wie seltsam, Mike von anderen Hundertjährigen eingerahmt zu sehen und nicht länger allein für die lange Schlange verantwortlich zu sein, die sich hinter uns bildete (wobei ich fairerweise sagen muss, dass ich weiterhin die Hauptschuld trug: die beiden Speedster tänzelten in meinem ratternden Rückspiegel herum, ungeduldig an der ölverschmierten Leine zerrend). Und welche Erleichterung, dass niemand vorher eine solche Ausfahrt angeregt hatte: Hätte ich mich in den ersten unbeholfenen Wochen darauf eingelassen, hätten sowohl mein Stolz als auch mein Vergnügen immensen Schaden genommen. Nach acht US-Staaten und 3.700 Kilometern brachte ich eine brauchbare Annäherung an so etwas wie Fahrkompetenz auf.

Als wir uns dem steilsten Anstieg näherten, steckte Bill eine Hand zum Fenster hinaus und machte ein dringendes Handzeichen. Ich wusste, was das bedeutete: Gib jetzt lieber mal Vollgas oder du wirst zu spüren kriegen, wie die tote Hand der Schwerkraft deinen Mike am Auspuff packt, und musst dich dann im Schneckentempo den ganzen Weg nach oben quälen. Ich kam der Aufforderung nach und näherte mich 73 km/h, als die Straße anstieg. Einen T bei solchem Tempo zu steuern, bedeutete einen ohrenbetäubenden, ratternden Flirt mit tödlicher Geschwindigkeit. Doch als ich nach vorn blickte, sah ich Bills Depot Hack locker davonziehen, ohne dass ich Anzeichen der klappernden Raserei wahrnahm, die auch er, wie ich wusste, durchmachte. Mit einem Seufzen begriff ich, dass alle anderen Verkehrsteilnehmer mich stets für einen tuckernden alten Sack halten würden, egal wie schnell ich auch führe und wie ungestüm ich den Wagen auch herumwuchtete. Und mit einem noch tieferen Seufzen begriff ich, dass sie damit zumindest zur Hälfte recht hätten.

Unser Konvoi hielt zur Stärkung an einem abgelegenen kleinen Diner. Bei mehreren Humpen Eistee brachten wir die vierrädrige Welt wieder in Ordnung und stimmten überein, dass alle Menschen bessere Autofahrer wären, wenn sie gehalten wären, eine Stunde hinter dem Steuer eines Model T zu verbringen. »Man liest die Straße besser, wahrt ausreichenden Abstand, hält Ausschau nach Gefahren und Fluchtwegen.« Dann stimmten wir überein, dass viele von ihnen bei diesem Experiment ums Leben kämen, und verwarfen den Plan. Als wir eine Stunde zuvor zum Tanken hielten, hatte Dave mit Interesse bemerkt, dass sich einer seiner Reifen fast vollständig von der Felge gelöst hatte. Und wir waren alle genötigt gewesen, über eine Reihe roter Ampeln zu sausen, ein routinemäßiger Flirt mit der letalen Tragödie, für den ich mir inzwischen einen speziellen wappnenden Gesichtsausdruck angeeignet hatte: Dabei presste ich die Lippen fest aufeinander und drehte den Kopf scharf in eine Richtung – eine Miene, die wie dafür geschaffen war, über den Asphalt geschmiert zu werden.

Die Präsenz vier geparkter Ts lockte eine Prozession an Passanten herbei. Ein sehr alter Mann schlurfte an unseren Tisch, holte ein sehr altes Mobiltelefon heraus und verbrachte lange Zeit damit, durch unscharfe Aufnahmen einer düsteren Scheune zu scrollen, die mit autoartigen Gebilden gefüllt war. Auf halbem Weg zurück zur Tür drehte er sich um, fixierte mich mit einem vollkommen leeren Blick und sagte: »Sie haben einen Akzent.« Kurz darauf platzte ein erregbarerer und etwas jüngerer Bursche durch die Tür herein. »Echt stark, die ganzen Model Ts da draußen zu sehen! Mein Bruder und ich gingen damals, als wir jung waren und doof wie Brot, immer im T meines Onkels auf Sauftour. Mensch, eines Abends hätten wir uns fast sämtliche Gräten in unseren dummen Körpern gebrochen. Woooh!«

»Du bist tief im Moonshine-Land«, bestätigte Seth, nachdem der Bursche abgezogen war. Seths Freundin war Lehrerin und an ihrem ersten Eltern-

abend hatte eine der rustikaleren Mütter sie mit einem Mitbringsel überrascht. »Mein Mann meint, ich sollte Ihnen einen Topf Kaffee mitbringen,
aber das scheint mir nicht das Richtige für eine Lehrerin, also habe ich Ihnen
das hier mitgebracht«, hatte sie gesagt und ein großes Einmachglas Selbstgebrannten auf das Pult geknallt.

Inzwischen hatte jedoch eine tödlichere narkotische Geißel Alabama
erreicht, wie ich erfuhr, als Bill einen kurzen Anruf entgegennahm und in
seinem gewohnt ungläubigen Tonfall davon berichtete. »Das war eine
Freundin von mir, sie ist um die 50, hat Morbus Crohn. Die Ärzte haben sie
auf dieses Opioid gesetzt und jetzt ist sie süchtig.« Er schüttelte den Kopf.
»Sie hat gerade überdosiert. Zum dritten Mal.« Dies war nicht meine erste
Begegnung mit der schrecklichen Epidemie, die über die USA hinwegfegte.
Als ich ein paar Tage nach Beginn meiner Reise in einem Ersatzteileladen in
West Virginia – dem Ground Zero der Epidemie – nach Ölauffangwannen
suchte, bekam ich mit, wie ein Kunde mit dem Burschen an der Kasse frei-
mütig über die Oxycodon-Abhängigkeit seines Sohnes sprach: »Keine Ahnung, wie er an den Scheiß immer noch rankommt, der Bengel scheint nie
die verdammte Wohnung zu verlassen.«

Die Statistiken sind erschütternd. Allein 2016 starben 42.000 Amerikaner
an Opioid-Überdosen, insgesamt hat die Epidemie bisher 200.000 Opfer
gefordert. Überdosen töten heute mehr Amerikaner als Autos und Waffen
zusammen. Tatsächlich sind sie mittlerweile Todesursache Nummer eins bei
Amerikanern unter 50.

In den meisten der eher traurigen Motels, in denen ich abstieg, lagen zer-
fledderte Flyer an der Rezeption, die über örtliche Suchtberatungsstellen
informierten, und überall gab es Infotafeln. Die häufigste zeigte eine entschlossen dreinblickende Frau mittleren Alters und ebensolchen Standes,
daneben der Slogan »STEH AUF. KÄMPFE. SIEGE. GEMEINSAM
KÖNNEN WIR SCHMERZMITTELABHÄNGIGKEIT BESIEGEN.« Es
gab sogar Aufkleber auf Polizeiautos, auf denen die Nummer der Hotline für
Opiatsüchtige stand. Und in fast jeder Werbeunterbrechung auf CNN lief der
Spot irgendeiner Suchtklinik, in der ein angeblicher Arzt in grünem OP-
Kittel mit finsterer Miene verkündete: »Eine Million Menschen haben sich

bereits an uns gewandt. Warten Sie nicht, bis Sie Ihren Job oder noch Wichtigeres verloren haben.« Welch überaus amerikanischer Teufelskreis: Die Opioid-Krise, ein Arzneimittel-Skandal geschaffen von kriminell zynischen Pharmaunternehmen und Ärzten mit Dollarzeichen in den Augen, sollte nun besiegt werden von profitgierigen Privatkliniken.

Mit einiger Verspätung hatten die Behörden endlich auf die Krise reagiert, doch noch immer werden jedes Jahr genug Opioide verschrieben, um jeden Amerikaner – Männer, Frauen und Kinder – einen ganzen Monat damit zu versorgen. Inzwischen leiden geschätzte zwei Millionen Menschen in den Vereinigten Staaten an »Störungen durch Substanzgebrauch« in Verbindung mit verschreibungspflichtigen Schmerzmitteln. Opiate schienen auf düstere Weise dem Zeitgeist zu entsprechen: Doomsday-Drogen, die den Schmerz und die freudlose Realität auslöschen und einem gestatten, sich in den eigenen kleinen Kokon zurückzuziehen. Das Trump-Zeitalter eignet sich einfach nicht für lebensbejahende Rauschmittelerfahrungen. McDowell County in West Virginia, mittlerweile mit der höchsten Überdosisrate im Land geschlagen, verzeichnete 2016 einen der größten Schwenks in der Wählergunst in Richtung Trump, und das mit Rekord-Wahlbeteiligung.

Der tief ins kollektive Bewusstsein der Nation eingeschriebene Konsumismus tut ein Übriges. Amerikaner mögen es, sich den Weg zu Gesundheit und Glück zu erkaufen. Die TV-Spots versprechen eine Pille für jedes Übel, und wenn eine Pille gut ist, sind zehn noch besser. Ich war fassungslos angesichts der Pharmazeutika-Abteilungen in den Walmarts, die ich aufsuchte, um mich mit Öl einzudecken. Grundsätzlich gab es einen ganzen Gang nur mit Schmerzmitteln, die vielfach in Gebinden von der Größe kleiner Waschmitteltrommeln verkauft wurden. In England kann man im Supermarkt nicht mehr als 32 Schmerztabletten auf einmal kaufen. Bei Walmart hätte ich 1.000 Ibuprofen für 12,97 Dollar erstehen können. Also tat ich es.

Ich wäre gern den ganzen Tag geblieben, um mit meinen Konvoi-Kumpels zu klönen. Ich hätte mich sogar damit begnügt, nur dazusitzen und ihnen zu lauschen, wie sie abwechselnd einige der ansprechendsten Namen auf der Karte des Staates vorlasen, die Bill auf dem Tisch ausgebreitet hatte:

Tuscaloosa, Alabaster, Eclectic, Loachapoka, Splunge. Soziale Bindungen waren, wie ich gelernt hatte, mit Model Ts ein dauerhafter und unmittelbarer Prozess. Sie bedienten eine Art gemeinschaftliches Volksgedächtnis und schienen eine warme Nostalgie für eine unbeschwertere, langsamere, optimistischere Zeit zu wecken. Eine Zeit rosarot getönter Warme-Apfelkuchen-Nachmittage auf Großvaters Farm. Eine Zeit, als Amerika eine Zukunft hatte und nicht nur eine Vergangenheit. Und das, schätze ich, erklärt ein Stück weit, warum fast ein Jahrhundert, nachdem der letzte gebaut worden war, noch immer fast 300.000 Model Ts auf die eine oder andere Art überdauern.

Alte Autos zu sammeln, war ein von Haus aus, und sogar buchstäblich, konservatives Hobby, aber es hatte nichts mit der polarisierenden Bösartigkeit des Trumpismus gemein. War ich auch stets neugierig auf ihre politischen Ansichten, war doch nicht zu übersehen, dass diese Jungs sich in ihre Model Ts setzten, um dem ganzen Mist zu entfliehen und die finsteren, unlösbaren Konflikte der modernen Welt gegen eine einfachere Zeit einzutauschen, als noch alles mit ein wenig Bindedraht und einer Stahlschelle in Ordnung gebracht werden konnte. Und so klopfte ich meinen neuen alten Freunden auf ihre warmen, feuchten Rücken und sah zu, wie sie über den Kies zu dem klapprigen alten Holzlaster und den beiden antiken Flitzern daneben gingen. Bill kletterte in die offene Fahrerkabine, dann rief er: »Tieam, ich muss dich fragen...« Seine Mundwinkel verzogen sich leicht nach oben. »Wann lässt du dir endlich die verdammten Haare schneiden?«

Alabama war arm – die Straße aus Tennessee heraus verkümmerte und löste sich auf, sobald ich die Staatsgrenze überquerte – und ich kam nun durch einige seiner bedürftigsten Countys. Die Ansiedlungen waren vernachlässigt und unterbevölkert, mit einer Menge toter Geschäfte und Tankstellen, von denen viele im Zuge der letzten Erdöl-Preissteigerungen eingegangen zu sein schienen: Die rostigen Skalen der Zapfsäulen waren auf vier Dollar die Gallone eingestellt, das doppelte dessen, was ich zu zahlen gewohnt war. Die stolzen Ansagen, die auf Wassertürme gepinselt waren, wurden immer bescheuerter und verzweifelter, Blödsinn von der Art wie »DRY PRONG – GEBURTSORT VON CARSON FUDGE, ALABAMAS MISTER BASKETBALL 2003«. Tina Turner schrieb »Nutbush City Limits« über die Stadt, in der sie aufgewachsen war, eine gemeindefreie Ortschaft ein paar hundert Meilen nordwestlich von mir, und ihre lyrischen Schnappschüsse provinzieller Banalität kamen mir tagelang von den aufgeplatzten Lippen, in der Regel in einem hirnverbrannten Bellen.

Die Hitze war absurd und ging nun einher mit welkender, klebriger Feuchtigkeit. Eine Tasche voll mit im Waschbecken gewaschener Socken und Unterwäsche dampfte drei Tage lang auf dem Boden im Wageninneren, bevor ich jeglichen Anstand fahren ließ und ihren stinkenden Inhalt zum Trocknen zwischen die Dachscharniere klemmte. Die Luftspiegelungen, die sich vor mir auf der Straße abzeichneten, entpuppten sich oftmals als wahrhaftige Flecken glänzenden, geschmolzenen Asphalts.

Und beim Akzent der Leute war endgültig Hopfen und Malz verloren. In Russellville hielt an einer roten Ampel ein Kerl in einem Pick-up neben mir an und nahm Mike mit großer Anerkennung in Augenschein, dann öffnete er sein Fenster und sagte: »Kompass back dir Raktus und spür Korken tau, Sir.« Sein kleiner Sohn beugte sich herüber und fügte scheu hinzu: »Mein Daddy mischpoke meine Bierflechte.« Ein Großteil meiner Kommunikation mit den Einheimischen beschränkte sich von nun an auf viel wortloses, höflich lächelndes Nicken.

Eines Nachmittags fuhr ich nach Hackleburg hinein (»HEIMAT DER PANTHERS, BASEBALL-STAATSMEISTER 2007«) und wurde leicht abgelenkt von einem riesenhaften, neuen, fabrikartigen Bau, der sich kurz hinter der Stadt ein wenig fehl am Platze aus den Maisfeldern erhob. Ich erkundigte mich bei der Kassiererin danach, als ich ein Stück weiter an einer Shell-Tankstelle hielt. »Randall Janes Hurenhaus«, sagte sie, ich war mir aber recht sicher, dass ich sie missverstanden hatte, also hakte ich nach. Ich brauchte eine Weile, um die ganze Geschichte zu entschlüsseln, und noch länger, um sie zu verarbeiten. Das Gebäude war eine Lagerhalle für Wrangler-Jeans, erbaut um ihren Vorläufer zu ersetzen, der 2011 durch den verheerendsten Tornado in der Geschichte Alabamas zerstört worden war. 72 Menschen kamen ums Leben – allein 19 davon im bedauernswerten kleinen Hackleburg, darunter ein Angestellter der Lagerhalle. »In Courtland regneten Jeanshosen vom Himmel«, sagte sie abwesend. »Das liegt 80 Kilometer von hier.« Plötzlich fiel mir wie Schuppen von den Augen, warum ich in jeder Ortschaft, durch die ich gekommen war, Schutzräume – eine Art Nissenhütten aus Stahlbeton – gesehen hatte und warum jener Getreidesilo, den ich eine Stunde zuvor passiert hatte, zerknautscht wie eine gigantische Bierdose an einem Feld neben der Straße gehockt hatte.

Eine Tankstelle voller leidgeprüfter Überlebender schien kein taktvolles Forum zu sein, um meine morbide Faszination zu befriedigen, daher sprach ich der Kassiererin mein Mitgefühl aus, dann ging ich hinaus und googelte auf meinem Smartphone. Während ich las, sank meine Kinnlade allmählich nach unten. Der anderthalb Kilometer breite Hackleburg-Tornado, einer von einem Dutzend, die am 27. April 2011 über Alabama hinwegfegten, wurde mit 340 km/h gemessen. Diejenigen, die sein Herannahen vernahmen – »wie ein sehr lauter, sehr tiefer Orgelton« –, liefen in den Schutzraum und schauten von der Fensterluke aus zu, wie draußen Autos und Brocken von Mauerwerk durch die Luft flogen. Binnen 15 Sekunden wurden 75 Prozent der Stadt zerstört. Auf seinem Weg Richtung Nordosten – exakt die Strecke, die ich gerade in umgekehrter Richtung gefahren war – schnitt der Tornado eine 150 Kilometer lange Schneise in den Boden und saugte große Stücke der Straße hoch. Auf den vielen Geflügelfarmen der Gegend wurden drei Millionen Hühner getötet. Tausende Kiefern wurden entzweigebrochen und Tausende mehr umgeknickt: Ihre Stämme waren fünf- oder sechsfach verdreht worden, das Innere zu Knetmasse zermatscht. Menschen wurden in ihren Häusern von fliegenden Möbeln erschlagen, dann aus Fenstern gesaugt, ihre Körper an weit entfernte Orte getragen und in manchen Fällen erst Tage später entdeckt. Im ganzen Staat kamen an diesem Tag 236 Menschen ums Leben – Amerikas tödlichste Tornado-Bilanz an einem einzigen Tag seit dem Jahr, nach dem Mike in Highland Park vom Band gerollt war. Welch ein quälender Kontrast zum gemächlichen, gemütlichen Einerlei des Kleinstadtlebens im Süden. Dabei hatten sich die Menschen in Hackleburg wahrscheinlich gerade erst vom Gewinn der Baseball-Meisterschaft 2007 erholt.

Doch Alabama war einst eine veritable Hochburg des gewaltsamen Todes, zumeist verursacht durch das fatale Spiel historischer Konsequenzen, das sich vier schreckliche Jahrzehnte lang quer durch die Südstaaten abspielte. In Zentral-Alabama fuhr ich direkt über mehrere Routen des Trail of Tears, des Pfades der Tränen, wie man rückblickend die todesmarschartigen Vertreibungen bezeichnet, die die Behörden den amerikanischen Ureinwohnern im Zuge des Indian Removal Act von 1830 auferlegten. Von den 21.000 Creek, die gezwungen wurden, zu Fuß die 1.100 Kilometer von ihren angestammten Territorien in Alabama nach Oklahoma zurückzulegen, starben unterwegs 3.500. Das hauptsächliche Motiv für die Deportation? Das Land sollte frei gemacht werden für Baumwollplantagen, auf denen in den folgenden Jahrzehnten mehr als zwei Millionen Sklaven unter mörderischen Bedingungen schuften mussten, die ihnen eine Lebenserwartung von 21 Jahren bescherten. Was wiederum den amerikanischen Bürgerkrieg auslöste, dessen südliche Schlachtfelder ich nun erreichte. Der Konflikt, der endete, als Henry Ford ein Kleinkind war, forderte mehr amerikanische Menschenleben als beide Weltkriege und Vietnam zusammen: Vier Prozent der männlichen Bevölkerung wurde abgeschlachtet, darunter 30.000 aus Alabama.

In angemessenem Mitgefühl war das Auto nun von Feuer und Zorn erfüllt. Just nachdem ich nach Mississippi hineingefahren war, stellte ich unbeabsichtigt fest, dass es möglich war, per Bluetooth die Tonspur von Fernsehsendern von meinem Smartphone auf mein gigantisches Radio zu übertragen. Diese Entdeckung fiel rein zufällig mit der vielleicht zornigsten und stürmischsten Nachrichtenwoche der jüngsten Zeit zusammen. Die kurze, aber denkwürdige Amtszeit von Anthony »The Mooch« Scaramucci als Trumps Pressesprecher war ein paranoides, geiferndes *Scarface*-Intermezzo, das den bisherigen Tiefpunkt des gesamten diskordanten, selbstzerstörerischen Trump-Zirkus markierte. Der absolute Nadir war erreicht, als der neue PR-Chef im Weißen Haus, bezugnehmend auf eine der unangenehmsten Gestalten in Trumps Regime – und dessen physisch mit Abstand widerwärtigstes Prachtexemplar –, ein Bild bemühte, das mich seitdem nicht mehr losließ: »Ich bin nicht Steve Bannon, ich versuche nicht, meinen eigenen Schwanz zu lutschen.«

KAPITEL 9

»Nur Freizeitgespanne. Keine Nutzfahrzeuge. Tempolimit 80. Netzempfang durchwachsen, es ist wie eine Mooch-freie Zone, ganz für Sie alleine.« Welche enorme Erleichterung, auf dem Natchez Trace Parkway von einem Schild willkommen geheißen zu werden, auf dem zumindest das meiste des oben Genannten stand, in einer lustigen alten Schriftart, die an den Nachspann der frühen Hanna-Barbera-Cartoons erinnerte. Fast zwei Tage lang tuckerte ich heiter-verträumt dahin, lebte den Autotouristen-Traum, wie Henry ihn geträumt haben würde. Der Himmel war blau und die Brise herrlich, der samtige Asphalt unter mir bahnte sich seinen ansprechenden Weg entlang sonnendurchfluteter Wälder und leuchtend grüner Wiesen. Jede Kurve war weitläufig und alle Gefälle waren mittels Geländedurchbrüchen oder Aufschüttungen umsichtig gemäßigt worden. Manche der Brücken waren atemberaubende, schlanke Betonellipsen, die in einem einzigen anmutigen Satz über Täler hinwegsetzten.

Ein Hirsch und ein Streifenhörnchen hopsten heiter zusammen über die Straße. Silberreiher erhoben sich träge in die Luft. Es war, als würde man durch eine dieser träumerisch-bukolischen Sequenzen aus Disneys Fantasia

fahren. Ich sah nicht mal überfahrene Tiere am Straßenrand, denn es gab
fast keinen Verkehr. Noch gab es, gemäß eisernem und heiligem Dekret, jeglichen kommerziellen Eingriff: keine Tankstellen oder Motels, nicht mal
eine einzige Imbissbude. Ich hielt an jeder Gedenk- und jeder Infotafel und
erfuhr, dass die »Spur«, der die Straße folgte, von Generationen wandernder
Bisons hinterlassen wurde. Ich pellte Slim Jims an Picknicktischen, die anständig mit Kiefernnadeln übersät waren, und erleichterte mich an Rastplätzen, die in Abständen angelegt zu sein schienen, die eine einzige Sorte
Autofahrer im Sinn hatten: einen ziemlich alten, der vier Liter Wasser am
Tag trinkt und mit 55 km/h unterwegs ist.

Mike war in der Form seines Lebens, schnurrte geschmeidiger denn je
dahin, wie eine ganz brauchbare Nähmaschine. Die Anstiege waren sanft und
es gab keine Kreuzungen oder Ampeln oder Leute, die mich heranwinkten
und brüllten: »WELCHES JAHR?« Diese Kilometer fühlten sich an wie
Bonusmeilen. Vielleicht fühlte sich Mike auch einfach zu Hause: Wie durch
den Natchez-Trace-Aufkleber bezeugt wurde, den Bob Kirk an einem meiner
Windabweiser angebracht hatte, war dies die erste Straße, von der ich sicher
wusste, dass mein T sie schon einmal befahren hatte.

Die National Parkways sind ein Vermächtnis der Public Works Adminis-
tration, die Franklin D. Roosevelt zu Zeiten der Depression gründete, um
mit staatlich finanzierten Projekten die Wirtschaft anzukurbeln. Ab 1933 begann die PWA ein außerordentlich ehrgeiziges Infrastrukturprogramm, im
Zuge dessen sie bis 1943 sieben Milliarden Dollar in den Bau von Dämmen,
Brücken, Flughäfen, Tunneln, Schulen, Krankenhäusern und Wohnungen
investierte. Vor allem aber in den Bau von 11.428 Straßen, darunter ein paar
extrem lange. Der Natchez Trace Parkway – Europäer möchten sich an dieser
Stelle vielleicht besser hinsetzen – erstreckt sich über erstaunliche 715 Kilometer. Eine brandneue Straße, länger als die Entfernung von London nach
Edinburgh, gebaut mit staatlichen Mitteln und das nur zu Freizeit- und
Erholungszwecken. Während ich glücklich dahinbrauste, spürte ich förmlich, wie mir das Herz aufging.

Welch kühnes Projekt und welch nobles Ansinnen. Fahren Sie den
Natchez Trace und Sie können Amerika – das Amerika von Henry Ford und

Franklin D. Roosevelt – beinahe vor Glück jauchzen hören. Mit einem solchen Übermaß an Raum und Schönheit gesegnet zu sein und dann das gemeinnützige Selbstvertrauen aufzubringen, diese 715 Kilometer lange Traumstraße zu verwirklichen. Die Picknickplätze und Wanderwege rund um den Natchez Trace wurden von drei Millionen jungen Männern angelegt, die sich für FDRs Civilian Conservation Corps meldeten und allein für Kost, Logis und 30 Dollar im Monat – von denen sie 25 Dollar nach Hause schicken mussten – wie die Bienen arbeiteten.

Sie werden möglicherweise nicht vollends erstaunt sein zu hören, dass die National Parkways – es gibt zehn davon und der Natchez Trace ist nicht mal der längste – inzwischen in Gefahr sind. Die Parkways werden vom National Park Service betreut, der seit 2002 ein Drittel seiner Belegschaft eingebüßt und derzeit einen Instandhaltungsstau von zwölf Milliarden Dollar zu beklagen hat. Eine von Trumps ersten Amtshandlungen war, das Budget des NPS um 15 Prozent zu kürzen. Seine Regierung ist außerdem eifrig dabei, die National Parkways zu privatisieren, es ist also gut möglich, dass, wenn ich das nächste Mal auf dem Natchez Trace unterwegs bin, diese lauschigen Picknickplätze durch Taco Bells ersetzt worden sind.

Wollte man den National Parkways eine einzelne grundlegende Eigenschaft zuschreiben, wäre es Aufrichtigkeit. Von der Planung bis zur Verwirklichung war es ein ausgesprochen ernsthaftes und wohlgesinntes Projekt. Von Roosevelt persönlich bis hin zum CCC waren alle Beteiligten beseelt gewesen von der selbstlosen Hoffnung auf eine bessere Zukunft für jeden Amerikaner. Alle meine alten Autofreunde strahlten diese Aufrichtigkeit aus: Sie waren rechtschaffene, authentische Leute. Tatsächlich fällt mir niemand ein, dem ich begegnete, der anders gewesen wäre. Doch die meisten dieser Menschen hatten, den Wahlergebnissen zufolge, die meine Reiseroute vorgaben, ihre Stimme für eine der durch und durch verlogensten Persönlichkeiten der modernen Welt abgegeben. Trump rasselte selbst bei den Einstiegstests für aufrichtige Gutwilligkeit durch. Ehrlich kam er immer nur dann rüber, wenn er andere Leute runtermachte oder sich aufplusterte. Ein paar Wochen später, als er in Houston eintraf, um die verheerenden Folgen von Hurricane Harvey zu begutachten, hielt Trump eine geifernde Rede, die wie ein Wahlkampfauftritt wirkte. »Welch eine Menge, welch ein Andrang!«, grölte er begeistert ins Mikro, in einer Ansprache, in der er mit keinem Wort die Todesopfer und die Verwüstung erwähnte, die die Stadt erlitten hatte. (Später am selben Tag, darum gebeten, sich zu den Überschwemmungen zu äußern, die Hunderttausende ohne ein Dach über dem Kopf zurückließen, rang er sich diese klassisch trumpeske Erwiderung ab: »Niemand hat je so viel Wasser gesehen. Das Wasser hat noch keiner erlebt in diesem Ausmaß. Und es wird, äh, eines Tages vielleicht wieder verschwinden.«) Warum konnten oder wollten seine Anhänger das nicht hören? Es war einfach nicht zu begreifen.

Ich verließ den Natchez Trace bei Jackson. Dies war die erste Stadt seit Detroit, die ich durchquerte, und nach der Motown zufällig auch die Metropolregion mit dem zweithöchsten schwarzen Bevölkerungsanteil im Land. Nach dem samtigen Parkway war es schmerzhaft, sich wieder an tief zerfurchten urbanen Asphalt gewöhnen zu müssen. Die Buckel waren extrem und die Schlaglöcher bodenlos; ich hatte wiederholt Anlass, Henry für das flexible Chassis zu danken, das es dem T gestattete, sich in dem Moment, in dem er zu kippen drohte, selbst wieder aufzurichten. (Etwa eine Woche später, als ich mich aufmerksamer als zuvor mit der Lebensgeschichte des originalen Mike befasste, erfuhr ich, dass die Model Ts damals tatsächlich andauernd umkippten, selbst in Städten und bei geringen Geschwindigkeiten, und dass Dib Fewers Mike bei dem Zwischenfall, bei dem sich Pinky Robinson den Arm brach, genau dieses Schicksal erlitten hatte.)

Innenstädtischer Verkehr war das einzige Milieu, in dem der T keine Toleranz erwarten konnte und wo er statt mit nachsichtigem Winken mit genervtem Gehupe bedacht wurde. Meine Laune und Verkehrsmanieren ließen ebenfalls zu wünschen übrig nach einer Überdosis Fox News, einer Tortur, die mich stets mit lautstarker Rechthaberei zu infizieren schien. An diesem Abend veranstaltete ich einen wahrlich nicht erbaulichen Wirbel in einem familienfreundlichen Restaurant. »Ja nun, ich *wollte* das zweite Glas Wein ja auch vor dem Ende der Happy Hour bestellen«, hörte ich mich die verzagte Kellnerin anherrschen, als sie die Rechnung brachte. »Ich schätze, es ist meine Schuld, dass Sie so lange gebraucht haben, um sich an meinen Tisch zu bequemen. Mein Name ist Tim Moore – ich berichte, Sie entscheiden.«

Ich begab mich nach Jackson – eine abseits meiner eigentlichen Route gelegene, zutiefst demokratische Stadt –, um bei einem alten Schulfreund vorbeizuschauen. Richard Grant ist Reiseschriftsteller, und zwar, ob Sie's glauben oder nicht, einer von weitaus mutigerem Schlag, dessen Abenteuer ihn unter anderem zu mexikanischen Drogenbaronen und an zuvor unerforschte afrikanische Flüsse geführt haben. Es war 27 Jahre her, seit wir uns zuletzt gesehen hatten, und er hatte fast alle davon in den USA verbracht; Jackson war schon lange genug seine Heimat, dass er »Miss'ippi« sagte, die bevorzugte lokale Aussprache. Ich ließ einen Kohlenwasserstoff tröpfelnden T in einer vorstädtischen Einfahrt stehen, klopfte dann an eine Tür, schüttelte eine Hand und schaute einem Mann, der fünf Zentimeter größer war als ich, beim Versuch zu, sich hinter ein sehr altes Lenkrad zu zwängen. »Das ist ja lächerlich«, keuchte Richard und das war es wirklich: Er sah aus wie ein Vater, der sich auf das Bobby Car seines Kleinkinds quetschte. Welch ein Glück, dass meine Maße mit denen der kümmerlichen Bauern übereinstimmten, für die Henry seinen T konzipiert hatte: Im letzten Jahrhundert sind amerikanische Männer im Schnitt um 6,35 Zentimeter gewachsen.

Richard schälte sich mühsam wieder heraus, dann führte er mich in das kühle, schattige Ranchhaus, das er mit seiner Frau und ihrer gemeinsamen Tochter bewohnte. Wie sehr ich Richard um das geräumige und ordentliche Büro am Ende des Gartens beneidete. Und auch um die seinem Alter angemessenen, breit gestreuten Interessen, denen er dort nachging, indem er kluge, preisgekrönte Bücher über die vielfältige Kultur und Geschichte Mississippis oder gelehrte Artikel über Bäume und Jaguare für das *Smithsonian Magazine* verfasste. »Habe in den letzten Wochen aber Mühe, etwas zustande zu bringen«, gestand er, als er mir die erste anständige Tasse Kaffee reichte, die ich seit meiner Abreise bekommen hatte. »Einfach zu viel kranker Trump-Scheiß, der hier abgeht.«

Wir unterhielten uns über diesen Scheiß – sein Nachbar, der eine Sammlung kolossaler Armeetrucks im Hof stehen hatte, war wenig erstaunlich ein glühender Trumpist – und danach, was kein besonders krasser Themenwechsel war, sprachen wir über Rassismus. »Der ganze Mist ist ziemlich tief verwurzelt im Süden«, sagte Richard. »Es gibt Leute in meinem Facebook-Feed, die ein paar fürchterliche Ansichten haben, die viele meiner britischen Freunde wahnsinnig machen.« Ich war etwas überrascht, dies zu hören, und erwähnte, dass das Restaurant, in dem ich am Abend zuvor gegessen hatte, auffallend gemischt gewesen war: schwarze Familien, weiße Paare, Gruppen multiethnischer Freunde. Das hatte ich in Detroit nicht gesehen (und würde es auch sonst nirgends sehen). »Nun, Rassismus ist auch im Norden ziemlich verwurzelt, aber es gibt einen Unterschied. Da oben freuen sich die Weißen, wenn Schwarze die gleiche ökonomische Stellung und Chance haben, solange sie nicht mit ihnen befreundet sein müssen. Im Süden ist es andersherum. Hier sagt man, wenn ein weißer Kerl seinen Arm um einen Schwarzen legt, ist das nur eine andere Weise, ihn zu unterdrücken.« Nicht zum ersten und auch nicht zum letzten Mal erfasste ich, welchen ganz anderen Trip ich erleben würde, wäre ich auch nur etwas weniger weiß. Oder unternähme ich diese Reise mit meinem Liebsten in einem Nissan mit Elektromotor.

Rasse schien in alles verstrickt zu sein, was unten im Süden je geschehen ist. Die Kriegsflagge der Konföderation ist bis heute Teil der Staatsflagge von Mississippi. Richard fragte, ob ich gewusst hätte, dass eine Reihe amerikanischer Ureinwohner schwarze Sklaven hielten; ich verneinte und er erzählte mir die Geschichte von Greenwood LeFlore, einem Draufgänger aus dem 19. Jahrhundert, halb Franzose, halb Choctaw, der sich in beiden Welten bewegte, es zum Häuptling der Choctaws und zum Senator von Mississippi brachte und nebenbei noch Baumwolle anbaute. LeFlore hielt 400 schwarze Sklaven, lebte in einem riesigen Herrenhaus voller französischer Antiquitäten und zog sich den beträchtlichen Unmut seines Stammes zu, als er bei dessen Zwangsumsiedlung nach dem Indian Removal Act von 1830 mit den Weißen kooperierte. Wegen dieser Niedertracht exhumierten erzürnte Choctaws ihn nach seinem Tod und beerdigten seine Leiche mit dem Gesicht nach unten an einem unbekannten Ort.

Und wir sprachen über Kriminalität. Das machen in Städten lebende Amerikaner wohl so. Richards Geschichten waren sogar noch grässlicher als die meines Cousins Marshall. Zwei Monate vorher hatte man einer Mutter an einer örtlichen Tankstelle das Auto geklaut, die Diebe machten sich mit ihrem sechsjährigen Sohn auf dem Rücksitz aus dem Staub. Neun Stunden später fand die Polizei das verlassene Auto, und auch den Jungen, tot auf dem Rücksitz mit einer Kugel im Kopf. Dann war da der pensionierte Juwelier, der an die Tür ging und in den Lauf einer Pistole blickte und diese kurz darauf im Nacken spürte, als er seine beiden Angreifer zum nächstgelegen Geldautomaten fuhr. Als sie dort ankamen, zog der alte Mann beherzt die Neun-Millimeter-Pistole hervor, die er unter dem Sitz versteckt hatte: Er erschoss einen Angreifer, verfehlte aber dessen flüchtenden Komplizen. Dieser wurde am nächsten Tag verhaftet, nachdem er eine detaillierte Schilderung des Abends auf Facebook gepostet hatte (ein mir bekannter britischer Strafverteidiger sagt, dass dies viel häufiger vorkomme, als man meinen sollte, dank des in der Regel extrem hohen Maßes an Dummheit typischer Missetäter). Der Clou: Beide Angreifer waren Gefängniswärter.

Ich trank noch zwei anständige Kaffees, die letzten für geraume Zeit, dann verabschiedete ich mich. Als wir uns die Hände gaben, wies Richard aufmerksamerweise darauf hin, dass wir, sollten wir uns bis zu unserem nächsten Treffen wieder so viel Zeit lassen, beide 80 sein würden. Und mit diesem Bild des Schreckens im koffeinierten Kopf startete ich Mike und fuhr in die brutale Mittagshitze hinein davon.

Südwestlich von Jackson, auf dem Weg zum Mississippi, tauchte ich bald in das struppige, entvölkerte Herzland des einstigen »Plantagengürtels« ein. Unkraut breitete sich eifrig bis auf die Straße aus und die Bayous, die trägen Flussarme, die sich tief in den orangen Matsch gruben, waren vom Laub des vergangenen Herbstes verstopft. Es gab kaum Verkehr und die wenigen Menschen waren alle schwarz. Dies war der einzige Teil meiner Route, durch den kein roter Faden führte: Die Countys, die sich um den unteren Mississippi scharen, zählten zu den durch und durch demokratischsten in den USA. Falls Sie arm und schwarz sind und auf eine bessere Zukunft hoffen, wählen Sie Blau. Falls Sie arm und weiß sind und sich nach einer blühenden Vergangenheit sehnen, wählen Sie Trump.

Ein Trupp Sträflinge in gestreiften Hosen, der Abfall vom Straßenrand sammelte, äffte mich fröhlich nach, als ich vorbeiknarzte, einige der Kerle wackelten mit den Händen an imaginären Lenkrädern herum. »Ich find's gut, Mann!«, rief einer und präsentierte eine Reihe goldener Zähne. »Das ist sauber.« Sie wirkten nicht sonderlich beschäftigt, und das überraschte mich nicht. Selbst in den schäbigsten, heruntergekommensten Gegenden war kaum irgendwelcher Müll zu sehen. Das ist einfach nicht die kleinstädtische Art. Wenn ein Amerikaner auf dem Lande sein Autofenster öffnet, muss man sich nicht sorgen, er könnte Abfall hinauswerfen. Sorgen machen sollte man sich dennoch, denn er ist im Begriff, eine Flinte durchzustecken und auf ein Straßenschild zu ballern.

Amerikaner müssen penibel auf Abfall achten, weil sie echt eine Menge davon produzieren: 2,5 Kilogramm pro Kopf am Tag, mehr als jede andere Nation der Erde. Jedes Motelfrühstück endete mit einem kleinen Berg aus Plastik und Styropor, der in den gigantischen Abfalleimer des Speisesaals gekippt wurde: Messer, Gabel, Löffel, Saft- und Kaffeebecher, Schüssel, Teller. Selbst Italien, wo illegales Müllabladen Nationalsport ist, hat eine höhere Recyclingquote. Die Statistiken über die Verschwendung von

Lebensmitteln sind besonders skandalös: Die USA werfen rund 50 Prozent ihrer Erzeugnisse in den Müll, jedes Jahr im Wert von 160 Milliarden Dollar. Wieder mal geht Donald Trump mit schlechtem Beispiel voran. Fast alles, was er in sich hineinstopft, stammt aus einer Einwegverpackung, und die Air Force One ist bis unters Dach beladen mit versiegelten Päckchen Oreos, Brezeln und Kartoffelchips, von denen nur wenige verzehrt werden, denn der Präsident bedient sich grundsätzlich nur aus einer frischen, ungeöffneten Packung.

In dieser Hinsicht ist Trump wahrhaftig der Anti-Ford. Henry hasste Verschwendung, und zwar mit einer Inbrunst, die an Phobie grenzte. In seinen Fabriken ließ er Späne vom Boden zu Formaldehyd und Teeröl verarbeiten und nutzte die Schlacke aus den Stahlöfen dazu, um Straßen zu teeren. Jeden Tag wurden sieben Tonnen Schrott aus dem River-Rouge-Werk zu Heizöl und Gas destilliert. Die Abwässer ließ er zu Seife verarbeiten. Die *New York Times* schrieb 1930, dass Ford aus seinen Fabriken nichts wegwerfe, »nicht einmal den Qualm«. Damals spottete alle Welt über seine Sparsamkeit, aber vom 21. Jahrhundert aus betrachtet sieht Ford sehr nach einem Vorreiter für den Umweltschutz aus.

Das alles leitete sich aus einer fanatischen Jagd nach Effizienz ab, dem Leitprinzip des Model T und einer zunehmend größeren Herausforderung für Henry, als sein Unternehmen anfing, das universelle Automobil millionenfach herzustellen. Im Bestreben, die Stückkosten zu verringern, brütete er wie besessen über Einsparungen bei Betriebskosten und Produktionstechniken. »In einem Fall stellten wir fest, dass wir, indem wir für ein bestimmtes Kleinteil Material für zwei Cent mehr verwendeten, die Gesamtkosten um 40 Prozent senken konnten«, diktierte er 1925 seinem langmütigen Ghostwriter Samuel Crowther. »Soll heißen, die Menge an Material kostete mit der neuen Methode um die zwei Cent mehr pro Stück als mit der alten, aber die Arbeit ging so viel schneller, dass wir mit der neuen Methode die Kosten, die zuvor 0,2852 Dollar betrugen, nun auf 0,1663 Dollar senken konnten. Bei einer Tagesproduktion von 10.000 Stück bedeutete dies Ersparnisse von 1.200 Dollar am Tag.« Wie es heißt, ging Henry seinem Geschäftsführer James Couzens beinahe an die Gurgel, als er ausgerechnet hatte, dass dessen 150.000-Dollar-Gehalt den Preis für jeden Model T um 50 Cent erhöhte.

Eine parallele Manie befeuerte Henrys Streben nach vertikaler Integration, sprich einer immer umfassenderen Kontrolle über die Lieferkette für den Model T. Ford begann, eigenes Glas für die Windschutzscheibe, Leinwand fürs Dach, Kunstleder, Kabel und Batterien herzustellen. Henry kaufte 160.000 Hektar Waldland in Michigan, das Holz für Gerüst und Boden des Model T lieferte, die Sägereste verscherbelte er an einen Cousin in der Holzkohlebranche (Kingsford-Briketts ist bis heute US-Marktführer). Bald unterhielt Henry außerdem eigene Eisen- und Kohleminen, sogar eine eigene Handelsflotte und Eisenbahn. Mit dem Versuch, eigene Reifen herzustellen, sollte er sich aber auf spektakuläre Weise übernehmen. 1927 erwarb Ford eine Konzession für eine Million Hektar Amazonas-Regenwald in der Absicht, dort eine Kautschukplantage und für die Menschen, die auf ihr arbeiteten, eine vollwertige Stadt zu errichten. Fordlandia – allein der Name des Projekts zeugte von heilloser Anmaßung. Um die 10.000 Arbeiter bauten im entlegenen Dschungel Krankenhäuser, Schulen, Eisenbahnen und einen Flughafen, aber der entscheidende Aspekt des Vorhabens, die Gewinnung von Gummi, erwies sich agrarwirtschaftlich als Desaster und das Projekt wurde bald eingestellt. Die erlittenen Verluste hätten so manchem Unternehmen das Genick gebrochen, jedoch nicht einem, das dem neuntreichsten Mann der Menschheitsgeschichte gehörte.

Bald wurde die Welt um mich herum von einem schweren grünen Laken zugedeckt. Es legte sich über die Ruinen alter Textilfabriken und Herrenhäuser, über verlassene Schulbusse und -gebäude, über alles Lebendige in Sicht. Verhüllte Bäume kämpften sich aus erstickten Wiesen heraus; ein Leitungsmast stand da wie ein mächtiger grüner Phallus. Schließlich streckte sich das leuchtende Blätterdach bis über die Straße, verhüllte die Sonne und ließ Ranken herabhängen, die an meine Windschutzscheibe schnipsten. Und das alles, weil sich 1935 jemand in den Kopf setzte, der Bodenerosion auf den ehemaligen Baumwollfeldern Herr zu werden und Roosevelts Civilian Conservation Corps losschickte, um ein asiatisches Kletterkraut zu pflanzen. Was sollte dabei schon schiefgehen?

Kudzu, so der Name der Pflanze, wächst 30 Zentimeter am Tag und verleibt sich derzeit in jedem Jahr 60.000 Hektar des Südens von Mississippi ein. »Die Ranke, die den Süden fraß«, lässt sich erwiesenermaßen von den meisten Pflanzenvernichtungsmitteln nicht aufhalten, und die wenigen, die das Zeug töten, brauchen zehn Jahre, um den Job zu erledigen. Die rücksichtslose Einführung invasiver Arten war im Süden damals ein wenig in Mode. 1938 setzte sich Edward McIlhenny – Sohn des gottgleichen Erfinders der Tabascosauce – aus einem unergründlichen Impuls heraus in den Kopf, mehrere Paare hundegroßer Meerschweinchen, die wir Biberratte nennen (und die Amerikaner Nutria), aus Argentinien zu importieren und auf dem Anwesen seiner Familie in Louisiana auszusetzen. Einer zeitlos schönen Einschätzung der Konsequenzen dieser Laune zufolge »zeigte sich McIlhenny überrascht sowohl von ihrer Gebärfreude als auch von den Schwierigkeiten, sie in ihren Gehegen festzuhalten«. Aktuell sind um die 20 Millionen Nutrias damit beschäftigt, Louisianas Reisfelder, Zuckerrübenernte und Küstenvegetation zu verheeren.

Bill Robinson hatte mir geraten, den Grand Gulf Military Park zu besuchen. Seine verbeulte, zigarrenförmige Begründung war auf dem Rasen vor dem holzverschalten Museum des Parks aufgebockt: ein selbstgebautes Ein-Mann-U-Boot, angetrieben von einem Model-T-Motor. »Jemand fand es in den Sechzigern auf einer Insel im Mississippi«, erzählte mir ein Kurator. »Wer immer darin Whiskey unten durch den Fluss schmuggelte, hatte es ziemlich gut versteckt.«

Henry Ford freute sich stets über Geschichten von Model Ts, die auf schräge und wunderbare Weise zweckentfremdet wurden: Es zeugte von jenem rustikalen Erfindergeist, der ihn inspiriert hatte. Aber als eingefleischtem Schnapsverächter hätte ihm diese Verwendung sicher ganz und gar nicht gefallen. Henry ereiferte sich gegen den Teufel Alkohol mit solcher Inbrunst und Regelmäßigkeit, dass frühe Prohibitionisten ihn drängten, sich als Kandidat der Abstinenzlerbewegung um das Amt des Präsidenten zu bewerben. 1923, drei Jahre nachdem die Prohibition in Kraft getreten war, galt der widerwillige Ford als der Favorit der verehrenden Öffentlichkeit bei

den bevorstehenden Präsidentschaftswahlen. Er sprach sich schließlich für Calvin Coolidge aus – unter der Bedingung, dass Coolidge im Falle eines Wahlsiegs mit drakonischer Strenge die Prohibition durchsetzen würde. Coolidge versprach's, gewann und scheiterte kläglich.

Für die Spider Huffs von Amerika warf die Prohibition einen bedauerlichen Schatten auf die späte Model-T-Ära; für die Henry Fords hingegen versprach das Fuselverbot, die Nation in einen gesunden, goldenen, gottesfürchtigen Glanz zu tauchen. »Das ehrenwerte Experiment« war im Grunde ein recht trumpeskes Phänomen, aber nicht etwa, weil Donald – mochten auch seine unbesonnenen, schäumenden frühmorgendlichen Twitter-Tiraden etwas anderes nahelegen – nicht trinkt. Die treibende Kraft hinter der Prohibition war die Anti Saloon League, eine kleinstädtische Bewegung, deren Alkophobie sich nahtlos in deren reaktionären Hass auf urbanes Wachstum und die Ausbreitung einer korrupten und gottlosen großstädtischen Kultur fügte. Die traditionellen, von der Kirche vorgegebenen Werte, die das protestantische rurale Amerika noch immer zusammenhielten, galten als ein Bollwerk gegen all die Fabriken voller Immigranten und diese geckenhaften Bürohansel mit ihrem Jazz, ihren Strohhüten und Cocktails. Und da das rurale Amerika, damals wie heute, am längeren Hebel saß, wurde der 18. Zusatzartikel 1920 kurzerhand verankert und untersagte »die Herstellung, den Verkauf und den Transport von berauschenden Flüssigkeiten innerhalb, sowie die Einfuhr derselben in die und die Ausfuhr derselben aus den Vereinigten Staaten von Amerika«. Jedoch nicht, bemerkenswerterweise, den Verzehr – ein Patzer, der eine derartige Plage an Gesetzlosigkeit einläutete, dass sich die Abstinenzlerbewegung bald nach den flüssigen alten Zeiten sehnte.

»Bootlegging« erhielt seinen Namen in den 1890er Jahren, als findige Geschäftsleute Fusel in darbende Indianerreservate schmuggelten, indem sie ihn in den Schäften hoher Stiefel versteckten. Die Bootlegger zu Zeiten der Prohibition arbeiteten freilich in ganz anderen Größenordnungen. Dank der Nähe zu Kanada etablierte sich der Alkoholschmuggel in Detroit bald zur zweitgrößten Industrie der Stadt nach dem Autobau. Geschätzte 50.000 Menschen waren in der Branche beschäftigt. Al Capone soll mit Alkoholschmuggel und dem Betrieb illegaler Spelunken 60 Millionen Dollar verdient haben; New Yorks Mondscheinkneipen zahlten städtischen Beamten und der Polizei geschätzte 150 Millionen Dollar im Jahr an Schmiergeldern. Zwei Drittel der fast 200 Millionen Liter Whiskey, die in Lagerhäusern der Regierung verschlossen waren, als die Prohibition in Kraft trat, waren an deren Ende verschwunden. Die Mordrate im Land stieg um ein Drittel.

Schlupflöcher wurden emsig ausgenutzt. Nachdem Ärzte spitzkriegten, dass sie Alkohol legal verschreiben konnten, taten sie dies hemmungslos, um diverse Krankheiten von Angstzuständen bis hin zur Grippe zu behandeln und damit 40 Millionen Dollar im Jahr einzustreichen. Die Zahl der registrierten Apotheker im Staate New York verdreifachte sich in der Zeit der Prohibition. Auch die Anmeldungen in Kirchen und Synagogen, die ganz zufällig die Zulassung erhalten hatten, für religiöse Zwecke Wein zu kaufen, stiegen sprunghaft an. Heimbrauen war weit verbreitet, jedoch mussten sich die Händler, die die Rohmaterialien lieferten, absichern. Weinbauern sanierten sich, indem sie Traubenziegel verkauften, in Kisten verpackte Humpen entwässerten Safts, die mit augenzwinkernden Anleitungen ausgeliefert wurden: »(1) Inhalt nicht in einer Kanne Wasser auflösen. (2) Kanne nicht 21 Tage lang kühl lagern.« Diese Bausätze waren so erfolgreich, dass der Preis für Trauben während der Prohibition um fast 4.000 Prozent stieg, und die Erfolgsgeschichte etlicher der heute bekanntesten kalifornischen Weingüter nahm ihren Ausgang im Traubenziegel-Boom. Auch das Schwarzbrennen florierte, allerdings hatte das amateurhafte Gepfusche seinen Preis: Verunreinigter hausgemachter Schnaps kostete jedes Jahr tausend Amerikanern das Leben.

Dib Fewers Dad war Polizist, aber er braute trotzdem Bier in seinem Keller, und Dibs Mom hatte ihrem Spross eine Flasche selbstgebrannten Bourbon mit auf den Weg gegeben. Dib und Tod unternahmen verdächtige Ausflüge nach Kanada und Mexiko und machten in ihren Briefen nach Hause keinen Hehl aus ihren Beweggründen: »Fuhren nach Ontario und kauften 4,4 Bier an einer Tankstelle (20 Cent das Pint)«; »Ihr solltet Tijuana sehen, welch ein gesetzloser Ort. Jedes Geschäft und jede Bude hat eine Bar. Old Judge Whiskey, ABC Bier.«

Schätzungen zufolge ging der Pro-Kopf-Verbrauch an Schnaps zur Zeit der Prohibition um nicht mehr als ein Drittel zurück. Und die erhofften positiven Folgen stellten sich weitgehend nicht ein, in den Hintergrund gedrängt von unzähligen negativen Auswirkungen. Die Gerichtssäle quollen über vor Schmugglern und Schwarzbrennern, so dass sich das Justizsystem genötigt sah, dem Rückstau durch sogenannte »Plea Bargains« Herr zu werden – Verfahrensabsprachen, die bis dahin nahezu unbekannt waren und eines der markantesten Vermächtnisse der Prohibition sind. Zahllose Restaurants und Theater gingen pleite, als die Kunden in die illegalen Spelunken abwanderten, die wie Pilze aus dem Boden schossen, allein in New York waren es mindestens 50.000. Außer durch die nun überflüssigen Brauerei- und Brennereiangestellten wurde das zu Zeiten der Weltwirtschaftskrise ohnehin stattliche Heer an Arbeitslosen noch durch den Dominoeffekt aufgebläht, den die Prohibition auf das Transport- und Gastronomiegewerbe hatte.

Der signifikanteste Effekt aber war, dass die Einbußen an akoholbezogenen Steuern ein unerwartet großes Loch in die Regierungskassen rissen. Der

Staat New York stellte fest, dass fast drei Viertel seiner Einnahmen aus Alkoholabgaben stammten. Die Bundesbehörden ermittelten, dass ein Verbot, dessen Durchsetzung sie 300 Millionen Dollar kostete, sie gleichzeitig um erstaunliche elf Milliarden Dollar an Steuern und Zöllen brachte. Schon unter normalen ökonomischen Bedingungen eine Herausforderung, erwies sich die Aufrechterhaltung eines solchen Zustands während der Weltwirtschaftskrise als kompletter Wahnwitz, und 1933 ließ Roosevelt die Zapfhähne wieder anschließen. Doch kleinstädtische Werte werden nie kampflos geopfert und in der fundamentalistischen Provinz kam es zu erbitterten Rückzugsgefechten. Mississippi blieb bis 1966 alkoholfrei. Noch heute gibt es 500 trockene Countys in den USA, die meisten davon im Süden, und ein paar tausend bestenfalls »feuchte« Countys mit eigenen maßgeschneiderten Beschränkungen. Ein paar Tage später bestellte ich einmal ein Bier, um meine Enchilada herunterzuspülen, und wurde gebeten, einen Antrag auf eine Clubmitgliedschaft auszufüllen. Und das Mindestalter für den Alkoholerwerb – mit 21 Jahren das höchste weltweit – ist weiterhin eine verstörende Obsession. Die Hälfte der Kneipen, die ich aufsuchte, hatte an prominenter Stelle einen LED-Kalender, der das Geburtsdatum des jüngsten legalen Trinkers anzeigte. Die meisten Amerikaner können sich drei Jahre früher ein Sturmgewehr zulegen, als sie ein Bier trinken dürfen.

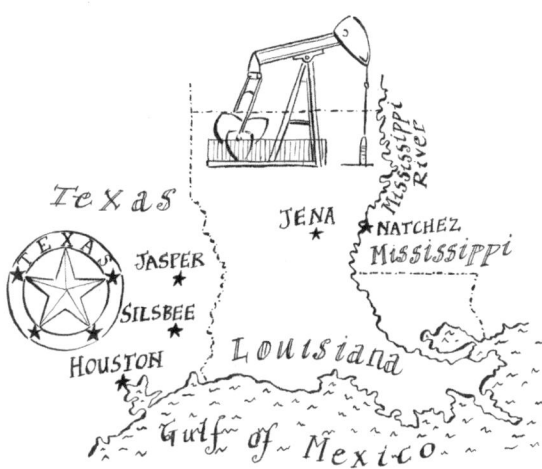

KAPITEL 10

Hitze und Wolken geronnen zu unheilvoller Dunkelheit, als ich mich bei Natchez dem Mississippi näherte, und als Mike seine Vorderräder auf die schmale Trägerbrücke hinüber nach Louisiana setzte, schoben die entgegenkommenden Scheinwerfer Bugwellen von Regen vor sich her. Ich konnte kaum das Ende meiner Motorhaube erkennen, geschweige denn den geschichtsträchtigen Strom unter mir, was ein Jammer war, denn man sieht nicht alle Tage einen »alten Mann« dahinfließen.

Ein weiteres Mal brachte ich Mikes beengende, poröse Seitengardinen an, indes war es auch das letzte Mal, denn ihr Einsatz erwies sich als witzlos: Ich war trotzdem vollkommen durchnässt und drohte darüber hinaus zu ersticken, denn durch die Abschottung konnte der unangenehme Körpergeruch des T nicht entweichen, ein Potpourri aus Benzin, alten Hosen, altem Leder, Lösungsmitteln und Staub. Der Geruch von überhitztem Schuppen. Meine Nase wurde auf eine harte Probe gestellt, doch meine Augen hatten nichts zu verarbeiten jenseits ein paar Metern grauer Schmiere. Alles, was ich von Louisiana wirklich zu sehen bekam, war das Innere des Burger and Brisket House in Jena.

Jena war die Hauptstadt von LaSalle Parish, das ich bereits in meiner fesselnden Studie über die Polarisierung des kleinstädtischen Amerikas erwähnt habe: 86 Prozent weiß und 89 Prozent Trump. Die maßgeblichen heimischen Arbeitgeber waren ein Auffanglager für Immigranten, ein Versorgungsdepot der Polizei und ein Waffenlager der Nationalgarde. Der maßgebliche heimische Zeitvertreib war – wie es für den Rest meiner Reise der Fall sein würde – Tiere zu erschießen. Die Wände des Diners waren übersät mit glasäugigen Trophäen sowie hier und da eingestreuten Fotografien extrem junger Burschen, die mit dem Gewehr neben ihrem ersten erlegten Wild posieren. Ein Poster an der Tür bot einheimischen Jägern einen »Hirschverarbeitungs«-Service an. Louisiana hat im Grunde keine Waffengesetze. Ein Anbieter ohne Konzession kann Ihnen ein Sturmgewehr verkaufen, ohne groß Fragen zu stellen, und Sie müssen die Waffe auch nicht anmelden. Jeder kann mit einer geladenen Knarre eine Bar in New Orleans betreten. Keineswegs überraschend weist Louisiana von allen US-Bundesstaaten die höchste Rate an Todesfällen durch Schussverletzungen auf, doppelt so hoch wie der nationale Durchschnitt.

LaSalle hatte sich ganz der Arbeit/Spiel-Trinität des »Trump Belts« verschrieben: Jagen, Schießen, Einsperren. Das alles heruntergespült mit ausgiebigen Mengen von Louisianas flüssigem Feuer. Als ich meinen Cajun Dirty Rice in scharfer Soße ertränkte, offenbarte mir ein junger Mann am Nebentisch sein eigenes, gestörtes Verhältnis zur Würzsoße des Teufels. »Mann, früher liebte ich den Scheiß. Bei der Armee hatten wir diese kleinen Tabasco-Fläschchen in unseren Feldrationen und eines Abends langweilte sich mein Ausbilder und forderte mich zu einem Wettstreit heraus.« Er verzog das Gesicht zu einer Miene stolzen Bedauerns. »Er trank 17, ich schaffte 21. Seitdem habe ich das Zeug ein bisschen über.«

Ich plätscherte westwärts auf einem breiten, leeren Highway, der durch die Seekiefern schnitt. So viele dieser einst pulsierenden Adern waren dem Route-66-Syndrom erlegen: fast der komplette Verkehr abgezogen durch die Eröffnung eines nahen Freeways. 1956 ins Leben gerufen, entwickelte sich das Interstate Highway System zum größten öffentlichen Bauprojekt in der Geschichte der Menschheit: mehr als 75.000 Kilometer kreuzungsfreie Fernstraßen, erbaut zu Kosten von 500 Milliarden Dollar nach heutigem Wert. Auf seine Weise war das IHS ebenso sehr ein Symbol amerikanischer Macht wie das Raumfahrtprogramm. Heute ist es möglich, im Einklang mit den erklärten Zielen der Deklaration von 1956, von Küste zu Küste zu fahren – und von Kanada bis Mexiko –, ohne einem einzigen Stoppschild oder einer Ampel zu begegnen.

Ein Viertel der amerikanischen Kilometerleistung wird heute auf Interstate Highways verbucht und ziemlich viele einheimische Kraftfahrer kennen keine andere Weise, um von A nach B zu gelangen. »Sie sind nicht über den I-10 reingekommen?«, fragte mich ein verblüffter Motel-Betreiber ein paar Tage später. »Wie sind Sie denn um den Sumpf rumgekommen?« Das Aufkommen der Interstates hat vermutlich mehr als alles andere dazu beigetragen, dem Auto-Tourismus als Freizeitaktivität den Garaus zu machen. Autobahnen sind prima, um Kilometer zu machen, aber Kilometer zu machen, macht keinen großen Spaß. Eltern packen ihre Kinder nicht mehr wie früher jeden Sommer in den Kombi und fahren einfach drauflos. So viele der lokalen Attraktionen, die von dieser Art planloser Urlaubsgestaltung abhingen – die Wonder Caves, die Dinosaur Canyons, die Funtown Mountains –, waren heute nur noch verblassende Anzeigetafeln entlang meiner Route, ihre Laufkundschaft abgezogen von einem Interstate Highway und der damit verbundenen Änderung der Urlaubsgewohnheiten. Familien-Roadtrips waren etwas, das die eigenen Eltern unternommen hatten oder sogar die Großeltern: Amerikaner erwarteten heute glamourösere Ferien, flogen an die Küste oder nach Vegas, nach Mexiko oder auf die Bahamas. Motels, die offensichtlich für durchreisende Familien konzipiert worden waren, kämpften, wie die Laubhaufen in trockengelegten Swimmingpools unmissverständlich belegten, nun um ihre Existenz und sehnten sich nach verantwortungsbewussten, respektablen Gästen, die nicht ihre Haartrockner und die Batterien aus der Fernbedienung mitgehen ließen oder den Eiskübel als Aschenbecher benutzten. Noch viele mehr – gewöhnlich eins oder zwei in jeder größeren Ansiedlung – waren verrammelt. Ohne Ausnahme hatte ich Picknickplätze stets für mich allein, selbst auf dem herrlichen Natchez Trace Parkway, der an einem sonnigen Nachmittag in den

Schulferien vollkommen verlassen war. Manchmal kam es mir vor, als lebte ich allein den amerikanischen Traum, so wie er ursprünglich geträumt worden war.

Ich verließ Louisiana auf dem Highway 8, einer kleinen zweispurigen Straße, die den Sabine River überquerte und zum Highway 63 wurde. »Fahren Sie freundlich – nach Texas Art!«, stand auf dem ersten Schild, auf dem zweiten war dann das Tempolimit vermerkt: 75 Meilen pro Stunde, knapp 120 km/h. Fast unverzüglich überholte mich ein Truck in beängstigend unmittelbarer Nähe, um mir zu veranschaulichen, dass diese großzügig ausgelegte »Beschränkung« jedermann einlud, sich an ihr zu orientieren. Texas würde Mike dementsprechend auf seine härteste nicht-urbane Verkehrsprobe stellen.

Das Überqueren von Bundesstaatsgrenzen ging stets einher mit einem sofortigen Wechsel des Straßenbelags und einem Pralinenschachtel-Abenteuer à la Forrest Gump: Man wusste nie, was man kriegte – oder wofür man drangekriegt würde. In Ohio wurde ich mit einer strengen Mahnung willkommen geheißen, dass die Einfuhr nicht-kiefernartigen Brennholzes aus Michigan mit einem Bußgeld von 5.000 Dollar belegt würde. Was auch immer eine »Jake-Bremse« sein mochten, sie in West Virginia zu benutzen, wäre sogar noch schlechter angekommen als meine Fake-Bremsen. Fast jeder Staat schien eigene Vorschriften für das Tragen von Sturzhelmen und Sicherheitsgurten zu haben. In Texas durfte ich am Steuer mein Handy benutzen, um zu telefonieren, aber nicht um Textnachrichten zu schreiben, während in gekennzeichneten Schulzonen beides nicht gestattet war; in Louisiana war die Nutzung von Handys grundsätzlich jedem Fahrer gestattet, der seit mindestens einem Jahr eine Fahrerlaubnis hatte. (Massachusetts erlaubt Fahrern die Benutzung, solange sie eine Hand am Steuer ließen; Florida gestattet grandioserweise das Gleiche, »solange der Ton nur auf einem Ohr zu hören ist«.) In Oregon dürfen Sie nicht selbst tanken (es sei denn, wie ich feststellen sollte, der Tankwart hat keine Lust, seinen Schlauch unter Ihren antiken Sitz zu stecken). Die staatliche Mehrwertsteuer ist ein wüstes Durcheinander, ebenso der Dosen- und Flaschenpfand. Für eine Schachtel Zigaretten, die in Kentucky fünf Dollar kostet, blättern Sie in New York 13 Dollar hin. Und – halten Sie Ihr Pilgerväter-Häubchen fest – in 25 US-Bundesstaaten gibt es kein Mindestalter für Ehen. 2001 wurden in Tennessee drei zehnjährige Mädchen mit Männern im Alter von 24, 25 und 21 verheiratet. Quer durch die Nation haben in den letzten 20 Jahren unglaubliche 985 Vierzehnjährige den Bund der Ehe geschlossen.

Eines Abends schaute ich ein Dokudrama über Bonnie und Clyde und war erstaunt zu erfahren, dass das FBI das Paar nicht wegen bewaffneten Raubüberfalls oder Mordes belangen konnte, weil die Bundesgerichtsbarkeit für derlei Delikte nicht zuständig war, sondern warten musste, bis sie ein gestohlenes Fahrzeug über Staatsgrenzen transportierten, denn dafür war sie es. Die Sendung bot einen lehrreichen Einblick in magere und entbehrungsreiche Zeiten. Als W. D. Jones sich an Heiligabend 1932 der Bande von Clyde Barrow anschloss, besaß er nicht einmal ein Paar Schuhe. Die örtliche Polizei, die ihn verfolgte, musste für ihre eigene Bewaffnung sorgen und es gegen eine Bande, die ein Armeedepot um einige enorme Maschinengewehre erleichtert hatte, mit kleinkalibrigen Revolvern aufnehmen. Kein

Wunder, dass zwei Drittel der in den USA verübten Morde in der damaligen Zeit ungelöst blieben, ebenso 90 Prozent aller schweren Verbrechen. Viele Polizisten mussten ihren Dienst in ihren Privatautos verrichten, oftmals Model Ts, die sich von Barrows geklauten Ford V8s kläglich abhängen ließen. Auch finstere Gestalten verkörperten die draufgängerische Energie von Amerikas goldenem Zeitalter. Die Barrow-Bande legte auf der Flucht oft tausend Kilometer am Tag zurück und schaffte einmal sogar mehr als 1.600. Clyde schrieb Henry Ford einen berühmt gewordenen Brief, in dem er die Geschwindigkeit und Langlebigkeit des V8 rühmte:

Tulsa Okla, 10. April 1934
Herrn Henry Ford
Detroit Mich.
Sehr geehrter Herr:—
Solange ich noch Atem in meiner Lunge habe, wollte ich Ihnen sagen, was für ein prima Auto Sie bauen. Ich bin ausschließlich Fords gefahren, wenn ich an einen rankommen konnte. Wenn es um beständiges Tempo und sorgenfreies Fahren geht, steckt der Ford jedes andere Auto locker in die Tasche, und auch wenn mein Geschäft nicht ganz legal gewesen war, kann es nicht schaden, Ihnen mitzuteilen, was für ein feines Auto Sie mit dem V8 haben—
Hochachtungsvoll,
Ihr Clyde Champion Barrow

Er hatte nicht mehr lange Atem in der Lunge. Sechs Wochen später raste der V8 des Pärchens auf einer Straße in Louisiana etwa 110 Kilometer nordwestlich von Jena in einen Hinterhalt der Polizei und wurde ausgiebig durchsiebt. Der Sprecher der TV-Doku verkündete erfreut, dass mindestens 40 der 130 Schüsse, die durch Metall und Glas schlugen, auch ins Fleisch gingen.

Texas fühlte sich eher wie eine eigenständige Nation als bloß wie ein weiterer Bundesstaat an. Erstens ist es riesengroß – der bei weitem größte der 48 Kernstaaten, um mehr als die Hälfte größer als Kalifornien, die Nummer zwei in dieser Rangliste, und dreimal so groß wie Großbritannien. Aber ihm haftete auch eine ausgeprägte Andersartigkeit an. Der Texas Lone Star, die Staatsflagge, hing an jedem Briefkasten und prangte in kolossal handgemalter Form an der Seite von Scheunen und Silos; ich sah kaum einmal die Stars and Stripes. Sobald ich meinen Mund aufmachte, sagten die Leute: »Na, Sie sind ganz bestimmt nicht aus Texas«, eine Anmerkung, die mir in anderen US-Staaten auffälligerweise nicht begegnete. Die tropischen Farben des Südens – all die violetten Kräuselmyrten und schillernden Rotkardinäle – wichen zunächst dichten, grünen Wäldern und dann dem sandigen Buschland, das so typisch ist für Texas. Die Sonne kam heraus und ging nicht wieder. Alles erschien größer und offener. Sehr häufig stand ich ohne Netzempfang da.

Texas war über mindestens das letzte halbe Jahrhundert Mikes Heimat gewesen, und als ich in Jasper erwachte – einer abgerockten Stadt in den Wäldern der Region Deep East –, fand ich auf meinem Handy eine erfreuliche Nachricht vor, die einen damit verbundenen Abstecher in Aussicht stellte. Antony, MTFCA-Mitglied aus dem südlichen Houston, teilte mir mit, dass Bob Kirk, Mikes 93-jähriger Vorbesitzer und ebenfalls Houstoner, sich gern mit mir treffen würde. Ich legte meine Route entsprechend neu fest und teilte Antony meine ungefähre Ankunftszeit mit, die eventuelle Pannen und eine Dienstleistung anderer Art einkalkulierte: Es war Sonntag und ich war auf dem Weg zu den letzten Ausläufern des Bibelgürtels. Michael, bring mich zur Kirche.

Es erschien nicht weit hergeholt, anzunehmen, dass jeder der 15 Millionen Model Ts, die je produziert wurden, irgendwann einmal zu einer Kirche gefahren wurde, die meisten sogar jede Woche. Der Kirchgang war, so wie der T, eine vorwiegend ländliche Institution. Und ist es bis heute geblieben. Seit den 1970er Jahren ist die Zahl der Amerikaner, die regelmäßig zur Kirche gehen, in den Küstenstädten stetig gesunken, in den meisten Flyover States hingegen ist sie gestiegen. Der wöchentliche Zuspruch allein in den Kirchen von Alabama ist heute doppelt so groß wie das, was die anglikanische Kirche von England im gesamten Königreich an Besuchern zuwege bringt. Mehr als die Hälfte der Texaner geht mindestens einmal die Woche in die Kirche. Quer durch den Bibelgürtel entrichten eifrige Kirchgänger ihren Obolus an die

Gemeinde, der in der Regel zehn Prozent ihres Einkommens ausmacht: 2016 erhielten US-Kirchen erstaunliche 123 Milliarden Dollar an Zuwendungen. Nicht von ungefähr hat eine eingehende Analyse der Präsidentschaftswahlen der jüngeren Vergangenheit ergeben, dass die Häufigkeit des Kirchgangs inzwischen der stärkste demografische Prädiktor für das Wahlverhalten ist, mehr noch als Einkommen oder Alter, und auf Augenhöhe mit der Ethnie.

Bis um 1980 herum sprach niemand über die »christliche Rechte«. Noch 2008 gaben drei Viertel der Präsidentschaftskandidaten der Republikanischen Partei an, an die Evolution zu glauben; 2012 waren es nur noch ein Drittel, und beim letzten Mal war Jeb Bush der einzige Nicht-Kreationist unter 16 republikanischen Kandidaten. (Und selbst ihn musste man mit einem Sternchen versehen: »Ja, ich glaube daran, aber nicht, dass die Evolution Teil des Lehrplans sein sollte.«)

Donald Trump hat wenig überzeugende Hinweise darauf geliefert, an eine höhere Macht als sich selbst zu glauben, und gab einen besonders verworrenen Erguss von sich, als er gebeten wurde, seine Lieblingsstelle aus der heiligen Schrift zu nennen: »Nun, ich denke viele. Ich meine, wissen Sie, wenn wir uns mit der Bibel beschäftigen, ich denke viele. So viele. Und manche Leute – schauen Sie, Auge um Auge, das kann man fast sagen. Das ist keine besonders schöne Sache. Aber wissen Sie, wenn Sie sich anschauen, was mit unserem Land passiert, ich meine, wenn Sie sich ansehen, was in unserem Land los ist, wie die Leute uns ausnutzen und wie Sie uns verspotten und über uns lachen.« Der Interviewer verkniff es sich, darauf hinzuweisen, dass »Auge um Auge« in der Bibel als eine Handlungsweise auftaucht, die Jesus in seinem »die andere Wange hinhalten«-Sermon ausdrücklich ablehnt. 70 Prozent der Amerikaner glauben an Gott, aber Trump war nicht überzeugend als einer der ihren. Man konnte sich jedenfalls nur schwer vorstellen, wie er von sich geben würde, was sein Stabschef Reince Priebus sagte, als er nach dem Scaramucci-Debakel seinen Hut nehmen musste: »Gott ist gut und alles dient am Ende dem Guten. Daran glaube ich. Ich lebe für Gott, für meine Familie, für meine Kinder, und ich weiß, dass alles gut ausgehen wird.«

Aber Trumps zweifelhafter Glaube – zu schweigen von seiner geflissentlich unchristlichen Egomanie und seiner Pussy-Grapscherei – schien die evangelikalische Rechte nicht zu jucken. All die düsteren Zweifel wurden von den Hoffnungen und Werten ausgeblendet, die sie mit gleißender Intensität auf ihn projizierten. »Millionen Amerikaner«, verkündete der texanische Fernsehprediger Robert Jeffress, dessen Sendungen von 1.200 christlichen TV-Kanälen im ganzen Land ausgestrahlt werden, »glauben, dass die Wahl von Präsident Trump ein Zeichen Gottes war, uns eine weitere Chance zu geben – vielleicht unsere letzte Chance, Amerika wieder wahrhaft groß zu machen.« Trump zu wählen, war nur ein weiterer Glaubensakt, und zwar einer, der den Millionen frommen Kirchgängern, die ihr Vertrauen bereits in Gott, Schneid und Waffen gesetzt hatten, recht leicht gefallen sein wird.

Und so fuhr ich gen Süden auf der siedenden US-96, meine ekklesiastischen Optionen anhand der Botschaften abwägend, die vor jeder Kirche angeschlagen waren. »EWIGKEIT – ES IST DEINE ENTSCHEIDUNG.« Hmm, ein bisschen heftig für einen Sonntagmorgen. »SIEBEN TAGE OHNE GEBET ERGEBEN EINE WOCHE.« Zu billig. »ZU HEISS, UM SCHILD STÄNDIG ZU WECHSELN ... SÜNDE SCHLECHT, JESUS GUT, EINZELHEITEN DRINNEN.« Das gefiel mir. Aber es standen keine Autos auf dem Parkplatz dahinter, also war es entweder zu früh oder zu spät.

Was ich wirklich suchte, war ein Gottesdienst der Pfingstbewegung, wie Richard Grant ihn empfohlen hatte, wenn man die volle Dröhnung wollte. Pfingstkirchler sprachen in Zungen und legten Hände auf. Manche ihrer Pastoren hantierten mit Klapperschlangen herum, um ihren Glauben unter Beweis zu stellen, und mehr als einer hatte das Zeitliche gesegnet, als er gebissen wurde und beschloss, sein Schicksal in die Hände des Herrn zu legen. Am Stadtrand von Silsbee traf ich auf die First Pentecostal Church, ein großes, braunes Gebäude jüngeren Datums, mit stolzem Giebeldach und vollem Parkplatz. Das Schild davor riss keine Witze, sondern gab den Namen des ansässigen Predigers mit Homer Looper an. Oh ja, das würde vollauf genügen. Ich riss das Steuer herum und machte Halt.

Sich mit einem 1924er Model T einen unauffälligen Auftritt zu verschaffen, ist ein Ding der Unmöglichkeit, und als ich in der allerletzten Reihe Platz nahm, waren die meisten der um die 150 Gläubigen – sehr adrett, sehr weiß – bereits gekommen, um mich willkommen zu heißen. Die Kunde von meiner Ankunft schien sich durch die Reihen der blassgrauen Anzüge und der strengen, sittsamen Kleider zu verbreiten, so dass auch die letzten, die mir die Hand gaben, bestens informiert waren.

»Schön, dass Sie in Ihrem antiken Vehikel vorbeischauen, Herr Moore.«

»Nu', ich war noch nie in London, aber ich würde mich mächtig freuen, wenn Sie mir hier Ihre Adresse aufschrieben. Habe aber mal Aberdeen besucht. Kennen Sie zufällig Ann und Steve McCarthy?«

»Das ist ein schöner Model T, Herr Moore. Gott segne Sie. Nun, wir werden manchmal ein bisschen laut, aber erschrecken Sie nicht.«

Niemand sonst brauchte einen Haarschnitt oder trug ein T-Shirt mit pinkfarbenen Katzen darauf. Ich glaube außerdem nicht, dass viele sich im Stillen ermahnen mussten, nicht Gott zu lästern.

Eine Hammond-Orgel jaulte auf und begann anzuschwellen, dann setzten eine zehnköpfige Kapelle und ein Gospelchor ein. Homer Looper war ein angenehmer und entspannter Charakter, der überhaupt nicht der Typ Schlangenbeschwörer war, aber als er das Mikrofon nahm und sanft über Herrlichkeit und Gnade und Gottes Erlösung zu sprechen begann, erhoben sich ein paar Männer und Frauen mittleren Alters unsicher von ihren Sitzen und begannen sich mit geschlossenen Augen und erhobenen Armen zu wiegen, die Züge zu Gitarrensolo-Grimassen verzerrt. Gebete wurden gesprochen im Namen eines sehr alten und sehr gebrechlichen Gemeindemitglieds, das im Rollstuhl hinauf zum Altar geschoben und sofort von Gläubigen umringt wurde. Jemand rief aus, Schwester McDaniel vom Himmel berühren zu lassen, und ich nahm an, dass tief in der Masse an Körpern Hände aufgelegt wurden. Dann wurde sie davongeschoben.

»Jessas, es ist gut, in der Kirche zu sein«, sagte Homer strahlend und die rundliche Familie vor mir nahm sich herzlich in die Arme. »Ich bin so glücklich, bekehrt worden zu sein, dass ich zum Wasser hinabgestiegen bin.« Ich blickte um mich herum und sah breites, seliges Lächeln, das auf jedes Gesicht geschmiert war, und Arme, die sich auf Schultern legten. Kurzum, alle benahmen sich so, wie ich es immer nur nach fünf Pints tue. Diese Leute waren nicht aus einem automatischen Pflichtgefühl heraus gekommen. Sie waren hier, weil sie *glaubten*. Es war alles weit entfernt vom trübseligen Gemurmel à la Eleanor Rigby, das den Gottesdienst in britischen Kirchen prägt.

»Ich bin sehr froh zu hören, dass wir heute einen Bruder bei uns haben, der den weiten Weg aus Großbritannien gekommen ist.« Einhundertfünfzig Gesichter drehten sich zu meinem um und mit einem matten Lächeln bemerkte ich, dass Homer einem jüngeren Prediger Platz gemacht hatte, einem weniger entspannt wirkenden Burschen mit dem Anzug und der Brille, die Kevin Costner in JFK trug.

»Und das ist interessant, denn ich stand heute Morgen auf und betete und sprach mit dem Herrn, bevor ich mein Wurstbrötchen aß, und ich vernahm etwas von ihm, ich vernahm, dass heute jemand für mich hier sei. A-MEN!«

Ich tat mein Bestes, die Amen mitzukrächzen, die während der nächsten halben Stunde schrill um mich herum skandiert wurden. Der junge Pastor steigerte allmählich die bebende, heftige Intensität seiner Worte, dämpfte sie hin und wieder zu einem dramatischen Raunen, während er die ganze Zeit seinen Fokus auf den formbaren Skeptiker richtete, den der Herr ihm beim Frühstück in Aussicht gestellt hatte.

»JESUS-ah, ich LIEBE ihn-ah. Ich predige hier heute zu jemand-ah, der nicht den heiligen Geist-ah empfangen hat. Jemand, der eine helfende Hand braucht-ah in seiner Familie, seiner Ehe, halleluja, in seinem Zuhause, in seinem Körper, denn er ist am richtigen Ort, hier ist Frieden [»YES, SIR! AMEN!«], innerer Frieden, Seelenfrieden, Erlösung, EWIGES LEBEN!«

Ein Strahl vielfarbigen Sonnenlichts brach dramatisch durch das grelle Buntglas neben mir herein. Einen Moment lang war ich im Zwiespalt. Zur Hintertür hinausschleichen oder aufspringen, die Wangen nass von Tränen, und darum bitten, zum Wasser hinabgeführt zu werden.

»Wir hören all diese Menschen fragen, warum brauche ich Jesus-ah, ich bin ein recht guter Mensch, ich stehle nicht, ich habe nie jemanden getötet, ich trinke nur manchmal, ich rauche nur am Wochenende Gras, ich bin nicht so schlimm, ich gab diesem Obdachlosen an der Ampel einen Fünfer. Lasset uns von Timotheus hören. Was hat Timotheus uns zu sagen?«

Meine Augen weiteten sich. Was hatte Timotheus uns zu sagen? Bevor ich die Chance hatte, ihn hinsichtlich der Sache mit meiner Freigiebigkeit an der Ampel zu korrigieren und – wenn wir schon mal dabei waren – auch der Sache mit dem Stehlen, schlug er eine Bibel auf.

»1. Timotheus, Kapitel 2, welcher will, dass alle Menschen gerettet werden und zur Erkenntnis der Wahrheit kommen, der wird gestatten, dass alle Menschen gerettet werden, auf das keiner vergehe-ah. Ich bin nicht hinreichend, ich bin nicht geeignet. Es gibt nichts, das Gott mehr hasst, als den Hochmut der Menschen zu nähren. Jeder, der Stolz im Herzen trägt, ist dem Herrn ein Gräuel, ER SOLL NICHT UNGESTRAFT BLEIBEN-AH!«

Dann wirbelte die Orgel und alle frohlockten einträchtig im Namen Jesu-ah und plötzlich stand der junge Pastor direkt neben mir, ergiebig schwitzend, und bot sich mir zu einer warmen Umarmung an. Ich lehnte mich hölzern hinein und er begann, mir eindringlich ins Ohr zu raunen über den Herrn, die Einzelheiten gingen unter im Tumult der erregten Gläubigen. »Ähm, gratuliere«, sagte ich, als er mich freigab. »Das war ja, wie soll man sagen, eine tolle Vorstellung.« Dann erwog ich diese Worte und platzte heraus: »Selbstverständlich möchte ich nicht, ha-ha, jemandes Hochmut nähren. Definitiv nicht Ihren. Herrgott, nein. Ich meine, Herrgott nicht in diesem Sinne, sondern der eigentliche Herr Jesus. Amen.«

Der Pastor legte die feuchte Stirn in Falten; ich gab ihm rasch einen Klaps auf den Arm und wetzte hinaus auf den Parkplatz. »Von Küste zu Küste, was?«, rief ein betagter Pfingstkirchler, der gerade die Tür seines Buicks öffnete, als ich den Anlasser des T betätigte. »Heiß wie die Hölle und trocken wie in einer Pulverkammer nach Westen raus; besser Sie nehmen eine rauf und eine rechts oder Sie werden sterben!«

Es läge mir fern, Silsbees gastfreundlichen Pfingstkirchlern zu unterstellen, mich mit einem zornigen Fluch belegt zu haben, insbesondere da ihre Kirche mir eine goldige Postkarte nach Hause schickte, die meine Frau mir eine Woche später am Telefon vorlas. Nichtsdestoweniger begann meine Seele an diesem Tag ein wenig ins Schwitzen zu geraten. Eine Stunde weiter die Straße runter brachte ich es irgendwie fertig, während der Fahrt einen Mundvoll Chili-Essig aus meiner Hot-Head-Mittagswurst zu inhalieren, und vollzog nach Luft schnappend und blind vor Tränen ein panisch-chaotisches Bremsmanöver. Wenig später entwickelte mein geflügelter Motometer eine eigenwillige Schräglage, die noch viel eigenwilliger wurde, nachdem ich über ein Viehgitter gerattert war. Der komplette Kühlerhals war abgebrochen; ich richtete es mit Pappe irgendwie wieder her, drückte die Daumen und lobte den Herrn (Ford) in seiner Weisheit, dass ein Model T auch nach Pannen, die den meisten Autos den Rest gegeben hätten, weiterhumpeln konnte.

Dann, just als sich Houstons Wald aus versilberten Schloten am diesigen blauen Horizont abzeichnete, rief Antony an: Der bedauernswerte Bob Kirk war mit einer Brustinfektion ins Krankenhaus gebracht worden. Zum Glück würde er sich wieder erholen, aber bis dahin war ich weit, weit weg. Ich begegnete also leider nie dem Mann, der so alt war wie der T und ihn 51 Jahre besessen hatte, einem der letzten lebenden Bindeglieder zur Ära von Henry Ford und seinem universellen Automobil.

Houston bot ein wenig Trost: Ich verkaufte es mir selbst als ein weiteres lebendes Bindeglied, die Quelle des Öl-Booms, der den Model-T-Boom befeuerte. Am Anbeginn des Automobil-Zeitalters war Petroleum ein obskurer Rohstoff, den man normalerweise beim Apotheker bestellen musste – Kraftfahrer betrieben ihre Autos eher mit Reinigungsflüssigkeit, die sowohl billiger als auch leichter zu bekommen war. Die Kosten von Brennstoff und seine Knappheit waren ein so ernsthaftes Problem, dass es eine Weile so aussah, als sollte der Verbrennungsmotor gegen den Elektromotor den Kürzeren ziehen. Das alles änderte sich am 10. Januar 1901, als ein Vermessungsteam in Spindletop, im Südosten von Texas, durch einen über 300 Meter tiefen Salzstock stieß und eine Springquelle freisetzte, die fast 140 Millionen Liter Öl 50 Meter in die Luft blies, bevor sie unter Kontrolle gebracht wurde. Spindletop war nur der erste einer ganzen Reihe ähnlicher

Funde in Texas, die den Ölpreis auf drei US-Cent das Barrel drückten, billiger als das Wasser in manchen Gegenden.

In kürzester Zeit erlebte der bis dahin vor allem von der Viehwirtschaft lebende Bundesstaat einen beispiellosen Aufschwung: Bis 1940 steigerte sich das texanische Bruttoinlandsprodukt um 24.000 Prozent. Texas überstand die Depression und floriert noch immer, dank eines hundert Jahre währenden Öl-Booms, dessen Ende nach wie vor nicht abzusehen ist. Wann immer es so aussieht, als hätte die US-Erdölproduktion ihren Zenit überschritten, tauchen irgendwo irgendwelche neuen Reserven auf – Alaska, Offshore-Felder im Golf von Mexiko, durch Fracking gefördertes Schieferöl. Fast die Hälfte des amerikanischen Öls findet noch immer seinen Weg hinunter nach Houston, dem größten petrochemischen Umschlagplatz der Welt, wo es von 100.000 Texanern raffiniert und in Tanker gepumpt wird. Ein erstaunliches Panorama breitete sich vor mir aus, als ich auf einer kleinen Fähre die Burnet Bay überquerte, die gesamte Küstenlinie übersät von leuchtenden Gasfackeln und Kränen und Gerüsten und Masten, die über das Wasser zu marschieren schienen. Danach knatterte ich eine Stunde lang durch eine petrochemische Dystopie, der T überschattet von zischenden, grollenden Centre Pompidous, die die Luft mit einem beißenden Pesthauch von Lösungsmitteln, faulen Eiern und brennendem Gummi erfüllten. Beim Überqueren eines Interstate Highways blickte ich hinaus auf den von Smog verhüllten Golf von Mexiko, den südlichsten Punkt meiner Reise und ein unvermutetes Meer zwischen den Meeren, und dachte bei mir: Wo auch immer du heute zu Abend isst, lass die Finger von den Shrimps.

Der *Guardian* erklärte Houston unlängst zu »einem der letzten Orte, wo man den amerikanischen Traum leben kann«, was nach einheimischen Begriffen nur bedeutet, dass es immer größer und reicher wird. Dank des Schieferöl-Booms ist die Bevölkerung des Großraums Houston seit 2000 um ein Drittel gewachsen: Mit 6,3 Millionen Menschen hat er inzwischen eine größere Einwohnerzahl als die Hälfte der Länder auf der Erde. Ich fuhr lange und grauenvolle Stunden auf der US-6, der zweitäußersten der vier Ringstraßen von Houston, einer achtspurigen, 150 Kilometer langen Shoppingmeile, an der Männer mit gelben Bauhelmen eifrig damit beschäftigt waren, die letzten verbliebenen Lücken zu füllen. Nach all dem Verfall und Ruin war dies ein Reich, in dem alles zu Gold wurde, egal ob verdientermaßen oder nicht (Beweisstück A, oberhalb eines brechend vollen Parkplatzes: »ZIGARETTEN, REIZWÄSCHE, KRIMSKRAMS – IHR LADEN FÜR ALLES«).

Selbst um 20 Uhr an einem Sonntagabend war der Verkehr unerbittlich, man drängelte, schnitt mich, setzte sich für ein selbstmörderisches Selfie direkt neben mich. Ich wühlte mich durch, steif und erledigt, schoss an der Sorte Kreuzung, an der sich ein solches Verhalten wahrlich nicht empfahl, hilflos über ein halbes Dutzend soeben auf Rot gesprungener Ampeln. Das Licht begann zu schwinden und ich hatte noch immer nur einen Scheinwerfer. Das blühende, wimmelnde, großstädtische Amerika ist nichts für einen Model T.

»Ist das dein Auto?«

Es war nach elf und ich verließ mein Motelzimmer, um den inzwischen traditionellen Schlummertrunk auf dem Fahrersitz zu mir zu nehmen: Mike parkte direkt vor der Tür. Dies war nicht der schäbigste Ort, an dem ich abgestiegen war, aber es war bei weitem der anrüchigste. Nachdem ich auf mein Bett geplumpst war, öffnete ich die Augen und sah mich meinem Ebenbild gegenüber, das von einem riesigen Deckenspiegel aus auf mich herabblickte.

Der Fragesteller war ein schwarzer Bursche mittleren Alters mit sehr roten Augen und einem glimmenden Zigarrenstummel zwischen den Zähnen, der sich an die Tür neben meiner lehnte. Ich nickte; er nahm die Zigarre aus dem Mund und spuckte energisch in den Rinnstein vor uns.

»Bist du Millionär?«

Ich antwortete wahrheitsgemäß und er spuckte erneut aus.

»Nun, du solltest vielleicht 'ne Plane über den Scheiß hinten drin legen, das ist hier keine besonders gute Gegend.«

Dieser Satz, hervorgebracht als ein durchgehender, missratener Laut, machte mir bewusst, dass mein Gefährte extrem betrunken war. Dass ich eine Weile gebraucht hatte, dies zu bemerken, lag daran, dass ich es ebenfalls war. Alles, was ich in der Tankstelle an Nahrung hatte auftreiben können, war ein eingeschweißtes, haltbares Croissant mit Frischkäse, das so ungeheuer abscheulich war, dass ich gerade zwei Bissen schaffte. Aber das juckte mich jetzt nicht und auch sonst nichts, denn ich hatte außerdem eine Dose Lime-a-Rita erstanden und geleert. Ich sage Dose, aber es war eher ein Fässchen: gut dreiviertel Liter eines achtprozentigen Starkbiers mit Zitrusgeschmack, der in einem leeren Magen und einer erschöpften Seele ganze Arbeit geleistet hatte. Ein Zahnputzbecher Bourbon an der frischen Luft schien die logische Fortsetzung.

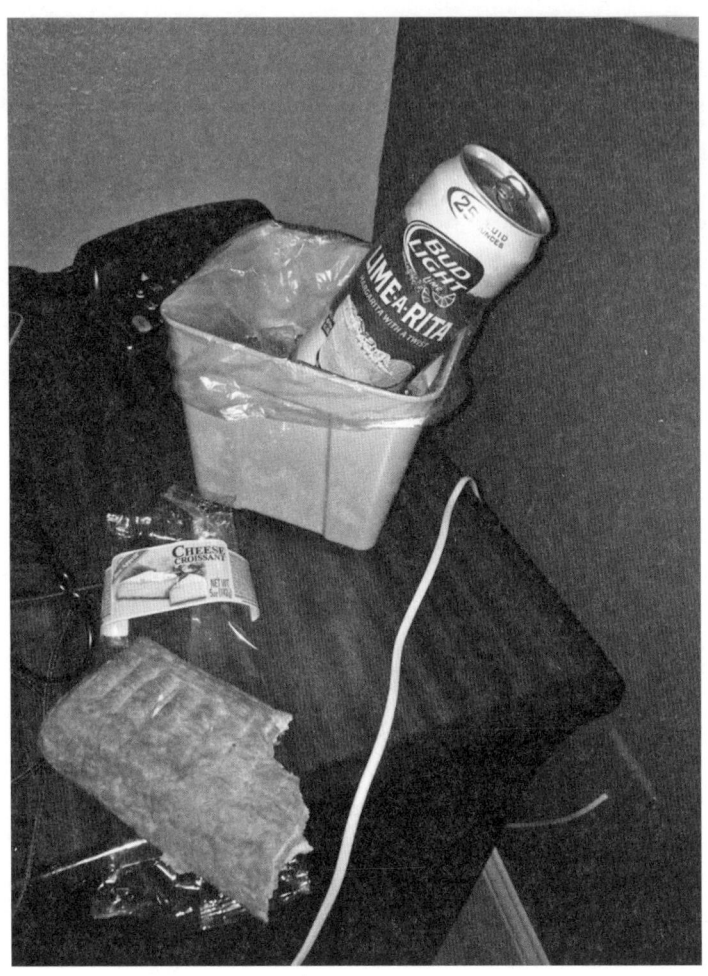

»Und dasda is' Ihr Wagen oder was?«

Ich schnipste einen kumpelhaften Finger in Richtung des protzigen Fahrzeugs neben meinem, einer funkelnden, tiefergelegten weißen Limousine mit schwarzen Fenstern und krassen Felgen: Mächtige Chrom-Spikes ragten nach Art der Streitwagen in Ben Hur gute 25 Zentimeter aus der Nabe hervor. Es war das fesselndste Parkplatzduett, in dem Mike eine Rolle spielen würde, eine äraübergreifende Zurschaustellung des texanischen Selbstdarstellungsdrangs, der Bob Kirk inspiriert hatte, Mikes Räder violett zu lackieren.

Sein verächtliches Schnauben ging über in ein weiteres ausgiebiges Ausspucken. »Nicht meiner, Mann. Die Räder da sind Swangers, die sind fies. Kosten um die zwei oder drei Riesen mindestens. Wenn du auf Swangers unterwegs bist, hast du besser eine umgeschnallt.«

Ich nippte am Bourbon und blickte versonnen in die warme Brise. Die Krone einer Palme raschelte sanft über dem Rezeptionsbüro; jede der Straßenlaternen in Sichtweite trug einen Heiligenschein aus Fluginsekten.

»Hast besser was?«, fragte ich schließlich gedehnt.

»Hast besser 'ne Knarre dabei. Ein Bekannter von mir wurde wegen 'nem Satz Swangers erschossen.«

Ein ziemlich großer Schluck schien angebracht.

»Nun, ich weiß nicht, wem die Karre gehört, Mann, aber ich kann dir sagen, dass er Drogen vertickt. Wette, er hat eine Glotze hinten drin, um Nacktfilme zu gucken. Solche Typen legen dich mir nichts, dir nichts um. So ist Houston, Mann. Der Scheiß ist einfach, wie er ist.«

Ich wartete, dass er in den Rinnstein spuckte, was er mit viel Gefühl auch tat, zweimal. Dann nickte ich matt, in gespielter Nachahmung eines Mannes, der genau Bescheid weiß über den Scheiß, vielleicht zu genau, der, wenn überhaupt, ziemlich gelangweilt war davon, wie es war. So lässig ich konnte, was weit weniger lässig war, als ich hoffte, leerte ich meinen Zahnputzbecher und machte mich daran, den Haufen an Werkzeugen und Ersatzteilen und Ölflaschen vom Rücksitz in mein Zimmer zu verfrachten. Auf dem letzten und lärmendsten Gang – in einer spektakulären fließenden Bewegung ließ ich die Ölauffangwanne fallen und kickte sie direkt zur Tür hinein – trat mein Gefährte einen Schritt nach vorn.

»Hey«, sagte er, die Stimme gedämpft und plötzlich nüchtern, »haste 'ne Frau da bei dir drin?«

Ich schlief wie ein Baby. Ein Baby mit Windelausschlag dritten Grades und fünf durchbrechenden Zähnen.

KAPITEL 11

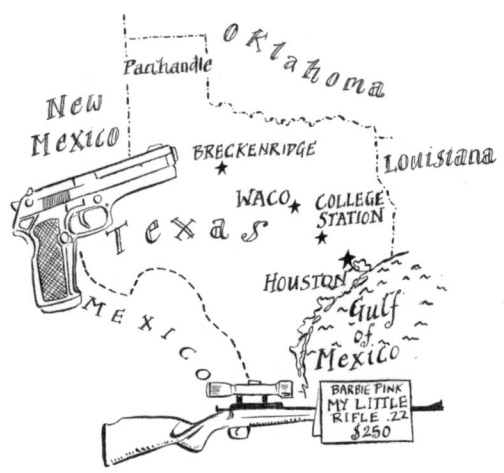

Von Houston aus schlug ich Kurs Richtung Nordnordwest ein, weg von Swangers und Palmen und hinein in das richtige Texas: eine einsame, hinge- streckte Landschaft aus Viehweiden, Getreide und Baumwolle, die Horizonte zunehmend baumlos und immer flacher, nur selten durchbrochen von Pick-ups, die Staubwolken hinter sich herziehend über Ebenen glitten, die bestenfalls spärlich mit Getreidesilos und nickenden Bohrtürmen besetzt waren. Diese gleichbleibende Kulisse würde mich über anderthalbtausend Kilometer begleiten, zusammen mit ein paar Tupfern jenes texanischen »Yee-haw!«-Überschwangs, von denen sie sporadisch belebt wurde. Ein vier Meter hoher Revolver, der mit erigiertem Lauf in einem Vorgarten aufgestellt war; die Tore zur Deep Shit Cattle Company; eine landesweite Anti-Abfall- Kampagne mit dem Slogan: »DON'T MESS WITH TEXAS«. Texanische Autofahrer hatten die Gewohnheit, mir beim Überholen durch lautes Hupen die Anerkennung zu zollen, aber da sie dies in der Regel bei 150 Sachen taten, fühlte ich, wie ein paar meiner inneren Organe dabei neu arrangiert wurden.

»Was haben SIE heute für Ihre Ehe getan? JETZT ist die richtige Zeit, etwas GEWALTIGES zu tun.« Ich werde nie erfahren, was einen ländlichen

Texaner dazu veranlasste, diese Worte auf eine Tafel zu pinseln und in seinem Vorgarten aufzustellen. Noch kann ich erklären, warum mich eine Minute nachdem ich daran vorbeigefahren war, meine Frau anrief, um mir mitzuteilen, dass sie vorhabe, in zwei Wochen herzufliegen und mich ein paar Tage zu begleiten. Sie brauchte eine Weile, um den Vorschlag zu unterbreiten: Ich war an den Straßenrand gefahren, um den Anruf entgegenzunehmen, aber meine Ohren klingelten noch vom Nachhall des gesammelten Brüllens, Knirschens und Mahlens. »Nein, vierzehn Tage. Hörst du mich? Zwei Wochen. ZWEI WOCHEN. Hallo? Hallo?« Meine ohrenbetäubende Notlage lieferte einen überzeugenden Vorgeschmack auf das, worauf meine Frau sich einlassen würde. Aber in zwei Wochen würde ich mich der freudlosesten, einsamsten Prüfung meiner Reise nähern, oben in den windgebeutelten Badlands von Montana, und das Letzte, was ich wollte, war, sie davon abzubringen. »Ganz schlechter Empfang«, sagte ich. Dann, da ich eh schon angefangen hatte mit dem Lügen, fügte ich hinzu: »Ernsthaft, das wird fantastisch. Du wirst es nicht bereuen.«

College Station, auf halbem Weg zwischen Houston und Waco gelegen, war eine weitere texanische Boomtown, in diesem Fall erbaut rund um den namensgebenden Anbau der stetig wachsenden Texas A&M University. Das enorme Stadion, das ihr Zentrum dominiert, ist anscheinend die fünftgrößte Sportarena der Welt und wurde im Rahmen eines kürzlichen Umbaus mit einer 50 Meter großen Videowand ausgestattet. Jedes Jahr werden hier exakt sechs College-Football-Spiele ausgetragen. Die Größenordnung und die wirtschaftliche Basis des US-College-Systems sind für Außenstehende schwer zu erfassen. Besagte Texas A&M University, von der ich bestimmt zuvor noch nie im Leben gehört hatte, bildet 68.000 Studenten aus, die für dieses Privileg im Schnitt 27.200 Dollar pro Jahr bezahlen.

In den verdorrten Vororten der Stadt hielt ich aufgrund einer vagen Verabredung vor einem großen Metallschuppen, auf dessen stolzem Giebel die Worte »FORD – THE UNIVERSAL CAR« prangten. Eine entfernt vertraute Gestalt rollte unter einem Pick-up hervor, stand auf und begrüßte mich mit entfernt vertrautem Flachs. »Sackzement, du schon wieder. Hätte nicht gedacht, dass du so weit kommst.«

Ich verbrachte zwei Tage bei Ross Lilleker, schlief in einem Wohnwagen, der auf halbem Wege zwischen seiner riesigen Werkstatt und dem Haus aufgestellt war, das er mit seiner Frau Jennifer und ihren beiden extrem reizenden kleinen Töchtern bewohnte. Ihr weitläufiges Anwesen war übersät von Tieren – Hühner, Hunde, Katzen, ein missmutiger Esel – und Frachtcontainern voller Model Ts in unterschiedlichem Zustand. Es war eine Umgebung, die wie geschaffen war für Müßiggang, was jedoch eine Aktivität war, gegen die Ross allergisch zu sein schien. Er stand jeden Morgen um viertel nach fünf auf, und noch lange, nachdem ich abends das Licht in meinem Wohnwagen ausgeknipst hatte, hörte ich ihn noch rastlos herumturnen, das Vieh füttern und auf altem Metall herumhämmern. »Schlafen kann ich, wenn ich tot bin«, meinte er.

Ich tat mein Bestes, Schritt zu halten, und verbrachte meine Tage damit, Ross dabei zuzusehen, wie er meinen Einfüllstutzen wieder anlötete und meinen kaputten Scheinwerfer reparierte, mich erfolglos mit seinem Esel anzufreunden und auf Dinge zu schießen. Letztere Aktivität war seine Idee, und er beharrte förmlich darauf. »Ich bin der einzige Mann, den ich kenne, der keine Waffe besitzt, aber hier unten sind sie ein wichtiger Bestandteil des Lebens. Ich würde sagen, dass 70 Prozent der Einheimischen immer eine bei sich haben.« Ein Kunde hatte unlängst ein Tauschgeschäft für den Umbau eines Model-T-Motors vorgeschlagen: »Er brachte mich hinaus zu seinem Wagen und auf dem Rücksitz hatte er eine MG mit Gurtzuführung.« Ross verdrehte die Augen. »Aber, weißt du, wenn ich eine brauche, kann ich jederzeit an eine Waffe herankommen. Wir hatten einen schwarzen Labrador, prachtvoller Bursche, aber er war alt und krank und hatte einen Tumor. Meine Frau fragte, was wir für ihn tun könnten, und ich sagte: ›Was meinst du wohl? Wir werden ihn erschießen.‹« Auf den ersten Blick wirkte Ross nicht wie ein typischer Texaner, aber sein rustikaler Derbyshire-Humor schien sich ganz gut mit der regionalen Mentalität zu vertragen.

Die Champion Firearms Indoor Shooting Range befand sich am Rande einer Shoppingmall, in einem langen, beigefarbenen Gebäude, das sie sich mit einem Handyladen und einem Starbucks teilte. Ich ging mit einer Miene finsterer Missbilligung hinein, mimte den europäischen Föderalisten, dem

dieses wüste, stumpfsinnige Geballer sichtlich zuwider war. Der Shop der Range verhökerte Kalaschnikows für schlappe 495 Dollar und eine in Barbie-Rosa gehaltene Kleinkaliberwaffe namens »My Little Rifle« für noch viel weniger.

Ich zeigte meinen Führerschein vor und der Kassierer händigte uns ein paar Ohrenschützer und Chemielabor-Brillen aus, dann deutete er lässig auf ein mit diversen Handfeuerwaffen bestücktes Regal: »Also, womit wollt ihr schießen, Jungs?« Ich machte missbilligend »tz-tz«, während Ross die Waffen wählte. Als ich 40 ohrenbetäubende Minuten später steif hinaus in den Sonnenschein wankte, triefte mir das Adrenalin aus den Winkeln meines eingefrorenen Grinsens.

»Jeder Texaner hält sich für einen Meisterschützen«, hatte Ross gesagt, als er unsere Einstiegswaffe lud, eine Neun-Millimeter-Pistole. »Aber die reißen alle nur das Maul auf. Ich bin mit Freitagabend-Wirtshausschlägereien in Chesterfield groß geworden und ich schätze, ich könnte jedem Deppen mit einer Knarre auf englische Art die Fresse polieren, bevor er einen präzisen Schuss abgeben kann.« Ich nickte, ohne ihm groß Beachtung zu schenken, längst hoffnungslos dem ganzen Machogedöns verfallen: die kleinen Schachteln glänzender Munition, das flinke Klicken, mit dem die Projektile ins Magazin eingeführt werden, das zutiefst befriedigende Geräusch, wenn es einrastete. Und vor allem das Gewicht der Waffe in der Hand und der infernalische Aufruhr, der tobte, wenn man es der fernen Papierzielscheibe so richtig besorgte, vom peitschenartigen Überschallknall bis zum zarten

Klimpern der leeren Patrone, wenn sie auf den Beton fiel. Ross traf Bullseye nach Bullseye – »Nicht schlecht für einen Einäugigen«, sagte er, nachdem er dreimal in Folge ins Schwarze getroffen hatte –, aber es kümmerte mich kaum, wo die Kugeln einschlugen. PENG-PENG-PENG! Der Lauf spuckte Feuer, es fehlte an nichts.

»Achtet nur darauf, die Waffen immer schön aufs Ziel zu richten, Jungs«, sagte der Kassierer, der hereinmarschiert war, um die unbeherrschten, jauchzenden Nachwirkungen meiner letzten Salve mit einer Eastwood-tauglichen Magnum zu unterbrechen, die er offenkundig auf seinem Überwachungsmonitor verfolgt hatte. »Nicht cool, mit geladenen Waffen herumzuwedeln.« War es aber doch, was vielleicht genau mein Problem war.

Doch dies war nur der ballistische Aufgalopp zur großkalibrigen Hauptveranstaltung. Eine halbe Stunde später hielten wir an einer lagerhallengroßen Werkstatt mitten in der Pampa. »WAFFEN AUF DEM GELÄNDE WILLKOMMEN«, stand auf dem größten der vielen Schilder, die säuberlich an die robusten Stahltüren der Werkstatt angebracht waren. Ich überflog höflich die anderen, während Ross mit den Knöcheln auf das Metall klopfte. »INFOLGE DER PREISERHÖHUNG FÜR MUNITION ERWARTEN SIE BITTE KEINEN WARNSCHUSS«; »SCHWER BEWAFFNET – LEICHT REIZBAR«; »HIPPIES – BENUTZT DIE HINTERTÜR. KEINE AUSNAHMEN.«

Die Tür wurde scheppernd geöffnet und wir wurden von einem Mann mit dünnem silbernen Schnurrbart, Nickelbrille und straff über den Wanst gezogenem blauen T-Shirt begrüßt. Mark war Maschinenschlosser, der an den Drehbänken und Bohrern, die um uns herum im Schatten der Werkstatt aufgereiht standen, für Ross und andere Kunden große Autoteile bearbeitete. Aber er war darüber hinaus auch ein für den Doomsday gerüsteter Feuerwaffen-Fanatiker mit einer Reihe hartnäckiger Abneigungen, die ihm von den Lippen träufelten, während wir ihm durch die schwermetallene Finsternis folgten. »Mike Pence kann mir den Arsch küssen ... Hillary, lassen wir das Thema ... der Stadtrat von College Station ... eure königliche Familie.« Ross hatte mich bereits vor diesem unvermuteten Gegenstand der Aversion und auch vor deren hauptsächlichem Fokus gewarnt. »Hör mir bloß auf mit Camilla«, brummte Mark, als er uns durch ein Büro führte, das mit ziemlich bemerkenswertem Inventar bestückt war. Ein Stapel Rechnungen, beschwert mit einem Sturmgewehr in Wüstentarnoptik. Auf dem Drucker ein geöffneter Flightcase, in dem vier akkurat in Schaumstoff gebettete Magnums lagen. Ein ordentlich aufgeräumter Schreibtisch mit Fächern für Büroklammern, Kugelschreiber und Flintenmunition.

»Nie gezählt, schätze dreihundert oder so.«

Wir befanden uns in Marks Allerheiligstem, einer hinter seinem Büro verborgenen Survival-Kammer, und ich hatte mich erkundigt, wie viele Schusswaffen er besaß. Das schien eine konservative Schätzung. In dem Korridor, der zu seinem fensterlosen Bunker führte, hatten wir uns an einer Phalanx großer Waffenschränke vorbeigedrückt; Mark hatte einen geöffnet und ich sah, dass er mit mindestens 30 Gewehren vollgepackt war, unter einem obersten Fach, in dem Faustfeuerwaffen und Munition lagerten. Hier im Allerheiligsten befanden sich zwei weitere Schränke, nebst einem Bett, einem Benzingenerator, einer Tiefkühltruhe, einer Mikrowelle und unzähli-

gen Kisten mit Wasserflaschen, Trockennahrung und Keksen. Es gab außerdem einen Billardtisch, damit Mark sich nach der Apokalypse die Zeit vertreiben könnte – mit etwas anderem außer Menschen töten, was er offensichtlich ausgiebig zu tun gedachte, und das ohne lange Vorlaufzeit. In einem Ständer an der Wand hausten drei Sturmgewehre und ein Kavalleriesäbel. Zwei Armbrüste lagen auf einem Stuhl bereit.

Ich war bereits zu verängstigt, um Mark Fragen zu stellen, die er als übermäßig stimulierend empfinden könnte: was er von Donald Trump hielt, was um alles in der Welt die zweite Frau von Prinz Charles angestellt haben mochte, um den Zorn eines texanischen Maschinenschlossers auf sich zu ziehen, und welche Szenarien ihn veranlassen mochten, hier sein letztes Gefecht auszutragen. Und das war, bevor er den Waffenschrank öffnete und mühsam die größte Schusswaffe hervorholte, die mir hoffentlich je in paranoiden privaten Händen unterkommen würde. »Wenn die Sondereinsatzkommandos kommen«, grunzte er, den Schaft eines anderthalb Meter messenden, schwarzbraunen Maschinengewehrs auf den Betonboden pflanzend, »ziehe ich die Werkstatttüren auf und sie werden meine böse Browning sehen und das Weite suchen.« Sein Kiefer spannte sich, während er neben der ungeheuerlichen Waffe stand, der Lanzenträger einer Ein-Mann-Armee. Dann sah er mich über den Rand seiner Brillengläser hinweg an. »Jetzt, da ich dir diesen Ort gezeigt habe, werde ich dich töten müssen.«

Marks Schießanlage war eine verdorrte Weidefläche hinter seiner Werkstatt. Wir begaben uns hinaus und wechselten uns an einem M4-Sturmgewehr aus Armeebeständen ab, dessen Rückstoß uns die Schultern durchprügelte, während wir auf einen Stapel Eisenbahnschwellen und Wasserkanister ballerten. Widerstreitende Gefühle tobten in mir: Dies zählte zu den männlichsten Erfahrungen, die ich in den letzten Jahren gemacht hatte, und auch zu den kindischsten. Dann wuchtete Mark seine monströse Browning heran, setzte deren Zweibein auf einen Campingtisch und nahm dahinter auf einem Bürodrehstuhl Platz. Es war ein ziemlich ungereimter Anblick.

»Hiermit sind schon Jets abgeschossen worden«, sagte er, während er Geschosse von der Größe einer Bockwurst in die Kammer einführte. »Hat eine Reichweite von zwölf Kilometern und schlägt durch eine zentimeterdicke Stahlplatte.« Wir setzten Ohrenschützer auf und Ross und ich traten ein paar Meter zurück. Mark neigte den Kopf, führte sein rechtes Auge an das Zielfernrohr und entfesselte ein Inferno. Der Boden unter meinen Füßen bebte, Splitter von Eisenbahnschwellen flogen hoch in die Luft, ich beschwor mehrfach und mit immenser Lautstärke den Grundgütigen. Ich musste mich sehr zurückhalten, nicht in Ross' Arme zu springen wie Scooby-Doo in die von Shaggy.

»Ich weiß nicht, ob du das einschätzen kannst«, sagte Mark, nahm beiläufig seine Ohrenschützer ab und lehnte sich genüsslich in seinem Bürostuhl zurück, »aber dieses Teil abzufeuern, ist ungefähr so, als würde man eins auf die Schnauze kriegen.« Er nahm die Brille ab, rieb sich rasch mit beiden Händen durchs Gesicht, dann drehte er sich zu uns um. »Wer ist als Nächster dran?«

»Zu viel Gewehr für mich«, sagte Ross. Ich äußerte meinen eigenen Widerwillen durch ein albern meckerndes Kichern. Dann schwoll ein fernes Rasseln zu einem heftigen Rattern an und ein Güterzug rollte langsam am Ende von Marks Anwesen vorüber, direkt hinter dem Stapel Eisenbahnschwellen, in einer Entfernung von vielleicht 150 Metern. Als ein Verstoß gegen elementare Anforderungen an Gesundheit und Sicherheit verlangte dies nach einer Erklärung, und als der Zug außer Sicht war, erhob sich Mark, runzelte nachdenklich die Stirn und sagte: »Was echt Bock macht, ist, sich was zu suchen, das man hochjagen kann. Draußen auf dem Land habe ich acht Hektar und jede Menge Sprengstoff.«

Auf der Rückfahrt erzählte mir Ross, dass Mark und eine Menge anderer Leute, die er kannte, nach Barack Obamas Reaktion auf das Sandy-Hook-Massaker – einen besonders entsetzlichen Amoklauf, bei dem 26 Schulkinder ums Leben kamen – damit angefangen hätten, sich massiv mit Waffen einzudecken. »Als er sagte, dass außerhalb der Armee niemand ein Sturmgewehr brauche, wurde das von vielen als ›die Regierung kommt, um mir meine Waffen zu nehmen‹ aufgefasst.« Da war er wieder, der blinde, taube Hass auf alles, was mit der Regierung zu tun hatte, die gleiche am Pioniergeist geschulte Phobie, die dem Trump-Phänomen zugrunde lag. In einer merkwürdigen Verschmelzung verfassungsmäßiger Grundrechte hatte sich Waffenbesitz zum Ausdruck und Gradmesser individueller Freiheit entwickelt: Je mehr Schusswaffen man besaß und je größer sie waren und je schneller sie schossen, desto freier war man.

»Typen wie Mark, er schlägt sich ganz gut durch, hat keine Geldsorgen oder so was, aber man hofft einfach, dass sich ihr Leben nicht in die falsche Richtung entwickelt.« Ich hatte Mühe, meine Fantasie zu zügeln, während wir schweigend weiterfuhren. »Ist das dann erst mal genug Geballer für dich?«, fragte Ross nach einer Weile. »Denn wenn nicht, kenne ich einen Typen, der dich mit einer AK47 im Hubschrauber mitnimmt und über eine Horde von Wildschweinen hinwegfliegt.«

Mike schien dank seiner ausgiebigen Wartung wie neu belebt, und ich verließ den Restaurierungsfachbetrieb Lilleker beinahe gefährlich begeistert von einem Übermaß an menschlicher Güte, ballistischem Draufgängertum und trockenem englischen Humor. Mein T und ich lieferten uns ein Rennen mit einem von drei Lokomotiven gezogenen Santa-Fe-Güterzug nach Temple, wo ich mir mit einer in der Türdichtung des Zimmerkühlschranks versteckten Kakerlake einen heftigen Kampf lieferte. Ich erreichte 77 km/h, als ich entlang der größten Militärbasis der Welt sauste, Fort Hood, hundert-tausend Hektar riesiger beigefarbener Schuppen und riesiger beigefarbener Fahrzeuge – Sand ist inzwischen die standardmäßige Kulisse für Amerikas Militärmacht. Und mit jeder Meile Richtung Nordwesten entfernte ich mich mehr und mehr vom aufstrebenden, wohlhabenden Texas und fuhr ein in welke alte Städte auf dem absteigenden Ast, vorbei an verrammelten Waschsalons und Kurzwarengeschäften, die sich entlang gähnend leerer Hauptstraßen hinzogen. Dies waren Orte, die einst Öl oder Baumwolle hat-ten, nun aber nicht mehr viel außer einem Namen, der von ihren glorreichen Zeiten kündete: Gunsight, Rising Star, Energy. Reiche Texaner wählten Republikaner. Arme Texaner wählten Trump. Unterwegs in Richtung »Texas Panhandle«, dem nördlichsten Zipfel des Bundesstaates, näherte ich mich den rotesten Flecken auf meiner Wahlkarte.

Das Frühstück ist die einzige Mahlzeit, für die Kleinstadt-Amerikaner sich begeistern können, eine Institution für die ortsansässigen Senioren. Es ist auch die einzige Mahlzeit, für die ich mich begeistern konnte, denn ein ame-rikanisches Frühstück ist in Wirklichkeit eine Million Mahlzeiten in einer, ein üppiges, fettes Smörgåsbord an verlockenden gebratenen Optionen. Fünf Sorten Toast, Eier in hundert Varianten, Kartoffeln jeglicher Art, Speck, Speck, Speck. Man kann nichts falsch machen. Nun ja, streng genommen schon. Entscheiden Sie sich unter gar keinen Umständen für die Option »Biscuits and Gravy«, es sei denn, dies erscheint Ihnen als ein verlockender dreiteiliger Start in den Tag: (1) Feuchten Sie zwei Milchbrötchen an. (2) Rühren Sie eine Tasse Fleischgrieß in eine Tasse blassgrauer Emulsion ein. (3) Vermengen, servieren, wegschütten.

Wie Richard Grant mir mit auf den Weg gegeben hatte, würden sich die Jungs, selbst wenn das einzige verbliebene Restaurant der Stadt ein McDonald's wäre, in der Früh dort auf einen McMuffin treffen. Er hatte nicht unrecht. Eines Morgens hielt ich in Breckenridge, einer alten Erdöl-stadt mit ein paar verstreuten rostigen Bohrtürmen, einem »Beverage Barn«-Drive-in und einer Menge gebrauchter Spritzen im Gestrüpp des Walmart-Parkplatzes. Der McDonald's von Breckenridge war mit gerahmten Aufnahmen aus der Zeit des Erdöl-Booms dekoriert: jede Menge Bohrtürme und holzverschalte Hotels, unbefestigte Straßen, chaotisch verstopft von Model Ts, daneben ihre Besitzer, Männer in Hemdsärmeln und mit Strohhüten, die mit in die Hüfte gestemmten Händen in die Kamera blicken. Eine Bildunterschrift verriet mir, dass die Bevölkerung der Stadt im Jahr 1920 von 1.500 auf 30.000 anstieg (heute sind es 5.700). Auf einem an der Wand montierten Fernseher lief Fox News, darunter scharte sich ein Dutzend Burschen jenseits der 70: gebügelte Polohemden, Trucker-Mützen, ein paar Stetsons und eine Menge penibel gepflegter Schnauzer. Diese betagten Frühstücks-Freunde schienen ausnahmslos in guter Verfassung zu sein: Die meisten waren ziemlich fit und keiner ging nach draußen, um eine zu rauchen. Ich brauchte ein paar Wochen, bis mir aufging, dass ihre rundlichen, paffenden Kumpels alle längst tot waren.

»Ist das Ihr T? Feines kleines Teil.«

Mike verschaffte mir stets einen Einstieg.

»Also, ähm, wie denkt ihr Jungs denn über euren neuen Präsidenten?« Diese bewusst wertfrei gehaltenen Worte leisteten mir im tiefroten »Trump Belt« gute Dienste. (Breckenridge ist die größte Ortschaft in Stephens County, wo die Demokraten nur zehn Prozent der Stimmen holten – ihr mit Abstand schlechtestes Ergebnis aller Zeiten.) Der Diskurs, der sich anschloss, lieferte die Schablone für viele weitere: Gute zehn Minuten lang wechselten sich meine graubärtigen Gefährten damit ab, mit verächtlichen und oftmals rundheraus verblendeten Worten Trumps Vorgänger und seine Rivalin im Wahlkampf zu verunglimpfen, ohne den Mann selbst auch nur ein einziges Mal beim Namen zu nennen.

»Er ist um einiges besser als der letzte. Dieser Kerl Bay-Rack Obama hat uns 30 Billionen Schulden beschert und er wollte uns die Waffen stehlen! Das hätte hier unten Krieg gegeben, hätte er versucht, uns auch nur eine Pistole zu nehmen.«

»Ich glaube, er ist ein Muslim. Glaube ich wirklich.«

»Ich weiß, dass er ein Muslim ist.«

»Hillary Clinton, sie ist eine Gaunerin, schlicht und einfach. Sie hat gelogen, sie hat betrogen, sie ist korrupt.«

Der Subtext: Trump mochte kein großer Präsident sein, vielleicht nicht mal ein guter, aber mal ehrlich – welche Wahl hatten wir denn schon? Warum Hillary Clinton so allgemein verachtet wurde, bekam ich letztlich nie heraus. Ich habe keinen Zweifel, dass für einen gewissen Teil der Wählerschaft der Gedanke an einen weiblichen Präsidenten, nach acht Jahren eines schwarzen, unerträglich gewesen wäre. Doch selbst die wenigen Demokraten, die mir begegneten, verloren kaum ein gutes Wort über sie. Ich nehme an, sie repräsentierte das Establishment, das so viele Menschen auf beiden Seiten so rundheraus ablehnten.

»Wie lange brauchen Sie für Ihre Reise?«

Ich warf meinen halbleeren Pappbecher Ronald McSpülwasser in den Eimer neben der Tür und drehte mich zu einem wettergegerbten Burschen mit fliederfarbenem Karohemd und knallgelber Mütze um. Viele dieser alten Knaben gingen bei der Farbwahl ihrer Klamotten extrem steil, möglicherweise als Reaktion auf die immer beigefarbenere Landschaft. Ich teilte ihm mit, dass mir noch knapp zwei Monate blieben, bis mein Visum ablief.

»Nee, die lassen Sie bleiben«, sagte er mit fröhlich wegwerfender Geste. »Sie sind einer von den Guten.«

Dies war derselbe Mann, der noch vor einer Minute gesagt hatte, Obama habe »Amerikas Ruf verdunkelt«. Er hatte es sogar zweimal gesagt, um sicherzugehen, dass ich es auch verstünde.

»Das glauben Sie vielleicht«, entgegnete ich und ging hinaus in den gleißenden Sonnenschein.

Henry Ford war, wie ich bereits sagte, ein in Rassenfragen toleranterer Arbeitgeber als die meisten anderen. Er bezahlte Weißen und Schwarzen das Gleiche. Es war bei Ford durchaus kein Einzelfall, dass schwarze Vorarbeiter das Kommando über eine ansonsten rein weiße Crew hatten. 1939, als Ford längst nicht mehr die dominierende Macht in Motown war, beschäftigte das Unternehmen noch immer zwei Drittel der schwarzen Arbeiterschaft von Detroit. Aber all diese auf den ersten Blick ermutigenden Initiativen für Chancengleichheit – Ford war zudem ungewöhnlich willens, Menschen mit Behinderung oder auch ehemalige Häftlinge einzustellen – fußten auf einem bestürzenden Prinzip.

»Ich persönlich könnte nicht tagein, tagaus immer das Gleiche tun«, schrieb er. »Aber wir müssen die Ungleichheit des geistigen Rüstzeugs anerkennen. Für andere Geister, vielleicht die Mehrheit, bergen monotone Tätigkeiten keinen Schrecken.« Das Fließband in Highland Park war als ein Todesstoß für industrielle Fachkräfte gedacht, als Arbeitsplatz, der selbst für den hirnlosesten Proleten geeignet war. Selbst die blinden. Selbst die schwarzen, denn Ford war bestenfalls ein gütiger Rassist, der glaubte, dass weiße Menschen verpflichtet seien, »wohltätigen Dienst an untergeordneten Rassen zu tun«. Natürlich gab es damals eine Menge von diesem Gedankengut und das gibt es auch noch heute. Als MTV in den 1980er Jahren auf Sendung ging, trauten sie sich nicht, Michael Jackson zu spielen, aus Sorge, damit den Mittleren Westen zu verärgern. Eine jüngere Studie ergab, dass weißen Patienten mit doppelt so hoher Wahrscheinlichkeit Schmerzmittel verschrieben werden wie schwarzen Patienten mit den gleichen Symptomen (was zum Teil erklären mag, warum Opioid-Abhängigkeit ein überwiegend weißes Problem ist). Um die 45 Prozent der Trump-Anhänger geben an, dass das Wort »gewalttätig« die schwarze Bevölkerung »äußerst« oder »sehr« gut beschreibe. Ein alter Reenactment-Kumpel, der in Kentucky lebt, erzählte mir, dass es anerkannte Faustregel sei, dass 15 Prozent der US-Wählerschaft fundamental rassistisch wären. Ich habe sogar einen Nachrichtensprecher von Fox News einräumen hören, dass die Zahl bei mindestens fünf Prozent liegt. Mein Freund aus Kentucky hat überhaupt keinen Zweifel am Hauptgrund für Trumps Wahlsieg: »Rache für acht Jahre mit einem schwarzen Präsidenten.«

»Die Ford Company hat keine Verwendung für Erfahrung, zumindest nicht in Reihen der Arbeiterschaft«, schrieb 1915 ein Redakteur des Engineering Magazine anerkennend. »Sie verlangt Arbeiter, die einfach tun, was man ihnen sagt, immer und immer wieder, von Schichtanfang bis Schichtende.« Fords Fünf-Dollar-Tag brachte seinen Arbeitern Wohlstand, aber er hatte seinen Preis. Die monotone, zermürbende Plackerei – für so viele Angestellte unerträglich für 2,34 Dollar am Tag – musste nun ertragen werden. »Wir bewegten uns alle gleich, wie Marionetten, wie eine lebende Maschine«, erzählte ein früherer Highland-Park-Arbeiter einem Dokumentar-Team

Jahrzehnte später. Jedes menschliche Bedürfnis, von der Nahrungs-aufnahme bis zum Toilettengang, musste in einer einzigen, 15-minütigen Mittagspause erledigt werden. »Ohne die strengste Disziplin«, sagte Ford, »würde äußerste Konfusion herrschen.« In diesem Sinne wurden Aufpasser angeheuert, die endlose und drakonische Regeln durchsetzten: kein Herumsitzen, kein Pfeifen, kein Rauchen, kein an die Maschinen Anlehnen. Und vor allem keine Unterhaltungen. Arbeiter mussten das »Ford-Flüstern« beherrschen und wie Bauchredner durch zusammen-gepresste unbewegte Lippen miteinander reden, während sie 5.000-mal am Tag die gleiche Schraube anzogen. Dies war Arbeit in ihrer erbarmungs-losesten und unmenschlichsten Form. In den sengend heißen Detroiter Sommern fiel bisweilen an einem einzigen Tag ein halbes Dutzend über-arbeiteter, ausgedörrter Monteure tot um. Charlie Chaplin unternahm einen Großteil seiner Recherchen für *Moderne Zeiten* an Fords Fließ-bändern, und es ist kein Zufall, dass der Schauspieler, den er als diaboli-schen diktatorischen Fabrikboss besetzte, Henry wie aus dem Gesicht geschnitten war.

Aber Fords Zugriff auf seine Arbeiter erstreckte sich bis weit über die Fabrikhallen hinaus. Niemand hatte irgendwelche Grundregeln für das neue Verhältnis zwischen generösem Boss und dankbarer Belegschaft festgelegt und folgerichtig ging Fords Fünf-Dollar-Tag einher mit der grausigsten und zudringlichsten Arbeitsverfassung der Industriegeschichte. Mehr als 200 Ermittler von Fords sogenannter »soziologischer Abteilung« suchten Arbeiter unangekündigt zu Hause auf und befragten sie zu ihrer Ernährung, sozialen Gesinnung, Freizeitgestaltung und Wohnsituation. Um für den neuen Lohn in Frage zu kommen, mussten Ehemänner nachweisen, dass sie »sich gut um ihre Familie kümmerten«, und von Junggesellen wurde ver-langt, »sparsame Gewohnheiten« an den Tag zu legen. Wer zockte, zu viel trank oder sich weigerte, den obligatorischen Englischunterricht zu besu-chen (1914 waren zwei Drittel der Beschäftigten von Ford im Ausland gebo-ren), wurde aus dem Gewinnbeteiligungsplan gestrichen und erhielt sechs Monate Zeit, sich zu bessern, ansonsten drohte der Rausschmiss. Ebenso erging es jedem Arbeiter, der »schädlicher Praktiken« für schuldig befunden wurde, »die guter physischer Männlichkeit oder dem sittlichen Charakter abträglich sind«.

Jemand überzeugte Ford, seiner soziologischen Abteilung einen etwas weniger orwellianischen Anstrich zu geben, doch 1921 wurde die inzwischen als Abteilung für Erziehung fungierende Organisation aufgelöst, als ihr Leiter das Handtuch warf, traumatisiert vom Beharren seiner Vorgesetzten darauf, dass »Angst ein größerer Anreiz für Arbeit ist als Loyalität«. Schon bald aber hielt Henry seine Männer mit einem noch stumpferen Instrument auf Linie. Fords umgehend berüchtigte Service-Abteilung wurde von Harry Bennett geleitet, einem ehemaligen Boxer mit Verbindungen zur Unterwelt, den Henry in New York kennengelernt hatte, als ein Freund von ihm Bennett nach einer Wirtshausschlägerei aus dem Gefängnis holte. »Einen Mann wie Sie könnte ich gebrauchen«, sagte Ford. »Können Sie schießen?«

Nominell den Posten des Sicherheitschefs im River-Rouge-Werk bekleidend, war Bennett mehr als 20 Jahre lang Fords rechte Hand und Mann fürs Grobe – der Boss einer 3.000 Mann starken Armee von Ganoven und ehemaligen Polizisten, die ein Zeitungsredakteur mal als die »größte private paramilitärische Organisation der Welt« beschrieb. Er war 1,68 Meter groß und trug stets Filzhut und Fliege – Krawatten, erklärte er, seien im Kampf hinderlich. Bennett hielt zwei Löwen als Haustiere und brachte sie manchmal zur Arbeit mit. Er ging nie ohne Waffe aus dem Haus. Die Belegschaft gewöhnte sich an den Lärm aus seinem Büro, wenn er mit seiner 32er herumballerte, oft unter Henrys aktiver Mitwirkung. Als er gefragt wurde, was sein Job wäre, lächelte Bennett und antwortete bedächtig: »Ich bin Herrn Fords private Leibwache.«

Seine Service-Abteilung sorgte in River Rouge brutal für Ordnung, setzte auf Informanten und Einschüchterung, um Widerstand gegen Fords »Speed up«-Methode zu ersticken, nach der Fließbänder, durch heimliche wöchentliche Steigerungen, sogar noch schneller betrieben wurden. »Spione und Spitzel berichten über jede Aktion, jede Bemerkung, jeden Blick«, notierte ein Journalist der Times, die Atmosphäre aus »Hass und Furcht« enthüllend, die im großen Ford-Werk regierte. 1932 eröffneten die Schläger der Service-

Abteilung und die Polizei das Feuer auf einen Hungermarsch, als dieser sich den Toren von River Rouge näherte, und töteten vier Menschen. Fünf Jahre später lösten 40 von Bennetts Männern auf brutale Weise ein Treffen der Gewerkschaft vor dem Werk auf, indem sie Arbeiter zwei Treppen hinuntertraten.

Angestellte auf allen Ebenen litten unter Nervenzusammenbrüchen und einer Angststörung, die als »Ford-Magen« bekannt war. Selbst die Klofrauen lebten in ständiger Angst und wussten nie, ob sie in dieser Stunde genug Porzellan gewienert hätten. Auch die hohen Tiere wurden nicht verschont. Edsel fing an zu bemerken, dass Männer mit Filzhüten und Anzügen ihm folgten und ihn selbst beim Golfen aus dem Unterholz heraus beobachteten. Es hieß, es diene seiner eigenen Sicherheit. Edsels ältester Sohn, Henry II, machte einmal den Fehler, Bennett anzuvertrauen, dass eine zwielichtige Gestalt ihn bedroht habe. »Wenig später«, so erinnerte sich Edsels jüngster Sohn William, »trieb der Kerl mit dem Gesicht nach unten im Fluss.« 1945, der originale Henry war inzwischen alt und schwach, fasste sich Henry II endlich ein Herz und feuerte Bennett, eine Aufgabe, die er wohlweislich an seinen eigenen Vollstrecker John Bugas delegierte, einen ehemaligen Leiter des Detroiter FBI. Das Treffen in Bennetts Büro endete damit, dass beide Männer großkalibrige Handfeuerwaffen aufeinander richteten. »Mach nicht den Fehler, abzudrücken, Harry«, sagte Bugas, »denn ich werde dich töten. Ich schieß bestimmt nicht vorbei. Ich verpass dir eine direkt ins Herz.« Vorstandsstreitigkeiten sind auch nicht mehr das, was sie mal waren.

Fords Errungenschaften in der kostensparenden Massenproduktion waren auf der ganzen Welt bejubelt worden, aber das Arbeitsumfeld, das er nährte, zog eine ganz bestimmte Art von Bewunderern an. Eine mächtige menschliche Maschine, bei maximaler Kapazität am Laufen gehalten von einem Netzwerk aus Spitzeln und unter Androhung brutaler Vergeltung ... hmmm. Stalin rühmte Ford bald als »einen der größten Fabrikanten der Welt« und machte sich Henrys Methoden zu eigen, um seine anspruchsvollen und immer brutaleren Fünfjahrespläne durchzusetzen. Jeder, dessen Spitzname »Mann aus Stahl« lautete, war natürlich ganz nach Henrys Gusto, und die Wertschätzung beruhte schließlich auf Gegenseitigkeit. Bis 1926 hatte Henry 24.000 Fordson-Traktoren in die Sowjetunion geliefert und 1930 entsandte er Charles Sorensen nach Russland, um eine Reihe von Fabriken zu errichten, in denen Hunderttausende von Fahrzeugen nach Fords Vorbild gebaut werden sollten. Das alles in einer Nation, deren Existenz die US-Regierung bis 1933 nicht einmal anerkennen würde. Russische Eltern nannten ihre Kinder Fordson, zu Ehren der Maschine, die die Steppen urbar machte; Henry Fords Autobiografie *Mein Leben und Werk* wurde ins Russische übersetzt und erlebte fünf Neuauflagen. »So unglaublich es auch erscheinen mag«, schrieb ein Journalist nach einer zweimonatigen Reise durchs Land, »in Russland haben mehr Leute von Henry Ford gehört als von Stalin.«

Die *New York Times* nahm 1928 Bezug auf eine andere Sorte totalitärer Ford-Fans, als sie Henry als »Industriefaschisten – der Mussolini von Detroit« bezeichnete. Die Doktrin des »Fordismus« wurde auch von gewissen Elementen der Politszene in Deutschland gerühmt, und Fords Wirken nahm 1923 auch deren unseligsten Stimmungsmacher für sich ein, als Adolf Hitler, damals inhaftiert nach dem vereitelten Bierkeller-Putsch, eine Übersetzung von *Mein Leben und Werk* in die Hände fiel. Ford erntete eine begeisterte namentliche Erwähnung in *Mein Kampf*, und nachdem Hitler zum Führer aufgestiegen war, verwahrte er stets ein Porträt von Henry in seinem Büro. 1936 schickte Hitler seinen obersten Autobauer Ferdinand Porsche zu einem Treffen mit Henry nach Detroit, wo die beiden durch Fords Fabriken spazierten und die Pläne des Führers für den Volkswagen erörterten – ein Projekt, das ganz und gar von Fords utilitaristischem Model T und der brutalen Effizienz seiner Massenproduktion inspiriert war. Die Arbeiter in River Rouge hatten Bennetts Service-Abteilung bereits den »Ford Terror« getauft und viele Berichterstatter fragten sich später, ob Hitler sich diese wohl zum Vorbild für seine Gestapo genommen hatte.

Gerne würde ich behaupten, dass Henrys unrühmliche Verbindung mit dem Nationalsozialismus damit endete, aber leider werden wir später noch einmal darauf zurückkommen. Wo wir aber schon mal dabei sind, scheint dies ein guter Moment zu sein, um auf die bedeutende Rolle hinzuweisen, die Ford und sein Model T in *Schöne neue Welt* von Aldous Huxley spielen: In dem 1932 veröffentlichten Roman wimmelt es von T-förmigen Kruzifixen und frömmelnden Betrachtungen über »unsere Fordschaft«. Das Jahr null in Huxleys Dystopie, die Zeit nach Ford, stimmt überein mit dem Jahr, in dem der erste Model T in Highland Park vom Band rollte. In *Schöne neue Welt* laufen freilich in Flaschen herangezüchtete Föten über die Bänder. Aus Gründen, die er nie erläuterte, las mein Vater noch einmal die ersten Kapitel, während er darauf wartete, dass meine Mutter mich zur Welt brachte.

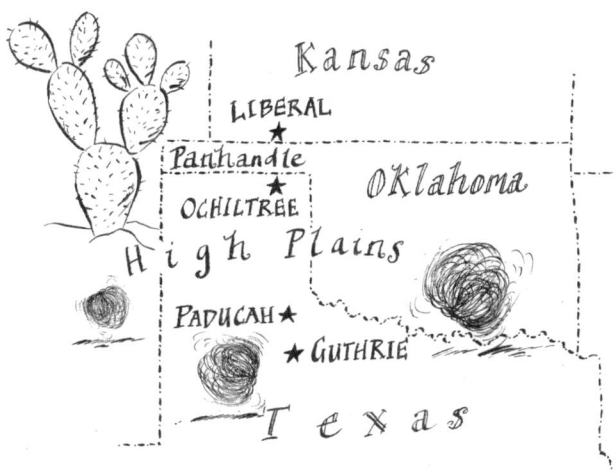

KAPITEL 12

Mike und ich waren nun auf dem Weg in waschechtes Pferde-ohne-Namen-Land, durch Wildwest-Panoramen aus felsigen, dunkelroten Ebenen und ausgetrockneten orangen Flussläufen. Gruppen verdrießlichen dunkelbraunen Viehs balgten sich unter dürren Mesquitebäumen um Schatten. Ich sauste durch Canyons aus verbranntem Ocker, dann quälte ich mich mühsam wieder hinauf auf Klippen und Hochebenen wie vom Mars. Die heiße, trockene Luft schien die Unermesslichkeit dieser Landschaft zu verzerren: Die Getreidesilos der nächsten einsamen Ansiedlung zeichneten sich stets klar und deutlich und unmittelbar ab, bevor ein Schild kundtat, dass sie noch fünfzehn Kilometer oder mehr entfernt war. Hinter mir schien die zweispurige Straße, die im Rückspiegel ratterte, in einer anderen Dimension von Zeit und Raum zu existieren. Kaum nahm ein mobiles Funkeln in der Ferne Gestalt an, als es auch schon in dreistelligem Tempo mit dem hämmernden Rauschen eines Schnellzugs an mir vorbeischoss. Und dann war ich wieder allein, spulte die heißen, schnurgeraden Kilometer ab, mit einer Tüte Studentenfutter aus dem Walmart zwischen den Knien, einem Kanister Wasser auf dem Beifahrersitz und überbordendem Herzen. Welch eine

Freude, mein gebrechliches altes Auto es mit dieser wuchtigen, feindseligen Unermesslichkeit aufnehmen zu sehen. Und welch eine Erleichterung, dass es dies jetzt tat, da ich es halbwegs unter Kontrolle hatte.

Ich bekam mein erstes »Howdy« in einem Schnapsladen in Old Glory zu hören, dem einzigen Geschäft der Stadt, und sah meinen ersten Roadrunner – langer gefächerter Schwanz, putziger kleiner Kamm – über den glänzenden Asphalt davonsausen, vorbei an einer Reklame, die Wile E. Coyote gewiss auf dumme Gedanken gebracht hätte: »TNT – FÜNF ZUM PREIS VON EINEM«. Alle paar Stunden hielt ich an einem von Sand und westtexanischem Wind halb blank geblasenen Gedenkschild oder Denkmal an und entzifferte eher beklagenswerte Beispiele für Sprache und Gesinnung aus der Zeit des T: »In Gedenken an Major General Mackenzie, der die Komantschen in Tule Canyon besiegte und der indianischen Herrschaft in Texas ein Ende setzte.« »Das erste weiße Kind, das in Motley County zur Welt kam, war Nora Cooper, hier geboren anno 1882.« Indigene Amerikaner wurden noch bis 1918 in bewaffneten Kämpfen getötet und die Indianerkriege endeten offiziell erst 1924, im Jahr von Mikes Geburt, als eine Bande pferdestehlender Apachen sich in Arizona ergab.

Guthrie wirkte groß auf der Karte, jedoch nicht in staubiger natura, es war nicht viel mehr als eine Highschool und ein Gerichtsgebäude (jedes Kuhkaff schien eins davon zu haben). Die Tankstelle, die ich erhofft hatte, glänzte durch Abwesenheit, was mich fast teuer zu stehen gekommen wäre – als ich in Paducah, rund 50 Kilometer weiter, an der Zapfsäule meinen Messstab in den Tank steckte, kam er knochentrocken wieder heraus. Fortan würden über Wochen die Gelegenheiten zum Tanken 130 bis 150 Kilometer auseinanderliegen und ich gewöhnte mir an, bei jeder sich bietenden Gelegenheit nachzufüllen.

Guthrie war das Tor zum King County, der Nummer zwei in meiner Top-Trump-Rangliste, einem Bezirk, wo genau fünf Menschen für Hillary Clinton gestimmt hatten. Es gab wenige Anzeichen von Leben und noch weniger von produktivem Potenzial. Ein Dutzend Longhorns stand bis zu den Hüften in einem Pool braunen Wassers. Hinter ihnen lugten ein paar verstreute Windwasserpumpen aus der verbrannten Erde. Kein Bohrturm in

Sicht: Hier machte niemand Geld mit Erdöl. Hier regierte Viehwirtschaft in ihrer knappsten und marginalsten Form. Die Pick-ups, die nun vorbeirasten, verschwanden beinahe unter ihren monumentalen Lasten, einem Ballen Heu so breit wie ein U-Bahn-Tunnel oder einem Kunststofftank so groß wie ein Schuppen.

»Wo kommen Sie her und wo fahren Sie hin?«

Eine erfreulich zeitlose Begrüßung an der »Crossroads of America«, der Kreuzung Amerikas, wie sich mindestens ein Dutzend Orte, durch die ich bisher gekommen war, selbst nannten, die meisten davon mit keiner besseren Begründung als Paducah, das sich zufällig am Nexus zweier nicht besonders bedeutender Highways befand. Ich gab meine Antwort, und ohne sie groß zu verarbeiten, setzte die betagte Betreiberin des letzten verbliebenen Motels der Stadt an zu einem unaufgeforderten, losen historischen Abriss über Aufstieg und Fall von Cottle County. »Nu', dies war Baumwollland, aber der Wind und der Kapselkäfer haben es uns weggenommen. Damals in den Dreißigern hatten wir Sandstürme, die so schlimm waren, dass die Leute sich im Gefängnis verkrochen haben. Zehntausend waren wir damals in Paducah und ich habe neulich erst gehört, dass wir runter auf 900 sind. Das Einzige, was hier wächst, ist der Friedhof.« Dieser letzte Satz kam ihr in der affektierten Manier einer Redensart von den Lippen. In den Minuten danach erfuhr ich, dass der originale Marlboro-Mann, ein blauäugiger Cowboy namens Clarence Long, ein Sohn Paducahs war; dass die Einzelhändler der Stadt einen herben Schlag erlitten hatten, als 50 Kilometer weiter nördlich ein Walmart eröffnete; und dass Cottle County, nachdem es den Großteil seiner beurkundeten Existenz demokratisch gewählt hatte – eine ununterbrochene Spanne, die sich, wie ich später herausfand, von 1928 bis in die 1990er Jahre erstreckte –, sein Vertrauen nun sehr vehement in Donald Trump gesetzt hatte. »Er versucht, die Dinge anzupacken. Ich wünschte nur, die Medien würden ihm eine Chance geben, statt ihn bei jeder Gelegenheit in die Pfanne zu hauen. Es ist eine Schande, der arme Mann hat nur noch seine Familie, die zu ihm steht.« Sie seufzte mit solch inniger Anteilnahme, dass ich davon absah, sie an den Schultern zu packen und wie ein Schimpanse anzukreischen.

Paducah war mal eine ganz andere Erfahrung: kein mexikanisches Restaurant, keine Grillen oder Heuschrecken, keine Senioren in lila Hemden, die sich um Mike scharten. Das Abendessen bestand aus zwei Cheeseburgern in einer Bude mit klebrigen Tischen, wo zu meinem Gedeck eine Fliegenklatsche mit verkrusteten Trophäen gehörte. Dann ging ich hinaus in die tief stehende, goldene Sonne und spazierte auf leeren, spärlich mit Gras bewachsenen Gehsteigen zu einem Dorfplatz, der meine Mission auf den Punkt brachte, schonungsloser und trauriger als jeder andere Ort, den ich besuchte.

In seinem Zentrum erhob sich Cottle Countys prächtiges, 1930 erbautes Gerichtsgebäude, ein vierstöckiger Gemeindetempel im Stile von Gotham City, verziert mit stilisierten Adlern und grimmigen Darstellungen von Freiheit und Gerechtigkeit. Die vier breiten Straßen, die dieses bewegende Monument einrahmten, waren gesäumt von etwa vierzig Backsteinbauten von gewerblicher Erscheinung, die Fassaden gekrönt von kantigen Sparren und anderen Art-déco-Elementen. Mangels jeglicher moderner Merkmale, nicht mal ein einziges geparktes oder vorbeifahrendes Auto war zu sehen, konnte man sich leicht vorstellen, wie Bonnie und Clyde in ihrem V8 ins Bild huschten. Der Film von 1967 wurde größtenteils in Ortschaften im Norden von Texas genau wie dieser gedreht. Ich rief mir nun auf bestechende Weise den gescheiterten Überfall auf eine Filiale der Farmers State Bank in Erinnerung, und wie die beiden davonrasten, nachdem der Kassierer ihnen mitteilte, dass sie drei Wochen zuvor pleitegegangen wären und deshalb leider keinen einzigen Cent im Safe hätten. Nur dass hier in Paducah der Bankrott tiefgreifender war. Von den 40 Geschäften um mich herum war keines – nicht ein einziges – mehr geöffnet. Der Aushang des verrammelten Palace-Kinos würde bis in alle Ewigkeit »JOHN WAYNE – RED RIVER« ankündigen.

Das fensterlose Cottle Hotel. Die verrammelten Büros der *Paducah Post*, geboren 1906, gestorben 2014. J. F. Norris & Co Furniture – kein Dach. Jordan Fashion – keine Türen. M. E. Moses Five and Dime – hoffentlich noch irgendwie »zu verkaufen«. Jede andere Ladenfront zeugte von einer bizarren Einzelhandels-Todesspirale: »BLUMEN GESCHENKE BALLONS

UND MEHR!«, las ich in großen Lettern über einer Schaufensterauslage, die aus einem Verkehrsleitkegel und einer sehr toten Topfpflanze bestand. Es war keine Menschenseele in Sicht.

Ich blickte auf zu dem mächtigen Gerichtsgebäude. Sein monolithischer Säulenvorbau war von einer gravierten Inschrift gekrönt: »NIEMALS WERDEN WIR DIE GERECHTIGKEIT JE VERKAUFEN, VERLEUG-NEN ODER VERHINDERN«. Noble Worte über all diesem gottverlasse-nen Elend. Das Gerichtsgebäude war zur Hochzeit des Landwirtschafts-Booms errichtet worden, der in der frühen T-Ära durch den Mittleren Westen und weit darüber hinaus fegte, ein grüner Rausch, der Scharen von Immigranten und unvorstellbaren Wohlstand an entlegene, unwahr-scheinliche Orte wie Paducah lockte. Wie aufs Stichwort kam dereinst der Regen und die Wüste erblühte von Getreide und Baumwolle. Gutes Wetter und in die Höhe schießende Produktivität – Bewässerung, Ford-Traktoren, Eisenbahnen, um Güter und Erzeugnisse fortzuschaffen – erbrachten re-kordträchtige Ernten und ebensolche Preise.

Dann ging ziemlich rasch alles schief. Der Markt war übersättigt und in den drei Jahren bis 1924 fielen die Rohstoff- und Viehpreise um 85 Prozent und rissen 600.000 Farmer in den Bankrott. Als der Preis für Getreide auf neun Dollar die Tonne fiel, fingen Farmer an, es daheim anstelle von Kohle zu verfeuern, die zweimal so teuer war. Eine Tauschwirtschaft setzte ein. Die Ehefrau eines Farmers aus Maryland klagte, dass ein Zahnarzt ihr für 20 Minuten Arbeit am Gebiss ihrer Tochter eine Tonne Tomaten in Rechnung gestellt habe. Anwälte berechneten Farmern 150 Scheffel Getreide dafür, ihre Refinanzierungspläne auszuarbeiten. Dann fiel auch noch der Baumwoll-Kapselkäfer ein, ein Schädling, der sich seit der Jahrhundertwende von Mexiko aus Richtung Norden ausgebreitet hatte. Mitte der Zwanziger vernichtete er die Hälfte der US-Baumwollernte, ein Verlust, der 500 Hemden für jeden Mann im Land gleichkam. Der Regen blieb aus und die Staubstürme setzten ein. Dann kam die Weltwirtschaftskrise und versetzte Paducah den Gnadenstoß.

Paducah war 90 Jahre lang ausgeblutet, aber immerhin hatte es noch einen schwachen Puls. Am nächsten Tag fuhr ich an einer eindrucksvollen großen Backsteinruine vorüber, die etwas zurückgesetzt von der Straße zwischen Mesquitebäumen und dünnem Gras stand: Eine Tafel an der Straße verriet mir, dass es die Whiteflat Highschool war, eröffnet 1922 und 24 Jahre später geschlossen, die einzige verbliebene Spur einer Stadt, die einst drei Kirchen, drei Tankstellen, vier Lebensmittelgeschäfte und eine Baumwollspinnerei besessen hatte.

Die landwirtschaftliche Rezession katapultierte Henry Fords Popularität unter Kleinstädtern in die Stratosphäre. Er hatte das Auto gebaut, das ihr Leben verändert hatte, und dabei ein Vermögen gemacht. 1919 führte Ford in seinem Büro einen Freudentanz auf, nachdem er die Anteile aller Minderheitsaktionäre der Firma aufgekauft hatte – ein mutiger Schritt, der ihn 106 Millionen Dollar kostete, ihm aber die volle Kontrolle über das Unternehmen verschaffte. Ford war der Magnat der kleinen Leute, ohne Verpflichtungen gegenüber den Bonzen und Bankern, die eifrig damit beschäftigt waren, Farmen zwangszuenteignen, oder den Politikern, die danebenstanden und es zuließen. Amerikaner scheinen eine angeborene

Schwäche zu haben, wirtschaftlichen Erfolg mit politischem Potenzial zu verwechseln. Aber in den 1920er Jahren gab der Millionär, in den sie ihr Vertrauen setzten, zumindest einen würdigen Heilsbringer ab: ein hart arbeitender Selfmademan mit schlichten Bedürfnissen und altmodischen Werten.

1916 gewann Henry Ford ungewollt eine Präsidentschafts-Vorwahl in Michigan. Jemand hatte ohne sein Wissen seinen Namen auf den Stimmzettel gesetzt und als er davon hörte, hielt er die Sache für einen Witz. Nach dem versehentlichen Sieg zog er sich aus dem Rennen zurück. 1918 ließ er sich überreden, bei den Vorwahlen in Michigan zu kandidieren, trat jedoch für beide Parteien an, wobei er sich gegen seine demokratischen Rivalen durchsetzte, gegen den späteren republikanischen Sieger aber den Kürzeren zog. Doch trotz all dieses ambivalenten Widerstrebens nahm der »Ford for President«-Zug immer mehr Fahrt auf, je länger die Rezession andauerte. Eine landesweite Organisation, griffig Give Henry Ford an Opportunity Club genannt, »Gib Henry Ford eine Chance«-Club, wurde mit Spenden geradezu überschwemmt. »Auf welcher Seite stehen Sie?«, hieß es auf einem Flugblatt des Clubs. »Wall Street oder Henry Ford?« »Keine Politiker oder Anwälte mehr für uns«, verkündete ein anderes. »Ford ist unser Moses.«

Im Sommer 1923, die Präsidentschaftswahl stand vor der Tür, wurde Ford im ganzen Land als aussichtsreichster Kandidat gehandelt. Alle Meinungsumfragen prophezeiten ihm einen klaren Sieg. Er hatte sich keiner der beiden großen Parteien angeschlossen – was seiner Popularität keineswegs schadete –, noch hatte er bis dahin die Absicht erklärt, anzutreten. Er würde es nie tun. Im August erlag Präsident Warren Harding unerwartet einem Herzinfarkt und Ford verkündete, dass er sich an einem unziemlichen Kampf um seine Nachfolge nicht beteiligen werde. (Er hätte warten sollen: Harding wurde posthum als korrupter Frauenheld entlarvt, der sich im Oval Office unverblümt über die Prohibition hinwegsetzte – ein rotes Tuch für Henrys altmodische Anti-Establishment-Anhängerschaft.) Ford zog sich danach aus der Politik zurück und wandte sich dem Konservatismus zu, wie die Alten es zu tun pflegen. Er verachtete Roosevelts Wirtschafts- und Sozialreformen und fluchte auf die Gewerkschaften. Mit der Zeit driftete er immer weiter nach rechts ab.

Die Motel-Betreiberin war bereits zu Bett gegangen, als ich vom Abendessen zurückkam. An der Rezeption stand eine auf festen Karton gekritzelte Mitteilung: »Keine Rückerstattung aus welchem Grund auch immer.« Die war mir vorher nicht aufgefallen. Andererseits waren mir auch nicht die kleinen Plastiknäpfe aufgefallen, die ich nun hinter jedem Bein meines Bettes entdeckte, noch die Zahl der knopfäugigen kleinen Gründe, die darin, mit schwach zuckenden Fühlern, in irgendeiner todbringenden Flüssigkeit gefangen waren. Kurz vor dem Morgengrauen stand ich auf, um zu pinkeln, schaltete das Licht ein und sah zahlreiche sehr viel größere Gründe mit scheußlicher Schnelligkeit in jeden Winkel des Badezimmers krabbeln. Zwei schreckliche Stunden später, die Sonne ging soeben über Paducahs städtebaulicher Wüste auf, wuchtete ich meine Taschen auf Mikes Rückbank, kratzte mir an einem verwitterten Bordstein zerdrückte braune Beinchen von den Sohlen, verbarg rote Augen hinter getönten Gläsern und rumpelte in die verfallene Stille davon.

Mein Aufstieg zu den High Plains hatte begonnen, ein eher schleichender Prozess, der sich nur durch die Höhenangaben offenbarte, die vor jeder Ortschaft aufgestellt waren: Paducah, 567 m; Matador, 725 m; Pampa, 987 m. Diese rostbraunen Ebenen, hier und da von Kaktusfeigen, aromatischen Büscheln Beifuß und weltüberdrüssigen Kühen besetzt, erhalten nur 250 Millimeter Regen im Jahr und sind den außergewöhnlichen täglichen Temperaturschwankungen ausgesetzt, die das Los hoch gelegener Wüsten sind. Der Morgen begann mit Gänsehaut, doch bereits am Mittag brannte die Sonne so brutal, dass ich mir an Mikes schwarzer Karosserie den Unterarm versengte.

Bussarde kreisten über mir. Ein erster Ballen Tumbleweed, eines dieser krautartigen, sich mit dem Wind verbreitenden Steppenläufer-Büschel, huschte über die Straße und nistete sich unter einem Scheinwerfer ein. Es fiel mir immer leichter zu glauben, dass nur zwei Prozent der Vereinigten Staaten als bebaut eingestuft werden. Jede ausgestorbene Ortschaft verfügte über eine 2-in-1-Oase, die Benzin und Lebensmittel an einsame alte Rancher von nah und fern verkaufte, die mit zwei Kanistern Milch und einem Träger Bier vor mir in der Schlange standen. Goodnight, Rule, Tuxedo … diese Ansiedlungen waren mit so unermüdlich drolligen Namen gesegnet, dass ich ein Schild, auf dem untereinander die Worte »SANITARY LANDFILL« standen, im ersten Moment nicht für den Wegweiser zu einer Mülldeponie hielt, sondern für einen Hinweis auf zwei weitere Ortschaften.

Keine Kurven und kein Verkehr bedeutete, dass Entfernungen hier draußen in Fahrtstunden gemessen wurden: Wenn ich einen Kassierer fragte, wie weit es bis zur nächsten Tankstelle wäre, bekam ich zur Antwort, wie lange die Fahrt dorthin dauern würde, eine Schätzung, die ich verdreifachen musste, um die Kluft zwischen der üblichen heimischen Reisegeschwindigkeit und meiner zu überbrücken. Es überraschte mich nicht, dass jeder andere Verkehrsteilnehmer, der in dieser feindseligen Weite unterwegs war, eine brüderliche, aufmunternde Hand aus dem Fenster hob, aber andererseits hatte mich fast jeder Autofahrer, der mir auf den letzten 5.500 Kilometern begegnet war, auf irgendeine freundliche und anerkennende Weise gegrüßt. Ich hatte mir inzwischen angewöhnt, in präventiver Kenntnisnahme reflexartig einen oder zwei Finger vom Lenkrad zu heben, wann immer sich ein Fahrzeug aus der Gegenrichtung näherte.

Jeden Morgen auf den High Plains, in welcher tapferen Ansiedlung auch immer ich am Abend zuvor abgestiegen war, gab es Frühstück, eine gesellige Runde Bacon und Leutseligkeit, mit Mike und mir als Gesprächsthema Nummer eins. Meine Aufgabe: an die Wurzel des Trump-Phänomens vorzudringen, bevor ich mit dem Gesicht nach unten in Spiegeleiern und Speck sterben würde.

»Vern, Dave, das hier ist Tim Ball, und das ist sein feines kleines Teil draußen … Maylene, ruf deinen Paps an – dieser Herr reist mit einem 24er Model T von Küste zu Küste und er muss ihn kennenlernen … Hey, Merle! Merle! Hör auf, die alte Bonnie-und-Clyde-Karre da draußen anzugaffen, beweg deinen Hintern rein und rede mit diesem irren Briten, der darin zum Pazifik fährt.«

Und bald darauf saß ich mit sämtlichen Senioren der Stadt am Tisch und wir klönten herum bei Spiegeleiern und Hash Browns und unzähligen

Bechern bitteren, braunen Spülwassers. Diese Diner-Zusammenkünfte fingen harmlos an, wie ein zwangloses Vorstellungsgespräch – die festen Handschläge, der Austausch von Namen, einleitende Nettigkeiten über das Wetter und die gewählte Route in die Stadt. Dann gingen wir über zu einem ziellosen Palaver über Klatsch, Gott und die Welt. »Damals in den Achtzigern stand was in der Zeitung über einen Typen, der nichts als Speck aß und 80 Kilo abnahm ... ich komme einfach nicht mehr mit bei diesem ganzen L.G.B.T.Q.M.O.U.S.E. oder was immer es heute ist ... naja, solange man niemanden umbringt oder verletzt, finde ich, sollte man machen dürfen, was man will. Was Sie machen, Tieam, na, das ist ein Ding. Ich bin ja selber nie raus aus Texas.«

Mit variierendem Grad an Geschick versuchte ich dann, das Gespräch auf einen gewissen schwammigen alten Narzissten zu lenken. »Sieh mal, er ist ein Geschäftsmann, der sich nicht an die Regeln hält, und wenn diese ganzen selbstgefälligen Politiker und die Medien ihn dafür hassen, dann wird er wohl irgendwas richtig machen ... links und rechts sind doch nur zwei Seiten der gleichen Medaille ... ich bin nicht strikt Pro-Trump, ich bin nur Anti-Politik, Anti-Regierung ... und hey, gratuliere zu eurem Brexit!«

Ich hatte diese letzten Worte inzwischen wohl ein paar hundert Mal gehört. Zwar scheren sich die meisten Amerikaner weiterhin herzlich wenig um alles, was jenseits ihrer Grenzen passiert – im Reich der Fernsehnachrichten existiert die Außenwelt schlichtweg nicht, es sei denn, sie wird von einem islamistischen Terroristen angegriffen –, doch das Ergebnis des britischen EU-Referendums hat sich tief ins kleinstädtische Bewusstsein gebrannt. Die Briten hatten dem Föderalismus den Stinkefinger gezeigt – hurra! Es war ein so augenscheinlicher Anlass zu allgemeiner Freude, dass sie meine Einwände schlicht überhörten, egal, wie unverblümt ich sie vorbrachte, was nach dem ungefähr achtzigsten Mal verflucht unverblümt war.

Solcher Art war die gespaltene Persönlichkeit, mit der ich es jeden Tag zu tun bekam, eine Art kleinstädtisches Yin und Yang. Auf persönlicher Ebene waren diese ländlichen Senioren einfach so unerschütterlich gut drauf, so offen und positiv. Im Main Street Café in Matador bestand ein kräftiger Kerl mit »Vietnam Veteran«-Schlüsselband um den Hals darauf, mein Frühstück zu bezahlen. Als ich auf Mikes Trittbrett stieg, trottete der rüstige alte Betreiber heraus und stülpte mir eine schicke blaue »Main Street Café«-Truckermütze auf den Kopf. »Kriegen hier nicht oft Besuch«, sagte er. Doch ihre Weltsicht war ein Ausbund an Düsternis, eine verhängnisvolle, paranoide Bunkermentalität. Kurz hinter Matador, satt von Hash Browns und menschlicher Güte, kam ich an ein großes, schwarzes Schild, auf dem stand: »9/11 – ES KOMMT NOCH SCHLIMMER – FINDE JESUS!« Erbittert regierungsfeindliche Botschaften schälten sich in der Hälfte der Ortschaften, durch ich kam, wabernd aus dem Dunstschleier: ein gigantisches Metallschwein in einem Vorgarten, auf das »REGIERUNGSASSESSOR = HABGIER« gepinselt war; »STEUERZAHLER VON ALBANY: PRÜFT EURE LICHTER, KENNT EURE RECHTE!«, in riesigen Lettern auf die Seite einer Scheune geschmiert.

Tempolimits und andere Hinweise an der Straße waren häufig um Zusatzklauseln ergänzt, die von einem ausgeprägten Sinn für Rebellion seitens der Adressaten zeugten: »SCHILDER BEACHTEN – GESETZ DES BUNDESSTAATES«. In manchen US-Staaten weigert sich noch immer ein Drittel der Autofahrer, in Missachtung geltender Vorschriften, Sicherheitsgurte anzulegen.

Von nun an wurde ich stets mit der Mahnung verabschiedet, auf mich aufzupassen und vorsichtig zu fahren, eine Empfindung mutmaßlicher Bedrohung, die nur schwer mit der immer harmloser wirkenden Realität zu vereinbaren war. Diese Leute schlossen so gut wie nie ihre Haustüren ab. Ich ließ immer mehr Kram über Nacht im Auto und nahm auch nicht mehr das Handy aus der Halterung an der Windschutzscheibe, wenn ich zum Zahlen in eine Tankstelle ging. Die Obsession mit Mord und Totschlag, die das urbane Amerika in ihren morbiden Bann zog, beruhte zumindest in gewissem Umfang auf Tatsachen (wenn auch nicht allzu sehr: die Zahl der Gewaltverbrechen ist landesweit seit mehr als 25 Jahren rückläufig). Aber ihr in der beschaulichen, eifrig gesetzestreuen Provinz zu begegnen, versetzte mich immer wieder in Erstaunen. Möglicherweise war es ein Überbleibsel aus der Zeit des gesetzlosen Wilden Westens, so wie das Gerichtsgebäude in jeder Stadt. Vielleicht wurde sie als Vorwand kultiviert, um die ganzen riesigen privaten Waffenarsenale zu rechtfertigen. An meinem ersten Abend in Texas kam ich an einem Pick-up mit einem Aufkleber an der Tür vorbei, auf dem stand: »NICHTS IN DIESEM FAHRZEUG IST DEIN LEBEN WERT«. Die Fenster waren offen und der Schlüssel steckte im Zündschloss.

Die Landschaft wurde goldbraun gebacken und sandiger Schotter begann über die Straße zu driften. Vor mir, jenseits meines Motometer-Visiers, teilte ein langer und leerer Streifen unveränderlichen Asphalts die ockerfarbenen Ebenen, ein Anblick, der auf der Innenseite meiner Lider zu erscheinen begann, wenn ich blinzelnd an Tankstellen-Urinalen und Motelrezeptionen stand. James Dean, der mich gelehrt hatte, einen Model T zu starten, war auf einer schnurgeraden Wüstenstraße umgekommen, und ich ertappte mich dabei, den schemenhaften Boden jeder flachen braunen Aussicht nach unaufmerksamen Landeiern wie jenem abzusuchen, das ihm eines heißen Nachmittags im Jahr 1955 in die Quere kam.

Dean fuhr, als er verunglückte, schneller, als ich es je tun würde, aber Geschwindigkeit war nur selten ein Faktor im erschütternden Blutzoll an Verkehrstoten, der in der Model-T-Ära auflaufen sollte. 1927, dem letzten Jahr des T, starben 24.470 Amerikaner auf den Straßen der Nation: mehr als anderthalbmal so viele wie heute, bei inzwischen zehnmal so vielen registrierten Fahrzeugen. An Verkehrssicherheit wurde damals kein Gedanke verschwendet; im Gegenteil wurden Schilderungen tödlicher Unfälle mit plastischem Behagen ausgekostet. »Mrs. McCormicks Kopf wurde am niedrigsten Ast des Ahornbaums aufgespießt«, hieß es im blutrünstigen Zeitungsbericht eines Unfalls, der sich 1912 in Connecticut ereignete, »und ein großes Loch wurde ihr in die Seite gerissen durch einen Schlag des stählernen Rades der havarierten Maschine.« Nachdem Mr. McCormick – der in ein benachbartes Feld geschleudert worden war – am gleichen Abend im Krankenhaus verstarb, fanden Ärzte in seiner Tasche einen Zeitungsausschnitt, der von einem früheren Unfall berichtete, nur fünf Meilen entfernt, bei dem er dem Tod ein Schnippchen geschlagen hatte. »Seit seiner Heirat mit der Schönheit aus Poughkeepsie«, schloss der Artikel, »waren die beiden in nicht weniger als ein Dutzend Autounfälle verwickelt, deren Reichweite sich von Maine bis Missouri und deren Schwere sich von Explosionen bis zu verstümmelten Armen und Beinen erstreckte.«

McCormick war Schätzungen zufolge mit höchstens 65 km/h unterwegs, als sein Auto zum letzten Mal die Straße verließ. Ein Jahrhundert Materialermüdung war wohl kaum ein Anreiz, Mike zu mehr Geschwindigkeit zu ermuntern. 2011 erlitt ein Model T auf einer Tour durch Minnesota auf einer flachen, schnurgeraden Straße bei 45 km/h einen Aufhängungsschaden und überschlug sich zweimal; der Fahrer kam ums Leben, seine Frau wurde schwer verletzt. Zwei Jahre später machte ein Model T auf einem State Highway in Utah Platz, um Verkehr an sich vorbeizulassen; beim Herüberziehen löste sich das rechte Vorderrad in seine Bestandteile auf. Auch in diesem Fall überschlug sich der Wagen und ein 51-jähriger Passagier starb. Ohne Sicherheitsgurte schien nicht viel dazuzugehören, dass es böse endete.

Die MTFCA-Foren waren voll von Schilderungen erschütternder Beinahe-Katastrophen: Ein Mitglied berichtete, dass sein Auto Laurel-und-Hardy-mäßig auseinandergefallen sei, als er in kaum nennenswertem Tempo über ein Viehgitter fuhr. So sehr diese Berichte meine Konzentration bündelten, erfüllten sie mich gleichzeitig mit einem Gefühl hilflosen Fatalismus. Irgendetwas fundamental Wichtiges könnte jederzeit und ohne Vorwarnung seinen Geist aufgeben: Ich konnte nichts tun, um es zu verhindern, und ich konnte nichts tun, falls und wenn es passierte. Fahren Sie vorsichtig.

Der stürmische Südwestwind war in den folgenden Tagen ein quälender Begleiter. Wenn er mich voran blies, so blies er mich auch kreuz und quer über die Straße, was eine neue Technik zur Stabilitätskontrolle erforderte, bei der ich beide Ellenbogen gegen die untere Hälfte des Lenkrads presste, während meine bleichen Hände die obere Hälfte umklammerten. Durch verengte Augen und flatternde Büschel grauer Fransen schaute ich zu, wie der Motometer sich dem roten Bereich näherte: Wenn ein T vom Rückenwind übermannt wird, gibt es keine Möglichkeit, ihn abzukühlen. Mehr als einmal musste ich anhalten, damit der überhitzte Mike mit der Nase im Gegenwind etwas runterkommen konnte. Seine Flanken, sonst so unermüdlich glänzend, waren nun von einem uralten orangen Staub mattiert, der sich tief in jeden Spalt und jede Ritze zwängte.

Oft driftete ich beängstigend umher, wenn die Straße sich durch die verlassene, furztrockene Buschland-Hochebene wand. Der Wind grub sich in die vorderen Kotflügel und prügelte auf sie ein. Fette Grillen schossen in die Kabine und wirbelten wie Pingpongbälle umher. Zweimal wurde mir die Sonnenbrille glatt von der Nase und hinein in das sandgestrahlte, sonnengetrocknete Gestrüpp geblasen. Ich mühte mich ab, das Auto auf der Straße zu halten, hin und wieder meine Knie zu einem Sechs-Punkt-Griff gegen das Lenkrad pressend. Ich fühlte mich wie in einem holprigen Jahrmarkt-Fahrgeschäft, das einfach nicht anhalten wollte. Alle paar Stunden taumelte ich auf wackligen Beinen und mit schlingerndem Magen über einen Tankstellen-Hof. Der zerzauste, gerötete Überlebende, der mich matt aus dem Spiegel im WC-Raum betrachtete, mochte eben erst per Hubschrauber von einem sturmgepeitschten Floß geborgen worden sein.

Doch es gab Zeugnisse lange verwurzelter menschlicher Entschlossenheit, dieser Umgebung zu trotzen und in ihr heimisch zu werden, geschildert auf Gedenktafeln, die im Wind sangen und zitterten. Vor mehr als 15.000 Jahren stellten einige der frühesten bekannten Bewohner des Kontinents auf diesen windumtosten Ebenen Mammuts nach. 1919 stellten die 300 Bürger von Ochiltree den unbändigen Tatendrang der T-Ära auf höchst eindrucksvolle Weise unter Beweis: Als acht Meilen weiter nördlich eine Eisenbahnlinie durch die Prärie gebaut wurde, hängten sie kurzerhand sämtliche Gebäude – Postamt, Kirche, et cetera – an eine Flotte Traktoren und verlegten die ganze Stadt dorthin. Sie hätten auch einfach Laken an ihre Kamine nageln und segeln können.

Das Schild, das mich in Oklahoma willkommen hieß, war von ausreisenden Texanern zu Klump geballert worden. Man braucht nicht lange, um zu erkennen, dass die Einwohner der umliegenden Staaten für ihre Lone-Star-Nachbarn nicht viel übrighaben: zu ungehobelt und laut, zu eingebildet und vielleicht – obwohl es niemand zugeben mochte – auch zu provozierend wohlhabend. Die Straße schrumpfte zur Hälfte ihrer texanischen Breite, als ich von einem Panhandle zum nächsten fuhr. Wenn es etwas gibt, auf das Amerikaner noch mehr abfahren als auf Gürtel – Sonnen, Bibel, Rost, Mais, Schnee –, dann sind es Pfannenstiele, Panhandles, egal wie aberwitzig stummelig sie sein mochten.

Bis 1890 war der »Oklahoma Panhandle« ein echtes Niemandsland, eine unregierte, gesetzlose Zone, die nur Outlaws und besonders unerschrockene Siedler anlockte. Der Bundesstaat selbst wurde erst 1907 in die Union aufgenommen, im Jahr vor dem T, und sah noch immer wie ein etwas rückständiger Nachzügler aus. Hölzerne Farmhäuser kauerten in Senken, viele nicht mehr als ein Haufen gebleichter Bohlen, die um den Totempfahl eines steinernen Kaminsims verstreut lagen. Eine Spur grasüberwachsenen Schotters markierte den Verlauf einer stillgelegten Eisenbahnlinie. Die Ortschaften waren greifbar erledigt, zugemüllt mit ausgedienten Autos und verstaubten, gegen Laternenmasten flatternden Hilfsarbeiter-Gesuchen. Und damit hatte sich's auch schon mit Oklahoma. Nach meiner epischen, anderthalbtausend Kilometer langen Reise quer durch Texas hatte ich den nächsten US-Staat auf meiner Liste innerhalb weniger Stunden abgehakt.

Liberal, das Tor nach Kansas, hockte direkt auf dem dunkelroten Trump-Rückgrat, das von Texas aus nordwärts bis zur kanadischen Grenze verlief. Der unangemessen wirkende Name des Ortes sorgte für so reizvolle Gegenüberstellungen – »LIBERAL POLICE«; »BESUCHEN SIE DAS LIBERAL RODEO« –, dass ich spontan beschloss, dort abzusteigen, obwohl dies hieß, eine Nacht in der Art von Motel zu verbringen, die zu meiden ich mir nach dem frühmorgendlichen Gekrabbel in Paducah geschworen hatte. Das Budget Host La Fonda befand sich hinter einem trocken gelegten Pool und einer Reihe schäbiger Bögen im Hacienda-Stil, die Sorte von Absteige, wo ein drittklassiger Mafioso im Rahmen eines Zeugenschutzprogramms enden mochte. Ich war dabei, eine Schicht Insektenspray auf jede suspekte Oberfläche des Zimmers zu applizieren, als es an der Tür klopfte.

»Wir sind ganz vernarrt in Ihr altes Auto«, sagte ein Mann mit wildledernem Fischerhut, als ich öffnete, und präsentierte mir einen Halbmond winziger, pechschwarzer Zähne. Neben ihm stand eine Frau in einem Kittelkleid mit einer verschmierten blauen Tätowierung auf dem Hals. Neben ihr wiederum stand ein sommersprossiges Mädchen von vielleicht zehn Jahren. Alle drei trugen Nickelbrillen und Socken in Sandalen. »Sieh mal, Hase«, sagte der Vater, mit einer nikotinfleckigen Fingerspitze auf die Prägung auf Mikes Kühlergrill deutend. ›Made in USA.‹ Sieht man nicht mehr oft heutzutage.«

Ich blickte auf den Honda hinter ihnen, dessen blasse blaue Lackierung hier und da bis aufs schorfige nackte Metall sandgestrahlt war und dem ein zerfledderter Bogen Plane als Heckscheibe diente.

»Verdammter Hagelsturm hat sie zerstört«, sagte er, meinem Blick folgend. »Körner so groß wie Softbälle.«

»Vor drei Jahren«, fügte seine Frau neutral hinzu. »Tankanzeige funktioniert auch nicht.«

Sein Name war Trent und er erzählte mir, dass er sein ganzes Leben in Liberal verbracht habe. Die Stadt verdankte ihren Namen, erklärte er, einem

Siedler im 19. Jahrhundert, der berühmt dafür war, durchreisenden Pionieren kostenlos Wasser anzubieten. »»Das ist sehr liberal, sehr großzügig, von Ihnen‹, sagten sie alle zu ihm, und als die Siedlung dann Gemeindestatus erhielt, schien der Name irgendwie ganz passend. Ziemlich ulkige Geschichte, was?«

Bevor ich die Chance hatte, beizupflichten, fixierte mich Trent mit einem jähen und drohenden Blick. »Dieser Ort ist eine Falle und ich möchte raus«, sagte er, seine Stimme zu einem drängenden, bitteren Flüstern gedämpft. »Den ganzen Sommer über 37 Grad und im Winter kälter als die Hölle. So verdammt flach, dass man seinem Hund drei Tage lang beim Abhauen hinterhergucken kann. Hab seit sechs Jahre keine Arbeit. Ich kann schweißen, ich kann streichen, ich kann einen Truck fahren und allen möglichen Scheiß machen, aber die einzige Bude, die Leute einstellt, ist der fleischverarbeitende Betrieb und die nehmen mich nicht, weil ich kein scheiß Spanisch spreche.« Er stemmte die Hände in die Hüften und stieß ein bullenartiges Schnauben aus. »Ich will so weit weg von hier, wie ich ohne Pass kommen kann. Ich will nach Florida.«

Diese Tirade schien Trent so sehr erschöpft zu haben, wie sie mich alarmierte, und ich sah ihn gesenkten Kopfes zurück zum Honda schlurfen. Seine Familie jedoch hatte sie offenbar schon viele Male gehört. »Mein Daddy möchte auf einem Boot leben«, sagte seine Tochter in putzigem Singsang und klang dabei sechs Jahre jünger, als sie war. Und dann waren sie fort.

Eine Stunde verging. Ich war gerade im Begriff, eine kecke Lime-a-Rita zu öffnen und auf Fox News zu schimpfen, als es erneut an der Tür klopfte. Es war wieder Trent, diesmal allein.

»Meine Frau und ich haben uns über die Geschichte unterhalten, wie unsere Stadt zu ihrem Namen kam, und wir dachten, na ja, dass es vielleicht ganz passend wäre, einen Reisenden auf einen Happen einzuladen.« Er nahm seinen Wildlederhut ab und drückte ihn demütig an sich, eine dünne Matte feuchten, grauen Haars bloßlegend. »Sie macht ein klasse Burrito.«

Es war die rührendste Einladung, die mir bislang ausgesprochen worden war und ebenso die schreiend unheilvollste. Zehn Minuten später sahen Liberals Freitagabend-Flaneure ein uraltes schwarzes Auto von der Hauptstraße abbiegen und einem teilverglasten Honda in eine der am wenigsten verheißungsvollen Seitenstraßen ihrer Stadt folgen.

Die anschließenden Stunden verschafften mir einen unschätzbaren Einblick in das Trump-Phänomen, was ich mir während des laufenden Geschehens immer wieder vor Augen führen musste. Trent geleitete mich in eine Bretterbude, die ihrer Erscheinung nach aus der Zwischenkriegszeit stammen musste, mit einer Menge fehlender Schindeln und hölzernen Wänden, durch die ich meinen Daumen hätte drücken können. Die winzige, niedrige Wohnstube war gesäumt von wackeligen Stapeln alter VHS-Kassetten und Zeitschriften, die meisten gekrönt von einem überquellenden Aschenbecher. Jahrzehnte nikotinfleckiger Fingerspitzen hatten schmierige gelbe Flecken auf jedem Türgriff und jedem Lichtschalter hinterlassen. Eine gerahmte Bleistiftskizze von Kenny Rogers hing an der Wand. Zwei kleine, schlauchartige Köter kläfften mich halbherzig von einem durchgesessenen Sofa aus an. »Das ist mein Polizeiscanner«, sagte Trent, auf einen klobigen schwarzen Kasten mit gut 90 Knöpfen deutend. »Freitagabende sind ziemlich lustig. Wir haben hier 'ne Menge Mexikaner und die fahren echt darauf ab, sich zu prügeln.«

Ich wurde in die Küche dahinter geführt und von seiner Frau, seiner Tochter und einem sehr komplexen Aroma begrüßt. Alles unterhalb Brusthöhe war mit festgebackener Materie bekleckert, als hätte Jackson Pollock sich hier ausgetobt. Alles oberhalb war versiegelt in Nikotin. Der Kühlschrank mochte aus der Kanalisation geborgen worden sein.

»Hoffe, Sie mögen süßen Tee.«

Trent reichte mir einen angeschlagenen Becher und bat mich, an dem kleinen Tisch Platz zu nehmen. Dann holte seine Frau eine dampfende Platte gerollter Tortillas aus dem uralten Emailofen, was dem üblen Geruch eine Kopfnote von Käsefett hinzufügte.

»Um ehrlich zu sein, werde ich beim besten Willen wohl nicht mehr als einen schaffen«, sagte ich, theatralisch meinen Wanst tätschelnd.

»Diese briddischen Manieren tun hier nicht Not«, protestierte sie und kippte drei Stück auf einen leberfleckigen Teller. In Panik gabelte ich einen auf und stopfte ihn mir in Gänze zwischen die Lippen.

»Ziemlich gut, was?«, sagte Trent zwinkernd. Ich nahm einen verzweifelten Schluck süßen Tees und brachte eine gegurgelte Bestätigung zustande.

»Wie es heißt, bin ich extrem asozial«, fuhr er fort mit einem freudlosen Lachen, das ich noch oft zu hören bekommen würde. »Und es stimmt – ich mag einfach keine Menschen. Lebe seit 13 Jahren in diesem Haus und ich kenne zwei Leute im ganzen Viertel. Den Rest will ich gar nicht kennen. Die meisten sind Hispanics. Wenn du kein Spanisch sprichst, reden sie nicht mit dir.« Er nahm einen nachdenklichen Schluck Tee. »Ich hoffe, Trump baut die Mauer. Das hoffe ich wirklich. Ich würde mich freiwillig melden, ihm beim Bauen zu helfen.«

»Und Mexiko wird dafür bezahlen«, ergänzte seine Frau, einen welken Burrito zerteilend. »Wo man hinguckt, nur Mexikaner. Wir sind 22.000 Menschen hier im County und 86 Prozent davon sind Hispanics. Können Sie das glauben?« (Konnte ich nicht und hatte damit auch recht. Der tatsächliche Anteil beträgt, wie ich später ermittelte, etwas weniger als die Hälfte dessen.)

»Wenigstens hat dieser Präsident die Eier, was zu unternehmen. Der davor war von Anfang an gegen dieses Land. Er hat zugegeben, Moslem zu sein, und sagte, er würde seinen Brüdern Tür und Tor öffnen. Er sagte ganz offen, dass wenn es einen Krieg gegen die muslimischen Länder gebe, er an ihrer Seite stehen würde. Sorry, aber das nicht das Holz, aus dem ein Präsident geschnitzt zu sein hat.«

Sorry, aber das ist einfach hanebüchener Unsinn, hätte ich sagen, vielleicht sogar schreien mögen. Aber ich war Gast, noch dazu einer mit dem Mund voll gallenbitteren Breis, den es hinunterzuwürgen galt. In jedem Fall war längst mehr als überdeutlich klar, dass Amerikas polarisierte politische Debatte inzwischen komplett nach Art von Stammesfehden funktionierte: Einwände und Argumente würden nichts erreichen, außer böses Blut und eine noch tiefere Verwurzelung der Anschauungen. Ein paar Abende zuvor hatte CNN die Ergebnisse einer Umfrage gebracht, derzufolge 62 Prozent der Trump-Anhänger – ein Drittel aller Amerikaner – angaben, nichts zu kritisieren, was er tun werde. Nichts. Und das wusste er nur allzu gut. Fast ein Jahr bevor er gewählt wurde, erklärte Trump bekanntermaßen, er könne »mitten auf der Fifth Avenue jemanden erschießen und würde nicht eine Stimme verlieren«. Trent zog ordentlich vom Leder. Während ich mir zottige, nässende Fetzen Burrito zwischen die Zähne zwängte, enthüllte er, dass er außer Mexikanern noch Walmart, Ärzte, Pharmaunternehmen, die National Beef Company, freche Teenager, Haitianer, Gewerkschaften und Autos mit Karosserieteilen aus Plastik verachtete. Es wäre einfacher gewesen, Dinge aufzuzählen, die er mochte, als da wären sein Polizeiscanner, Donald Trump und das mieseste Essen der Welt. Wobei diese Liste nicht die eine Sache berücksichtigte, die er wirklich liebte, nun enthüllt in einer Szene, die zu überleben ich positiv überrascht war.

»Hey, kommen Sie mal her, ich hab hier was für Sie.«

Trent hatte die Küche verlassen und rief mich von der Stube aus zu sich. Da zwei Drittel meines Abendessens noch unverzehrt waren, verlor ich keine Zeit, seinem Ruf Folge zu leisten. Drei klebrige Schritte später bog ich um die Ecke und stand Auge in Auge mit dem schwer atmenden Trent, dessen Züge belebt waren von einer Erregung, die ich ziemlich rasch mit dem Samuraischwert in Verbindung brachte, das er mit beiden Händen erhoben hielt.

»Das ist mein Baby«, gurrte er, mit unerwarteter Anmut in den Stand eines zeremoniellen Scharfrichters springend. Die geschliffene Klinge des Schwerts schimmerte vor mir. Trent blockierte die Eingangstür, aber die Kenny-Rogers-Wand sah recht fragil aus und es schien eine gute Chance zu bestehen, direkt hindurchlaufen zu können. »Ist gewiss eine Schönheit«, sagte ich, in einem flachen, bedächtigen Lass-ihn-reden-Tonfall.

»Fulltang«, keuchte er und hielt es tiefer. »Durchgängig Stahl.«

»Lassen Sie … Lassen Sie mich mal sehen«, flüsterte ich drängend, beide Hände behutsam ausstreckend und einen grässlichen Brocken Tex Mex zurück in den Magen zwingend.

»Habe ich gegen ein Longbed GMC Pick-up eingetauscht«, sagte er, während er es mir ehrerbietig, mit dem Griff zuerst, reichte.

»Gut, das ist gut.« Ich nahm das Schwert in beide Hände und ließ es mit großer Behutsamkeit auf den kahlen Teppich sinken. »Legen wir es einfach hierher zum Ausruhen.«

Das wäre überstanden. So hoffte ich zumindest, jedoch vergebens, und das immer wieder aufs Neue, während Trent wiederholt aus der klaustrophobischen Stube eilte und mit einer Abfolge schrecklicher Waffen zurückkehrte. »Und das hier ist für Eindringlinge!«, krächzte er, als er mit etwas, das wie ein Dothraki-Krummsäbel aussah, wieder hereinkam. »Hab das Teil immer unter der Matratze liegen, so dass wenn einer die Hand zum Fenster reinsteckt – zack! –, ab damit, die gehört jetzt mir!« Als Nächstes war ein riesiges Breitschwert an der Reihe. »Hat ein echt gutes Gewicht, könnte eine Menge Schaden anrichten.« Er schlug es klirrend gegen den alten Eisenofen. »Hat auch einen schönen Klang.«

»Mein Daddy hat damit sein Handy puttgemacht«, meldete sich seine Tochter zu Wort. Sobald sie die Stube betrat, manövrierte ich mich in eine Position, die mir erlaubte, sie als menschliches Schutzschild zu gebrauchen.

Trent stieß sein freudloses Lachen aus. »Das Display wurde schwarz und im Laden hieß es, die Garantie wäre abgelaufen. Also ging ich nach Hause, nahm die Axt, brachte es denen in zwei Hälften zurück. Die Gesichter hätten Sie sehen müssen!«

Nach einem Dolch und zwei weiteren Schwertern tauchte er ein letztes Mal wieder auf mit einer doppelläufigen abgeschnittenen Schrotflinte. »Präzision durch Volumen«, keuchte er und zielte auf die Eingangstür. »Kommt einer rein, kriegt er das hier in die Fresse. Ich habe Steinsalz im einen Lauf und 'ne Rolle Dimes im anderen, und dann machen wir ein kleines Spielchen.« Trent geriet gefährlich in Erregung, während er seine wohl einstudierte Routine abspulte. »Welchen Lauf nimmst du wohl, häh? Häh? Hast dir das falsche Haus ausgesucht, Kumpel. Die Tür, die du eingetreten hast, war zu deinem Schutz, nicht zu meinem.«

Es war nach elf, als Mike knirschend vor meiner Tür am Budget Host La Fonda hielt. Ich ging hinein, öffnete den Kühlschrank und stürzte in mehreren aufeinanderfolgenden Schlücken einen Dreiviertelliter Starkbier mit Margaritageschmack hinunter. Dann legte ich mich hin, wartete darauf, dass sich meine Nerven beruhigten, und versuchte, aus den vergangenen Stunden schlau zu werden.

Trent hatte mich gebeten, ihn vor meiner Abreise ein paarmal im T um den Block zu fahren, und während wir durch die dunklen Straßen fuhren, erzählte er mir, dass seine erste Frau 14 Jahre zuvor gestorben war, nach einer dreitägigen Krankheit, die ihm 38.000 Dollar an Krankenhaus-Rechnungen bescherte. Wir fanden außerdem heraus, dass er exakt zwei Monate jünger war als ich. Sogleich hatte ich größeres Verständnis für Trents missliche Lage. Erst eine Tragödie, die ihn emotional und finanziell ruinierte, dann die neue Midlife Crisis des 21. Jahrhunderts: Man wird 50 und stellt fest, dass einen keiner mehr haben will. Die meisten Jobs, die man haben möchte, gibt es nicht mehr, und der Rest wird an jüngere, hungrigere Konkurrenten vergeben. An Leute, die bereit sind, härter zu arbeiten für weniger Geld. Die bereit sind, ihre Zelte abzubrechen und dem Geld zu folgen. Die sich noch begeistern lassen von dem Pioniergeist, der all die Siedler auf den Wagentrecks westwärts lockte und die Bürger von Ochiltree inspirierte, die ganze Stadt acht Meilen nordwärts zu verlegen. Wenn Trent unbedingt nach Florida wollte, warum machte er es nicht einfach? Aus dem gleichen Grund, warum ich noch immer nicht den Fleck an der Wohnzimmerdecke gestrichen habe, wo vor sechs Jahren das Bad übergelaufen ist. Wir sind Babyboomer, eine Generation, die in einer Zeit groß wurde, in der es jede Menge Arbeit und leicht verdientes Geld gab und entschlossene Tatkraft keine Rolle spielte. Nun, da sie es tat, kriegten wir den Arsch nicht hoch.

Als ein paar hispanische Typen, die ihren Wagen reparierten, uns zuwinkten, winkte Trent zurück. »Ist eigentlich eine recht sichere Gegend hier«, murmelte er. »Ich schließe die Tür nur ab, wenn ich daran denke.« Armer Trent. Er war seinem Leben und auch Liberal überdrüssig geworden, wollte aber dennoch dem nobelgesinnten Siedler die Ehre erweisen, der dem Ort seinen Namen gegeben hatte. Plötzlich war ich angewidert von meiner eigenen Abscheu. Was für ein undankbarer Snob ich doch war. Ich starrte an die Decke, ungeduldig einer Welle alkoholischer Vergebung harrend, um den traumatischen Abend in ein freundlicheres Licht zu tauchen. Dann hob ich die leere Dose auf, las das Kleingedruckte und stellte fest, dass Lime-a-Ritas in Kansas bloß witzlose drei Prozent Alkohol enthalten. »Du bist echt nicht mehr in Texas«, seufzte ich und knipste das Licht aus.

KAPITEL 13

Kansas kam in jeder Hinsicht flach daher, eine Tischplatte in Graustufen unter dicken, tief hängenden Wolken. Diese sonderten schließlich einen dünnen Niesel ab, der alles zu einer unglaublich eintönigen, impressionistischen Landschaft verschmierte, die sich endlos hinzog. Solche Panoramen beschworen unweigerlich die beschränkte, hirnerweichende Langeweile amerikanischen Landlebens in der Zeit vor dem T herauf. Hier mochte man nicht begraben sein, geschweige denn leben.

Hin und wieder wurden die verschwommenen Kornfelder von gigantischen, übelriechenden Futterplätzen durchbrochen, an denen im Nebel unsichtbares Vieh muhte und kackte. Amerikaner sind unverbesserliche Fleischfresser. Der durchschnittliche Fleischverzehr entspricht drei Royal TS pro Kopf am Tag. Selbst auf dem Land schien niemand frische Erzeugnisse zu essen: Die Obst- und Gemüseabteilungen in den Supermärkten bestanden aus nicht viel mehr als ein oder zwei Alibiregalen mit übergroßen Äpfeln und Tomaten, die in Plastikverpackungen glänzten und künstlich aussahen. Der Durchschnitts-Amerikaner nimmt nur ein Prozent seiner Kalorien durch Gemüse auf, ein Anteil, der weiter rückläufig ist. Selbst Isländer essen mehr Obst. In einem so fruchtbaren Land schien das mehr als erstaunlich.

Vielleicht ein Mal in der Stunde tauchte irgendein riesiges, mit Rechen und Klingen bewehrtes landwirtschaftliches Gerät aus der Düsternis auf und drängte mich vom Asphalt. Große, vor sich hin modernde Ballen Heu stapelten sich wie verlorene Städte entlang der Straße. Wir befanden uns nun auf fast tausend Metern Höhe und das Getreide wich kahlen Abschnitten reinster Prärie, eine ganz neue Qualität an flach hingestreckter, struppiger Einöde. Eine Menge Pioniere gingen hier draußen auf dem Weg nach Westen zugrunde, die meisten an Durst oder Cholera, allerdings legten die Mahnmale entlang der Straße den Schwerpunkt auf packendere Todesfälle: »In Gedenken an Jedediah Strong Smith, 1798–1831, einen großen Helden der Prärie, der nahe dieser Stelle von Komantschen getötet wurde.« Bis in die 1930er Jahre hinein war die abgeschiedene Prärie noch vielerorts von den verkohlten Überresten von Planwagen und einfachen Erdgräbern mit eilig verscharten Leichnamen übersät.

Der Regen nahm zu, und da die Gardinen nicht angebracht waren, erhielten Mike und ich von vorbeidonnernden Viehtransportern ein paar amtliche Stan-und-Ollie-Duschen. Es gibt 15,5 Millionen Lkw in den USA – mehr als in Europa, einem Kontinent mit doppelt so großer Bevölkerung – und Fernfahrer ist der größte Berufsstand in fast jedem Bundestaat, durch den ich kam, selbst in Texas. Kaum zu glauben, denn die meisten amerikanischen Trucks scheinen von selbst zu fahren. Alles an ihnen – ihre stählernen Kühlergrills, ihre funkelnden, fauchenden Auspuffanlagen, ihr unerbittliches, donnerndes Vorandröhnen und ihre schiere Ausmaße – scheint dem Bild gleißender, brutaler Automatisierung zu entsprechen. Häufig sah ich sie ungeheuerliche Lasten befördern, ein zweistöckiges Haus zum Beispiel oder gar einen Hochofen, die kein vernünftiger Mensch jemals als geeignete Kandidaten für den Transport auf der Straße in Betracht ziehen würde. Die Führerhäuschen befinden sich drei Meter über dem Boden, so dass man nie einen Fahrer zu sehen bekommt, und die obere Hälfte der Windschutzscheiben ist verkleidet mit einer Sonnenblende aus rostfreiem Stahl, die das RoboCop-artige Erscheinungsbild perfekt abrundet.

Im Gegensatz dazu erforschte Mike eifrig seine animalische Seite. Der warme, nasse Dampf, der durch den Boden aufstieg, das kapriziöse Bocken und Wiehern, die vorlauten Quietscher. Autos sollten an sich nicht wankelmütig sein. Entweder sie funktionieren oder eben nicht. Aber Mike machte zunehmend einfach, was er wollte, in seinem eigenen Reich aus Heiterkeit und Missmut, das weit jenseits aller mechanischen Logik lag. Mal trampelte er den ganzen Morgen herum wie ein kranker Esel, ein einziges Ächzen und Schnaufen. Dann, ohne ersichtlichen Grund und jegliche Vorwarnung, wurde ich im Sitz zurückgeworfen, und plötzlich galoppierten wir stundenlang geschmeidig durch die Prärie. Er knurrte. Er furzte. Er mochte den Wind in seinem Gesicht. Mal pflanzte ich mein ganzes Gewicht auf die Bremse und näherte mich einem Stoppschild dennoch mit unverminderter Geschwindigkeit, mal stupste ich das Pedal nur an und Mike grub lärmend seine Hinterbeine in den Asphalt.

E. B. White, als Autor von Kinderbüchern wie *Stuart Little* sehr bewandert in Zoomorphismus, verfasste eine entzückende Elegie auf den Model T, die liebevoll und mehrfach Bezug nimmt auf die animalischen Qualitäten des Wagens. »Der T erschauerte mit tiefem Nachdruck und bewegte sich weiter langsam voran«, schrieb er. »Es gab keinen Moment, in dem die Bänder die Maschine nicht sanft anstachelten. In dieser Hinsicht war der T wie ein Pferd, das die Zunge über seine Kandare rollt, und die Landbewohner wendeten bei ihm die gleichen Techniken an, derer sie sich im Umgang mit Zugtieren bedienten.« In den frühen Zwanzigern, als junger Autor frisch vom College, war White auf der Suche nach Arbeit in einem alten Model T, den er »Hotspur« taufte, quer durch die USA gefahren. Es war ein per Kurbel gestartetes Modell, das jedes Mal gleich langsam vorwärtsrollte, sobald er es von vorn angelassen hatte: »Ich kann immer noch spüren, wie mein alter Ford mich am Bordstein mit der Nase anstupst, als suche er in meiner Tasche nach einem Apfel.« Armer Henry. Er war ausgezogen, eine Maschine zu bauen, die das Lasttier hinfällig machen würde, aber seine pferdelose Kutsche war störrisch wie ein Esel und schwerfällig wie ein Ackergaul.

Mike war das nördliche Texas wie ein Hengst hinaufgaloppiert – ein sehr alter Hengst –, aber draußen in der Prärie begann er zu schnaufen und zu keuchen, ein Grubenpony bereit für die Leimfabrik. In meiner letzten Nacht in Kansas blies ein fürchterliches Gewitter eine solche Menge an Regen durch die Schlitze in der Motorhaube, dass ich, als ich mich am nächsten Morgen daranmachte, Mike seine Flasche Öl zu verabreichen, den Zündkerzenschacht bis obenhin vollgelaufen vorfand. Ich brauchte ein Dutzend Versuche, um den Motor zum Laufen zu kriegen, aber irgendetwas stimmte weiterhin nicht: Als ich durch das torfige Heideland nach Nebraska hineinfuhr, mühte sich Mike elendig ab und hatte an jedem der wenigen und sanften Anstiege zu kämpfen. Tief im üblichen Tumult meines Vorankommens nahm ich ein beständiges Zischen wahr, wie der Klang einer Dampflokomotive, die zum Stillstand kommt.

Ich rumpelte in Imperial ein, steuerte Mike zu einem Motel am windzerzausten Rande der Stadt und rief Ross an. »Kopfdichtung«, sagte er, sobald ich ihm die Symptome geschildert hatte. »Pipikram, schaffst du schon.« Würde ich. Würde ich bestimmt. Ich hatte eine Ersatzdichtung. Ich hatte die erforderlichen Werkzeuge (alle drei: einen Schlitzschraubendreher und zwei Schraubenschlüssel). Die betagte Motel-Betreiberin hatte mich ein wenig ins Herz geschlossen – »Aus Virginia? Damit? Heiliger Bimbam!« – und würde vermutlich keine Anzeige erstatten, wenn ich zwölf Liter Kühlflüssigkeit auf ihrem makellosen Hof verteilen würde. Ich würde mich einfach beim ersten Licht des Tages aus dem Staub machen.

Es war dann wahrscheinlich schon das zweite oder dritte Licht, als ich von dort aufbrach, und statt die Motorhaube zu öffnen, warf ich meine Taschen hinten rein und erweckte Mike zu schwachem, keuchendem Leben. Beim Frühstück war mir plötzlich eingefallen, dass ich kein Dichtmittel hatte. Kurz darauf, als ich Bagel vom Büfett in meinen Rucksack schaufelte, blickte ich über die Schulter und begegnete dem enttäuschten Blick der Betreiberin. Die Lösung für beide Probleme war, Mike zu dem Ersatzteilgeschäft zu lotsen, das ich keinen Kilometer die Straße hinunter passiert hatte, dort Dichtmittel zu kaufen und die Arbeit auf dem Parkplatz zu erledigen.

»An so einem Auto sollten Sie nicht draußen arbeiten, fahren Sie es in meine Werkstatt.«

Ein sehr alter Mann war aus dem Autoteileladen getreten und winkte mit dem Gehstock in meine Richtung. »Kasey hat nichts dagegen. Nun ja, ist eh mein Laden und meine Werkstatt, kann er also gar nicht.«

Da es soeben zu regnen angefangen hatte, ließ ich mich nicht zweimal bitten, dieses treffliche Angebot wahrzunehmen, ich kann allerdings berichten, dass Kasey sehr wohl etwas dagegen hatte.

»Ich führe einen sauberen Laden«, sagte ein gestrenger junger Mann, dem der entsprechende Name auf seinen reinlichen grauen Overall gestickt war, nachdem ich in sein geräumiges überdachtes Reich eingefahren war. Kasey hatte einen Bürstenschnitt und fest verschränkte Arme. »Machen Sie keine Sauerei.« Damit verschwand er im Schatten der Werkstatt.

Ich hatte Peter in seiner brütend heißen Werkstatt in Dearborn geholfen, den Zylinderkopf auszubauen, und machte mich nun daran, diese Prozedur so gut es ging zu wiederholen. Der erste Schritt war, zwölf Liter Kühlflüssigkeit abzulassen; ich trat meinen Eimer unter den Kühler, warf mich auf den Boden und öffnete einen schmutzigen kleinen Abflusshahn.

Ein einzelner Tropfen grüner Flüssigkeit schwoll langsam an und plumpste nach fünfzehn Sekunden in den Eimer. Fünfzehn Sekunden später folgte ihm ein weiterer. Ich runzelte die Stirn, entfernte den Kühlerdeckel, dann beugte ich mich hinunter und rammte die Spitze meines kleinsten Schraubendrehers in das Abflussloch. Nach einigem Gestochere mit diesem Werkzeug und einem Stück Kabel hatte ich die Abflussrate auf einen Tropfen alle zwölf Sekunden gesteigert. So hatte das keinen Zweck. Etwas Drastisches musste getan werden. Ich warf einen prüfenden Blick auf das sonstige umliegende Gerät und sah, was dieses Etwas sein würde.

»Machen Sie da hinten eine Sauerei?«

Ich lag unter dem T, mit dem Stutzen eines Luftschlauchs zwischen den Fingern. Ein kräftiger Strom Kühlflüssigkeit pieselte nun aus dem Loch, in das ich ihn soeben gezwängt hatte. Die Kehrseite war, dass der Strahl komprimierter Luft, der die Öffnung freigelegt hatte, außerdem einen sprudelnden Geysir leuchtender Flüssigkeit direkt durch den offenen Kühlerdeckel geschossen hatte, dessen letzte Spritzer noch immer auf den unbefleckten Beton um mich herum tropften.

Was soll ich sagen, es geschah schon wieder. Es war einfach etwas an Mike und mir – seine traurigen alten Augen, meine vermaledeite Inkompetenz –, das selbst die härtesten Herzen zu schmelzen vermochte. Als Kasey aus dem Schatten stapfte, machte ich mich auf schreckliche Vergeltung gefasst, möglicherweise in der Form, die Luftdüse durch das Loch in meinem Hosenboden geschoben zu bekommen. Stattdessen, nachdem er seinem Ärger mit einem »tz-tz« und einem einzigen Kopfschütteln Luft gemacht hatte, übernahm er die federführende Leitung über die ganze Operation. Ich war heilfroh, dass er dies tat. Gegen Ende eines schließlich vierstündigen Prozesses war das Gewinde einer der Zylinderkopfschrauben überdreht; er zog los in die Dunkelheit und kehrte mit einem passenden Ersatz zurück. Dann geschah das Gleiche mit einem der Bolzenlöcher, ein komplexeres Problem, bei dem Kasey Abhilfe schaffte, indem er einen Einsatz mit Gewinde einschraubte. Er begann sogar zu lächeln und fuhr erschrocken zurück, als ich versuchte, ein paar gefaltete Zwanziger in seine bestickte Tasche zu stecken.

Ich rollte mit einem Abschieds-Ahuga aus Kaseys Werkstatt, doch dank-
bare Erleichterung wich bald ganz anderen Emotionen – der Sorte, die mit
Begriffen wie »Sackzement« einhergeht. Mike ging es nicht besser. Das
Spotzen kehrte zurück und ebenso das Zischen. Mindestens ein Zylinder
war abgängig, vielleicht auch zwei. Auf meinem Weg durch die Getreidefelder von Colorado geriet ich in einen Gegenwind, der so heftig war, dass
mein geschwächtes Auto kaum noch vorankam. Die nächsten 80 Kilometer

waren eine harte Prüfung für alle Beteiligten. Die Straße vollführte ohne Unterlass rechtwinklige Kehren, was die steife Brise sehr abrupt in einen Seitenwind verwandelte, der meinen Nacken herumwarf und die Sammlung aus leeren Dosen und Ölflaschen auf der Rückbank durch die Gegend pustete. Sorry, Colorado. Entgegenkommende Viehtransporter sorgten für Sekundenbruchteile windloser Stille, gefolgt von peitschenartigen Böen, die Mike fast von der Straße fegten. Zerfetzte Schreckensschreie wurden mir direkt in die Kehle zurückgeblasen oder halb formuliert von meinen flatternden Lippen gerissen.

Die Route 59 tauchte unter einem Interstate Highway hindurch, setzte über den South Platte River hinweg, dann überquerte sie eine Bergkuppe und brachte mich gnädigerweise hinab in stilles Buschland. Mein Kopf schmerzte, meine Arme schmerzten und vor allem schmerzte mein dem Wind zugewandtes Innenohr. Schon eine leichte Berührung verriet mir, dass mein Haar zu einem wüsten Phil-Spector-Afro geföhnt worden war. Mike kroch mit einem lebensüberdrüssigen Tuckern dahin. Der erste Ort, den wir erreichten, Sedgwick, besaß drei überlebende Betriebe gewerblicher Art entlang seiner breiten und verlassenen Hauptstraße. Einer war ein Bed & Breakfast. Einer war eine Cannabis-Ausgabestelle. Ich hielt am Bordstein an und stieg steif aus dem Wagen.

Das Sedgwick Antique Inn B&B hatte sein Leben als Farmers State Bank begonnen, ein Name, der in adretten blauen Kacheln auf einer eckigen Fassade aus den 1920er Jahren ausgeschrieben stand.

Seine hispanische Inhaberin, Lupe, war eine redselige, hyperaktive Naturgewalt: eine pensionierte Grundschullehrerin, die diese Stadt fast im Alleingang von den Toten erweckt hatte. »Wenn Sie da draußen eine weiße Wand sehen«, erzählte sie mir, »dann, weil meine Wenigkeit sich die Latzhose angezogen und sie gestrichen hat.« Sedgwick, eine weitere dieser ländlichen Ansiedlungen, die sich seit dem Landwirtschafts-Boom der T-Ära im Niedergang befand, war vollkommen pleite und auf 191 Einwohner geschrumpft, als Lupe hier 2002 ihre Zelte aufschlug. Sie kaufte die alte Bank, funktionierte sie in ein reizendes Gästehaus um und erwarb dann einen baufälligen Laden gegenüber. 2012, nach dem umstrittenen Inkraft-

treten von Colorados Zusatzartikel 64, verkaufte sie diesen an einen aufge-
schlossenen Unternehmer. »Lassen Sie sich gesagt sein, dass ich pfings-
kirchlich erzogen wurde, ich halte daher nicht viel von diesen Marihuanas«,
verriet sie mir am nächsten Morgen, als sie mir in der düsteren ehemaligen
Schalterhalle Kaffee einschenkte. »Und dies ist eine zutiefst konservative
Stadt. Aber wir brauchten Geld und die Ausgabestelle bringt uns nun jeden
Monat 50.000 Dollar an Steuern ein.«

Der süßlich-würzige Duft des Erfolgs, der durch die verhängten Türen von Sedgwick Alternative Relief und den ganzen Weg die Main
Avenue hinab waberte, würde mir sehr vertraut werden. Ebenso die knir-
schenden Bohlen und das verstaubte Leinen des Antique Inn, die
Stammgäste, die sich am Tresen von »R. D.'s Tavern« einfanden, und das
3,2-prozentige Bier, das alles war, was auszuschenken diese Kneipe berechtigt war. Aber den Großteil der nächsten drei Tage verbrachte ich damit,
es lang und schmutzig mit einem bebrillten jungen Mann mit rötlichem
Bart zu treiben.

»Charles Toyne aus Sedgwick.«

Ich glaube nicht, dass ich jemals auf reizendere Weise am Telefon begrüßt wurde. Lupe hatte mir Charles' Nummer gegeben, nachdem ich ihr Mike gezeigt und seine Malaise geschildert hatte. Sie sagte, er habe ein altes Auto ähnlich wie meines in seiner Scheune. Sie hatte nur zur Hälfte recht. Charles hatte vier davon und sie waren ganz genauso wie meines. Sedgwick war, wie Sie sich erinnern, eine Stadt von 191 Seelen, in der ich rein zufällig abgestiegen war. Auch ein Jahrhundert später war Henry Fords Model T, draußen in seinem ruralen Herzland, nach wie vor das universelle Automobil.

Charles war Farmer, ebenso wie sein älterer Bruder und sein Vater. Aber Charles war eine besondere Art von Farmer. Er hatte ein Lama, das er gekauft hatte, um Ziegen zu hüten, und schien sein Geld vor allem mit dem Verkauf von Heu zu fünf Dollar den Ballen auf Facebook zu machen. Er lebte allein in einem maroden Farmhaus, um das herum sich rostiges Gerät und Katzen tummelten, die nach den sieben Todsünden benannt waren. Er drückte sich weitgehend mit einer Zweiton-Variante des Geräuschs aus, das Bugs Bunny macht, bevor er »Is' was, Doc?« sagt. Und natürlich hatte er eine Scheune voller Ts. Ich verliebte mich ein wenig in Charles Toyne aus Sedgwick.

»Eh-hah.« Charles hob seinen Kopf von der schartigen, verrußten Oberfläche meines Motorblocks. »Du hast da ein paar Ventile ordentlich durchgebrannt.« In der Stunde, die seit unserem ersten Telefonat vergangen war, war er in einem klapprigen Pick-up die Main Avenue hinuntergejuckelt, hatte mich seiner gescheckten Promenadenmischung Richard vorgestellt (»Ist ein ziemlicher Drecksack.«) und Mikes Zylinderkopf ausgebaut. Auch Ross hatte diese Hypothese bereits vorgeschlagen: Ich rief ihn nun erneut an, orderte vier neue Auslassventile und eine weitere vermaledeite Kopfdichtung. »Sollte in zwei Tagen bei dir sein«, sagte er. »Schon mal ein Ventil geläppt?«

»Seit der einstweiligen Verfügung nicht mehr.«

»Ein Riesenspaß«, sagte Ross mit bleischwerem Sarkasmus.

Charles fuhr davon und kehrte alsbald am Steuer eines noch klapprigeren Abschleppwagens zurück. »Sakrament«, sagte ich und trat Spinnweben von einem rostzerfressenen Radlauf. »Hut ab, den durch den TÜV zu kriegen.«

»Eh-hah«, sagte Charles, was hieß, dass er es nicht mal versucht hatte. Ich verbrachte viel Zeit damit, seine knappen Äußerungen zu dechiffrieren. Manchmal war es ein offensichtlicher Platzhalter für »ja« oder »nein«. Aber recht häufig, in meinem Fall zumindest, schien es ein höflicher Euphemismus zu sein für: »Bitte sag, dass das nicht dein Ernst ist.« Wir zogen Mike geräuschvoll mit einer Winde an Bord, fuhren eine Meile raus zu Charles' Hof, ließen ihn runter und schoben ihn in eine Scheune mit Erdfußboden. Vertraute Silhouetten zeichneten sich in den Tiefen des Schobers ab, allerdings war es eine Weile her, seit Charles einen seiner Ts angelassen hatte.

Er fragte mich, wie ich die nächsten beiden Tage zu verbringen gedachte. Ich fragte, was er denn so vorhabe.

»Farmarbeit.«

»Ähm ... kann ich mitmachen?«

»Eh-hah.«

Und so fand ich mich unversehens auf dem Feld wieder, wuchtete Heu auf den Hänger eines alten Cowboys und schnitt mir mit Bindedraht tief in meine zarten Lenkfinger. Die drei Söhne des Cowboys bogen sich vor Lachen, als ein geschleuderter Ballen mich seitlich vom Hänger stieß, und juchzten dann anerkennend, als ich mich, mit bleichem Gesicht und Stroh im Haar, wie eine japsende Vogelscheuche tapfer wieder an Bord hievte. Wir verabschiedeten die anderen mit hundert Ballen an Bord, dann kletterten wir in Charles' Pick-up und rumpelten entlang der Umgrenzungen der leuchtend grünen Getreidefelder seiner Eltern, drehten Bewässerungsventile auf und wieder zu, schleppten große Stücke Rohrleitungen um Silos im ockerfarbenen Staub herum. Ein Großteil der Getreideernte des alten Herrn Toyne wurde, wie ich erfuhr, zu Ethanol-Kraftstoff verarbeitet, was mir einen Vorwand gab, Charles mit ein wenig relevanter Geschichte zu unterhalten: Es war Henry Ford, der als Erster die Nutzung von Ethanol auf Getreidebasis angeregt hatte.

Henry, Zeit seines Lebens ein recht kauziger Charakter, wurde im Alter beeindruckend exzentrisch. Er entwickelte einen unerschütterlichen Glauben an Reinkarnation und erging sich häufig über eine »Königinnen-Zelle«, die von einem Körper auf den anderen übergehe. Er schlug vor, weitläufige Bergwerke in Brand zu setzen und damit ganze Landstriche zu heizen. Er riet einem Freund, der einen Schwächeanfall erlitt, keine Milch mehr zu trinken, und fragte einen schwer sonnenverbrannten Gast, ob er zu viele Eier gegessen habe. Ärzte am Ford Hospital graute es vor seinen Stippvisiten. Einem Patienten, der sich von einem Herzinfarkt erholte, befahl er, aus dem Bett zu steigen, sich auf den Boden zu legen und Sellerie zu essen, bis er sich besser fühle. Aber auf dem Gebiet landwirtschaftlicher Technologie brachte der alte Ford einige erstaunlich vorausschauende Anregungen und Erkenntnisse hervor, von denen keine einzige zu seinen Lebzeiten gewürdigt wurde.

Jeder wusste, dass das Öl irgendwann ausgehen würde, aber Henry war einer der wenigen, die eine nachhaltige Alternative vorschlugen: Alkohol war sowohl eine Geißel der Menschheit als auch ein unerschöpflicher menschengemachter Rohstoff, ein zukünftiger Brennstoff, der sich aus fast jeder

Nutzpflanze gewinnen ließ. 1938 gab Ford einer Gruppe von Forschern eine Million Dollar, um aus Kartoffeln und Getreide Kraftstoff zu raffinieren, doch am Ende des Projekts mussten sie mit Bedauern vermelden, dass der Prozess aus ökonomischer Sicht niemals sinnvoll sein werde. Er gab einem anderen Forscher-Team eine weitere Million, um sein größtes landwirtschaftliches Faible zu erkunden: die Sojabohne. Soja gedieh auch auf schlechten Böden und bei Trockenheit prächtig, war in den USA aber so gut wie unbekannt. Henry war begeistert vom Potenzial der Pflanze: Seine Wissenschaftler fanden heraus, dass das extrahierte Sojaöl eine hervorragende Grundlage für Autolack wäre und dass Sojamehl zu einem Bakelit-ähnlichen Material verarbeitet werden könnte. Man konnte Soja an Vieh verfüttern, es zu Linoleum, Seife und Leim verarbeiten und sogar zu Stoff spinnen. Auf dem Höhepunkt seiner Fixierung erschien Henry in einem vollständig aus Sojafasern gearbeiteten Aufzug – Hemd, Anzug, Socken, alles, bis auf die Schuhe – auf einer Handelsmesse. Er lud seine Angestellten zu einer Dinner-Party ein, bei der jeder Gang – Suppe, Brot, Torte, Eiscreme, Kaffee – aus Sojabohnen gemacht war. (Die armen Gäste waren natürlich nicht in der Position, ein ehrliches Urteil abzugeben. Harold Cordell, einer von Fords Sekretären, verriet später, die Soja-Cracker wären »ganz besonders scheußliche Dinger« gewesen.) Die kaum ins Gewicht fallende US-Sojaernte ging in den 1940er Jahren leicht nach oben, explodierte aber erst nach Henrys Ableben: Heute ist Amerika der weltgrößte Sojaproduzent. Und entgegen der Einschätzung seiner Forscher macht aus Getreide gewonnenes Ethanol heute 15 Prozent des US-Kraftstoffmarkts aus.

Um Henrys Willen hätte ich es damit gut sein lassen sollen. Aber ich konnte nicht und so musste Charles mir auch beim Referieren über Sojalecithin zuhören, das in 60 Prozent der verarbeiteten Lebensmittel in den USA enthalten und somit einer der Hauptschuldigen an der Fettsucht-Epidemie im Land ist. Dann schwafelte ich weiter über das Zuckerkonzentrat Maissirup, einen Ableger des Ethanolgetreide-Booms, der als Süßungsmittel den meisten amerikanischen Softdrinks ihren hohen Kalorienanteil beschert.

»Armer Henry«, seufzte ich. »Er hätte das alles wirklich verachtet.«
Armer Charles. »Eh-hah«, sagte er.

Nach einiger Zeit – sehr viel mehr Zeit, als diese Entdeckung hätte dauern sollen – fiel mir auf, dass die Toyneschen Felder viel weniger rechteckig waren, als ich erwartet hatte; tatsächlich waren sie vielmehr vollkommen kreisrund. Charles erläuterte mir nun die Technik namens »Pivot Farming«, bei der in der Regel 400 Meter lange Beregnungsanlagen auf Rädern sehr langsam um eine im Zentrum eines bepflanzten Kreises befestigte Pumpe rotieren. Von oben betrachtet ist der Effekt auf die Landschaft spektakulär. Schauen Sie sich Sedgwick auf Google Earth an und man mag Ihnen nachsehen, wenn Sie sich fragen, ob ein ungewöhnlich ambitionierter Konzeptkünstler entlang des South Platte Valleys am Werk gewesen ist. Tatsächlich könnten Sie sich weite Teile der Great Plains anschauen und sich das Gleiche fragen: Charles erzählte mir, dass ich bereits seit Tagen durch Pivot-Land gefahren sei. »Es ist einfach so viel leichter«, sagte er. »Mein Dad kann einen Großteil der Arbeit per GPS am Laptop erledigen.«

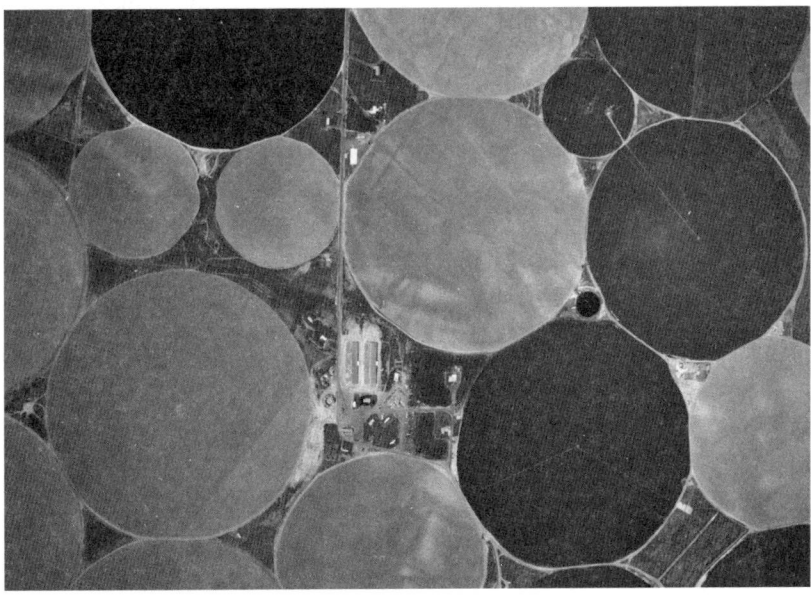

Wie wenig Amerikas Landwirtschaft – intensiv, automatisiert, industriell – doch heute noch mit ihrem Pendant aus der T-Ära gemein hatte. Drüben in Alabama hatte mir jemand erzählt, dass der Tabakanbau im Staat nicht etwa wegen der gesunkenen Nachfrage ausgestorben sei, sondern weil es eine so zermürbende Drecksarbeit war: Bis die Ernte abtransportiert wurde, hatte ein Farmer jede einzelne Pflanze ein Dutzend Mal zu bearbeiten. Ich nehme an, der Preis für mechanisierte Effizienz war eine immer größere Entfremdung vom Land. Die Toynes hatten kein Gemüsebeet und auch keine Obstbäume, und Charles sagte, dass ihr komplettes Getreide, ebenso wie das jeder anderen Farm im Umkreis, genbehandelt sei. Ein weiteres Vermächtnis von Ford und seinen Greenfield-Village-Kumpels, die den Nachweis angetreten hatten, dass der Menschen dem Tier überlegen war und die Wissenschaft der Natur.

Zur Mittagszeit und bei Sonnenuntergang und einmal zwischendurch fuhren wir zurück in die Stadt und parkten vor »R. D.'s Tavern«. Die Burger kamen aus der Mikrowelle und das Bier war lasch und einige der Kunden hatten das Schild auf dem versifften Männerklo ignoriert, das darum bat, keinen Tabak ins Urinal zu spucken. Aber nichts davon schien irgendjemanden anzufechten – gewiss nicht Charles, der ausschließlich Root Beer bestellte. Stets standen vier oder fünf Kerle mit Truckermützen am Tresen, die Ellenbogen auf das klebrige Holz gestützt und dazwischen eine Flasche Leichtbier gepflanzt, manche schauten schweigend beim Baseball zu, andere erzählten ihren Nachbarn brummelnd etwas über Tornados, Destruction Derbys oder die Klapperschlange, die Dwaynes Frau just in ihrer Waschmaschine entdeckt hatte. Die eine Konstante war eine greise Bohnenstange im Jeanshemd. Ich hörte, dass sein Name Lee und er zu drei Vierteln Sioux war und dass er in Vietnam gedient hatte. Aber Lee sprach nie ein Wort, noch, wenn ich darüber nachdenke, bewegte er sich jemals.

Ich brachte zahllose Stunden in dieser Bar zu, klaubte mir Stroh von den Ärmeln und Kletten von der verstaubten Hose, warf gelegentlich etwas ins Gespräch ein, was keiner so recht verstand, und stürzte eine Flasche wässrigen Biers nach der anderen herunter. »Hut ab vor deinem Mumm, in dem Ding quer durchs Land zu fahren«, sagte der Bursche neben mir am ersten

Abend. »Hast es drauf ankommen lassen und bist einfach los, was? Das war ziemlich mutig.« Sein Zwinkern sagte, *das war total bescheuert*. Am zweiten Abend wurde ich von einem einheimischen Dummschwätzer in ein Gespräch verwickelt: »Ich war US-Landesmeister im Taekwondo, aber sie haben mir den Titel abgenommen, weil ich immer wieder Typen zu übel vermöbelt habe.« Einer ansehnlichen Fraktion von Kleinstädtern bereitet es große Freude, Räubergeschichten aufzutischen, was vielleicht ihre erstaunliche Langmut gegenüber dem König der Dummschwätzer erklären mag, den sie sich aufgehalst hatten.

Unterdessen schlich sich ein steter Strom nervöser junger Auswärtiger herein, zog ein Bündel Scheine aus dem Geldautomaten in der Bar und schlich wieder hinaus. »Der Pot-Laden nimmt nur Bargeld«, erläuterte ein Wassertechniker namens Mark. Er skizzierte die Redneck-Logik, die diese sehr traditionelle Gemeinde dazu bewogen hatte, der Ausgabestelle zuzustimmen. »Vielleicht kriege ich Arthritis, wenn ich älter bin, und vielleicht stelle ich fest, dass es hilft, ein wenig Marihuana-Creme draufzuschmieren. Was meinst du, was ich sagen würde, wenn mir das einer verbieten will, häh? Häh?«

»Ähm...«

»Ich würde sagen: *Fick dich!*«

(Sedgwick, erfuhr ich, war berüchtigt für rechtlose Rebellion: Die 3,2-Prozent-Lizenz, die R. D. besaß, hatte ihm jahrzehntelang erlaubt, Bier an Teenager auszuschenken, die in Scharen aus Nebraska herbeikamen und hier über die Stränge schlugen. Die Stadt ist weiterhin ein Anziehungspunkt für partyfreudige Feierbiester jeden Alters, dank eines Tradition gewordenen Schlupflochs, gemäß dem die Polizei stillschweigend übereingekommen ist, niemals einen Fuß in ihre Straßen zu setzen.

Charles sprach wenig, aber wenn er es tat, hatte sich das Warten gelohnt. »Ich weiß, dass eine Menge Leute meinen, ich hätte sie nicht alle, aber Ziegenfleisch wird in den nächsten fünf Jahren echt im Kommen sein.«

»In der letzten Vollmondnacht habe ich 50 Waschbären gesehen.«

»Mein Bruder hat ein Panzerabwehrgeschütz. Er ist Chef der Feuerwehr.«

»Also, der Typ, der gerade gegangen ist, hat versucht, mich mit seiner Tochter zu verkuppeln. Das würde mir gefallen, das würde mir echt gefallen. Aber ich weiß, dass sie nicht scharf darauf ist. Eh-hah.«

Ich hätte nicht gedacht, dass 3,2 Prozent der Aufgabe gewachsen wären, aber das waren sie wohl, denn jeden Abend wankte ich die widerhallenden Stufen des Antique Inn B&B hinauf, sank mit einem Medley aus Sarg-knirschen und federndem Liebesgrunzen auf mein großes altes eisernes Bett, starrte hinauf zur hohen Decke und dachte: Ich möchte Amerika wie-der groß machen.

Die Ventile – vier überdimensionierte Golf-Tees – trafen am dritten Morgen ein, und Charles und ich machten uns vor seiner Werkstatt, unter den mokanten Blicken von Zorn, einem roten Kater, der das Geschehen von Mikes Dach aus überwachte, an die Arbeit. (»Neid hat sich vor ein paar Monaten vergiften lassen«, sagte Charles. »Wollust kommt mich alle paar Tage besuchen. Eh-hah.«) Die Ventile einzubauen, war kein großes Problem,

zumindest sobald Charles ein passendes Werkzeug fabriziert hatte, indem er eine Ladung Kettenglieder mit dem Winkelschneider mittig teilte und in die Klemmbacken einer riesengroßen Zange schweißte. Dann verschwand er im Schuppen, in dem ein unter keinem guten Stern stehendes Rebhuhnzucht-Experiment untergebracht war, wühlte geräuschvoll herum und kehrte mit etwas zurück, das an einen Dartpfeil für Kinder erinnerte, die Sorte mit dem kleinen Saugnapf an der Spitze. »Nach dem heutigen Tag«, proklamierte er und hielt den Pfeil mit ernster Miene vor mein Gesicht, »willst du dieses Ding nie wieder sehen.«

Ventile läppen ist ganz einfach. Um die gewünschte luftdichte Passung zwischen der abgeschrägten Unterseite des Ventils und seinem Sitz im Motorblock zu erzielen, trägt man einfach einen Klecks eines aggressiven Schleifmittels auf den Rand des Ventils auf, setzt den Saugnapf auf das Ventil, senkt es in den Sitz und fängt an zu schleifen. Das ist auch schon alles. Einfach schmieren und schleifen. Und schleifen. Und schmieren. Und schleifen und schleifen und schleifen und immer weiter schleifen, bis die Handflächen schreien und die Handgelenke absterben und Zorn mitleidlos von oben auf einen herabblickt.

Wir teilten uns die Tortur in strikter Rotation, Schichten zu je hundert Schleifzügen absolvierend. Für das erste Ventil brauchten wir zwei Stunden. Um den Zugang zum zweiten zu erleichtern, entfernten wir den Verteiler – eine zunächst leidige Aufgabe, die sehr viel einfacher wurde, als das ganze Teil entzweibrach. Charles stöberte schließlich in einem von Spinnweben übersäten Haufen aus T-Teilen, die sein Großvater im Laufe vieler vergangener Jahrzehnte angehäuft hatte, einen Ersatzverteiler auf. Er war verzogen und rostig und von recht andersartigem Design als sein zerstörter Vorgänger – tatsächlich so andersartig, dass wir auch noch eine maßgeschneiderte Dichtung aus Pappe fertigen mussten. Aber bevor es so weit war, gab es noch einiges zu schleifen. So dermaßen viel zu schleifen. Wir schleiften, bis sich der große Himmel über uns an den Rändern orange färbte und Charles' Schrottplatz in einen goldenen Glanz tauchte. Wir schleiften, bis Zorn sich streckte, gähnte und ins Zwielicht davonhopste. Und endlich, im Mondschein und unter einem funkelnden Sternenzelt, bauten wir Mike wieder zusammen und ließen ihn an.

»Eh-hah, wär' kein Problem, die Pulle in einem wegzuhauen.«

Ich hatte Charles nie trinken sehen, aber unser episches Unterfangen verlangte nach einem Toast, und er sorgte für das Nötige, indem er einen selbstgemachten Verschnitt aus Tequila und Mountain Dew aufschraubte. Dies erwies sich als überraschend ansprechende Kombination, aber ich musste den T noch zurück zum Antique Inn fahren und war nicht ganz bereit, in Sedgwicks Bruderschaft leichtfertiger Rebellen aufgenommen zu werden. Also drückte ich einen Bündel Zwanziger aus meiner schmutzigen, aufgerauten Hand in die seine, dann schüttelte ich sie und fuhr davon in die kühle Schwärze, in der hier und da, im flackernden Halblicht aus dem T-Scheinwerfer, ein paar Heuschober und ein langhalsiger, wuscheliger Ziegenhirt aufleuchteten.

Es fiel mir schwer, mich von Sedgwick zu verabschieden. Ich war lange genug dort gewesen, um den Güterzug, der zweimal die Woche vorbeikam, über die vermodernden Bohlen, die über das Ende der Main Avenue gelegt waren, vorbeirattern zu sehen. Lange genug, um zu wissen, dass Lupe und ein Kassierer an der Tankstelle nahe dem Interstate Highway die einzigen Demokraten der Stadt waren. Lange genug, um so etwas wie eine Figur des öffentlichen Lebens zu werden. »'allo Guvnor«, rief mir eine Gothic-Braut mit lila Haaren auf dem Weg zum Personaleingang der Kifferbude zu, als ich am nächsten Morgen meine Reisetasche in das Gestell auf dem Trittbrett zwängte. »'aben Sie einen bloody guten Tag.« Dieses verschlafene kleine Nest hatte sich der wachsenden Schar von Trump-Belt-Gemeinden angeschlossen, die mir auf heiterste, selbstloseste und denkbar untrumpigste Weise die Reise versüßt hatten.

Mike lief nun wie eine Eins, feuerte aus allen Zylindern, jedoch durch einen verzogenen Verteiler atmend, der mit Rost und Pappe vermurkst war. Wir brausten zurück nach Nebraska auf der US-30, einem Abschnitt des Lincoln Highway, der, von New York bis San Francisco verlaufend, Amerikas erste Straße war, die Ost- und Westküste miteinander verband: 1913 eingeweiht und innerhalb von 25 Jahren vollständig asphaltiert. Orte, die erblüht waren im Dienste dieser bahnbrechenden Arterie, lagen nun jeglichen Sinnes beraubt da, voll von baufälligen Motels und ebensolchen Tankstellen. Manche trugen unter ihren Namen auf den Ortsschildern den gefürchteten Zusatz »GEMEINDEFREI«, bankrott und nun verwaltet von einem größeren, reicheren Nachbarn – das schändliche Schicksal, dem auch Sedgwick beinahe anheimgefallen wäre. Im Antique Inn war ich auf einen Stapel alter Lokalzeitungen gestoßen, in dem die Eröffnung des Interstate 80 im Jahr 1970 von einer monochromen Menge begrüßt wurde, die in die Tausende ging. Arme Narren, den Marsch des Fortschritts bejubelnd und auf tragische Weise nicht ahnend, dass der lebensspendende Durchgangsverkehr, der ihre Städte erhalten hatte, im Morgengrauen verschwunden sein würde. Ford hat's gegeben, Ford hat's genommen.

Als erfahrener Farmer der Great Plains fühlte ich mich der Umgebung nun stärker verbunden. Ich konnte Büffelgras von Nadelgras unterscheiden, Klippe von Kuppe. Lange Stunden folgte ich dem Verlauf des historischen

National Pony Express, dessen Geschichte auf regelmäßigen Infotafeln stolz erzählt wurde. Man musste das Kleingedruckte lesen, um zu erfahren, dass diese legendäre Institution ganze 20 Monate existierte. Und mehrere Tage lang passierte ich immer wieder den Oregon Trail, der von den 1830er Jahren bis zum Eisenbahnzeitalter 400.000 Siedler in den ungezähmten Westen brachte, eine fünfmonatige Reise mit dem Planwagen.

Nebraska erlebte nie einen Goldrausch und blieb somit verschont von den damit einhergehenden alkohol- und bleibedingten Verheerungen. Die Menschen, die sich hier niederließen, waren friedfertige Siedler, angelockt von einer staatlichen Verordnung, die es jedem Kolonisten gestattete, bis zu 64 Hektar Land für sich in Anspruch zu nehmen, die in ihr Eigentum übergingen, sofern sie ein Haus bauten und das jungfräuliche Land fünf Jahre lang bewirtschafteten. Der Homestead Act wurde erst 1986 aufgehoben; der Vietnamveteran Ken Deardorff war 1974 der letzte Amerikaner, der sich darauf berief, als er knapp 30 Hektar Wildnis in Alaska in Besitz nahm und bewirtschaftete. Weniger als die Hälfte jener Siedler der ersten Welle setzten sich durch, doch diejenigen, die es nach Nebraska verschlagen hatte, erwiesen sich als zäh und beanspruchten seinerzeit 45 Prozent der windigen Ebenen des Staates, nirgends in den USA war der Anteil höher. Die meisten waren europäische Farmer, furchtlose Ackerbauern, die ihre Anstrengungen gegen Ende des 19. Jahrhunderts mit der Ausbreitung von Stahlpflügen und mechanischen Erntemaschinen verstärkten. Binnen einer Generation breitete sich der Weizenanbau auf diese Weise quer durch die ganze Prärie und darüber hinaus aus. Binnen zweier richtete er eine Katastrophe an, von der sich viele kleine Städte nie wieder erholen würden.

Der »Dust Bowl«, die »Staubschüssel«, war eine gänzlich von Menschenhand gemachte Tragödie. Jene frühen Siedler waren mit Regenfällen gesegnet, die ihnen Rekordernten bescherten, und als dann die für die Prärie eher üblichen Dürren einsetzten, zogen sie sich auf Aberglauben zurück. »Regen folgt dem Pflug«, war eine an Feld der Träume geschulte Maxime ruraler Verblendung: der Glaube, den Himmel dazu bewegen zu können, seine Schleusen zu öffnen, indem man die Erde in noch größeren Mengen umgräbt. Was dies tatsächlich bewirkte, war, 40 Millionen Hektar loser, trockener Mutterkrume den Göttern des Windes preiszugeben, die sie dankbar in Staubstürmen verteilten, die in den 1930er Jahren fast 800.000 Quadratkilometer Ackerland unter sich begruben. Fast sämtliche der Orte, durch die ich seit dem Texas Panhandle gekommen war, hatten Schaden genommen, viele davon irreparablen. Mehr als 350.000 verzweifelte »Okies« verließen ihre Heime und zogen nach Westen. (Ich möchte betonen, dass die Flüchtlingsfamilie, die in Steinbecks *Früchte des Zorns* eine so schlimme Zeit durchmachte, dies nicht in einem Model T, sondern in einem 1926er Hudson Super Six tat.)

Am 10. Mai 1934 riss ein einziger »Black Blizzard« geschätzte 650 Millionen Tonnen Great-Plains-Mutterboden mit sich und ließ zwölf Millionen davon am nächsten Tag auf Chicago niedergehen. Farmer erstickten auf ihren Feldern. Vieh erblindete. Siebentausend Menschen starben an Staublunge, die meisten davon Kinder. Die ganze finstere Episode war eine Erinnerung daran, welchen Schaden die Menschheit anrichten kann, wenn sie sich als eine mit Werkzeug ausgestattete invasive Spezies in einer jungfräulichen Umgebung breitmacht. Eine weitere Erinnerung: Die 65 Millionen Bisons, die durch die Prärie streiften, als die Europäer ankamen, waren 1900 bis auf wenige hundert erlegt worden, viele aus Spaß oder Profitgier, die meisten aber fielen dem Stacheldraht zum Opfer, der jede Farm und jede Ranch der Great Plains einfasste und ihnen den Weg zu Futter und Wasser abschnitt.

Nebraska machte einen erbaulichen und unaufdringlichen Eindruck: einer der ersten US-Staaten, durch die ich kam, der weder florierte noch sich im offensichtlichen Niedergang befand, bloß ein friedlicher Flecken Erde, der sich wacker behauptete. Als eine sehr stumpfe Messlatte: West Virginia, ein Staat mit beinahe identischer Population, verzeichnet mehr als sieben Mal so viele tödliche Überdosen. Aber Nebraska war dennoch ziemlich trumpig. Gleich hinter der eindrucksvollen Felswand namens Scotts Bluff kam ich an einer selbstgemachten Tafel mit den Konterfeis von George Washington, Abraham Lincoln und Donald Trump vorbei, darunter der Slogan: »ES IST AN DER ZEIT, WIEDER GROSS ZU WERDEN!«

Donald selbst war zwei Wochen im Urlaub gewesen, eine herrliche Ruhepause, die ein sehr unschönes Ende fand durch die Ereignisse in Charlottesville, der reizenden kleinen College-Stadt, in der, in einem anderen Leben, meine Reise begonnen hatte. Weiße Nationalisten hatten einen Aufmarsch organisiert, um gegen die Entfernung zweier Reiterstandbilder der konföderierten Armee aus städtischen Parks zu protestieren; eine vor Ort lebende Frau, Heather Heyer, wurde bei einer Gegendemonstration vorsätzlich angefahren und erlag ihren Verletzungen. Ich war zutiefst erschüttert von dieser Tragödie, die mich unmittelbar zu betreffen schien. Und das war, bevor Trump sich einschaltete und sein seltsam gekünstelter und cartoonhafter Tonfall – halb Top Cat, halb Dr. Evil – wieder aus dem Radio neben mir quäkte. Als ich die Grenze zu Wyoming passierte, machte er »beide Seiten« für den Todesfall verantwortlich und vertrat die Ansicht, dass sich in den Reihen der weißen Nationalisten ein paar »sehr feine Leute« befänden. In einem etwas schnelleren und substantielleren Fahrzeug hätte ich möglicherweise auf der Stelle kehrtgemacht, wäre zurück nach Scotts Bluff gefahren und ihm direkt durch seine fiese Visage gerast.

Auf dem CanAm Highway stießen Mike und ich nordwärts nach Wyoming vor und kletterten, die letzten Grenzen europäischer Eroberung passierend, auf 1.200 Meter Meereshöhe hinauf. Die Ortseingangsschilder der meisten Städte nannten Gründungsdaten, die in die T-Ära fielen, und jedes Wahrzeichen hatte einen abgebrühten, pionierhaften Klang: Deadman Draw, Rawhide Creek, Mule Junction. In einer schlaflosen Nacht im Motel entdeckte ich, dass Wyoming und Colorado die beiden einzigen Staaten der Union waren, die ganz und gar rechteckig sind, von einem Beamten mit Lineal und Bleistift mit ein paar raschen Zügen abgesteckt. Passt schon. Da draußen ist eh keiner. Nicht mal der angedeutete Stummel eines Pfannenstiels.

»NÄCHSTE TANKSTELLE 130 KILOMETER«, stand auf dem Schild, das mich aus Lusk verabschiedete, der Auftakt einer wasser- und nährstoffarmen Wildnis aus kränklichem Weideland. Alle halbe Stunde kam ich an einem gedrungenen Farmhaus vorbei, das von einer Außenwand aus Heuballen gedämmt war und nur darauf wartete, eingeschneit zu werden.

Der durchschnittliche Einwohner Wyomings fährt fast 30.000 Kilometer im Jahr durch diese einsame Weite, ein Drittel mehr als die Einwohner jedes anderen US-Staates und das Vierfache der durchschnittlichen europäischen Kilometerleistung. Zudem hatten sie Trump mit beispielloser Begeisterung gewählt: Hier geschah es, dass sich Hillary Clinton in einem Bundesstaat, der größer ist als Großbritannien, ganze 55.973 Stimmen sicherte.

Der leckende Verteiler wurde beständig lauter, ein ungehobeltes, flatulentes Kratzen, das Schwaden aus Abgasen direkt in die Fahrerkabine beförderte und dafür sorgte, dass jedes Ziehen am Gashebel von einem gequälten Zucken begleitet wurde. Und als die Straße in die Black Hills, die Schwarzen Hügel, hinein anstieg und die 1.500-Meter-Grenze überschritt, wurde das wiederkehrende Fehlzünden, das Mike seit Wochen wie ein hartnäckiger Husten plagte, abrupt regelmäßiger. Seine gequälten, spotzenden Anfälle klangen stets endgradig tödlich, doch gerade als wir im Begriff schienen, zu einem stillen Halt auszurollen, erholte er sich plötzlich, spuckte aus, was auch immer ihm in der Kehle gesteckt hatte, und dröhnte vergnügt weiter.

Gold wurde in den Black Hills erstmals 1874 gefunden, von einem Expeditionsteam der US Army unter dem Kommando von General Custer, einem aufgeblasenen Egomanen, dessen oberstes Ziel es gewesen zu sein schien, seinen Namen in so viele Berggipfel wie möglich zu ritzen. Infolgedessen fand seine Gruppe nie mehr als ein paar Flocken, und freiberufliche Goldgräber schlugen mit eher bescheidenen Erwartungen ihre Zelte auf. Am 9. April 1876, zwei Monate bevor seine Leichtfertigkeit Custer und 267 seiner Männer am Little Big Horn das Leben kostete, steckten vier Schürfer – Fred und Moses Manuel, Hank Harney und Alex Engh – auf einer Felsnase in der Nähe von Deadwood, im zu South Dakota gehörenden Teil der Black Hills, einen Claim ab. Sie waren soeben auf die Goldader gestoßen, die mehr als hundert Jahre lang zehn Prozent der weltweiten Gesamtproduktion abwerfen würde.

Drüben in Wyoming nahm sich die Schürferei etwas bescheidener aus. 1878 kam James LeGraves mit einem begeisterten Ruf den Cambria Canyon hinuntergelaufen: »Da ist Salz in den Hügeln!« Zehn Jahre später, einen weitaus größeren öffentlichen Wirbel entfachend, fand ein Vermesser in dem Canyon einen Flöz hochwertiger Anthrazitkohle. Mit der maßvollen Zurückhaltung, die jene Ära prägte, erklärte die Cambria Fuel Company das entdeckte Vorkommen für »hinreichend, um die Feuer der Hölle bis in alle Ewigkeit zu nähren«, und innerhalb von 20 Jahren war die Stadt, die oberhalb des Flözes gebaut wurde, Heimat von 1.500 Menschen, einem Opernhaus und einem Hospital, das über eins der ersten Röntgengeräte im Land verfügte. Binnen weiterer 20 Jahre war die Kohle erschöpft und um 16.30 Uhr am 15. März 1928 ertönte die Pfeife der Zeche Cambria zum letzten Mal. Die Bürger brachen ihre Zelte mit bemerkenswerter Eile ab. Mahlzeiten wurden auf Tischen zurückgelassen und Kleider in Schränken. Noch vor Sonnenuntergang hatte jeder Angestellte und jeder Ladeninhaber seine Siebensachen gepackt und sich davongemacht. Bei Tagesanbruch lag der ganze Ort verlassen da. Der Rasensprenger des Gerichtsgebäudes war nicht abgestellt worden und leerte schließlich den Wasserspeicher der Stadt, der zu gewaltigen Kosten über einem 800 Meter tiefen Brunnen gebaut worden war. Cambria, verlassen in einem einsamen Tal gelegen, fünfzehn Kilometer von der nächsten bewohnten Stadt entfernt, wurde langsam von der Natur zurückerobert. Heute ist das einzige verbliebene Gebäude der klobige, vom Besitzer der Mine erbaute Jagdsitz im Pseudo-Tudorstil, vor dessen abweisenden Eichentüren ich nun stand.

Die Wirtin, die endlich auf mein verzagtes Klopfen antwortete, tat dies mit einer vorgefassten Miene des Bedauerns: Das Flying V Cambria Inn hatte aktuell keine Gäste und war daher nicht geöffnet. Ich begann, sie mitleidheischend zu beschwatzen, dann trat ich zurück, bat sie hinaus, und winkte mit dem Arm in Richtung Mike, der mit kess schräggestellten Reifen vor einer Kulisse aus Kiefern und Fels auf dem verlassenen Hof parkte. »Gebaut vier Jahre bevor sie hier die Mine geschlossen haben«, erklärte ich schmeichelnd.

»Na, ich werd' nicht mehr.«

Sie zeigte sich reuig und lenkte prompt ein, wies jedoch darauf hin, dass das Küchenpersonal heimgeschickt worden sei.

»Ist schon okay«, sagte ich. »Ich habe eine halbe Tüte Studentenfutter. Ist nur ein bisschen nass geworden.«

Sie schenkte mir ein mütterliches Lächeln. »Oh, ich glaube, da werde ich schon was Besseres auftreiben können.«

Eine Stunde später, nach einer plan- und fruchtlosen Runde »Finde die Fehlzündung« unter der Motorhaube, schleppte ich meine Reisetasche durch die Eingangstür hinein. An der Rezeption war ein Schlüssel für mich hinterlegt, aber sonst war niemand da. Mich sehr allein fühlend, schlenderte ich durch ein düsteres Billardzimmer, durch endlose Korridore, durch einen Tanzsaal, von dessen Wänden geweihbestückte Trophäen herabblickten. Ich war heilfroh, dass noch niemand auf die Idee gekommen war, einen Horrorfilm in einem entlegenen, uralten Hotel in der Nebensaison zu drehen. Dann fand ich die designierte Tür, warf sie auf und machte eine wahrlich bestürzende Entdeckung. Auf dem Bett, bereit, vernascht zu werden, wartete mein Abendessen: eine halbvolle 800-Gramm-Trommel Käsebällchen.

Es war ein herrlicher Morgen mit dazu passender Kulisse, und getreu dem Motto »Nutze den Tag« machte ich einen kleinen Umweg nach Norden, kühn vom Asphalt auf eine unbefestigte Nebenstraße wechselnd. Ich weiß nicht, warum die Black Hills nicht Green Mountains heißen. Sie sind üppig bewaldet und hoch genug, ja, sie nehmen sich geradezu titanisch aus vor dem Hintergrund der endlosen, graubraunen Ebenen, aus denen sie sich so abrupt erheben. Die Bodenwellen der Schotterpiste unter mir machten es allerdings bald zu einer Herausforderung, die landschaftliche Schönheit um mich herum gebührend zu würdigen. Selbst bei 15 km/h schlitterten die dünnen Reifen hilflos umher, während das Geratter mir die Käsebällchen vom Frühstück – spare in der Zeit, so hast du in der Not – wieder die Speiseröhre hinaufdrückte. Es war, als würde man über ein eingefettetes Waschbrett fahren.

Nach ein paar holprigen, zermürbenden Meilen aber entdeckte ich, dass ich umso weniger schlitterte, desto schneller ich fuhr. Im Grunde war es naheliegend, schließlich war ruppiges Geläuf wie dieses, nicht samtener

Asphalt, das natürliche Habitat des Model T. Demgemäß inspiriert, sauste ich bald mit unmäßiger Geschwindigkeit über den zerfurchten Schotter, eine beeindruckende Wolke aus weißem Staub hinter mir herziehend, während ich im Slalom über ein alpines Plateau polterte. Hirsche tänzelten aus den Gelbkiefern. Ein Biber glitt in einen glasklaren Gebirgssee. Ich jagte Mike ein Gefälle aus losem Rindenmulch hinab, vorbei an eingestürzten Blockhütten und Wällen aus Weihnachtsbäumen, die in von Butterblumen übersäte Wiesen übergingen, alldieweil die frische Höhenluft einsaugend. Hin und wieder kam ich an einer Farm voller Rost und Staub vorbei, und ein durchgeknallter Köter wetzte hervor und kläffte gute anderthalb Kilometer lang hinter mir her. Kiesel klickerten und schepperten vom Holz und Stahl unter meinen Füßen. Laut GPS tauchte ich immer tiefer in die weiße Einöde ein. Irgendwann erreichte ich 1.800 Meter über dem Meeresspiegel; irgendwann erreichte ich South Dakota. Nach fast 40 anregenden, tapferen Kilometern klopfte ich Mike auf das eingestaubte Lenkrad und kehrte zurück auf grauen Samt. Er hatte den ganzen Morgen kaum fehlgezündet. Als ich zum Tanken in Hill City anhielt, bemerkte ich mit großer Befriedigung, dass seine Flanken nun von einer imposanten Schmutzschicht bedeckt waren. Auf der Wacky Races-Skala hatten wir den Schritt vom Anthill Mob zum Arkansas Chugabug vollzogen.

Im Black Hills National Forest war der amerikanische Traum noch gesund und munter, oder vielmehr alt und reich. Silberhaarige Pärchen tuckerten in glänzenden Rentnermobilen umher und machten an Rastplätzen Halt, um kolossale graue Felsnasen zu fotografieren. Allerdings waren sie nicht ihretwegen gekommen, noch für die Fahrt mit der Black Hills Steam Railroad oder für eine Runde auf dem Minigolfplatz Deadwood. Sie schienen nicht einmal besonders beeindruckt zu sein von einem 1924er Ford Model T Touring. Alle waren sie hier, um vier amerikanischen Helden die Ehre zu erweisen, die in monumentaler Größe in den Fels gehauen waren. Wir waren gekommen, um Mount Trumplos zu bestaunen.

Ich glaube, man muss vielleicht Amerikaner sein, um Mount Rushmore vollständig würdigen zu können. Die Menschen um mich herum taten es auf jeden Fall und blickten in ehrfürchtigem Schweigen hinauf. Ja, es ist

ein Werk verblüffender Größenordnung und Ambition, von 150 Bergarbei-
tern im Lauf von vierzehn Jahren Blut, Schweiß und baumelnder, explo-
siver Heldentaten verwirklicht. Ja, die Zahlen sind beeindruckend: die
450.000 Tonnen Gestein, die abgesprengt und abgehämmert wurden, die
sechs Meter langen Nasen, der erstaunliche Blutzoll des Projekts von null
Toten. Doch von der fernen Grand View Terrace aus betrachtet, wirkten
die Gesichter gar nicht so groß, bekanntermaßen häufig ein Problem,
wenn Dinge ziemlich weit weg sind. Und es war nun mal eine globale
Sightseeing-Ikone. Es kam mir so dermaßen vertraut vor, so ganz und gar
nicht überraschend. Es war einfach da oben, gehauen in den Granit, und sah
genau so aus, wie man es in tausend Filmen und auf tausend Fotos gesehen
hatte, exakt so, wie man es erwartete.

Mount Rushmore wurde im Jahr von Mikes Geburt vom Bildhauer
Gutzon Borglum erdacht. 1924 befand sich Amerika in einem schwindeler-
regenden Hier und Jetzt: So viel war bereits erreicht, aber auch noch so viel
Potenzial zu verwirklichen. Die Nation durchlebte Henry Fords »histori-

sches Heute« und schrieb nebenbei ihre eigene bemerkenswerte Geschichte. Ungeachtet der in den Fels gehauenen, seit langem verstorbenen Gesichter – wobei Theodore Roosevelt, der es wohl nur deshalb in die Auswahl schaffte, weil er zur richtigen Zeit am richtigen Ort gewesen war, erst 1919 das Zeitliche gesegnet hatte –, war Rushmore weniger eine Feier von Amerikas Vergangenheit als seiner mächtigen Gegenwart. Eine stinkreiche, übermütige Nation, die ihre eigene Größe feierte, indem sie ihren Namen im Geiste von General Custer in den Granit der Black Hills meißelte.

Das Projekt wurde vollendet, als Bob Kirk 17 wurde. Nur dass es eigentlich nicht vollendet wurde. Borglum hatte eigentlich vorgehabt, die kompletten Oberkörper der Präsidenten zu meißeln und alles mit einer riesigen Wand mit Inschriften abzurunden, die in zweieinhalb Meter hohen Lettern nationaler Ikonen gedachte: der Unabhängigkeitserklärung, der Verfassung der Vereinigten Staaten und Petherfenny, seinem mechanischen Blechspielkameraden. (Eines dieser drei Vorhaben ist von Gelehrten angezweifelt worden.) Doch ihm ging das Geld aus. Und vielleicht auch jener Quell patriotischer Hoffnung. Seitdem die Arbeiten begonnen hatten, hatte Amerika die Depression und den Dust Bowl durchlitten. Die Nation war im Begriff, in einen weiteren Weltkrieg gezogen zu werden. Die Zukunft sah nicht mehr ganz so berauschend aus, wie sie es einst getan hatte. Gigantische Köpfe in entlegene Felswände zu meißeln, schien ein wenig maßlos zu sein. Wenn nicht gar überheblich. Wenn nicht gar ein Akt anmaßender Torheit.

Mount Rushmore ist vielleicht am ehesten das, was man eine amerikanische Pilgerstätte nennen könnte. Die ehrfürchtigen alten Bewunderer um mich herum liebten verdammt noch mal ihr Land. Man sah es an ihrer aufrechten Haltung und ihren leuchtenden Augen. Sie liebten Washington, Jefferson und Lincoln, vielleicht sogar den anderen Kerl in deren Mitte, den Typen mit dem Kneifer und dem Schnurrbart. Sie liebten den unbändigen Ehrgeiz und die Zuversicht, die sie alle in den Fels gemeißelt hatte. Aber das alles war damals. Sie hingen einem wehmütigen Patriotismus an, der wie ein kränkelnder Model T im Rückspiegel aus dem Blick geriet. Sie waren gekommen, um vergangener Größe zu huldigen. Und mit diesem traurigen Gedanken im Kopf ging ich zurück zu Parkplatz 5, warf Mikes

Motorhaube auf und zog die Verteilerschrauben so fest an, dass eine von ihnen abbrach.

Die Black Hills lagen hinter mir, ein kurzes Zwischenspiel aus Aktivität und landschaftlichem Schauspiel, dann streckten sich vor mir wieder die endlosen braunen Ebenen aus. Ich brauste in guter, lauter Gesellschaft über sie hinweg: Rund 35 Kilometer entfernt war in Sturgis soeben das größte Motorrad-Treffen der Welt zu Ende gegangen und 500.000 alte Biker mit Kopftüchern donnerten auf ihren Harleys heim. Fast jeder von ihnen zeigte mir ein Peace-Zeichen oder die Teufelshörner oder erwiderte das extrem lässige Fingerheben, das zu meinem eigenen bevorzugten Gruß geworden war. »Nu', wir Jungs machen uns normalerweise nichts aus Autos«, krächzte ein greiser Pferdeschwanzträger, als seine gurgelnde Phalanx an einer Ampel in Belle Fourche neben mir anhielt. »Aber dieser alte T ist so was wie das fehlende Bindeglied zum Motorrad. Man hat den Wind im Haar und, Junge, ist das Teil LAUT.«

Ich blickte hinab und las sein T-Shirt. »Ich behalte meine FREIHEIT, meine WAFFEN und mein GELD – den REST könnt ihr behalten.« Unter dem Slogan war ein Bild von Obama, allerdings eines, das rot umrandet und mit einem dicken Balken durchgestrichen war. Er ließ seinen Motor aufheulen. »Weißt du, dass dein rechtes Hinterrad eiert?«

»Jetzt schon.«

Eine weitere Gruppe Biker saß biertrinkend auf einer Bank vor der Lobby des Belle Fourche AmericInn, als ich meine Taschen an ihnen vorbeischleppte. Wir kamen ins Gespräch und sie erklärten, dass das fortgeschrittene Durchschnittsalter der Sturgis-Pilger nur ein weiteres Abbild fiskaler Demografie war: »Diese Maschinen kosten 40.000 Dollar und wir fahren sie nur zum Spaß. Jüngere Leute können sich das nicht leisten. Ist schon irgendwie ein Jammer, denn diese Dinger wiegen über 300 Kilo und sie an der Ampel aufrecht zu halten ist kein Spiel für alte Säcke.« Tod und Gebrechen hatten die Teilnehmerzahl in Sturgis inzwischen dezimiert, erzählten sie mir: Bis vor kurzem noch schlugen mehr als eine Million Biker dort auf. »Aber wenn dieser Idiot nächstes Jahr noch das Sagen hat, bleibe ich zu Hause.«

Ich starrte den stämmigen alten Burschen an, der diese Ankündigung gemacht hatte.

»Welcher Idiot?«

»Dieser gottverdammte Trump!«, gellte er. »Jedes Mal, wenn er das Maul aufmacht, möchte ich… Oh, Mann.«

Er nahm einen besänftigenden Schluck Coors Light.

»Wir kommen aus Kanada«, erklärte sein Nachbar.

»Immer noch unter Schock«, ergänzte ein anderer.

Ich wusste, wie er sich fühlte. Aber wie verwirrend es war, solche Worte von Männern zu hören, die ich nach Alter und Habitus inzwischen fast schon instinktiv mit erbittert trumpesker Rhetorik assoziierte.

»Ein Typ, den ich auf der Rallye traf, sagte was echt Interessantes«, erzählte der Coors-Trinker. »»Ihr Leute macht alle den gleichen Fehler. Ihr hört auf das, was der Mann sagt. Aber es geht nicht um das, was Trump sagt, es geht darum, für was er steht.‹«

Wir dachten eine Weile beklommen über diese Worte nach, Außenseiter in einem einst vertrauten Land. Dann, zu allgemeiner Erleichterung und Belustigung, stieß jemand ein emphatisches Rülpsen aus.

KAPITEL 14

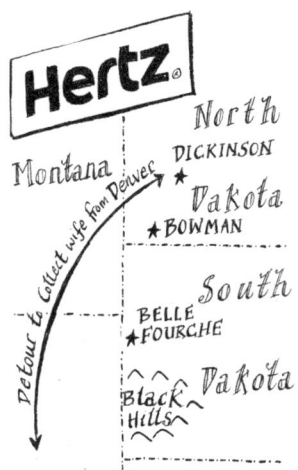

»Ich war sechs, als ich zum ersten Mal einen davon gefahren bin.« Ein weh-
mütiges Kichern hallte dünn durch Kens Laden. »Mein Paps meinte, ich
solle unseren T-Truck raus aufs Weizenfeld nehmen. Junge, ich zitterte wie
Espenlaub!«

Der wunderbar hilfsbereite Betreiber des AmericInn hatte mich zur
Koryphäe unter den Oldtimer-Freunden von Belle Fourche gebracht und
kehrte bald mit einer Auswahl an Unterlegscheiben und Dichtungen zurück,
die er aus dem Eisenwaren-Fundus seines Hausmeisters stibitzt hatte. Kens
Aufgabe war es, meinen misstönenden Verteiler zu reparieren, ein Prozess,
der damit begann, die verkohlten Überreste der Pappe zu bergen, mit der
Charles Toyne aus Sedgwick ihn versiegelt hatte. Ein passender Satz Dicht-
ringe wurde kurzerhand aus einem stark oxidierten T Fordor beschafft, den
Ken kürzlich erstanden hatte. »Gehörte meiner alten Lehrerin. Sie hat sich
1932 einen Model A gekauft, aber keiner wollte ihren alten T. Das Teil stand
86 Jahre lang in einem Flugzeughangar, bevor ich ihn da rausholte.«

So war es so manchem Model T ergangen. Henry Ford mochte mit
seinem Fünf-Dollar-Tag und seinen superbilligen Autos den modernen

Konsumismus erfunden haben, aber er war entsetzt angesichts der Wegwerfkultur, die schon bald daraus hervorging. Er konnte sich schwerlich beklagen, als andere Autobauer anfingen, technisch überlegene Konkurrenzprodukte vorzustellen (was er aber dennoch tat – Heizungen und Kurbelfenster wären nur was für Weichlinge). Was ihn als aufrecht pragmatischen Ingenieur aber wirklich auf die Palme brachte, war der immer größere Fokus auf Form vor Funktionalität. Wie muss es ihn geschmerzt haben zu entdecken, dass die robuste, zweckmäßige Simplizität des Model T nicht mehr genug war für die flatterhaften, modebewussten Konsumenten, die er unbeabsichtigt erschaffen hatte. Die Leute wollten mehr Komfort, mehr Geschwindigkeit, mehr Verve. Sie wollten ganz allgemein mehr von allem, und ein Jahrhundert lang bekamen sie es auch. Dann bekamen sie es nicht mehr, und alles ging den Bach runter.

Bis 1924 war der US-Automobilmarkt gesättigt: Wenn man ein Auto wollte und es sich leisten konnte – eine inzwischen niedrige Messlatte –, hatte man auch eins. 1917 kamen 21,8 Amerikaner auf jedes angemeldete Auto; 1924 war das Verhältnis eins zu acht – eine Fahrzeugbesitzquote, die Europa erst in den 1960er Jahren erreichen würde. Alfred Sloan, Boss von General Motors und Henrys Erzfeind, kalkulierte, dass die einfachste Weise, den Leuten ein neues Auto anzudrehen, war, dafür zu sorgen, dass sie sich für ihr altes schämten. Unter seiner Ägide wurde GM zum Wegbereiter der »geplanten Obsoleszenz«, einer schamlos zynischen Strategie, die zu minimalen Kosten das Modell aus dem Vorjahr schäbig redundant aussehen ließ und das neue funkelnd unwiderstehlich. Ein leicht abgeänderter Kühlergrill, andere Scheinwerfer, eine schicke Werbekampagne und natürlich ein neuer Name. Mit 525 Dollar kostete Sloans 1925er Chevrolet Superior Series K mehr als anderthalb Mal so viel wie der Model T und war auf dem Papier nicht annähernd diesen Aufpreis wert – alles, was man bekam, waren ein Dreigang-Getriebe und sechs zusätzliche PS. Aber er sah einfach besser aus: schnittiger, tiefer gelegter, mondäner. Man konnte ihn in verschiedenen Farben und sogar einer zweifarbigen Variante bekommen. Man konnte Scheibenräder und Stoßstangen ergänzen. Er hatte eine Sonnenblende. Und überhaupt, es war die K-Serie! So viel begehrenswerter, so viel mehr jetzt als der peinliche alte 1924er Superior Series F mit seinem, ähm, geringfügig größeren Kühler.

Als die Antithese zu seinem universellen Automobil ging Henry die geplante Obsoleszenz so richtig gegen den Strich. »Ein Markt ist nie gesättigt mit einem guten Produkt«, argumentierte er, »aber er ist sehr schnell gesättigt mit einem schlechten.« Noble Worte. In *Mein Leben und Werk*, 1923 veröffentlicht, sagte Ford: »Wir wollen unsere Kunden zufriedenstellen, indem wir ihnen etwas bieten, das, soweit es in unserer Macht steht, ewig hält. [...] Mehr Leistung, mehr Farben, mehr Stil und Komfort sind Extravaganzen, die unersättliche Bedürfnisse nähren. [...] Ein verantwortungsvoller Hersteller sollte zu solchen Extravaganzen nicht ermuntern.« Ebenso verachtete er manipulatives Marketing, außer Acht lassend, dass sein eigener Verkaufsleiter Norval Hawkins auf diese Weise zig Millionen Model Ts verkauft hatte. »Werbung? Absolut notwendig, um gute, nützliche Dinge zu fördern; schlecht, wenn sie benutzt wird, um einen unnatürlichen Bedarf an unnützen Dingen zu wecken, wie es allzu häufig der Fall ist.«

Aber das Problem mit dem ganzen aufgemotzten Lifestyle-Marketing und seiner verkommenen Magd namens geplanter Obsoleszenz war, dass es funktionierte. Der Chevrolet Series K war das erste Auto, das sich besser verkaufte als der Model T, und bereits 1927, dem letztes Jahr des T, war Ford von GM überflügelt und abgehängt worden. Noch Jahre danach wollte, wie Kens alte Lehrerin feststellen musste, niemand einen T auch nur geschenkt haben. So hässlich. So schlaksig, klobig, klapprig. So dermaßen *damals*. Und so sollte man sich wohl auch diese Zahl, als tragischen Kontrapunkt zu den erstaunlichen Produktionszahlen des universellen Automobils, einmal vergegenwärtigen: Von den 11,5 Millionen Ts, die 1927 in den USA registriert waren, war bis 1931 mehr als die Hälfte verschwunden. Vier Jahre lang wurden an jedem einzelnen Tag 4.000 Model Ts ausrangiert oder hinten in eine Scheune geschoben und vergessen. Das würde ich Mike aufs Brot schmieren, wenn er das nächste Mal frech wurde.

Gegen Mittag fuhr ich nordwärts auf South Dakotas Highway 85, durch eine Landschaft aus gedämpften Hellbraun- und Olivtönen. Abseits vereinzelter gestreifter, vom Wind geglätteter Monolithen gab es wenig, um den

Blick abzulenken. Addieren Sie die beiden Dakotas zu Wyoming und Montana und Sie erhalten die Gesamtbevölkerung von Wales, die sich auf einer Fläche zweimal so groß wie Frankreich tummelt. Ein ums andere Mal näherte ich mich erwartungsvoll einer Ansiedlung, die auf der Karte deutlich markiert war, mein Magen voller Vorfreude auf Slim Jims und Rip It Energy Drink, nur um nichts anzutreffen außer einem einzigen Farmhaus und einem Feld abgewrackter Autos. Alaska mal außen vorgelassen, fand sich solche Einsamkeit im ganzen Land nicht.

Ken und die Dichtungs-Spender hatten ausgezeichnete Arbeit geleistet und ich flog geradezu über die ausgewaschene Ödnis und erreichte in relativer Stille 60 km/h auf schnurgeradem Asphalt. Ich kam hervorragend voran und nach einem verspäteten Start musste ich das auch. In zwei Tagen würde meine Frau in Denver landen. Scharfsinnige Geografen werden bemerken, dass ich über Denver bereits hinausgeschossen war, sogar massiv, aber ich würde unbeirrt den ganzen Tag weiter darüber hinausschießen: Am Abend zuvor hatte ich den letzten verfügbaren Mietwagen im Umkreis von 300 Kilometern gebucht, der nun in Dickinson, North Dakota, auf mich wartete. Die anstehende 2.000-Kilometer-Rundreise, die es mit sich bringen würde, meine Frau abzuholen, damit sie Mike treffen konnte, war eine Herausforderung, mit der ich mich einstweilen nicht befassen mochte. Meine wesentlich unmittelbarere Sorge war, die Hertz-Niederlassung in Dickinson zu erreichen, bevor sie schloss, und dies bedeutete, knapp 300 Kilometer in etwas mehr als sieben Stunden zu absolvieren.

»Die ist hinüber.«

Ich setzte auf dem Parkplatz einer Tankstelle in Bowman, North Dakota, zurück, als meine Lenkung den Dienst quittierte. Zwei alte Männer mit Tarnfarben-Mützen und knalligen Karohemden schauten zu und einer von ihnen hatte soeben herausgefunden, wo das Problem lag. Ich sprang heraus und folgte seinem Zeigefinger zur Unterseite von Mikes Frontende, wo eine Metallstange in zwei frisch zerteilten Hälften herabbaumelte. Eine betagte Stimme klärte mich auf, dies sei meine Spurstange. Eine andere Stimme brummte, dass jemand da oben auf mich Acht gegeben haben musste.

»Bist du in Ordnung, Kamerad?«, erkundigte sich die erste. »Siehst aus, als hätte sich dein Sack im Reißverschluss verklemmt.«

Eine halbe Stunde zuvor, als ich auf dem Highway 85 eine Anhöhe überquerte, war ich von einem ansehnlichen Buckel im Asphalt überrascht worden. Seit ich South Dakota verlassen hatte, war die Straße beständig schmaler geworden, während der Schwerverkehr beständig zugenommen hatte. Ein Heutransporter hing mir 15 Kilometer lang auf der Pelle und ein anderer dampfte in sehr unmittelbarer Nähe auf mich zu. Einen Moment lang dachte ich, ich hätte den Buckel schadlos überstanden, ein Moment, der endete, als mir das Lenkrad aus den Händen gerissen wurde. Ich fasste es wieder, aber Mike war bereits heftig ausgeschert. Der Rüttelstreifen auf der falschen Seite surrte unter den linken Rädern; ich lenkte nach rechts, sah die entgegenkommende Welt von einer riesigen Maschine getilgt, hörte und fühlte den Stoß eines Lufthorns. Dann eine Abfolge rascher lateraler Bewegungen, ein halsbrecherisches Kippeln und Schlittern, und plötzlich war ich wieder auf der richtigen Fahrbahn und zog meines eintönigen Weges.

Mein Herz pochte noch, als ich auf das Gelände der Tankstelle einbog. Nun blieb es beinahe stehen. Die Spurstange, die für die Übertragung der Lenkimpulse auf die Vorderräder zuständig ist, hatte ihre tödlichen Verletzungen ziemlich offensichtlich während dieser traumatischen Episode erlitten. Nach allen Gesetzen der Logik und des Materials hätte es sie an Ort und Stelle zerlegen und mich bei 70 Sachen zwischen den Trucks zerschellen lassen müssen. Doch irgendwie hatte sie gehalten, bis ich im Schritttempo an eine Tankstelle rollte.

Ich konnte kaum echte Überraschung bekunden, und – so befürchte ich – auch keine angemessene Dankbarkeit, als sich zu meinem Riesendusel auch noch glückliche Fügung gesellte. Einer meiner betagten Schaulustigen hatte selbst einen Model T besessen, der andere hatte einen Pick-up voller Werkzeuge und sie beide hatten sehr viel Zeit zur freien Verfügung. Selbst im einsamen North Dakota profitierte ich von der besonderen Rolle, die das universelle Automobil im kollektiven Gedächtnis der Vereinigten Staaten spielte, von der generationenüberspannenden Schwarmintelligenz, die auch ein Jahrhundert später noch Ts reparierte.

Jim und Lynn, wie meine betagten Retter sich vorstellten, krochen sogleich unter Mike und machten sich an die Arbeit. Ich ging in die Hocke, blass und verängstigt, nur zum Zuschauen und Zuhören gut. Während Lynn die schmutzige Hälfte einer Spurstange abschraubte, lugten Jims Sicherheitsstiefel und adrett gebügelte Jeans auf der anderen Seite unter dem T hervor. »Hab eine Farm unten am Staudamm«, sagte er, derweil gelockerte Muttern und Schrauben auf den Beton klimperten. »Da unten ist gut jagen. Letztes Jahr bin ich mit 'nem Scharfschützen von der Armee los. Der Kerl hat 'nem laufenden Kojoten aus 300 Metern direkt ins Arschloch geschossen. Keine Löcher im Pelz. Der Schuss ging direkt aus dem Maul wieder raus.«

Ein bescheidenes Publikum begann sich zu versammeln. Ich schätze, es passiert nicht viel in Bowman (»DIE WERTE EINER KLEINSTADT – DIE MÖGLICHKEITEN EINER GROSSSTADT«) und mein Besuch hatte sich offenbar herumgesprochen. Bald näherte sich ein bärtiger junger Mann und stellte sich als Reporter des *Bowman Extra* vor. Er machte ein paar Fotos und stellte ein paar höfliche Fragen. »Ich nehme an, Sie fahren von Küste zu Küste?« Ich hatte endlich den geografischen Wendepunkt erreicht, an dem sich mein Vorhaben von selbst erklärte. Dann rollten Jim und Lynn wieder hervor, die eben noch makellosen Klamotten verschmiert, jeder mit einem verölten Stück Stahl in der Hand. »Jetzt lass uns die Burschen mal schweißen gehen«, sagte Jim und führte mich zu seinem Pick-up.

Bowmans Feuerwehrchef fügte meine Spurstange in der Schweißerei, die er mit seinem 90 Jahre alten Vater betrieb, wieder zusammen. »Wenn überhaupt, hat mein Junge damit zu gute Arbeit geleistet«, röchelte der alte Mann, als sein Sohn die Schutzbrille hochklappte. Mir war nicht ganz klar, was er meinte: Ich würde mein Leben fortan einem bejahrten Stück Metall von nachgewiesener Brüchigkeit anvertrauen, dessen zerbrochene Hälften sehr grob in 30 heißen, hellen Sekunden zusammengefügt worden waren. Als Jim und Lynn die Stange in Augenschein nahmen, taten sie dies mit skeptischem Stirnrunzeln. Aber niemand wollte sich mit einem Mann streiten, der seit 74 Jahren Sachen zusammenschweißte. Der Feuerwehrchef nahm wiederwillig eine Zehn-Dollar-Note an; nachdem sie mich zurück zur Tankstelle gefahren und die Stange wieder angebracht hatten, nahmen Jim und Lynn nicht mal einen Cent. »Sie würden das Gleiche für uns tun«, sagte Lynn und hielt mir die Hand hin. Nur, dass ich es nicht würde, weil ich es nicht könnte.

Die milchige Sonne ging unter und ich hatte noch eine ziemliche Strecke vor mir. Dickinson lag 120 Kilometer nördlich und ich musste in etwas mehr als zwei Stunden dort sein. Kürzliche Nahtoderfahrungen und eine suspekte Reparaturarbeit mahnten zur Vorsicht, aber stattdessen musste ich in halsbrecherischem Tempo über die welligen Weizenfelder brettern, das Lenkrad in Erwartung eines unmittelbar bevorstehenden direktionalen Notfalls mit dem bereits erwähnten Sechs-Punkt-Griff umklammernd. Gegenverkehr barg ein ganz neues Maß an Faszination für mich. Jedes Mal, wenn sich ein Fahrzeug näherte, malte ich mir aus, wie sich das Lachen und Winken zu Grimassen heller, händeringender Panik verzog, wenn Mike unerwartet in ihre Bahn schlingerte. Es war eine extrem zehrende Erfahrung und nach 80 Kilometern voller Stress und Anspannung waren meine Adrenalinreserven schlagartig aufgebraucht. Sogleich schaltete ich von nervenaufreibendem roten Alarm um in einen Zustand matter Resignation und rumpelte ausgelaugt in Richtung einer Ansammlung menschengemachter Formen, die sich diesig am Horizont abzeichnete.

Die Hertz-Niederlassung befand sich an Dickinsons Regionalflughafen, einem großen Schuppen mit Satteldach etwa zehn Kilometer südlich der Stadt. Vier Minuten vor Toresschluss taumelte ich durch die Tür und begegnete einer ominösen Abwesenheit von Aktivität. Ich überlegte, auf welche Weise ich den unbesetzten Hertz-Tresen am besten verwüsten könnte, als sich hinter mir eine Stimme meldete. »Keine Panik«, sagte eine Frau am United-Airlines-Schalter, die einzige andere Person im Flughafen. »Die sind in etwa einer Stunde wieder zurück für den Flug nach Denver.«

»Okay. Warten Sie – man kann von hier nach Denver fliegen?«

»Zweimal am Tag, direkt.«

»Ähm ... noch Plätze frei in zwei Tagen?«

Sie klickerte auf ihrer Tastatur herum, dann blickte sie verdrossen auf den Bildschirm vor ihr.

»Wird leider ›ausgebucht‹ angezeigt. Sieht aus, als wäre der letzte Platz vor zwei Stunden weggegangen.«

»Mensch, wie überaus frustrierend!«, sagte ich, beziehungsweise implizierte ich, während mir eine einzige, von Herzen kommende Verwünschung entglitt. Und so war ich 65 Stunden und 2.000 Kilometer später wieder in Dickinson und verfrachtete mehrere Taschen und eine Ehefrau aus einem Chevrolet Malibu Jahrgang 2017 in einen dreckigen alten Ford.

KAPITEL 15

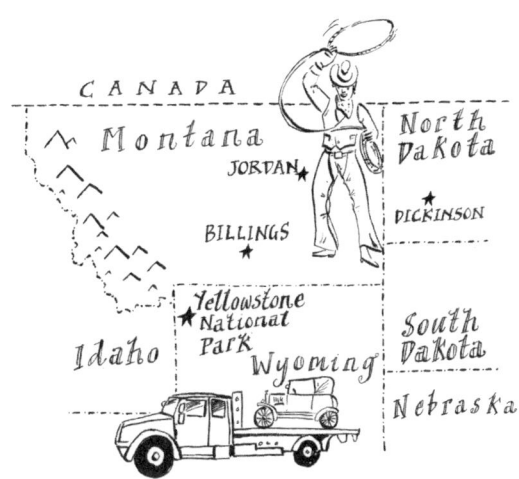

»Das ist ja richtig süß goldig hier drin«, sagte meine Frau, als sie sich inmitten des Tumults aus betagtem Knarzen niederließ. »Wie in einer Pferdekutsche.«

Sie lässt sich durch nichts so leicht erschüttern. In unseren regelmäßigen Skype-Telefonaten hatte ich mir wenig Mühe gegeben, die Langstrecken-Model-T-Erfahrung zu beschönigen. Meine traumatisierte Schilderung jenes ersten Tages in Virginia hätte ehrlich gesagt gereicht, um selbst hartgesottene mögliche Begleiter abzuschrecken. Doch hier war sie nun und strahlte wie der Sieger in einem Preisausschreiben. Erster Preis: zehn Tage in einer heimtückischen Rappelkiste an der Seite eines überforderten, flennenden Deppen! Ich lächelte zurück, davon ausgehend, dass sich ein besserer Zeitpunkt ergeben würde, um ihr von der Spurstangen-Episode zu erzählen, aber wie sich herausstellte, ergab er sich nicht.

Ich hatte Sorge, dass die Wiederbegegnung mit zügigem, geräuscharmem, klimatisiertem Fahren mich verderben könnte. Aber ein modernes Auto zu fahren, hatte so wenig mit der T-Erfahrung gemein, dass es sich wie eine vollkommen andere Art der Beförderung anfühlte: Ebenso gut könnte

man Huckepack-Laufen mit der Fahrt in einer Magnetschwebebahn vergleichen. Ich führte einfach einen Reboot meiner inneren Einstellung durch und tat so, als wäre es nie passiert. Für meinen neuen Passagier gestaltete sich die Umstellung viel holpriger. Als wir Montana erreichten, wusste sie bereits besser, als ihr lieb war, was es hieß, sich brutal der elementaren Innenraum-Trinität aus Wind, Lärm und erbarmungsloser Sonne auszusetzen, und unternahm tapfere Versuche, sich an eine Diät aus warmem Wasser und industriell verarbeitetem Fleisch zu gewöhnen. Ihr härtester Kampf aber war, die hektische, turbulente Manier unseres Vorankommens mit der Tatsache in Einklang zu bringen, dass es ewig dauerte, um auf der Karte, die in ihrem Schoß flatterte, jeglichen Fortschritt zu erzielen. Die endlosen Badlands setzten noch einen drauf: ein mit vertrocknetem Gras bewachsenes Hinterland, das hier und da von sandigen Schluchten durchschnitten war, wie ein überwucherter Golfplatz von der Größe Belgiens. Diese ungastliche Weite hielt weiße Männer länger fern als jeglicher andere Ort. Es dauerte bis 1928, ehe sich jemand ein Herz fasste und hier draußen eine Eisenbahnlinie baute. Aber kein Zug kam je in Jordan an, dem isoliertesten Verwaltungssitz im ganzen Land.

»Sie sind hier mitten in der Pampa«, meinte die Betreiberin des Fellman's Motel zu uns. »Hier kommt noch nicht mal ein Bus durch. Für alles außer Benzin oder Lebensmittel muss man 130 Kilometer fahren.« Das Fellman's, erzählte sie uns, war von ihrem Urgroßvater eröffnet worden, der 1916 mit vier Kindern in der Postkutsche hier ankam, nachdem er sich in aller Eile aus North Dakota davongemacht hatte: Seine Frau war gestorben und ihre Familie versuchte, ihm die Kinder wegzunehmen. »Ein paar Jahre vorher hatten sie hier draußen den ersten T. Rex gefunden, daher stiegen viele Fossilienjäger hier ab. Wir haben sie immer noch den Juli über hier, sie halten uns gewissermaßen über Wasser.«

Wir gönnten uns das volle Programm in Jordans hübschem kleinen Museum, das von einer weißhaarigen alten Lehrerin geleitet wurde und dessen Wände mit Zeitungsartikeln und maschinengeschriebenen Schriftstücken tapeziert waren. »Drüben in Glendive haben sie ein kreationistisches Fossilien-Museum, denen unsere Ausstellung ein Dorn im Auge ist«, sagte sie trocken, als wir vor der Ausstellung von Dinosaurierspuren standen. »Die wollen einem erzählen, Menschen hätten diese Fußabdrücke hinterlassen.« Deren Bekanntschaft wollte ich nicht unbedingt machen.

Wie wir erfuhren, war es Barnum Brown, der jenen versteinerten T. Rex ausgegraben hatte, im Jahr 1902, draußen in den Hell-Creek-Badlands nördlich der Stadt. Brown war nach dem legendären Schausteller P. T. Barnum benannt worden und gab zweifellos einen ungewöhnlich schillernden Paläontologen ab. Er wohnte Ausgrabungen im langen Pelzmantel bei und arbeitete später in beiden Weltkriegen für den Geheimdienst. Im Grunde war Brown genau die Sorte Charakter, mit der sich die Einheimischen vermutlich nicht gut vertrugen, allerdings jagten sie ihn nur einmal mit gezückten Waffen aus der Stadt. »Die damaligen Zeiten in Jordan waren ziemlich wild«, hieß es in einem vergilbten Bericht an der Museumswand, »und jeden zwielichtigen Charakter, der das Scheinwerferlicht der Zivilisation nicht ertragen konnte, verschlug es hierher, allzeit bereit, Spaß zu haben oder für Ärger zu sorgen.« Wir lasen pflichtgemäß über den Abend, als der Sheriff von Jordan von einer Reise zurückkehrte und entdeckte, dass das Postamt nun ein provisorischer Saloon war, dessen betrunkene Klientel den Krämerladen und das einzige Restaurant der Stadt kurz und klein geschossen hatte. Als die erste Schule eröffnete, konnte der Bürgermeister keine Lehrer auftreiben, die willens waren, sich der Herausforderung zu stellen, also heuerte er einen Mann an, der unter dem Namen »Gambler Browne« bekannt war und am ersten Schultag mit einer Peitsche aufkreuzte. Ein Richter in Glendive, 150 Kilometer östlich gelegen, verurteilte einmal einen rückfälligen Unruhestifter dazu, sechs Monate in Jordan zu leben.

Wir unternahmen einen Bummel auf der Main Street, die immer noch als die breite Straße zu erkennen war, auf der wir soeben in den Archiven des Museums lassowirbelnde Cowboys zu viert nebeneinander hatten reiten sehen. (Charles Toyne aus Sedgwick hatte mir erklärt, dass die großzügigen Alleen, die selbst durch die ärmlichsten alten Ansiedlungen führten, so proportioniert waren, dass ein Pferdegespann auf ihnen wenden konnte.) Ich machte meine Frau mit den Kleinstadt-Konstanten vertraut: die ausgediente Tankstelle, die verrammelten Geschäfte, die mit dunkelrotem Gedankengut zugepflasterten Pick-ups: »ICH BIN EINER VON DEN LEUTEN, DIE FÜR DAS GANZE GRATISZEUG BEZAHLEN, DAS OBAMA EUCH GIBT.« Die Drogerie war noch in Betrieb und hatte sich erfreulicherweise ihren altehrwürdigen Getränkespender erhalten. »Wir hatten 4.000 Einwohner, als dieser Laden 1937 eröffnete«, sagte die betagte Verkäuferin, während sie Eiscreme-Sodas mit Coke aufschäumte. »Jetzt sind wir runter auf nur noch 250. An unserer Highschool sind ganze 35 Schüler eingeschrieben.« Sie zog einen Hebel hoch und knallte zwei randvolle, geriffelte Kelche auf den Tresen. »Könnte schlimmer sein. Die Schule ein County weiter musste drei Jahre lang mit nur einem Kind auskommen.«

»Haben Sie für Donald Trump gestimmt?«

Meine Frau bevorzugt seit jeher eine direkte Herangehensweise.

»Ha, naja, auf jeden Fall ist er ziemlich beliebt hier in der Gegend.« Sie schien nicht beleidigt, allerdings antwortete sie auch nicht.

Dass Trump hier beliebt war, wussten wir natürlich. Deswegen waren wir ja hier, mitten in der Pampa, fern des Scheinwerferlichts der Zivilisation. Das rechtlose, versoffene Jordan war die einzige Ansiedlung in Garfield County, einem Wahlbezirk, der in meiner Top-Trump-Liste auf Platz vier rangierte. Dies war Donalds finale Festung, die letzte Bastion des dunkelroten »Trump Belts«. Mein Weg nach Westen würde mich auch weiterhin durch stramm republikanisches Territorium führen, aber ab hier würde es allmählich weniger stramm sein.

Die Hell Creek Bar war ziemlich voll, als wir hineingingen. Ein gutes Dutzend Trinker saß auf Barhockern am Tresen, darunter identische junge Drillinge in weißen Stetsons, die Coke schlürften. Jagdtrophäen hingen an der Wand und auf der Stecktafel-Speisekarte standen Rocky Mountain Austern – Bullenhoden.

»Was macht der große Aschenbecher da unten auf dem Boden«, flüsterte meine Frau.

Ich lugte in seine verbeulte Chrommündung, dann wünschte ich, ich hätte es nicht getan.

»Spucknapf«, flüsterte ich zurück.

Ich hatte keinen Model T draußen vor der Tür stehen, der sich an meiner statt darum kümmern würde, ein Gespräch anzubahnen, aber meine Frau sprang ein.

»Gin Tonic, bitte. Mit Eis und Zitrone. Können Sie ein gutes Rodeo empfehlen?«

Dieser überraschende Vorstoß brachte uns mit einer Gruppe von vier Freunden ins Gespräch, die am Tresen saßen. Wir erzählten ihnen von unserem Ausflug zum Museum und sie sagten alle, dass dessen Kuratorin damals ihre Lehrerin gewesen sei.

»Ich war ziemlich unbelehrbar«, sagte Steve, Jordans Feuerwehrchef. »Wir waren miese kleine Scheißer. Der Bursche, der in der ersten Klasse neben mir saß, wurde rausgeschmissen, weil er Tabak kaute.«

»Lehrer sein wäre nichts für mich«, sagte Zander, ein junger Mann, der uns nicht verriet, was er beruflich machte, aber was auch immer es gewesen sein mochte, es brachte es offenbar mit sich, vollkommen in Staub und Fett mariniert zu werden. »Ich würde die Blagen vermöbeln wollen. Und die Eltern.«

Meine Frau warf ihm einen strengen Blick zu. »Übrigens bin ich ebenfalls Lehrerin«, sagte sie.

»Oho!«, johlte Chantelle, eine redselige junge Deutsche, die in den 24 Jahren, seit ihre Eltern hierher auswanderten, um eine Ferienranch zu eröffnen, jede Spur eines Akzents eingebüßt hatte. »Ein Lehrer aus Jordan würde ›ich bin auch Lehrerin‹ sagen. Aber eine Lehrerin aus England sagt natürlich ›ich bin ebenfalls Lehrerin‹.«

»Die Messlatte für Kultiviertheit liegt hier recht niedrig.« Marks zaghaftes Lächeln passte zu seinem gemurmelten Vortrag. Er murmelte nur zwei weitere Worte, als ich mich nach seinem Lebensunterhalt erkundigte: »Hab Kühe.«

Wir verlebten ein paar herrliche Stunden mit den Vieren. Kleinstädter sind immer eine gute Gesellschaft, selbst die wenigen Ausnahmen, die sich aus Gesprächen heraushalten. Sie haben einen wunderbaren Hang zu geselligem Beisammensein, treffen sich en masse zum Frühstück und dann abends auf ein Bier. Sich auf ein online verbrachtes Leben zurückzuziehen, muss in Amerikas einsamstem County einen machtvollen Reiz ausüben, was vielleicht der Grund dafür war, warum unsere neuen Freunde das Internet im Allgemeinen und die sozialen Medien im Besonderen so zutiefst verachteten. »Ich habe nichts übrig für Facebook und den ganzen Bockmist«, sagte Zander sehr nachdrücklich. »Warum können die Leute nicht einfach reden? Eine Atombombe auf den Google Server würde die Welt so viel besser machen.«

»Das ist also Ihr Model T, der vor Fellman's parkt?« Wir hatten eine Abschiedsrunde Drinks geordert und ich hatte Steve von meiner Reise erzählt. Ich nickte.

»Wissen Sie, wir haben da einen alten Burschen in der Stadt, der hat zwei Model Ts, und ich wette, er hat genug Teile in seiner Scheune, um noch drei mehr zu bauen. Sie sollten ihn mal kennenlernen.«

»Siehst du?« Ich drehte mich mit fassungsloser Miene zu meiner Frau um. »Das passiert ständig. Es ist unglaublich!«

»Gibt nur ein Problem.« Steve festigte seine Züge. »Er ist gestern gestorben.« Stille legte sich über die Bar. Dann brüllten alle, selbst Mark, vor Lachen.

Die Hell Creeker hatten uns vor der Straße aus Jordan heraus gewarnt. Wie man uns erzählte, hatte erst vor kurzem ein Flächenbrand 120.000 Hektar Ödland noch mehr verödet, und der Wind, der ihn verbreitet hatte, wehte immer noch heftig. Über 120 Kilometer kämpften wir uns durch eine verkohlte Wildnis, malträtiert von einem reißenden, unermüdlichen Nordwind, der ungehindert über die außerirdisch anmutenden Ebenen fegte. Meine Frau legte ihren Kopf an meine Schulter, dann vergrub sie ihn, in wimmernden, wühlenden Etappen, tief in meiner Armbeuge. Etwas mit Beinen und Flügeln schepperte in die Kabine und brachte es fertig, sich in meinem Holzkugel-Sitzüberzug zu verfangen; meine Frau schlug, ein Buch in der einen Hand und ein Schuh in der anderen, auf das Zielgebiet ein, während ich wie ein Jockey aufsaß und in den Wind schrie. Als wir endlich

Richtung Süden beidrehten und in den Windschatten einer Felswand kamen, war unsere Erleichterung von kurzer Dauer.

»Hörst du das auch?«

Ein geisterhaftes, dumpfes Schlagen von unterhalb der Motorhaube hatte auf der Straße nach Jordan begonnen, sich bemerkbar zu machen, doch meine Frau konnte nicht hören, was ich hörte, also hatte ich es zunächst meiner schwarzseherischen Einbildung zugeschrieben. Aber jetzt war es kaum noch zu überhören. Da war es wieder, das fürchterliche Pochen von knochiger Faust auf Keksdose.

»Ist das schlimm?«

Wir waren kurz vor Billings, eine nach jeglichen Maßstäben ziemlich große Stadt und für Montana geradezu riesig. Ich sollte in der Lage sein, die Dinge dort zu richten, aber es würde eine Zeitlang dauern.

»Tja, du wirst eine Weile nicht mehr Model T fahren«, sagte ich zu meiner Frau. Ich überschlug die Tage bis zu ihrer Abreise. »Vielleicht sogar nie mehr.«

»Das ist ein Jammer«, entgegnete sie, mit einer Miene, die höflich eine andere Meinung kundtat. Ich konnte es ihr kaum verdenken. In drei Tagen hatten wir 650 Kilometer geschafft, und die meisten davon waren ausgesprochen schwierig gewesen. Jeden Abend war sie wie erschlagen gewesen. Den ganzen Tag bei starkem Wind in einem T zu sitzen, hat als Reiseerfahrung viel mit Menschenschmuggel gemein.

Ich steuerte unser klappriges Ross behutsam zu einem Hotel, das meine Frau aufgrund seiner Nähe zur Metra Park Arena ausgewählt hatte. Offenbar hatte sie nicht genug derangiertes Gehopse für einen Tag gehabt und war entschlossen, wie von den Stammgästen der Hell Creek Bar empfohlen, dem Montana State Fair Rodeo beizuwohnen. Als ein weniger glühender Verehrer kernigen Machotums hatte ich mich darüber ein wenig mokiert, aber es entpuppte sich als unvergessliches Erlebnis, das auf lehrreiche Weise eine Menge bestimmender Motive in sich vereinte.

»Heute Abend werden wir unseren Mut und unsere moralische Überzeugung als Einwohner von Montana, als Cowboys und vor allem als Amerikaner feiern«, setzte der Stadionsprecher ein, während jede Familie um uns herum sich bereits von den Sitzen erhob. »Bitte erheben Sie sich und beten Sie mit mir, um dem Herrn dafür zu danken, uns zu gestatten, einen weiteren Tag als freie Amerikaner zu leben. Und wir bitten, oh Herr, um deinen Segen für all die Männer und Frauen und ihre Familien, die den höchsten Preis bezahlt haben und sich weiterhin opfern im Dienste unserer großen Nation.«

»Ist Amerika immer so?«, murmelte meine Frau, während ein junges Cowgirl auf einem weißen Pony eine emotionale, aber quälend schiefe Interpretation von »Star-Spangled Banner« zum Besten gab. Ihre bisherige Erfahrung mit diesem Land beschränkte sich auf zehn weit zurückliegende Tage in Boston und New York, Orte, an denen man nicht alle naselang aufgefordert wird, zukünftigen Generationen Charakterstärke und Stolz zu vermitteln, oder ermahnt wird, dass dein Leben ein Geschenk Gottes ist.

Ich schätze, Amerika – zumindest der geografische Großteil des Landes – war tatsächlich immer so gewesen. All die Kirchen. All die Waffen. Das ganze Lebe-frei-oder-stirb-Gedöns. Und der Kult um Kriegsveteranen, der ein allgegenwärtiges Merkmal meiner Reise war. In jedem Supermarkt, in den ich ging, hing ein Aushang an der Kasse, der den Veteranen die Ehre erwies, und viele Geschäfte boten Sonderkonditionen für altgediente Militärangehörige. »Military Monday bei Denny's, 20 Prozent Rabatt für Veteranen«; »Roverdale Beer & Liquor – geführt von Veteranen, Tag und Nacht fünf Prozent Rabatt für alle Veteranen.« Kleinstädte gedachten ihrer Gefallenen mit Aushängen in Schaufenstern; in Liberty, Indiana, trug jeder Laternenmast um den Dorfplatz herum die Fotografie eines Jungen, der nicht aus Okinawa oder Vietnam zurückgekehrt war. Es war seltsam, über einen einsamen Friedhof in Nebraska zu schlendern und zu sehen, wie viele Burschen von der Farm auf den Schlachtfeldern von Flandern gefallen waren. Weit über eine Million Amerikaner nahmen im September 1918 an der Maas-Argonnen-Offensive teil, die größte US-Streitmacht, die je zusammengezogen wurde. Und so viele alte Kleinstädter trugen Mützen und T-Shirts, auf denen »Vietnam – ich habe gedient« stand, oder hatten Aufkleber auf ihren Autos, die der 58.000 Kampfgefährten gedachten, die es nicht zurück nach Hause geschafft hatten. Wieder schien alles eng verbunden mit Religion und Patriotismus zu sein. All die jungen Männer, die sich in fernen Kriegen opferten, mussten eher wie Kreuzritter erscheinen, die für die Freiheit von God's Own Country kämpften. Mehr als 1,3 Millionen US-Soldatinnen und -Soldaten kämpfen auch heute noch dafür: Mit 587 Milliarden Dollar ist der jährliche Wehretat der Nation dreimal so hoch wie der von Russland und China zusammen.

Als sportliches Spektakel ist Rodeo eine seltsame Vereinigung von Volkstümlichkeit und erschütternder Gewalt. »Heute Abend ist Hank mit seinem Sohn Brad beim Kälberfangen dabei«, flötete der Sprecher, als zwei lassoschwingende Reiter auf der Verfolgung einer entsetzten jungen Kuh aus dem Pferch galoppierten. »Einer der schönen Aspekte des Kälberfangens ist, dass man es als Familie machen kann.« Einer der weniger schönen Aspekte ist, dass es manchmal damit endet, dass das Kalb sich den Hals bricht und per Gabelstapler aus der Arena gefahren wird.

Der Lohn dafür, ein junges Tier in der kürzesten Zeit brutal niederzuringen oder auf einem wütenden älteren am längsten aufrecht sitzen zu bleiben, sollte nicht mehr sein als Ruhm und Ehre und ein Küsschen auf die Wange von der amtierenden Rodeo-Prinzessin von Südost-Montana. Aber es war wohl nur folgerichtig, dass der Wettbewerb nur eine weitere Bühne für den unverblümt finanzorientierten Erfolgsbegriff dieser Nation war. »Randy hat diese Saison nur 2.500 Dollar gewonnen«, höhnte der Sprecher nach einem besonders raschen und unwürdigen Abwurf, »und mit dieser Leistung wird er auch heute kein Geld mit nach Hause nehmen.« Auch Donald Trumps Popularität war eng verknüpft mit seinem vermeintlichen Status als wohlhabender Geschäftsmann, und die Geringschätzung, die er selbst für die ranghöchsten Beamten und Bürokraten empfand, mit denen er als Präsident zu tun hatte, gründete sich auf deren unerklärlicher, verachtenswerter Hingabe an dermaßen schlecht entlohnte Karrieren: »Sie verdienen, was, maximal zweihundert Riesen?« Henry Ford empfand die gleiche Verachtung für verarmte Intellektuelle, weil sie so blöd gewesen waren, »etwas gelernt zu haben, das keine Ertragskraft besitzt«.

Wir gingen hinaus, zwischen einem Zuckerwattewagen und dem Kinderschminken-Stand der Evangelisationsbewegung für die Jüngsten.

Wie seltsam, dass man in Amerikas ländlichem Herzland nach wie vor einem Zeitalter kerniger Eigenständigkeit nachhing, das damals so schnell wieder verschwand, wie es aufgekommen war. Die gewaltigen Viehtriebe, die die legendäre Cowboy-Ära hervorbrachten, begannen 1867, als texanische Reiter 36.000 Rinder zum neuen Verladebahnhof in Abilene in Kansas begleiteten. Innerhalb von 20 Jahren waren sie schon wieder Geschichte, überflüssig geworden durch die Expansion der Eisenbahn nach Westen. Buffalo Bill Cody, dessen fahrende Wildwest-Show den Cowboy-Kult auf der ganzen Welt verbreitete, begünstigte ironischerweise auch dessen Niedergang: Er machte sein erstes Vermögen mit der Versorgung von Arbeitern der Kansas Pacific Railway mit Bisonfleisch, indem er binnen 18 Monaten 4.280 Tiere schoss.

Das MTFCA-Forum kam mir erneut zu Hilfe, die winzige Bevölkerungsdichte der Region bedeutete jedoch, dass Scott Conger, unser nächstgelegener verfügbarer Erretter, 140 Kilometer südlich lebte, jenseits der Staatsgrenze von Wyoming. Ich war versucht, Mike dorthin zu fahren – ihn abschleppen zu lassen würde einen kleinen, aber ärgerlichen Makel auf meiner transkontinentalen Reise hinterlassen –, doch Scott bat mich inständig, keinen weiteren Motorschaden zu riskieren. Also mietete ich am nächsten Morgen ein Auto, rief einen bekannten landesweiten Abschleppdienst an und gab vor, Ross Lilleker zu sein, aus Jux einen schrecklichen Derbyshire-Akzent vortäuschend. (Der kleine Betrug geschah mit Ross' Einverständnis: Vor meiner Abreise war ich mit dem Versuch, ohne US-Wohnsitz einen Schutzbrief für die Pannenhilfe abzuschließen, gescheitert.)

»Herr, schütze unseren neuen Freund Tim und bringe ihn, wohin immer er will.«

Als wir uns rund um den Esstisch von Scott und Althea Conger die Hände reichten, begann ich die Nachrichten zu bereuen, mit denen ich die beiden, während wir in unserem Mietwagen dem Abschleppwagen folgten, über meinen Betrugsversuch auf dem Laufenden gehalten hatte. »Ha ha – die Typen von der Pannenhilfe sind drauf reingefallen!! Wir sind jetzt unterwegs.« »Denkt daran: Gegenüber dem Fahrer MÜSST IHR MICH

ROSS NENNEN!!« Scott war nicht der Typ für Schwindeleien, und seien sie auch noch so geringfügig. Seine gröbste Verwünschung war »krass«, Diet Coke sein einziges Laster. Später am Abend erzählte er uns, dass sein Leben sich eines fernen Sommers in Florida verändert habe, als er sich als Teenager an einem Scheideweg wiederfand, an dem in der einen Richtung »LÖSUNGSMITTELMISSBRAUCH« und in der anderen »UHRMACHEREI« stand.

Die Wahl, die Scott an dieser kuriosen metaphorischen Kreuzung getroffen hatte, war ihm auf den ersten Blick nicht anzusehen. Sein langes, graues Haar ging über in einen wallenden Bart, der ihm in Flechten vom Kinn hing wie der Wachs einer uralten Kerze. Scotts manisches bellendes Gelächter schien ebenfalls unvereinbar mit einer Karriere, die ihn schließlich vom Uhrmacherhandwerk zur Raumfahrttechnik gebracht hatte: Er hatte den Roboter-Greifarm des Space-Shuttles entworfen.

Nach einem Leben im Sunshine State hatten sich Scott und Althea vor kurzem für den vorzeitigen Ruhestand und einen drastischen Tapetenwechsel entschieden. Ihr Zuhause war nun ein abgelegenes, aber sehr gemütliches Holzhaus auf einer mondartigen Ebene windumtoster Felsen vor den wuchtigen Gipfeln von Yellowstone, die sich in der diesigen Ferne abzeichneten. »Ich schätze, ich bin im Herzen Pionier«, sagte er, während er einen Teller Bratwürste herumreichte, »und ich hatte das Gefühl, diesen Geist in Florida aus den Augen zu verlieren.« Er und Althea tauschten einen nachdenklichen Blick aus. »Davon abgesehen sind da unten einfach viel zu viele Menschen, und uns wurde klar, dass wir im Grunde keinen davon leiden konnten.« Dann ein Aufheulen manischen Gelächters. Kurz nachdem Scott den Kaufvertrag für sein neues Zuhause unterschrieben hatte, wurden drei seiner nächsten Nachbarn in Wyoming von einem halbwüchsigen Junkie-Pärchen erschossen. Ich nehme an, dies ist die Art schockierender Tragödie, die auch in Florida durchaus häufiger vorkommen mochte. Aber kurz danach büßte ein anderer Nachbar sein halbes Gesicht ein, als er versehentlich zwischen eine Bärenmutter und ihre Jungen geriet, als er den Müll rausbrachte.

Scotts Lebenslauf war nicht der eines schludrigen Über-den-Daumen-Peilers. Die drei Ts in seiner makellosen Werkstatt standen akkurat ausgerichtet und er ließ mich nicht eher eine Pleuelstange von Ross ordern, ehe er die alte auf den Tausendstel eines Millimeters vermessen hatte. Althea war aus dem gleichen Holz geschnitzt: Sie hatte ihre Kuchenrezepte angepasst, um den Auswirkungen der Höhe Rechnung zu tragen (»Ich habe festgestellt, dass der Teig auf einer Höhe von 1.500 Metern etwas mehr Mehl benötigt.«) Wir konnten nur staunen über den edelmütigen Geist, der sie bewogen hatte, meinen schmutzigen, kleckernden T in ihrer makellosen Werkstatt und uns in ihrem ordentlichen und tadellosen Heim willkommen zu heißen.

»Bis die Stange hier ist, können wir nicht viel ausrichten«, sagte Scott, als er uns zu seinem Gästezimmer brachte. »Und außerdem würde ich gerne eine Weile, nun ja, halt dein Auto in Ordnung bringen.« In mir keimte der starke Verdacht, dass Scott es vorzog, allein zu arbeiten, auch unentgeltlich und zugunsten eines vollkommen Fremden, was es mir erleichterte, den Vorschlag zu akzeptieren, den er nun machte: »An eurer Stelle würde ich mich morgen früh in den Mietwagen setzen und ein paar Tage lang Yellowstone erkunden.«

Im August 1877 drangen 200 Stammesangehörige der Nez Percé in den Yellowstone-Park ein. Sie waren in ein Rückzugsgefecht mit etwa 2.000 Soldaten der US-Armee verwickelt und auf dem Weg zur kanadischen Grenze, wo sie sich Zuflucht erhofften. Yellowstone war fünf Jahre zuvor zum Nationalpark erklärt worden, dem ersten der Welt. In jenem August hielten sich acht Gruppen mit insgesamt 35 Touristen im Park auf. Die meisten von ihnen brachten ein paar ungemein unterhaltende Urlaubserinnerungen mit nach Hause.

George und Emma Cowan, die mit einer Gruppe von sieben Freunden aus Radersburg in Montana ihren zweiten Hochzeitstag feierten, waren seit einer Woche im Yellowstone unterwegs, als sie einem Spähtrupp der Nez Percé über den Weg liefen. Cowan, seines Zeichens Anwalt und Idiot in

Personalunion, brach einen Streit mit den nervösen und schwer bewaffneten Indianern vom Zaun, die ihm prompt ins rechte Bein schossen. Leider reichte das nicht, den Disput zu schlichten, und als der am Boden liegende Cowan weiter nörgelte, wurde er aus kurzer Distanz in die Stirn geschossen und obendrein noch mit Steinen beworfen. Ein paar Stunden später, nachdem seine Frau und ihre Begleiter ins Lager der Nez Percé gebracht worden waren, kam Cowan wie durch ein Wunder wieder zu sich: Die Kugel war von seinem Schädel abgeprallt. Aber als er sich benommen aufsetzte, wurde er von einem Nachzügler der Nez Percé entdeckt, der ihn prompt in die linke Hüfte schoss. Cowan fiel mit dem Gesicht voran in den Matsch und wurde erneut dem Tod überlassen. Wiederum überlebte er. In seinem bedauernswerten Zustand, nun mit ernsthaften Schussverletzungen in beiden Beinen, kroch er sechseinhalb Kilometer zu der Lichtung, wo seine Gruppe zuletzt ihr Lager aufgeschlagen hatte. Geschwächt und verzweifelt entzündete Cowan ein Feuer, das außer Kontrolle geriet und ihm schwere Brandverletzungen bescherte. Irgendwie schleppte er sich weiter und legte in vier Tagen nicht ganz 20 Kilometer zurück, bevor er von einem Suchtrupp gefunden und vorsichtig in einen Wagen gehoben wurde. Auf einem abschüssigen Pfad auf halbem Weg zur Ortschaft Bozeman kippte der Wagen um und schleuderte Cowan eine Böschung hinab. Als er endlich auf ein Krankenhausbett in Bozeman gelegt wurde, brach es unter ihm zusammen. »Schafft einfach die verdammte Artillerie her und gebt mir den Rest«, krächzte er vom Fußboden aus.

Der Rest der Radersburg-Gruppe wurde von den Nez Percé unversehrt freigelassen, mit der bemerkenswerten Ausnahme von Albert Oldham, der in beide Wangen geschossen wurde und, sich von Insekten ernährend, den Rest seines Urlaubs orientierungslos durch die Wälder stolperte. Einige Touristen kehrten gar nicht mehr heim: Charles Kenck wurde bei einer Begegnung mit den Nez Percé im Wald erschossen, fünf Tage später ereilte seinen Gefährten Richard Dietrich auf der Veranda seines Hotels das gleiche Schicksal. In Ermangelung eines Sargs wurde er in einer alten Badewanne beerdigt. Die Nez Percé schafften es nie bis Kanada und ergaben sich zwei Monate später.

Ich erzähle Ihnen diese Geschichte als ein starkes Beispiel der mörderischen, urtümlichen Konflikte, die selbst am Beginn des modernen Zeitalters in Amerika wüteten und eine nationale Gesinnung nährten, die deutlich streitsüchtiger und paranoider ist als die heutiger Europäer, deren Urlaubsnöte sich auf Sonnenbrand und sandige Butterbrote beschränken. Ansonsten nämlich hätten Sie mein Geschwafel darüber ertragen müssen, wie ich in sprachlosem Staunen vor atemberaubenden Canyons, vielfarbigen geothermischen Phänomenen, dampfend atmenden Bisonherden und einer Reihe von 300 Dollar teuren Hotelrechnungen stand.

Diese skandalöse Eskalation der Übernachtungspreise war der Sonnenfinsternis geschuldet, die mehrere hunderttausend Menschen aus aller Welt zu einem schmalen Bogen »totaler« Eklipse hergelockt hatte, der zufällig auch über den Yellowstone-Park hinwegzog. Meine Frau geriet ziemlich in Aufregung, je näher der ominöse Moment kam, und vollführte zur anberaumten Uhrzeit an einem Rastplatz ein elaboriertes Ritual, indem sie ihren Kopf mit zwei ans Gesicht gedrückten, durchstochenen Papptellern gen Himmel richtete. Dann, für das Leben verändernde vielleicht 19 Sekunden, wurde es ein bisschen dunkler und ein bisschen frischer. »Wow«, brummte ich sarkastisch. Die Einheimischen zeigten, wie ich bemerkte, wenig Interesse an dieser himmlischen Überschneidung. Ich glaube nicht, dass Scott und Althea sie überhaupt erwähnten. Die Titelseite der Billings Gazette machte am nächsten Tag mit dieser unsterblichen Schlagzeile auf: »Sonnenfinsternis: 140.000 kommen nach Wyoming, reisen danach wieder ab.«

Nach drei Tagen waren wir zurück bei den Congers. In unserer Abwesenheit hatte Scott offenbar eine Ewigkeit damit zugebracht, mit penibler Sorgfalt an meinem Auto zu arbeiten. Der halbe Motor stand zerlegt auf seiner Werkbank, Kolben, Schrauben und Dichtungsringe angeordnet in akkuraten Reihen, entfettet und funkelnd. Um dieses Stillleben herum lagen Papierbögen, übersät mit runenartigen Notizen und mikroskopischen Maßen: »#3 Kurbelzapfen nach Säuberung, V 1,2350; H 1,2355«. Was für ein Kerl. In einer gerechten Welt hätte er sich eine Woche nach Las Vegas verpisst und es mir überlassen, alles wieder zusammenzusetzen. (Eine

Woche? Was rede ich? Ich hätte zwei Leben dafür gebraucht und das auch nur unter der Voraussetzung, im zweiten als Scott Conger wiedergeboren worden zu sein.)

Das eheliche Intermezzo ging in seine letzten Stunden und ich verbrachte sie in Scotts Werkstatt, reichte ihm erbetene Werkzeuge und Komponenten, während er sich über das Auto beugte, in eben jenem hockte oder darunter lag. Dann platzte meine Frau herein, die die Zeit vergessen hatte, und wir vollführten eine eilige und ölige Runde Lebewohls.

»Also – nächstes Jahr wieder North Dakota, Liebling?«

Es war eine herrlich bescheuerte, romantische kleine Auszeit gewesen. Und damit sprang sie in den Mietwagen und holperte Staub aufwirbelnd durch die Mondlandschaft von Wyoming davon.

Am nächsten Morgen hatten wir alles wieder zusammengebaut. Der Moment der Wahrheit erfüllte Scotts Werkstatt mit brüllenden Dezibel und irrem manischen Gelächter. »Dein Schalldämpfer verabschiedet sich!« Ich schaltete den Motor ab und setzte mein Stan-Laurel-Gesicht auf. »Kein großes Ding«, sagte Scott, sobald er sich wieder eingekriegt hatte. »Wird nicht so krass klingen, wenn du draußen unterwegs bist.« Dann räusperte er sich und verfiel in eine tiefe, mitleidvolle Tonlage. »So, du hast ein kleines Wasserleck vorne am Zylinderkopf, behalte das im Auge. Ich habe außerdem ein paar ziemlich große Furchen in zwei Zylinderwänden entdeckt, du wirst also *eine Menge* Öl brauchen.« Er legte einen Finger an die Nasenspitze und die Stirn in Falten, während er überlegte, ob er wirklich sagen sollte, was zu sagen er im Begriff war. »Und meinen Messungen nach sieht es so aus, als entwickle deine Kurbelwelle einen Schlag.« Sein Tonfall vermittelte mir die Schwere dieses rätselhaften Urteils. »Ich sage es nur ungern, aber es steht auf des Messers Schneide, ob du mit dem Motor bis zum Pazifik kommst.«

Scott und Althea gaben mir eine Ehreneskorte zurück zum Highway und folgten mir in ihrem flotten kleinen 1921er Roadster. In einem Moment waren sie noch dort, fröhlich winkend; dann steckte ich meinen Kopf heraus und blickte hinter mich auf einen leeren Streifen Asphalt. Ich würde bald anfangen, mich zu fragen, ob diese ganze Hilfsbereitschaft und Gastfreundschaft wohl unbewusst die Jedermann-Werte des universellen Automobils widerspiegelten. Gewiss zeugte all die unermüdliche Hilfe von dem nachbarschaftlichen Gemeinschaftssinn, der, wie so viele Menschen meinten, denen ich begegnete, inzwischen untergraben wurde von einer »Ach, ich Ärmster!«-Kultur, die sich von staatlichen Almosen abhängig machte. Einer der T-Typen aus Alabama sagte, er halte es mit Thomas Edisons Großmutter, die stets Essen auf den Herd stellte und die Tür offen ließ, wenn sie aus dem Haus ging, so dass hungrige Passanten hereinkommen und sich bedienen könnten. Wie dem auch sei, all diese T-Besitzer schienen sich aufrichtig für meine Unternehmung zu begeistern, und in eher träumerisch versponnenen Momenten bildete ich mir ein, dass dies ebenso ihre Reise geworden war wie die meine.

Eine Strophe aus einer gerahmten Ballade, die das Gästezimmer der Congers schmückte, kam mir glücklich in den Sinn:

Wo man zu lächeln niemals vergisst,
Wo Händedrücke etwas fester sind,
Wo die Welt im Werden ist,
Da ist es, wo der Westen beginnt.

Kitschig wie nur was, aber schneidig und ungemein tröstlich; ich fühlte mich gleich weniger allein und zog am Gashebel. Mike beschleunigte mit einem kehligen, eifrigen Surren. Er ahnte nichts von der tödlichen Krankheit, die bei ihm soeben diagnostiziert worden war, noch von der Herausforderung, die im Staub vor uns verborgen lag. Bei Anbruch der Dämmerung würde er die Rockies überquert haben oder aber beim Versuch gestorben sein.

KAPITEL 16

Der Continental Divide haftete ein demoralisierender Ruch von Bergfest an, jedoch befindet sich die kontinentale Wasserscheide Nordamerikas deutlich links der Mitte und nachdem ich sie überquert hatte, lagen nur noch gute anderthalbtausend Kilometer vor mir. Ich krachte das Ruckstell-Getriebe in den großen Gang und dröhnte in gleichbleibendem Tempo Richtung Yellowstone, durch eine immer urwüchsigere Landschaft, die von rostfelsigen Canyons allmählich zu schneedurchzogenem Granit überging. 65 Kilometer bergauf bei 30 km/h. Wir erreichten die zwischen Wänden aus gebleichtem Geröll gelegene Passhöhe: »SYLVAN PASS – 2.600 METER«, stand auf dem kleinen hölzernen Schild. Meine Augen prickelten und ich gab Mike einen liebevollen Klaps auf den Reifen. Von hier aus flossen die Flüsse Richtung Pazifik. Von hier aus ging es, wenn auch unstet, nur noch bergab.

Selbst als sofortige Wiederholung haute mich der Yellowstone-Nationalpark immer noch um. Er ist wie ein Taschenplanet von exorbitanter landschaftlicher Pracht – alpine Gipfel und Koniferen, mundwasserblaue skandinavische Wasserfälle, die russischen Steppen, mexikanisches

Buschland, gälische Torfmoore, sogar ein Streifen Subsahara-Savanne. Und dabei sind all die urzeitlichen Wunder noch gar nicht erwähnt, die schwefelhaltigen, dampfenden Schlünde und die türkisfarbenen Fumarolen. »Ich saß staunend da, während meine Gefährten heraufkamen, und danach schien es mir, als vergingen fünf Minuten, bevor jemand sprach.« So beschrieb Charles Cook im Jahr 1869 die Ankunft seiner Expedition am Ende einer 35 Kilometer langen, fast 400 Meter tiefen Schlucht, die gekrönt war von einem mächtigen grünen Wasserfall und flankiert von dampfenden, zischenden Wänden aus Karminrot, Violett und Gelb. Cooks Expedition war in die einsamen Grenzgebiete von Montana und Wyoming entsandt worden, nachdem Pelzjäger und Goldsucher mit leuchtenden Augen aus der Region zurückgekehrt waren und sagenhafte Geschichten erzählten von heißen, steigenden Wasserfällen, versteinerten Wäldern und einer fremdartigen Welt aus Feuer und Schwefel, die unter ihren Füßen bebte und oranges Gas und kochenden Schlamm spuckte. Stumme Ehrfurcht wurde für Cook und seine Gruppe zum Normalzustand: Es war alles wahr. Dass eine so gut erforschte Nation, die sich seinerzeit bereits als globale Supermacht etabliert hatte, insgeheim dieses außergewöhnliche verlorene

Königreich genährt haben sollte, schien fast unglaublich. Für die meisten blieb es das auch: Amerika akzeptierte Cooks Bericht erst, als eine Expedition im folgenden Jahr mit unwiderlegbaren fotografischen Belegen zurückkehrte.

Es war nicht schwer zu begreifen, was all die Einheimischen hierhergelockt hatte, die in Wohnmobilen und Cabrios geduldig hinter mir hertuckerten. Yellowstone ist eine Art Pionierzeit-Themenpark, wo Amerikaner zu sehen bekommen, wie ihre Nation ausgesehen hat, bevor die Canyons mit Staumauern abgeriegelt, die Seen vergiftet und alle Bisons erlegt waren. Jedes Panorama war von farbenprächtiger, kinotauglicher Majestät, bearbeitet in Technicolor und ausgestrahlt in Panavision: ein episches Land, wie geschaffen für typisch amerikanische Filmhelden von John Wayne bis Bambi. Und schaut mal – ist das nicht ein Ford Model T? Feuert den Mann ordentlich an, Kinder!

Als der Yellowstone-Nationalpark im Jahr 1915 seine Pforten für motorisierten Verkehr öffnete, fuhr als Erstes ein Model T hindurch, und in dieser nostalgischen Umgebung fand sich Mike von einer drolligen alten Kiste zu einer offiziellen Touristenattraktion aufgewertet. Wann immer ich Halt machte, hielten hinter mir zwei oder drei andere Fahrzeuge quietschend an und warfen neugierige Passagiere aus, die mich mit Handykameras und Fragen bestürmten und meine urinalen Pläne vereitelten. Ich hatte mich noch nie so auffällig gefühlt. Nachdem ich durch den Westeingang des Parks wieder nach Montana gefahren war, bohrte ich drei ununterbrochene Minuten lang in der Nase.

Die der Sonnenfinsternis geschuldete Preisgestaltung war noch in vollem Gange, und in einem Model T war ich nicht in der Lage, ihr davonzufahren. An diesem Abend zahlte ich in West Yellowstone 193 Dollar für eine übelriechende Baracke mit wackligen Wänden, eine schmerzhafte Investition, von der ich glaubte, sie mit einem Hungry-Man-Fertiggericht ausgleichen zu müssen. Jede Mahlzeit aus diesem für die Mikrowelle geeigneten Sortiment versorgt einen mit 9.000 Prozent der empfohlenen Tagesmenge an zähfließendem Selbsthass und wird mit einem Beutel echter menschlicher Tränen serviert.

Dieses spezielle Exempel umfasste außerdem einen Becher dicker Soße, die ich mit Tabasco panschte, bevor ich sie auf eine fahle Scheibe Truthahn stürzte. Ein ominöser Geruch stieg von meiner ersten Plastikgabel auf, die ich mir reinschob: Wie mein Gaumen prompt bestätigte, handelte es sich bei der Soße um ein Schokoladendessert. Doch die ehefrauenlose Welt ist ein hässlicher Ort. Ich aß die Plastikschale leer, rülpste entsetzlich, dann ging ich mit einem Zahnputzbecher Jim Beam hinaus in den kühlen Gebirgssonnenuntergang. Prost Mike, auf dich: Schlaf gut und bravo. Lebe wohl, Montana und deine Himmel von sagenhaften Ausmaßen.

Heimat, Heimat, auf dem Weideland,
Wo der Dings und die Dings spielen,
Wo man selten ein Wort hört, das entmutigt,
Und ... alles ... meilenweit ... entfernt ... ist.

Im Versuch, näherungsweise die inoffizielle Hymne des amerikanischen Westens zu rezitieren, enterte ich Idaho, das, wie ich bei meiner Einfahrt erfuhr, »zu großartig zum Vermüllen« war und sich nach wie vor als weites Land präsentierte, wo das Vieh frei umherstreift, bis es sich mit den Hufen in einem Viehgitter verfängt, auf das die Stars and Stripes gemalt sind. Die Straße fiel sogleich 600 Höhenmeter ab, was meinen Schädel nach zwei Tagen in großer Höhe von kompressivem Unbehagen erlöste, und der Asphalt wich kreideartigem Schotter. Unter blauem Himmel krabbelte ich über ein karges Plateau, eingefasst von kahlen, braunen Bergen, die sich im Dunst eines Flächenbrands abzeichneten, und schlug auf Mikes Hupe ein, damit wenigstens sie mir Gesellschaft leiste. Ferne schwarze Punkte grasten zwischen Beifuß und goldenen Mentzelia-Büschen. Auf einem Schild stand: »SEILRUTSCHE – 120 KM«.

Ich würde mich nie an die schiere unermessliche Weite dieses Landes gewöhnen. 120 Kilometer, das war die Entfernung von unserem Haus bis nach Swindon, eine Reise, die niemand bei klarem Verstand wegen einer Talfahrt an einem Karabinerhaken auf sich nehmen sollte (noch, mit Verlaub, wegen Swindon). Es gab gelegentliche Beispiele von Pivot-Beregnung, Mähdrescher, die beim Einfahren der Ernte Wolken aus Spreu aufwirbelten, Grashüpfer, die gegen meinen Kühlergrill ditschten. Dann war ich zurück in der Todeszone, My Own Private Idaho, und ich folgte einer Spur Telefonmasten in Richtung eines flimmernden beigen Horizonts.

Ich stieg in Arco ab, das 1955 die erste Stadt war, die von Atomenergie beleuchtet wurde. Diesem Erbe wurde in ihren stillen Straßen mit einiger Sorgfalt gedacht. Das Atomsymbol sich überlagernder Ellipsen war säuberlich auf die Flanken leerer Geschäfte gepinselt und auf den Türen des staubigen Löschfahrzeugs der örtlichen Feuerwehr stand »Atomic City«. Ich kam an einer »Atome für den Frieden«-Infotafel vorbei, auf der offenbar nicht genug Platz war für den Hinweis, dass die umliegende Wüste einst als Kernwaffentestgebiet demarkiert war und bis heute von gigantischen Kratern durchzogen ist. Gegenüber von meinem Motel war mitten auf einem Spielplatz der Kommandostand eines Atom-U-Boots errichtet worden. (Die Felswand dahinter war von oben bis unten mit riesigen zweistelligen Zahlen geschmückt – per Hand gemalt, wie der Motelier mir erzählte, von jeder Highschool-Abschlussklasse der letzten hundert Jahre. Ich kann Ihnen gar nicht sagen, wie begeistert ich war, die beeindruckende Arbeit der Klasse von 1924 zu entdecken.)

Der Diner die Straße hinauf, wohin ich mich zu einem frühen Abendessen begab, pries sich selbst in Neon als »Home of the Atomic Burger« an. Dieser essbare Tribut an Arcos radioaktives Erbe schien mir von einem bemerkenswerten Ausmaß an Loyalität zu zeugen, und ich ging in der Hoffnung hinein, um die Küchentür herum ein grünes Leuchten zu sehen und an den Tischen vielleicht ein paar von Wladimir Putins Feinden mit den Gesichtern in ihren Tellern. Nach der Hälfte der enttäuschend herkömmlichen Spezialität des Hauses stieß ich zufällig auf einen Online-Bericht von Arcos weniger erbaulicher Nukleargeschichte: Am 3. Januar 1961 bereitete die erste Kernschmelze der Welt drei Arbeitern ein sehr unerfreuliches Ende. Einer von ihnen blieb über mehrere Stunden unauffindbar: Der zwölf Tonnen schwere Reaktor, auf dem er gestanden hatte, war drei Meter in die Luft geschleudert worden und hatte ihn großflächig über die Decke verteilt. Ich verschlang den Rest meines Atomic Burgers mit deutlich verminderter Begeisterung.

Idaho war mir freundlich gesinnt. Ich spulte es in drei angenehmen Tagen ab, eine warme Brise fegte über die offenen Weiten und brachte Schwärme gelber Schmetterlinge, duftende Schwaden warmen Heus, das beruhigende Muhen fernen Viehs. Hin und wieder durchbrach etwas Bemerkenswertes das khakifarbene Kontinuum: ein stürzender Bach, ein Sherman-Panzer mit Geschützturm im Paisley-Muster, ein zerklüftetes Feld aus schwarzer Lava, noch glänzend und scharfkantig, als hätte jemand eine Billiarde Kubikmeter Kohle über der Wüste abgeladen. Bescheidene Steppenläufer federten über den Weg, huschten dahin an den Fuß gewaltiger Sanddünen. Die Enchiladas waren köstlich, die Motels auf reizende Weise antiquiert und die nächtlichen Güterzüge stießen ein besonders eindringliches, schwermütiges Pfeifen aus, als hätte der Zugführer soeben einen Kinderwagen entdeckt, der auf den Bahnübergang zurollt.

Aber man kann wohl sagen, dass Idaho mit Mike ungleich härter umsprang. Bei Vollgas stieß der schadhafte Schalldämpfer nun ein explosives Dröhnen aus, wie der Dreidecker des verfluchten Roten Barons, der ein Rollfeld hinunterbrettert. Irgendein Fetzen Stoff hatte sich im Inneren des Dachs gelöst und ergänzte das Lärmen alten Eisens, das von unterhalb meiner Füße erklang, nun um einen schnarrenden Backbeat. Die rustikale Schweißarbeit, die meine Spurstange zusammenhielt, wurde zerrissen von einem sich ausbreitenden Haarriss, der mir nicht gefiel und dem MTFCA noch weniger, als ich im Forum eine Nahaufnahme postete, um Meinungen einzuholen. »Ehrlich gesagt ist dein Tod nicht nur wahrscheinlich, sondern gewiss, solltest du deinen Scheiß nicht geregelt kriegen«, schrieb ein besonders direktes Mitglied. »Sei mir nicht böse, aber ich habe dich gewarnt.« Wie Sie sich vorstellen können, warfen diese Worte durchaus einen Schatten auf meine weitere Reise – zumal ich nicht einmal wusste, was genau »mein Scheiß« war, geschweige denn, wie ich ihn regeln sollte. Jedes Mal, wenn Mike exzentrisch um eine Kurve huschte, schien mein Herz einen Sprung zu machen, bis ich es in meinem Hals und meinem Kiefer pochen spürte. Zum Glück gibt es in Idaho nicht viele Kurven.

Und jenes wiederkehrende Fehlzünden war inzwischen ein ständiger Begleiter, ein fünfsekündiger Ohnmachtsanfall, der alle anderthalb Kilometer auftrat. Dieser Unpässlichkeit von Mike ging zwar die todbringende Tragweite der Spurstangen-Malaise ab, sie war aber viel frustrierender. Sofern sich nicht die Schweißfee in mein Motelzimmer schlich und meine Finger und meinen schnarchenden Schädel mit ihrem Acetylen-Zauberstab berührte, konnte ich nichts dagegen ausrichten. Aber zu diesem Zeitpunkt meiner Reise, mit 8.000 Kilometern und zwanzig US-Staaten auf der Habenseite, hatte ich das Gefühl, eigentlich in der Lage sein zu müssen, ein so alltägliches Problem irgendwie zu beherrschen.

Auf jeden Fall hatte ich mich seit Scotts schrecklicher Prognose viel intensiver um Mikes Wohlergehen gekümmert. Auf seinen Rat hin wechselte ich das Öl inzwischen alle knapp 500 Kilometer und füllte es dreimal am Tag auf. Ich hatte meine Reisegeschwindigkeit auf unter 50 km/h verringert. Rückblickend scheine ich diese grundlegende mechanische Anteilnahme mit technischer Expertise verwechselt zu haben, denn eines späten Nachmittags vor einem Motel in Mountain Home, das digitale Thermometer vor der Bank die Straße hinauf zeigte 39 Grad Celsius an, entschied ich, dass das Fehlzünden ein Problem der Kraftstoffversorgung war und machte mich prompt daran, ein extrem ehrgeiziges Programm entsprechender Arbeiten zu verrichten.

Die erste Etappe schmückte meine Ecke des Parkplatzes mit überraschend winzigen Stücken Rasenmäher-Vergaser, verteilt während einer stummen Explosion, als ich vorsichtig dessen Kraftstofffilter löste. Die letzte, durchgeführt einige Stunden später unter dem gleißenden Licht einer Sicherheitsleuchte, ließ den Asphalt unter Mike übersät von stinkenden Pfützen Benzin und einem glitzernden Chaos an Werkzeugen zurück. Ich erwartete nicht, dass er nach all dem besser laufen würde, und ich hatte recht. Ehrlich gesagt war ich einfach heilfroh, dass er überhaupt lief.

Gänse flogen südwärts, als ich nach Oregon hineinspotzte, was, so nahm ich an, das nahende Ende des Sommers ankündigte. Da mein Klapperschlangen-Thermometer weiter jenseits der 35-Grad-Marke verharrte, schien das absurd, ebenso wie die Schneemobile, die nun in jeder Scheune untergestellt waren. Nach endlosen Wochen Weideland und Getreideanbau kam ich endlich an ein paar richtigen Patchwork-Feldern vorbei, Rechtecke voller Salatköpfe, Zwiebeln und Sonnenblumen, die mit schweren, hängenden Köpfen ihrer Hinrichtung harrten. Im Geiste der Erntezeit unterzog ich mich endlich einem Haarschnitt, so fasziniert war ich von der überraschenden Entdeckung, dass mein Motel in Ontario einen Frisör beherbergte. Ich befürchtete das Schlimmste, als ich von einem jungen Mann mit einer Menge Tinte auf der Haut und kunstvoll gedrechselten Koteletten zu einem Stuhl geführt wurde. Aber meine Sorge war unbegründet und zwölf Minuten später marschierte ich wie Heinrich Himmler aussehend wieder hinaus.

»Junge, du kannst dich auf was gefasst machen.«

Die bewässerte Vegetation von Oregons äußerstem Osten war steilem roten Fels gewichen, und da Mike seine Eingeweide aushustete, hatte ich am trefflich benannten Oasis Diner im einsamen Juntura haltgemacht. Meine lärmende Ankunft hatte einen stoppeligen Alten in die erbarmungslose Sonne herausgelockt und er gab mir nun eine schonungslose Übersicht der bevorstehenden Herausforderungen.

»Dir stehen zwei Pässe die US-20 rauf bevor, Drinkwater und Stinkingwater. Beide ziemlich dicke Brocken. Kein Benzin, kein gar nichts auf hundert Kilometern.«

Er kratzte sich den Nacken und lehnte sich zurück gegen die verbeulten Eistruhen, die den Eingang zum Diner flankierten. »Heiße Charlie. Ich sorge dafür, dass hier alles irgendwie läuft. Bestell mir 'nen Sandwich mit Thunfischsalat und ich werfe mal einen Blick unter die Haube.« Ich willigte mit großer Eilfertigkeit in den Deal ein und steuerte auf die Tür zu. »Weißbrot, keine Soße, Hüttenkäse«, brummte er über die Schulter, während er die Klammern der Motorhaube löste.

Charlie war wieder drinnen, noch bevor sein Sandwich es aus der Küche geschafft hatte. »Der Vergaser hat gesoffen wie Hölle. Alles paletti jetzt.« Er setzte sich an meinen Tisch, klatschte zwei sehr aromatische Hände auf das Resopal und präsentierte mir fünf Zähne. »Ein Typ, den ich kannte, hat sich vor Greyhound-Busse geworfen, ließ sich anfahren und kassierte 'ne fette Abfindung.« Wie sehr ich diese ansatzlos aus dem Ärmel geschüttelten Anekdoten liebgewonnen hatte. »Lief ganz gut für ihn, bis auf das letzte Mal. Ha!«

Charlies Selbstsicherheit beruhte auf etlichen Jahrzehnten kompetenter Allround-Flickerei. Als ich meine Reise fortsetzte, kletterte er aufs Dach des Diners, um sich um die Klimaanlage zu kümmern. Doch sein zweiminütiges Flickwerk schien zu schön, um wahr zu sein, und als es hinauf zum Drinkwater Pass ging, kehrte das Fehlzünden denn auch schon auf den ersten gewundenen Kilometern mit stotternder, spotzender Vehemenz zurück. Der Motor verstarb über lange Sekunden, bockte heftig wieder zum Leben und verstarb erneut, mit dem Geräusch einer getroffenen Spitfire, die im Begriff war, kopfüber in den Ärmelkanal zu stürzen. Einen kompletten Stillstand auf einem steilen Anstieg mochte ich mir lieber nicht ausmalen – das vergebliche Reißen an der Handbremse, das unaufhaltsame Aufnehmen immer mehr rückwärts gerichteten Schwungs, die todesmutige Rettung mit einem Keil in jeder Hand –, also dachte ich an kaum etwas anderes. Die marode einspurige Eisenbahnlinie, die neben mir verlief, schweifte hin und wieder ab, um mittels einer baufälligen Gerüstpfeilerbrücke eine felsige Schlucht zu überwinden. Ein Schild informierte mich, dass ich mich nun in Schlangengebiet befände. Autos begegneten mir im Abstand von 20 Minuten und das Handynetz hatte sich schon lange verabschiedet. Ich war in jeder Hinsicht von Gott und der Welt verlassen.

Vor all den Monaten, als ich auf einem feuchten Hof in Buckinghamshire zum allerersten Mal hinter dem Steuer eines Model T saß, sagte Neil Tuckett etwas, das hängengeblieben war: »Du wirst mit einem T immer Probleme haben. Wenn du gut bist, lernst du einfach, sie zu umfahren.« Wie lange war ich von diesem Fehlzünden geplagt worden? Bestimmt schon 3.000 Kilometer, mit Unterbrechungen. Ich hatte offenbar gelernt, es zu umfahren, und war somit doch bestimmt gut. Oder?

An diesem Morgen, bei einer das Schicksal herausfordernden Bestandsaufnahme der verbliebenen Distanz, hatte ich ermittelt, dass mich nur noch 650 Kilometer von der Pazifikküste trennten. Eine Gabel voll Eigelb gefror vor meinem offenen Mund. 650 Kilometer! Sofern Mike sich zusammenreißen würde, sofern ich nur mit etwas mehr Langmut dieses Problem umfahren würde, könnten wir in zwei Tagen dort sein. Sagen wir drei, um auf der sicheren Seite zu sein. Im Rahmen meiner 10.000 Kilometer langen Reise durch dieses riesengroße Land konnte man das getrost zu einem kleinen Vogelschiss abrunden.

Aber was beim Frühstück noch so nah schien, schien nun so fern. Zum ersten Mal seit jenem ersten Abend in Ordinary wurde mein Geist von fundamentalen Zweifeln bedrängt. Nur war meine Befürchtung jetzt nicht mehr, dass ich zusammenbrechen könnte, sondern vielleicht mein Auto.

»Komm schon, Michael. Komm schon, Junge. KOMM SCHON!« Während wir uns an Wänden aus losem Geröll entlang die Kehren hinaufzitterten, feuerte ich ihn an – zunächst als gemurmeltes Betteln, dann als das wilde Gebell eines betrunkenen Spielers auf der Pferderennbahn.

Er ignorierte mich nicht völlig. Dreimal rollte Mike verloschen aus und dreimal tat er es auf einem beinahe ebenen Abschnitt der Passstraße. Beim ersten Mal tauschte ich die Zündspule aus, ein Moment freudiger Eingebung, die den üblichen, drei Minuten währenden trügerischen Anschein geschmeidigen Laufs erwirkte. Beim zweiten Mal, an einem für das Aufziehen von Schneeketten vorgesehenen Rastplatz, entschied ich mich dafür, den Tank zu leeren. Ich musste etwas unternehmen und irgendjemand hatte irgendwo angedeutet, dass mit Ethanol versetzter Kraftstoff (der heutzutage, dank Henry Ford, in den Staaten fast allgegenwärtig ist) Benzinleitungen zersetzen würde und dadurch eine Verstopfung verursachen könnte.

Die monströse Hitze wurde mittlerweile von einer sehr steifen Brise hergetragen, die diesen Prozess zu einem echten Abenteuer machte. Schließlich musste ich die Ölauffangwanne als eine Art Windschutz seitlich unter das Auto klemmen, damit zumindest ein wenig der dünnen Benzinkaskade in meinen Eimer pieselte, statt einen Meter zurück über den Asphalt geweht zu werden. Ich blies gerade die Benzinleitungen aus, als ein Pick-up neben mir anhielt und ein Kerl in kurzen Jeans-Shorts und mit verspiegelter Sonnenbrille aus dem Führerhäuschen sprang. »Wette, du könntest ein Bierchen vertragen, Partner«, rief er und hielt mir eine Dose hin, von der verführerisch Kondenswasser perlte. Sein Gebaren passte zu einem Fußraum, in dem sich sichtbar das Leergut sammelte, und da mir nicht nach Feiern zumute war, lehnte ich höflich ab. »Deine Entscheidung«, zuckte er die Achseln, während er an seinem Handy herumfummelte. »Macht es dir was aus, wenn ich ein Foto schieße? Könnte das letzte sein, das dich lebend zeigt!«

Ich war gerade oben am Drinkwater Pass angekommen, als Mike seinen dritten Tod starb. Die Straße war schmal; ich setzte zwei Reifen in den sandigen Kies und rollte aus. In der Ferne, einige Kilometer vor mir, wand sich der graue Streifen der US-20 eine karge, dünenartige Bergflanke zum Stinkingwater Pass hinauf. Es war nach fünf, aber immer noch drückend heiß, und mir blieb nur noch ein heißer Bodensatz an Wasser. Ich drückte einige Male vergeblich den Anlasser, dann sank ich schwer in Bob Kirks

Holzkugel-Sitzauflage zurück, was ziemlich schmerzhaft war und mich zu den langatmigen Verwünschungen ermunterte, die ich nun durch die Wüste brüllte.

Schließlich fuhr ein Polizeiwagen heran. Ihm entstieg ein junger Sheriff, der mir eine Flasche kaltes Wasser reichte. »Hier draußen hat es 40 Grad«, sagte er. »Ich werde hier bleiben und zusehen, wie Sie das trinken.« Als ich dies dankbar getan hatte, sagte er, er werde in ein paar Stunden noch einmal vorbeischauen. »Kein Netz auf dieser Seite von Stinkingwater. Falls Sie immer noch hier sind, nehme ich Sie mit.« Ich schaute ihm nach, stocherte ein paarmal matt auf meinem nutzlosen Handy herum und fühlte mich bei lebendigem Leib gekocht, völlig ahnungslos und sehr, sehr allein.

Nach der längsten Stunde, die ich je außerhalb eines Klassenraums verlebt habe, hielt hinter mir ein schickes rotes Cabrio. Seine Besatzung war ein Pärchen mittleren Alters, das ich in meinem Testament und vielleicht auf einem Gedenktattoo berücksichtigen werde. Greg machte sich an eine Diagnose unter der Motorhaube, die auf seinem frischen Hemd zahlreiche ölige Flecken hinterließ; Kim gab mir Wasser, Müsliriegel und einen Riesenschrecken, als sie sich über eine tropfende Benzinleitung beugte und eine Zigarette anzündete. Im vielleicht zwanzigsten Versuch – Mikes Batterie rang ganz offenkundig mit dem Tode – sprang der Motor schließlich an. »Lassen Sie ihn einfach laufen«, rief Greg. »Wir folgen Ihnen bis zur nächsten Stadt.« Das war eine ziemliche Ansage: Die besagte Stadt hieß Burns und war 65 Kilometer entfernt. Als ich am Gashebel zog, kamen von Greg noch ein paar andere Ansagen: »Wir waren Alliierte. Meinen Sohn hab ich nach Sir Francis Drake benannt! Auf geht's, Baby!«

Mike quälte sich den Stinkingwater Pass mit allerlei Not, Fehlzünden, hochtourigem Aufheulen und sonstigen Aussetzern hinauf. Ich war gezwungen, den Anstieg im niedrigen Gang in Angriff zu nehmen, das schwere Pedal eine qualvolle Ewigkeit lang durchtretend, immer mal hastig das Bein wechselnd, wenn sich Krämpfe ankündigten. Bei meinem panischen Aufbruch hatte ich vergessen, den Reißverschluss der Reisetasche im Gepäckhalter auf dem Trittbrett zuzuziehen, die nun begann, ihren Inhalt den heftigen Böen preiszugeben, die über die Passhöhe fegten: ein paar

Plastiktrichter, eine Mütze, die wasserdichte Überhose, die ich nicht ein Mal getragen hatte. Ich überquerte den Stinkingwater Pass mit einem Ausbruch der Erleichterung, der kurioserweise gekrönt wurde von einem mächtigen, langgezogenen Furz. Aber wie heißt es so treffend: Hochmut kommt vor dem Fall. Wir waren nur ein paar Kilometer hinein in die struppige Leere gerollt, die jenseits der Passhöhe lag, als Mike abrupt verstummte und erneut ausrollte.

Greg hielt hinter mir an und wir stellten fest, dass der Tank leer war: Aufgrund irgendeines fehlzündenden Malheurs hatte ich auf nicht einmal 50 Kilometern 23 Liter Benzin verbraucht. Kim reichte mir die Trichter und Kleider, die meine sagenhafte Begleitcrew in meinem Kielwasser eingesammelt hatte, dann half Greg mir, den 7,5-Liter-Reservekanister in den Tank zu füllen. »Lass es krachen!« rief er, als Mike zu stotterndem Leben erwachte, und ich gehorchte sehr lautstark.

Die Sonne ging unter und uns standen noch 15 Kilometer bevor. Abgesehen von der Lenkung hatte ich fast keine Kontrolle über meinen Schützling, der nach seiner eigenen kranken Pfeife tanzte, abwürgte und zitterte: mal ein dröhnendes Getöse, dann tödliche Stille, dazwischen ein wüstes Bocken und Schlingern, das so heftig war, dass ich zweimal mit dem Kopf gegen die Windschutzscheibe stieß. Die Fehlzündungen waren inzwischen explosive, maschinengewehrartige Salven, die mir fast das Lenkrad aus den Händen rissen und das Vieh an der Straße in die diesige Dunkelheit scheuchten. Ich knipste das Licht an und schickte einen kränklichen, flackernden Schimmer über den rabenschwarzen Asphalt. Gregs und Kims Scheinwerfer tanzten in meinem Rückspiegel. Burns kündigte sich von fern mit einem unscharfen Glimmen an, und als es dies tat, verstummte Mike ein weiteres Mal. Mir war wieder das Benzin ausgegangen, 7,5 Liter, teils gerülpst und teils verbrannt, auf 13 Kilometern.

»Nun, das einzige Restaurant in der Gegend, das Alkohol serviert, ist die Pizzeria gegenüber.« Die Betreiberin des America's Best Value Inn sah mich mit enttäuschter Miene an, dann schaute sie auf ihre Uhr. »Es schließt, naja, gerade jetzt, also sollten Sie – Hallo? Sir?«

Eine Stunde war vergangen, seit die geheiligten Greg und Kim mit meinem Reservekanister in Richtung Burns aufgebrochen waren, vierzig Minuten, seit sie mit ihm, nun wiederaufgefüllt, zurückgekehrt waren, und zehn, seit ich mich von ihnen auf dem Parkplatz des ersten Motels, das Mike zitternd erreichte, mit einer innigen, benzinfeuchten Umarmung verabschiedet hatte. Zwei weitere Minuten später bettete ich die zermürbenden, seelenfolternden Prüfungen des Tages in bewährter Manier zur Ruhe. »Sind Sie ganz sicher?«, fragte der picklige Pizzabäcker, nachdem ich eine sehr lange Bestellung aufgegeben hatte, die genau ein Gericht umfasste. »Ich muss in ein paar Minuten abschließen.« Das erwies sich letztlich als ausreichend; nur zwei kleine Scheiben Salami schaffte ich nicht vor Toresschluss. Ich wankte zurück zum Hotel, stellte mich unter die Dusche und schaute zu, wie polychrome Wirbel aus Benzin den Abfluss hinabbrannten. Am nächsten Morgen duschte ich erneut und stank noch immer wie die Exxon Valdez.

Burns war treffend in dunstigen Rauch gehüllt, ein stechender und beißender Schleier, der von einem fernen Flächenbrand herübergetragen wurde. Ich war aufrichtig erfreut, als Mike nicht ansprang und damit jeder Versuchung, unsere nächsten Herausforderungen ohne vorherige Reparaturen in Angriff zu nehmen, einen Riegel vorschob: Die Motel-Betreiberin hatte mich gewarnt, dass die nächste nennenswerte Ansiedlung 200 Kilometer entfernt läge, jenseits der Great Sandy Desert, der Hochwüste Oregons. Greg war von seiner gnadenvollen Tankstellen-Mission mit der Visitenkarte einer empfohlenen hiesigen Werkstatt mit dem verheißungsvollen Namen Tim's Complete Auto Service zurückgekehrt. Ich rief dort an und bald rollte ein klappriger schwarzer Abschlepptruck auf den Motelparkplatz. »Ich bin Tim«, sagte der kahle Mann, der auf der Fahrerseite ausstieg. Auf der Beifahrerseite hob ein munterer, draller Rotschopf die Hand zum Gruß. »Ich auch.«

Wie viele Tims braucht man, um einen T zu reparieren? Keinen, leider: Ein bezopfter junger Mann namens Andy machte die ganze Arbeit. Ich sah zu, wie er in Glatzen-Tims von Wrackteilen übersäter Werkstatt am Rande der Stadt den ganzen Morgen vergnügt an Mike herumfummelte, Teile vom

Vergaser auswechselte und ein mysteriöses Druckmessgerät in die Benzin-leitung einführte. Dann, nach einem gescheiterten nachmittäglichen Angriff auf die Hochwüste, tuckerte und bockte ich 23 Kilometer zurück nach Burns und sah bei einer nicht mehr ganz so vergnügten Fummelei zu, die sich bis tief in den nächsten Tag hineinzog.

Andy entsprach einem mittlerweile vertrauten Kleinstadt-Klischee und strahlte eine lässige, gemütliche Sorgfalt aus, die hin und wieder von erschreckenden Anfällen heftiger Wutausbrüche durchbrochen wurde. Mit dem gleichen unbefangenen, offenherzigen Tonfall, in dem er von seiner Motorradsammlung berichtete oder mich informierte, wann der Safeway schloss, erzählte er, wie er einmal einen Wagen voller Umweltschützer mit einem Bulldozer in den Graben bugsiert habe. Andys Großvater war Stunt-schütze in einer Cowboyshow und hatte ihm beigebracht, zwei Ziele mit je einer Pistole in beiden Händen zu treffen. »Aber ich ziehe es vor, auf die alt-modische Weise zu kämpfen, und weil ich meistens gewinne, lassen mich die Leute in Frieden.« Vor kurzem war er nach Sacramento gefahren, um in nicht näher spezifizierter, aber zutiefst ominöser Weise eine offene Rechnung zu begleichen: »Bin zehn Stunden durch die Nacht gefahren, hab getan, was getan werden musste, und bin zehn Stunden zurückgefahren.«

Diese Geschichte regte Andy an, mit beträchtlichem Stolz zu erläutern, dass Burns eine Hochburg freigeistigen Ungehorsams sei. Dieser hatte dem Ort 2016 zu nationaler Berühmtheit verholfen, als es in einem Streit um die Flächenbrände, die in der Region eine häufige Bedrohung waren, zu einer verfahrenen Situation gekommen war. Nachdem zwei ansässige Rancher auf ihrem Land zwei Gegenfeuer legten – eine gebräuchliche Taktik, um nahenden Bränden den Nährstoff zu entziehen –, wurden sie der Brandstiftung für schuldig befunden und ins Kittchen gesteckt. Als Märtyrer für die antiföderative Sache lockte ihr Schicksal Hardcore-Regierungsgegner aus dem gesamten Westen der USA an, von denen 40 als schwerbewaffnete Bürgerwehr-Einheit aufkreuzten. In einer fragwürdigen Zurschaustellung von Wagemut besetzten die selbsternannten Freiheitskämpfer eine von der Regierung verwaltete Schutzhütte außerhalb der Stadt, verbarrikadierten sich in einer einen Monat währenden Belagerung, die in tödlichem Chaos endete, als einer der Besetzer von der Polizei erschossen wurde.

Andys Einschätzung der Angelegenheit war eine mir längst vertraute: »Wir können es einfach nicht leiden, wenn man uns sagen will, was wir zu tun oder zu lassen haben, vor allem nicht von einem Typen, der in einem Büro in Washington DC sitzt und nichts über uns und unsere Lebensweise weiß.« Das bekam ich oft zu hören. Die zentrale Klage, die fast jeder Oldtimer-Typ vorbrachte, mit dem ich sprach, war, dass die Regierung »die Leute nicht die Fehler machen lässt, die sie machen müssen«. Von ihrer Warte exaltierter Kompetenz aus musste dies vollkommen plausibel erscheinen. Diese Männer würden niemals die Sorte Fehler machen, die niemand machen muss, die Sorte, die den Rest von uns dazu verleitet, mit dem Winkelschleifer Gasleitungen zu durchtrennen oder in der Küche Asbestplatten zu zersägen. (Nicht? Okay, dann bin das wohl nur ich.)

Andy schüttelte mit ernster Miene und zitterndem Kiefer den Kopf. »Die Behörden tun uns jetzt als Abtrünnige und Unruhestifter ab. Überall in der Stadt wurden Überwachungskameras installiert.« Seitdem zeigt er denen da oben den Finger, indem er auf seiner Harley mit 200 Sachen durch die Great Sandy Desert brettert. »In Oregon kann man damit durchkommen, wenn auf einem Schild nur die Zahl steht, aber nicht das entscheidende Wort ›Tempolimit‹.« Sein gewieftes Zwinkern schien ein wenig unangebracht. Rothaar-Tim hatte mir von der Gelegenheit erzählt, als Andy damit durchzukommen versuchte, betrunken Auto zu fahren, eine Strategie, die ihm vier Tage im Bau einbrachte.

Obendrein war Tim's Complete Auto Service auch eine weitere Bastion des die Apokalypse heraufbeschwörenden Überlebenskünstlertums, das zu einem wiederkehrenden Motiv geworden war. Eines späten Nachmittags fingen Andy und Glatzen-Tim damit an, im Tonfall schlecht verschleierter Wonne über die Überschwemmungen in Houston und die ausufernden Waldbrände zu flachsen und wohin das alles führen würde. »Unten in Texas so viel Regen wie in tausend Jahren nicht und halb Oregon steht in Flammen«, sagte Glatzen-Tim mit leuchtenden Augen. »Du weißt einfach nicht, was als Nächstes kommt. Schon morgen könnte ein Sonnenfleck auftauchen, der die Elektronik in jedem Auto und in jedem Computer lahmlegt.«

»Und schon bricht die ganze Gesellschaft zusammen«, schaltete Andy sich mit dem Anflug eines Lächelns ein.

Tim nickte nachdrücklich. »Oder wie wäre es mit diesem Supervulkan unter Yellowstone? Habe gehört, der ist überfällig, und wenn es so weit ist, geht die halbe USA gleich mit hoch.«

Ständig geriet ich in diese Doomsday-Diskussionen und bekam von den ausgeklügelten post-apokalyptischen Plänen zu hören, die grundsätzlich mit ihnen einhergingen. Trent aus Liberal, Kansas: »Wenn alles zusammenbricht, kannst du dein Auto wahrscheinlich vergessen, du musst dir also überlegen, was du tragen kannst, wenn du die Biege machst. Ein Thompson-Maschinengewehr, das sind geladen fünf Kilo. Zu viel hält dich nur auf. Du musst dir über diesen Scheiß Gedanken machen.« Zander aus Jordan, Montana: »Wir haben ein Öllager, wo ich mich verkriechen werde. Ich kann jeden Kram irgendwie flicken. Ich würde schon ein paar Jahre durchkommen.«

Andy erzählte pflichtgemäß, dass er sich selbst beigebracht habe, wie man aus Ästen einen Langbogen baut, und meinte, dass mein Model T im neuen finsteren Mittelalter, das uns allen bevorstünde, ein ideales Fortbewegungsmittel abgeben würde. »Kein Computer, keine Elektronik, und ich wette, das Teil würde mit allem möglichen Scheiß laufen.« (Würde es tatsächlich. Scott hatte mir von einem T-Enthusiasten aus Australien erzählt, dem in der Wüste der Sprit ausgegangen war und der es mit einer Dose Citronell-Öl, die er mitgebracht hatte, um Moskitos zu vertreiben, in die nächste Stadt schaffte.) Wie ein Journalist des *Guardian* bemerkte, der eine Survivalisten-Konferenz in Ohio besucht hatte, erinnerte ein jedes dieser Szenarien verdächtig an die Zeit der Pioniere, als alles ein blutiger, einfacher Kampf um Vorräte und Obdach war. »Die Prepper und Survival-Freaks malen sich streng genommen nicht das Ende Amerikas aus«, schrieb er. »Sie malen sich dessen Neubeginn aus.«

Bisweilen kam es mir vor, als befinde sich die ganze Nation im Kriegszustand, mit diesem ganzen Gerede vom Armageddon, dem huldvollen Kult um Kriegsveteranen und der Waffen-Geilheit. Trump, mit seiner feinen populistischen Antenne, nutzte dies weidlich aus, und sobald er anfing, Panik wegen Nordkorea zu verbreiten, ereiferte sich plötzlich jeder, der mir über den Weg lief, über »diesen kleinen Fettsack Kim Pong Poo«. Ich weiß nicht, ob der Aufschwung des fundamentalistischen Christentums eine Spiegelung dieses verbissenen Fatalismus oder dessen primäre Ursache ist. Die einhergehenden Statistiken sind jedenfalls frappierend: 41 Prozent der Amerikaner glauben inzwischen, dass die »Entrückung« – die Wiederkunft, der Jüngste Tag, das Ende allen irdischen Lebens, wenn die Guten in den Himmel aufsteigen und die Bösen in der Hölle versinken – innerhalb der nächsten 40 Jahre eintreten wird. Die Romanserie *Finale*, eine Interpretation der biblischen Apokalypse in sechzehn Bänden, verkaufte sich in den USA seit 1995 mehr als 60 Millionen Mal. Ein wirklich erschreckend hoher Anteil der Menschen im ländlichen Amerika glaubt, dass das Ende der Welt nah ist, was einen Großteil der Indifferenz erklärt – sowohl gegenüber den langfristigen persönlichen Folgen, vornehmlich Frittiertes und Zucker in sich hineinzustopfen, als auch in Bezug auf die ökologische Zukunft unseres Planeten. »Wir werden den Bayou wahrscheinlich nie sehen, wie Gott ihn im Anfang geschaffen hat, bis der Herr ihn selbst wieder instand setzt«, kommentierte ein Schlosser aus Louisiana den Zustand eines erschütternd verseuchten heimisches Gewässers gegenüber Arlie Russell Hochschild, der Autorin von *Strangers in Their Own Land*. »Und das wird recht bald so weit sein, es spielt also keine Rolle, wie viel der Mensch zerstört.«

Man ergänze diesen weitverbreiteten Glauben an das Übernatürliche um eine paranoide Skepsis gegenüber der Regierung und man versteht, warum selbst stoische alte Kleinstädter so eifrige Verschwörungstheoretiker abgeben. Ein Viertel der Amerikaner glaubt, dass Barack Obama der Antichrist sein könnte und dass Angehörige der US-Regierung bei den Attacken vom 11. September die Hände mit im Spiel hatten. Ein Drittel glaubt, die Erwärmung der Erdatmosphäre sei ein von der Regierung erdachter Schwindel, und mehr als die Hälfte ist der Auffassung, dass eine geheimnisvolle globale Elite sich verschworen habe, eine neue Weltordnung zu errichten. Verschwörungstheorien hielten nach der Ermordung von JFK Einzug in den Mainstream, als eine unter Schock stehende Nation darum rang, zu akzeptieren, dass ein solcher Gigant von einem Mann, ihre lebende Legende, von einem armseligen Einzelgänger zur Strecke gebracht werden konnte. Aber diesen Zug hat es im melodramatischen amerikanischen Charakter seit jeher gegeben, eine Wildwest-Schwäche für Scharlatane und Lügenmärchen, für Bauchgefühl statt rationaler Schlussfolgerungen. Selbst Jimmy Carter behauptete steif und fest, einmal ein UFO gesehen zu haben.

»Wir wollten bloß einen guten Eindruck von unserer Stadt vermitteln und helfen, Sie wieder auf den Weg zu bringen«, sagte Glatzen-Tim, nachdem eine ausgedehnte Probefahrt gezeigt hatte, dass Mikes Fehlzünden endlich geheilt zu sein schien. Gleichwohl reichte er mir nun eine sekundäre Motivation in Form einer Rechnung über 440 Dollar, was mich recht unvorbereitet traf, verwöhnt wie ich war von all den wundersamen Monaten kostenloser mechanischer Hilfeleistung. Einerseits schienen 440 Dollar ziemlich viel zu sein für die simple letztliche Heilung: ein Zehn-Dollar-

Zündkondensator aus einem Chevrolet, den Andy als Ersatz für mein defektes VW-Original bearbeitet hatte. Aber andererseits war es eine schier unbezahlbare Freude, Mike mit längst vergessener Anmut laufen zu hören und zu spüren, wie er eifrig Geschwindigkeit aufnahm und diese mit souveräner Leichtigkeit beibehielt. Nach meiner dritten Nacht in Burns machte ich mich mit einem wiedergewonnenen Gefühl freudiger Erwartung auf den Weg durch die Hochwüste. Keine 500 Kilometer lagen noch vor mir und da nun alle mechanischen Sorgen hinter mir lagen, konnte ich sie in angemessen elegischer Stimmung angehen.

Wenn ich die Fotos durchsehe, die ich an diesem strahlenden, heißen Vormittag machte, wird deutlich, dass ich ein Archiv repräsentativer Abschiede anlegte. Hier die Beifuß bewachsene, von Rauchwolken durchsetzte Weite meiner letzten Wüste, goldbraun gebacken unter einem grellen blauen Himmel. Die rostigen Zapfsäulen und dachlosen Geschäfte von Millican, meiner vielleicht letzten Geisterstadt. Der Kerl in dem Pick-up mit dem »ER HAT GEWONNEN, FINDET EUCH DAMIT AB«-Aufkleber, der sehr wahrscheinlich mein letzter Hardcore-Trumpist sein würde. Von hier zum Pazifik wurde Oregon auf der Wahlkarte immer blauer, und obwohl es einen roten Faden zur Küste gab, wurde er immer blasser und schmaler.

Bis Mittag hatte ich knapp 200 Kilometer auf der US-20 zurückgelegt. Die ansehnliche Stadt Bend war in Sicht: Direkt westlich davon wechselte die Grundfarbe meiner Straßenkarte von Sandbeige zu Waldgrün und danach zu Ozeanblau. Ich hatte zuvor nie mehr als 400 Kilometer an einem Tag geschafft, aber heute würde es gewiss so weit sein. Bei Sonnenuntergang würde ich mit den Vorderrädern im Pazifik stehen. Matter Unglaube stellte sich ein. Irgendwie hatte ich diese riesige Nation durchquert, 10.000 Kilometer von Meer zu strahlendem Meer, hinauf an die kanadische Grenze, hinab zum Golf von Mexiko, über die Rocky Mountains und die kontinentale Wasserscheide hinweg, und das alles hatte ich in einem 93 Jahre alten Auto mit Rasenmäher-Vergaser geschafft. Nur dass ich es nicht schaffte, denn drei Kilometer vor Bend brach die Kurbelwelle.

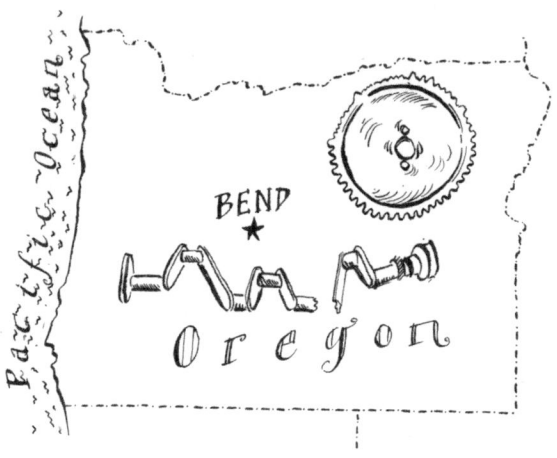

KAPITEL 17

»Nun, es gibt einen Club, dem du auf keinen Fall angehören willst, Tieam, und das ist der Halbierte-Kurbelwelle-Club.«

Jeder T-Typ, dem ich begegnet war, hatte von dieser Mutter aller Pannen erzählt, bisweilen im Tonfall kessen Draufgängertums, öfter aber mit gerauntem Grauen. Eine gebrochene Kurbelwelle bedeutete Schachmatt und Game Over, das Komponentenversagen, dessen Name nicht genannt werden darf. Die Kurbelwelle wandelt die Auf-und-Ab-Bewegung der Kolben in eine nützlichere Drehbewegung um, ein Vorgang, der ein exzentrisch gelagertes Gussstück von offensichtlicher Anfälligkeit erfordert. Henry Fords Team entwarf ein Auto, das Farmer am Straßenrand flicken konnten, aber eine gebrochene Kurbelwelle war seine Achillesferse. Niemand konnte so etwas auf dem Randstreifen beheben. Nur wenige plagten sich damit, es überhaupt zu versuchen: Eine Kurbelwelle auszutauschen, erfordert den kompletten Ausbau und Wiedereinbau des Motors, was aus ökonomischer Sicht nur selten sinnvoll war.

»Woher weiß ich, ob die Kurbelwelle bricht?«, erinnerte ich mich, Phil Griesse damals in Ohio gefragt zu haben.

»Oh, das merkst du schon«, hatte er mit freudlosem Lachen geantwortet. Nun, damit hatte er recht. Mikes Front wurde von einer gedämpften, schwermetallischen Explosion erschüttert, eine unüberhörbar terminale Katastrophe, die einen sofortigen und totalen Verlust an Leistung sowie ein brummendes Ausrollen an den sandigen Straßenrand nach sich zog. Scott Congers Prophezeiung hatte sich bewahrheitet; ich mutmaßte düster, dass die brutalen Stop-and-Go-Belastungen, die das Material beim Kampf über den Stinkingwater Pass erdulden musste, meiner brüchigen Kurbelwelle den Rest gegeben hatten. Verkehr in Richtung Bend donnerte vorbei. Neben mir sirrte launisch ein Umspannwerk. Welch eine niederschmetternd banale Kulisse für den letzten Akt unseres großen Abenteuers.

Ich saß da mit den Händen am Lenkrad und versuchte, meine Züge in das Stan-Laurel-Gesicht zu zwingen, aber es wollte nicht halten und fiel bald zu etwas in sich zusammen, das noch kläglicher und sehr viel nasser war. Über die Jahre war ich zu zahllosen unzureichend vorbereiteten, überambitionierten Reisen aufgebrochen, die zu vollenden ich in keinem Fall verdient hatte, was mir aber dennoch stets beschieden war. Dieses Mal, zu guter Letzt, hatte mein Glück mich verlassen. Dies war meine Abrechnung, mein jüngster Tag. »Ende des Weges, Mike«, gelang es mir zu krächzen. Immerhin hatte er mich durch die Hochwüste gebracht, dachte ich, und über diese heroische letzte Geste sinnierend brach ich erneut in Tränen aus.

»Howdy. Alles in Ordnung bei Ihnen?«

Ich bemühte mich um Fassung, sah auf und blickte in ein sonniges altes Gesicht.

»Nicht wirklich.« Mein Versuch eines männlichen Schniefens trug viel zu viel flüssigen Rotz in sich. »Gebrochene Kurbelwelle.«

»Heilige Makrele«, sagte das Gesicht und schaute beinahe beeindruckt. Ein Lächeln und eine spöttische Pause. »Die Sache ist die, ich bin ein Model-A-Typ und ich bin ziemlich sicher, dass mein Mechaniker sich mit einem Model T auskennt. Möchten Sie, dass ich ihn hole?«

Eine Stunde später kehrte Don Penington mit seinem Schrauber Mike Stenkamp und einem kleinen Lunchpaket, das seine Frau für mich eingepackt hatte, zurück. Es war alles extrem rührend, doch hatte ich Mühe, ihren Optimismus zu teilen: Der übereinstimmende Instinkt der alten Herren war, dass ich einen weit weniger verhängnisvollen Bruch der Steuerkettenführung erlitten hatte.

Eine vollständige Diagnose wurde für angebracht erachtet, also banden sie Auto-Mike an das Ende von Mensch-Mikes altem Landcruiser, dann zogen sie mich in sagenhaftem Tempo durch Bends wüstenartiges Hinterland, was angesichts eines kaum einen Meter langen Abschleppseils und meiner zu vernachlässigenden Bremsen ein ziemliches Abenteuer war.

An einen niedrigen, mit Fred-Feuerstein-Geröll übersäten Felshang geschmiegt, war Mensch-Mikes großzügig proportionierte Werkstatt ein untypisches Durcheinander, übersät von Werkzeugmaschinen, ausgebauten Motoren und wackligen Stapeln staubiger Funkgeräte. Da drin war selbst für einen abgemagerten Model T beim besten Willen kein Platz, also machten wir uns draußen im Staub an die Arbeit, inmitten einer Schar alter Traktoren und unvollendeter Projekte, die bis zur Motorhaube im Gestrüpp standen.

Zwei Stunden später sahen Don und Mike sich bestätigt: Nach reichlich fummeliger Friemelei hatten wir ermittelt, dass die Steuerkettenführung, ein dickes Zahnrad von akuter Bedeutung, in der Tat die Hälfte seiner Zähne eingebüßt hatte. Nach weiteren 30 Minuten aber, die ich mit mehreren verölten Schrauben in der einen und einer Taschenlampe in der anderen Hand unter Auto-Mike zubrachte, sah auch ich mich bestätigt. Ein glatter Bruch durch dickes, graues Metall: Willkommen im Club. »Als die Kurbelwelle brach, muss das eine Kettenreaktion ausgelöst haben«, sagte Mike im Tonfall milder Neugier, der einen interessanten Kontrapunkt zum Läuten der Totenglocke setzte, die tief in meinem Schädel erklang. Der eine Schwachpunkt in Mikes Arsenal gemessener Gelassenheit war ein tonloses Gackern, das auf unwiderstehliche Weise an Robert De Niro in der Rolle des psychopathischen Gangsters erinnerte. Jetzt bekam ich es zu hören und zu sehen. »Tja, ich schätze, ich brauche mir vorerst nichts anderes vorzunehmen.«

Mit diesen Worten wurde die außergewöhnlichste Werkstatterfahrung meiner gesamten Reise in Gang gesetzt, die krönende Generalüberholung, die Mutter aller Wartungsarbeiten, an der alle anderen gemessen und für unzureichend befunden wurden. Es dauerte eine Weile und es kostete einen Haufen Geld, aber es wäre niemals geschehen, um keinen Preis der Welt, ohne die Güte, Kameradschaft und grenzenlose praktische Veranlagung der Männer und Frauen des High Desert Model A Club.

Meine Zeit in Bend kam mir irgendwann so vor, als hätte es mich auf die Seiten irgendeines Bastlermagazins verschlagen, das vollgepackt war mit farbigen Charakteren und hilfreichen Tipps und das Heft für Heft mit einem weiteren auf das Cover getackerten, funkelnagelneuen Bauteil eines Model-T-Motors als Gimmick ausgeliefert wurde. Ausgabe 1 von *Kurbelwelle & Co.* machte auf mit einer ausführlichen Anleitung, wie man die gigantische Motor-Getriebe-Einheit eines Model T durch sein winziges Maul heraushievt. Nützliche Illustrationen zeigten fünf alte Männer und einen etwas jüngeren, die diese Aufgabe mit der zartfühligen Präzision eines mittelalterlichen Pferdezahnarztes angehen. Abb. 10 zeigt einen Model T mit trauriger, leerer Schnauze. Die Abb. 1-9 zeigen einen Wald aus Brecheisen und Gerüststangen in ungezügeltem und ungelenkem Gebrauch. Abb. 7, auf der der

Schädel des etwas jüngeren Mannes sehr heftig Bekanntschaft mit dem Stahlausleger eines Flaschenzugs macht, ist untertitelt mit der Bilbunterschrift »Hoppla – höre ich da ein böses Wort aus englischem Munde?«. Im Mittelteil finden wir den ersten Teil einer anrührenden Foto-Story über die Feierabend-Eskapaden von »Sudel-Tim«. Diese traurige Gestalt kann einfach nicht begreifen, warum er in Bends hübscheren Motels stets abgewiesen und in den Gaststätten der Innenstadt hinter Säulen verborgen wird, aber er ist ein großer dummer Narr, denn was hatte er denn erwartet mit seinen schmutzigen Pfoten, den sandigen Haaren und dem sich weitenden Loch im ölverschmierten Hosenboden? In einem Plastiktütchen auf dem Cover von Ausgabe 1 befestigt war eine Schachtel 0,75-Millimeter-Kolbenringe. Ein bisschen enttäuschend. Aber wie bei derlei Publikationen üblich, gab es Ausgabe 2 von Kurbelwelle & Co. gratis mit dazu. Und an deren Cover heftete etwas viel Besseres und sehr viel Schwereres. Der arme Briefträger.

»Dieser Mann hat sich aufgemacht, in einem Model T, den er nie zuvor gesehen hatte, das ganze Land zu durchqueren, ganz allein, nie wissend, was ihn hinter der nächsten Kurve erwarten mochte.« Ron Alley legte mir eine kräftige alte Pranke auf die Schulter und ließ seinen Blick durch das Black Bear Diner in Madras schweifen, wo 28 Mitglieder des High Desert Model A Club schweigend vor ihrem Frühstück saßen. »Gentlemen, ich würde sagen, dieser Mann hat Eier aus Stahl.«

Dies waren in der Tat demütig stimmende Worte von einem Mann, der in der metaphorischen Hose bestens bestückt war. Ron war 85 und eine rundum patente Naturgewalt. Zweimal hatte es ihn umgehauen, während er federführend den Ausbau meines Motors geleitet hatte, aber beide Male war er direkt wieder aufgesprungen und hatte die Operation abgeschlossen, während ihm Blut den Unterarm herablief. Auf sein Geheiß erhob ich mich und blickte auf ein Meer aus karierten Hemden und Hörgeräten, gekrönt von einer wippenden Schicht Truckermützen.

»Das ist sehr nett, Ron, aber eigentlich habe ich gar keine Eier.«

Murmeln, ein rückender Stuhl, dann eine Stimme aus dem Hintergrund.

»Kann dich nicht hören, Kumpel.«

»Ich habe keine Eier«, verkündete ich fester. »Tatsächlich bin ich hier, um mir sozusagen Ihre zu borgen, wenn man so will, denn ich hoffe, dass einer von Ihnen vielleicht, ähm, eins übrig, ah, unter ...«

Ron hatte genug gehört.

»Himmel noch mal, der Mann braucht eine Kurbelwelle, 0,25 Millimeter Untermaß, für einen Model T.«

Es waren knapp 70 Kilometer von Bend nach Madras und Mensch-Mike hatte mich in seiner braunen Model-A-Limousine dorthin gebracht. Dieses Fahrzeug war nur fünf Jahre jünger als Auto-Mike, kam mir aber wie eine Erscheinung aus ferner Zukunft vor. Es fuhr hundert Sachen und hielt dieses Tempo mit gelassener Zuversicht. Es hatte normale Pedale, einen Schalthebel, eine geschlossene Karosserie mit Kurbelfenstern, Allrad-Hydraulikbremsen und sogar eine Heizung. Henry hatte seiner ersten Liebe wirklich viel zu lange die Treue gehalten.

Als der Model T in der Zwanzigern von der Konkurrenz abgehängt wurde – buchstäblich und technologisch –, stellte sich Ford aller Kritik gegenüber weiterhin taub. Er hörte nicht auf Fahrer aus der Stadt, die über das Planetengetriebe klagten, eine Krämpfe verursachende Plage bei langsamem Verkehr. Es interessierte ihn nicht, dass Amerikas allmählich bessere Straßen dem weichen Chassis des T keinen Gefallen taten: Ein Auto, das für matschige Pfade gebaut war, fuhr sich auf glattem Asphalt schwammig und eigensinnig (wem sagen Sie das?). Sein Sohn Edsel begann recht unverhohlen zu äußern, dass der T ausgedient habe; der Rest von Henrys originalem A-Team pflichtete ihm bei, war aber zu ängstlich, es laut auszusprechen. Schon 1912, während Henry vorübergehend im fernen Europa weilte, machten seine Designer sich daran, einen schnittigeren T zu entwerfen: tiefer, länger, glatter. Bei seiner Rückkehr präsentierten sie ihm ein maßstabgetreues Modell. Henry betrachtete es von allen Seiten, bedächtig nickend, dann stellte er das kleine Auto auf den Boden und trat es in tausend Teile.

Nachdem er 1919 die Aktionäre abgefunden hatte, war Ford zu einem Ein-Auto-, Ein-Mann-Unternehmen geworden und Henry hatte seinen Model T nicht umsonst das universelle Automobil getauft: Dies war das einzige Fahrzeug, das die Welt je brauchen würde, zum Teufel. »Das Ford-Auto ist ein erprobtes und bewährtes Produkt, das keine Nachbesserungen erfordert«, beharrte er Reportern gegenüber im Dezember 1926. Der Industriehistoriker Robert Casey erkennt eine »signifikante moralische Dimension in Fords Einstellung zum Model T«, und der alte Mann konnte einfach nicht die Nabelschnur durchtrennen zu einer Schöpfung, die er nach seinem eigenen Bild geschaffen hatte: praktisch, genügsam, schlank, fleißig, zuverlässig, schlicht.

1926 schrieben sieben von zehn Ford-Händlern bereits rote Zahlen und viele liefen zu General Motors über. So wie auch Norval Hawkins, Henrys visionärer Marketing-Chef. Die Zeiten änderten sich auch in der Populärkultur, wo Komiker nun nicht mehr mit, sondern über den Model T lachten: »Ein Ford ist wie ein Badezuber – man möchte nicht in einem gesehen werden.« 1924 verdiente Ford nur zwei Dollar an jedem verkauften T und das Unternehmen erzielte 95 Prozent seiner Profite anderswo: Ersatzteile, Zubehör, Kapitalbeteiligungen, Transport. Doch erst als die Verkaufszahlen ins Bodenlose fielen – von 160.000 im Monat im Jahr 1925 auf die Hälfte dessen zu Beginn des Jahres 1927 –, lenkte Henry endlich ein, wenn auch mit immenser Wut und irrationalem Mangel an Würde: Nach 19 Jahren und 15 Millionen verkauften Exemplaren wurde die Produktion des T von heute auf morgen eingestellt, ohne dass ein adäquater Ersatz zur Stelle gewesen wäre. Zu geschätzten Kosten von 250 Millionen Dollar – 3,5 Milliarden Dollar nach heutigem Geld – musste die Ford Motor Company über den Großteil des Jahres Herstellung und Vertrieb einstellen, während ein Nachfolger für den T von Grund auf entwickelt wurde. Gemessen am T bedeutete der Model A, wie ich festgestellt hatte, einen Quantensprung nach vorn. An seinen Zeitgenossen gemessen aber war das neue Auto bestenfalls gediegen konventionell. Der Model A verkaufte sich ordentlich und es wurden von ihm fast fünf Millionen Stück in ebenso vielen Jahren abgesetzt. Aber er veränderte nicht die Welt.

Nach dem Frühstück begaben wir uns in einem Konvoi, den Ron in einem Model-A-Pick-up anführte, den er seit 1947 sein eigen nannte, auf die Jagd nach einer Kurbelwelle, die uns tief ins unbefestigte Hinterland der Hochwüste führte. Der Tag entwickelte sich wie das Märchen von Redneck-

Aschenbrödel: Immer wieder kauerte Mike, mit einer Messschraube in der Hand, auf der Suche nach derjenigen welchen vor einem Arsenal rostiger Kurbelwellen. Gib einem Oldtimer-Typen eine Scheune und er wird nie etwas wegwerfen. Männer, die nie selbst einen Model T besessen hatten, kramten aus irgendeinem von Spinnweben überzogenen Fundament ein paar alte Kurbeln für uns hervor. Doch wir suchten eine Nadel im Heuhaufen und das keinesfalls nur im übertragenen Sinne. Die beweglichen Teile meines Motors waren im Rahmen ihrer 93 Jahre währenden Partnerschaft auf sehr maßgeschneiderte Weise zusammengeführt worden und wie oben erwähnt, benötigte ich eine Kurbelwelle, deren Arbeitsoberflächen exakt 0,25 Millimeter unter ihrem fabrikneuen Sollmaß lagen.

Tom hatte einen reizenden blauen Hudson und einen Container voller Ts, aber seine Ersatz-Kurbelwelle war zu groß. Dave führte uns durch vier riesige Nebengebäude, vollgepackt mit Model Ts, Lokomobilen, Pianos, Fahrrädern, Sturmlaternen und Kirchenglocken, aber keine der gut ein Dutzend Kurbelwellen, die er hervorkramte, hatte die richtige Größe. Und so ging es weiter, bis wir an einem hübschen Farmhaus mit einem überdimensionalen kreisrunden Blumenbeet davor eintrafen, in dessen Mitte das verrostete Wrack eines Model T Touring saß.

Chuck hatte elf Ts in funktionstüchtigem Zustand, aber bei ihm selbst waren in letzter Zeit Verschleißerscheinungen aufgetreten. »Hab zwei neue Knie eingesetzt bekommen und gerade erst Entwarnung wegen Kehlkopfkrebs gekriegt«, sagte er, als er uns durch seine ordentliche Werkstatt führte. »Als ich die Krebsdiagnose erhielt, ging ich mit meiner Frau hin und der Arzt sagte, er wolle mich unter vier Augen sprechen.« Chuck kratzte eine rote Wange. »Ich meinte: ›Kommen Sie, Doc, wir können das beide hören‹, und er sagt: ›Nun, na gut, wir haben Sie getestet und Sie haben Ihren Krebs durch HPV bekommen.‹ Meine Frau fragt, was das sei. Der Arzt sagt, das sei ein Virus, den man sich durch Oralsex einfängt.« Er zog eine blitzblanke Kurbelwelle aus einem Regal und legte sie auf die Werkbank vor uns, dann drehte er sich mit einem feisten Lächeln zu uns um. »Also steh ich auf und sage: ›Hab doch gesagt, ich bin ein geiler alter Bock!‹«

Drei von uns stimmten mit unsicherem Glucksen in Chucks johlendes Gelächter ein. Mike aber blieb stumm, klemmte mit skeptischer Miene seine Messschraube um Stücke funkelnden Stahls. Nach einer Weile streckte er sich, nahm die getönte Brille ab und murmelte: »Das sollte hinhauen.«

Dieses blitzblank gewienerte Wunder zu Mikes voller Zufriedenheit einzubauen, erforderte eine ganze Woche emsiger Plackerei und mehrere zusätzliche Lieferungen an Pleuelstangen und Dichtungen von Lilleker Antique Restorations. Mike lehnte in dieser technischen Phase sämtliche Angebote um Beistand höflich ab – ja, sogar meine –, also mietete ich einen Wagen, nahm mir ein Zimmer im billigsten Motel, das ich finden konnte, und verbrachte viele glückliche, müßige Tage damit, Bend und seine Umgebung gebührend zu würdigen.

Amerikas Reichtum an Panoramen ist wirklich außergewöhnlich. Die Landschaft der Region war mir eintönig flach und sandig erschienen, als wir in Dons Jeep und Mikes Model A herumgetuckert waren, aber ein Stapel Gratisbroschüren von der Motelrezeption wies mir den Weg zu Szenerien von atemberaubender Pracht, die in jedem anderen Land nationale Heiligtümer wären. Flüsse warfen sich kiefernbestandene Felswände hinab und schlängelten sich durch mächtige Schluchten. Kahle Gesteinsformationen, 150 Meter hoch, erhoben sich aus der Wüste wie Werkzeuge aus Feuerstein, die eine Höhlenmenschen-Gottheit achtlos weggeworfen hatte. Die vulkanischen Vermächtnisse der Region durchliefen das komplette und fabelhafte Spektrum: ausgedehnte Lavafelder, stolze Aschekegel, breite, mit glasklaren Seen gefüllte Krater und ein ganzer Berg, der vollständig aus glänzend schwarzem Obsidian bestand. Es war, als würde man durch eine farbige Anthologie von Ansel Adams kühnsten fotografischen Landschaften fahren. Anschließend kehrte ich zurück in mein trostloses und abgeranztes Motelzimmer, drückte einen Bakelitschalter und stapfte in ein Werk von Edward Hopper.

Eines Nachts drehte der Wind, und der Rauch der Waldbrände zog herüber. Im Morgengrauen gab es keine Sehenswürdigkeiten mehr zu sehen, also verbrachte ich das Wochenende damit, durch die Innenstadt zu schlendern, sah zu, wie der Dunst die Sonne rötete und schnäuzte schwarzen Rotz in einen Packen Servietten, die ich vor einem Starbucks hatte mitgehen lassen. Downtown Bend war ganz anders als alles, was ich bis dahin gesehen hatte. Es war wohlhabend und hübsch, die alten Straßen waren mit Bedacht saniert, die belebten Gehsteige gesäumt von Espresso-Bars und Schönheitsfarmen, das Art-déco-Kino zu neuem Leben erweckt als »Zentrum für Kultur, Networking und künstlerische Erfahrungen«. Die Stimmung sehr treffend beschreibend, hing im Schaufenster eines Geschenkeshops ein Schild, das für »Up-Cycled Copper Cool Stuff« warb. Viele der Craft-Bier-Tavernen, inklusive der beiden, die ihr Bestes taten, Sudel-Tim hinter Pfeilern zu verbergen, waren mit herrlichen Gärten gesegnet, die sich bis hinunter zu einer Biegung im Deschutes River zogen – der nämlichen Biegung, der Bend seinen herrlich lahmarschigen Namen zu verdanken hatte. Es gab tätowierte Skateboarder, Marihuana-Ausgabestellen, Kreisverkehre, sogar ein Bikesharing-Programm: kurzum alle Anzeichen einer liberalen großstädtischen Lebensweise, die ich so weit im Landesinneren nicht vermutet hätte.

Meine Altherrenriege hatte mich aufgeklärt. Bends jüngerer Zuwachs an Wohlstand und Größe war dem Zuzug von Kaliforniern geschuldet, die von günstigen Grundstückspreisen und einem vertrauten Klima angelockt wurden. Sie brachten ihre Lebensweise und Werte mit und verwandelten Bend

in einen demokratischen blauen Tupfer im roten Reich des zentralen Oregon. In einem Akt der Nächstenliebe, für den zu bedanken ich mich eines Tages vielleicht erinnern mag, hatte Auto-Mike mich direkt an der Front des großen amerikanischen Kulturkampfes ausgesetzt.

»Wir gehen heute kaum noch in die Innenstadt«, erzählte mir Don. »Zu teuer, nicht unsere Leute, nicht unser Ort.« Es gab eine klare Trennlinie, Cowboys vs. Liberale, Prius vs. Pick-up, Bud Lite vs. IPA. Don war ein rustikaler, warmherziger Geselle, eine Sparversion von Jimmy Stewart, der Dinge sagte wie »Klarer Fall!« und »Ei der daus!« – ohne Zweifel die reizendste Person mit einem »TRUMP-PENCE«-Aufkleber auf der Heckscheibe, die Ihnen je begegnen wird. Jeder, den ich in Bends »Howdy Belt« kennenlernte, war ein eingefleischter Republikaner. Die einzige Ausnahme: ein Model-A-Sammler, der ein paar Jahre zuvor von der Westküste hergezogen war und allgemein als »der Demokrat« gehänselt wurde. Der Rest mokierte sich verhalten über verdammte Pott-Läden, über Kim Pong Poo, über Oregons offen bisexuelle Gouverneurin (»Schätze, sie hat eine 100-Prozent-Chance, Freitagabends ein Date zu kriegen!«). Alle Autoradios waren auf Fox News eingestellt.

Doch meine Jungs waren keine geborenen Trumpisten, wie ich sie kennengelernt hatte. Es gab keine Bitterkeit oder Verzweiflung. Keine Tiraden über Obamas unumwundene Liebe zu islamischem Extremismus oder andere Auswüchse paranoider Verblendung. Niemand schwafelte von einer bevorstehenden Apokalypse. Ich sah keine einzige Waffe, wenngleich ich sicher bin, dass die meisten von ihnen eine besaßen. Diese Männer hatten in weitgehend bescheidenen Karrieren hart gearbeitet – Leuchtreklamen aufstellen, Autoersatzteilgeschäfte leiten, ähm, Geschosse fertigen – und genossen einen komfortablen Ruhestand, den sie vor allem mit Herumbasteln verbrachten. Es war halt nur so, dass diese sorglosen letzten Kapitel abrupt verschandelt worden waren durch eine Invasion liberaler Horden und ihren seltsamen Westküstenscheiß, den sie in die Great Sandy Desert verpflanzt hatten: die Fahrradwege und das Joggen, Quinoa und Gender Fluidity, Up-Cycled Copper Cool Stuff.

Bend war vollständig kalifornisiert worden und meine sanftmütigen Traditionalisten fühlten sich in ihrer eigenen Stadt wie im Belagerungszustand, ihre Lebensweise verhöhnt und marginalisiert. »Sie denken, wir wären alle Dinosaurier und Rassisten«, erzählte Ron mir. Es waren Menschen wie er, deren Einsatz und Entschlossenheit Bend draußen im heißen Sand einst Leben eingehaucht hatten, und nun waren sie Ausgestoßene, eine ungeliebte Minderheit, an den Rand gedrängt von verweichlichten Software-Entwicklern und Baristas, die sich nie die Hände schmutzig machen mussten oder eine Welt ohne Klimaanlagen kannten. Ihr Bend hatte die Biege gemacht.

Wenn es den einen Faktor gab, der diese alten Burschen im Wahlkampf Trump in die Arme getrieben hatte, dann war es nichts von dem, was er von sich gegeben hatte, sondern etwas, das Hillary Clinton gesagt hatte. Indem sie die Hälfte der Trump-Anhänger in einen »*basket of deplorables*« geworfen hatte, »einen Korb voller Bedauernswerter«, bestätigte sie ungewollt einen Verdacht, den viele weiße Amerikaner abseits der Küsten hegten: dass nämlich das demokratische Establishment sie nicht nur ignorierte, sondern offen verachtete. Dieser eine Satz musste ihnen wie die mustergültige Artikulation dieser Ressentiments erschienen sein, der Kluft aus gegenseitigem Misstrauen und Abscheu, der die Städter von den Landeiern trennte. Eine FC-Millwall-Haltung stellte sich ein: Keiner mag uns, uns doch egal. Zum Teufel mit Hillary. Zum Teufel mit allem. Wählt Trump.

Mensch-Mike hatte wegen einer Beerdigung die Stadt verlassen; Auto-Mike stand, wo wir ihn am Abend zuvor hatten stehen lassen, auf einen kleinen freigeräumten Streifen gleich hinter dem Rolltor der Werkstatt gezwängt. Welch einen Kampf er an diesem Tag geliefert hatte. Fünf von uns hatten ebenso viele Stunden gebraucht, den wiederaufgebauten Motor zurück durch seine geschürzten Lippen zu zwängen. Mittendrin stellte sich durch eine Reihe zaghaft vorgebrachter Geständnisse heraus, dass keiner der Anwesenden je eine solche Operation an einem Model T durchgeführt hatte oder überhaupt jemals groß Hand an einen angelegt hatte. Letztendlich spannten wir Mike buchstäblich auf die Streckbank und wuchteten mittels einer gewaltigen Winde seinen Unterkiefer nach vorn. Nachdem eine Schraube ins Getriebe gefallen war, mussten wie sie mit Hilfe eines Bedienungshandbuchs aus den 1920er Jahren und der emsigen kleinen Kerle mit Bäckermützen und Latzhosen, die dessen Illustrationen zierten, extrahieren. Das allein kostete weitere zwei Stunden. Und die ganze Zeit brannte die wütende rote Sonne auf uns herab, laugte unseren Willen aus, nässte unsere Handflächen und verbog hörbar die maroden Traktoren, die im Sand verstreut herumstanden.

Als die ganze strapaziöse Prozedur scheinbar vollendet war, fanden wir für gut zwei Dutzend Schrauben, Bolzen und Federn keine Verwendung mehr.

Ich schickte ein Foto der am wichtigsten aussehenden Überbleibsel an Ross, der mich knapp informierte, dass sie die Lenksäule trügen. Niemand konnte sich auch nur daran erinnern, die fünf würfelförmigen Holzklötze ausgebaut zu haben, die ebenfalls in der Resteschale endeten. (Ein sechster fiel auf den Schlafzimmerboden, als ich an diesem Abend meine Hose herunterließ.) Während der Tag vorangeschritten war, ließen Leute immer wieder Dinge fallen, stolperten, wiederholten sich. Ich bekam in einer Stunde fünfmal zu hören, dass westlich der Stadt 50.000 Hektar in Flammen stünden. Es gab, wie ich gestehen muss, Momente, in denen ich ein stilles Gebet sprach, dass diese alten Burschen es zumindest so lange machen mögen, bis ich zurück auf der Straße wäre. Mir war, als würde ein Jahrhundert an praktischem Know-how, ein kollektives Gedächtnis der Reparaturarbeiten, unter uns im Sand versickern. »Ich habe vier Töchter«, hatte Chuck mir erzählt, »und keiner ihrer Ehemänner weiß, wo bei einem Hammer hinten und vorne ist.« Diese autodidaktisch geschulten Ninja-Mechaniker, die nach Augenmaß auf das Tausendstel eines Millimeters arbeiteten, Pleuel mit Speckschwarte reparierten, waren die letzten Samurai der T-Ära.

Die Dunkelheit war fast hereingebrochen, als ich einstieg, sechs alten Gesichtern zuzwinkerte und den Anlasser betätigte. *Ker-dug-a-dug-a-dug-a-duga-dug-a-dug-a-wheeeeeeck.* Oh. Don eilte in die Stadt und kam zurück mit einem Satz Zündkontakten. Wir bauten sie ein: nichts. Mike entschied, wir hätten einen »schwachen Funken«, und verbrachte eine besessene Stunde damit, gereizt murrend Kabel um den Motorraum zu ziehen. Kein Unterschied. Dann, im sterbenden Licht eines weiteren blutroten Sonnenuntergangs, blickte ich hinab auf den offenen Boden unter mir und sah einen winzigen Hebel, der im rechten Winkel zu seiner üblichen Position herauslugte. Etliche Nachmittage zuvor hatte ich ihn auf eigene, inzwischen schleierhafte Initiative dorthin geschnipst.

»Ähm, soll ich mal versuchen, die Kraftstoffsperre zu öffnen?«

Ich schätze, ich hätte sie heimlich zurückstellen können. Mit ein paar weniger Köpfen, die sich in die Kabine lehnten, hätte ich es vielleicht getan. Stattdessen sah ich diese Köpfe wie einen einzigen sich erheben und hörte, wie Mike zum ersten und zum letzten Mal die Fassung verlor.

»WELCHE. KRAFTSTOFF. SPERRE?«

Zwei Sekunden später brüllte sich Auto-Mike die transplantierte Seele aus dem Leib. Wie treffend, dass diese letzte, krönende Idiotie allein auf meinem Mist gewachsen war.

»Mir scheint«, brummte Ron sarkastisch, »dass der einzige schwache Funken, den wir hier haben, der hinter dem verdammten Lenkrad ist.«

Tagelang hatten die Schlüssel des Model T nutzlos in meiner Tasche geklimpert. Nun, an meinem zehnten Morgen in Deschutes County, steckte ich sie ins Zündschloss, startete Mike und setzte zurück in den Sonnenschein. Fordus Interruptus war beendet. Meine erste Mission: Ron gute 65 Kilometer auf der US-97 zurück zu seinem Haus in Culver zu folgen, in dem er mit seiner Frau Marlene lebte und wo ich auf sein demütig stimmendes Beharren hin drei Tage untergebracht gewesen war.

»Schau, mir ist es lieber, du steckst das Geld in den Motor, statt es irgendeinem Moteltypen zu geben«, hatte er gesagt. Ron hatte in Deschutes County als moralischer Kompass meiner Brieftasche fungiert, immer bei der Hand, um einen angemessenen Preis für die außerordentlichen mechanischen Gefallen zu bestimmen, die mir erwiesen wurden, und zwar von Männern, die sämtliche meiner Angebote um Entlohnung ausschlugen. »Du kommst hier in deinem Leben nur einmal durch, Tim, also willst du, dass man dich in guter Erinnerung behält.« Aber selbst so galt es, Banknotenbündel heimlich in Werkzeugkästen zu stopfen und kryptische Hinweise in Dankesschreiben zu hinterlassen, wollte man eine peinliche Szene vermeiden.

Als ich nach so langer Pause wieder hinter dem ratternden, wackelnden Lenkrad saß, war ich von neuem baff angesichts der selbstmörderischen Unverantwortlichkeit dieses Unterfangens. Als wir unterwegs beim Haus des T-Experten Tom hielten, um meine Antriebsbänder zu justieren, äußerte auch er Vorbehalte. »Schon wenn man dich fahren sieht, sieht dein Auto auf der linken Seite völlig inne dutten aus.« (Ein reizendes Idiom, das ich gleich abspeicherte, direkt neben Mikes zugehöriger farbiger Metapher: »Wie eine gesattelte Sau.«) Inmitten der Aufregung der vergangenen zwei Wochen hatte ich ganz meine geschweißte Spurstange vergessen. Als Ron in eine gewundene Schotterstraße einbog, fiel sie mir wieder ein.

Rons Haus, ein länglicher Bungalow, der zuoberst eines tiefen Taleinschnitts am Crooked River thronte, war das außergewöhnliche Heim eines außergewöhnlichen Mannes. Egal, wie früh ich aufstand, Ron war schon wach. Einmal stolperte ich morgens um viertel vor fünf aus dem Gästezimmer, um zu pinkeln, und er saß mit Jeans, Weste und einem Stetson bekleidet auf seinem Radtrainer in der Diele. »Immer voll durchstarten«, schnaufte er: »Wen betrügst du, wenn du ausschläfst?« Später erzählte er mir, dass er in seinem ganzen Leben nie länger als bis fünf im Bett gelegen habe.

Irgendwie erhielt Ron diese Spannkraft den ganzen Tag über aufrecht: Er brachte mich zu Mikes Werkstatt und zurück – eine Fahrt von mehr als 130 Kilometern –, er bearbeitete mein Auto mit Schraubenschlüsseln, Hämmern und einem Lichtbogenschweißgerät, er beendete jede Auszeit mit einem Klatschen in die verhornten Hände und den Worten: »Vorwärts, wir vergeuden hier Tageslicht.« Wenn der Tag vorbei war, fuhr er Marlene und mich runter zum Round Butte Inn in Culver, nickte drei Typen zu, die auf ihren Barhockern zu wohnen schienen, und bestellte für uns Burger und Eistee. Wieder daheim ließ ich Ron und Marlene fröhlich schwatzend in ihrer Stube zurück und wankte matt ins Gästezimmer, angelockt von dicken Daunenkissen und einer heimeligen handgestickten Steppdecke. »Lass dich nicht von den Bettwanzen beißen«, rief Marlene mir stets hinterher. Ihre Augen ließen nach und sie verbrachte viel Zeit draußen im Garten, wo sie nach Gefühl Unkraut jätete.

Ron redete von Sonnenaufgang bis Sonnenuntergang, ein wahrer Strom aus Erinnerungen und philosophischen Betrachtungen, die er mit einem schelmischen Funkeln in den Augen und einem permanenten Schmunzeln zum Besten gab. Jedes Kapitel begann mit den gleichen drei Worten. »Tja, also, jedenfalls, als ich ein Junge war ritt ich ohne Sattel zur Schule, eines Tages warf der verdammte Gaul mich ab und fiel auf mein Bein und als er aufstand, hehe, zeigt mein verdammter Fuß nach hinten ... Tja, also, jedenfalls, die Regierung will, dass wir alle in der Stadt leben, damit sie uns kontrollieren kann ... Ich brauche in keine Kirche zu gehen, ich habe keine Sünden zu beichten, ich begehe keine verdammten Sünden.«

Nur zwei Themen vermochten das schelmische Funkeln zu trüben. Das erste war »das Jahr, in dem Jimmy Carter die Farm stahl«, womit Ron mindestens dreimal am Tag anfing. 1981, erledigt von steigenden Zinsen und einem satten Steuerbescheid, hatte Ron die 400 Hektar Acker- und Weideland verloren, die er sein Leben lang bewirtschaftet hatte. Vor dem Nichts stehend, sah er sich mit 49 Jahren gezwungen, noch einmal ganz von vorne anzufangen. Zum Glück war er Ron, was es ihm gestattete, bei einer Versteigerung zwei ausgebrannte Bulldozer aufzugabeln, sie in nur sechs Wochen wieder herzurichten und eine Baufirma aufzuziehen, die schon bald florierte. Aber das Trauma verfolgte ihn weiter und begründete gewiss Rons tiefe Verachtung für Politiker jeglicher Couleur.

Das zweite kam zur Sprache, als wir an einem Haus rund anderthalb Kilometer entfernt von seinem eigenen vorüberfuhren. »Einer meiner Söhne lebt dort, aber wir sehen ihn nicht mehr wegen seiner Frau.« Ich schaltete auf Durchzug, während Ron die banale Vorgeschichte dieser seit langem bestehenden Fehde darlegte, und horchte auf, als er bei deren drastischeren jüngeren Entwicklungen anlangte. »Tja, also, jedenfalls, sie geht auf mich los mit dem Traktor und ich verfange mich irgendwie in dem Rechen hinten dran und sie schleppt mich eine Weile über den Hof.« Ron hob einen Finger vom Lenkrad, um einen vorbeifahrenden Pick-up zu grüßen, dessen Fahrer den Gruß auf gleiche Weise erwiderte. »Später taucht sie auf meinem Grund auf und, tja, ich habe das Gewehr nicht auf sie gerichtet, nur so den Lauf auf den Unterarm gelegt, aber sie verständigt na klar gleich die Behörden, und jetzt steht mir ein Prozess ins Haus.« Er schüttelte den Kopf. »Man kann sich seine Verwandten halt nicht aussuchen.«

Tja, also, jedenfalls, wir fuhren den T rückwärts in Rons Werkstatt und machten uns an die letzten heilsamen Fummeleien, zogen Schrauben an und prüften Flüssigkeiten. Ich zog los, um meine Taschen aus dem Gästezimmer zu bergen, und als ich zurückkam, hatte sich vor den Toren der Werkstatt eine kleine T-Abordnung zum Abschied versammelt. Sie alle waren mir von der Aschenbrödel-Suche nach der Kurbelwelle her bekannt: Jim, der ein Bootsheck an seine Tin Lizzy geschraubt und das Ganze »T-Tanic« getauft hatte; Dave, Herr der Pianos und Kirchenglocken; und Dennis, der sie alle in seinem Lieblings-T hergefahren hatte, einem schäbig-schicken Roadster, dessen auf dem Kühler montiertes Ford-Logo er so abgeändert hatte, dass nun »Turd« darauf zu lesen war: Scheißhaufen. Als Jim fragte, ob sie vor meiner Abreise eine kleine Probefahrt mit meinem

Wagen unternehmen dürften, erklärte ich mich in der Hoffnung, eine kompetente Einschätzung zu erhalten, wie sehr Mike inne dutten war, sofort einverstanden.

Ron holte ein paar abgenutzte Plastikstühle raus und wir setzten uns vor die Werkstatt. »Komisch«, sagte ich, während ich Mike hinter einer Kuppe aus Sand verschwinden sah, »aber das ist das erste Mal nach fast 10.000 Kilometern, dass das Auto irgendwohin hinfährt und ich sitze nicht drin.«

Bald darauf klingelte das Telefon in der Werkstatt. Ron ging ins Büro und es dauerte eine Weile, bis er wieder herauskam. Als er schließlich aufkreuzte, trug er einen 24er-Träger Bud Lite: eine unerwartete Last, denn ich hatte ihn nie zuvor Alkohol anrühren sehen. Er riss die Plastikabdeckung ab, nahm eine Dose heraus, öffnete sie und drückte sie mir fest in die Hand. »Das war Jim«, sagte er. »Tja, also, jedenfalls, dein Auto steht in Flammen.«

Eine halbe Stunde später erschien Mike auf der Ladefläche eines Abschleppwagens, an dessen Steuer Rons Neffe Randy saß. Drei Männer kletterten mit großen Augen aus dem Führerhaus und erzählten in ungläubigem Tonfall von ihrem Martyrium, während wir Mike abluden. Sie waren gerade im Begriff kehrtzumachen, als aus dem Armaturenbrett Rauch aufzusteigen begann, gefolgt von züngelnden Flammen. Erfahrung und Gedankenschnelle verhüteten eine größere Katastrophe: Sie bargen den 7,5-Liter-Benzinkanister und meine ganze sonstige Ausrüstung aus dem Wagen, zogen den Boden hoch und bauten rasch die Batterie darunter aus. Hätte sich der Brand unter meiner Aufsicht ereignet, wie es nach den Gesetzen der Wahrscheinlichkeit hätte geschehen müssen, hätte ich die Beine in die Hand genommen und zugesehen, wie alles in Flammen aufging: meine Reise, mein Stolz, der Schadenfreiheitsrabatt meines angeheirateten Cousins Miles.

Die Erleichterung wurde indes getrübt durch das, was wir bei geöffneter Motorhaube zu sehen bekamen. Mikes komplette Verkabelung, ein viel umfangreicheres Gestrüpp aus Leitungen, als man meinen sollte, war zu einem Bündel verkohlter Spaghetti geschmolzen. Ich gab mir große Mühe, diese Entdeckung mit stoischer Gelassenheit aufzunehmen, scheiterte aber kläglich.

»Mensch, Tim, ich muss dir jetzt wohl mal ein bisschen die Hammelbeine langziehen.« Ach, tu dir keinen Zwang an, Ron, nur eine kleine Sauerei unter Freunden. »Du nimmst es dir zu sehr zu Herzen, wenn etwas schiefgeht, und regst dich zu sehr auf, wenn es nicht läuft. Du musst einfach einsehen, dass sich alles findet, wenn du nur einen klaren Kopf behältst.«

Einen Moment lang fragte ich mich, ob das alles ein abgekartetes Spiel wäre, der erste Akt eines ganzen Katalogs an Sabotageakten, der ihren schusseligen kleinen Kuschel-Engländer auf ewig an Deschutes County fesseln würde. Es gehörte gar nicht so viel dazu, sich Ron vorzustellen, wie er Misery-mäßig mit einer Rohrzange auf meine Kniescheibe losging.

»Schau, niemand möchte eine Kurbelwelle einbüßen, aber du hast deine am einzigen Ort auf dieser Seite der Rockies eingebüßt, wo jemand einen Ersatz in der richtigen Größe hatte.« Ron nickte weise. »Und, Junge, du hast schon wieder Glück, denn der Typ, der die besten klassischen Kabelbäume im ganzen verdammten Land macht, ist ein guter Freund von mir und er wohnt gleich die Straße runter in Bend.«

Das bedeutete mehr Zeit, mehr Geld, noch ein paar hundert Kilometer die US-97 rauf und runter, und weitere Zumutungen für Ron und Marlenes Gastfreundschaft und die technische Expertise seines Freundes. Aber wie recht Ron doch hatte. In jeglichem anderen Szenario hätte ich mindestens eine Woche verloren, so aber – wenn ich mein Fotoarchiv durchsehe, kann ich es immer noch kaum glauben – war Mike binnen 24 Stunden wiederher-gestellt. Dennis und Jim statteten ihn sogar mit Bremslichtern aus, um Fahrer hinter mir besser auf das bevorstehende Versagen meiner Bremsen aufmerksam zu machen.

Die Abschiede waren langwierig und liebevoll. Don Penington, dessen großes Herz dieses zweiwöchige Festival an Tatkraft und menschlicher Güte angestoßen hatte, kam mit seiner Frau Karen, einer lebhaften Erscheinung mit der Haltung und dem Lächeln einer ehemaligen Profi-Tennisspielerin. Karen händigte mir einen Vorratspack Studentenfutter und Kekse aus; Don legte Mike zum Andenken einen Drehmomentschlüssel auf die Rückbank. Mit schiefem Lächeln legte Jim einen Feuerlöscher daneben. Marlene gab mir eine mütterliche Umarmung; ich legte Ron eine Hand auf die massige Schulter. »Jetzt kommt der Endspurt«, sagte er, mit seinem neckischen Funkeln in den Augen. »Hast es bald hinter dir.« Welch ein großartiges Land für alte Männer.

Als die Sonne sich in Richtung des gewaltigen Kegels des Mount Jefferson senkte, der nun endlich zu sehen war, nachdem er all die Tage zuvor im Dunst verborgen lag, machte mir Dennis ein erstaunliches letztes Angebot. Die Straße aus Culver heraus war ausgesprochen einsam; er hatte 50 Kilometer westlich eine Hütte und würde mich in seinem Turd dorthin begleiten. *Ahuuuuuuuuuga!* Los ging es, in einer Wolke aus Winken und Wüstenstaub.

Mit seinem blankpolierten Schädel und seinem Käpt'n-Iglo-Bart war Dennis ein markanter Charakter in Deschutes' Oldtimer-Szene und er hatte das dazu passende Gebaren. Er öffnete Bierflaschen im Schlitz von Turds Zündhebel und verwahrte in einem Halfter in seinem Gürtel eine Flasche Tabasco (lechz). Dennis war in Kalifornien aufgewachsen und redete in kurzen, flüssigen Sätzen, ein Tigger inmitten eines Haufens bräsiger I-Ahs. »Ich hab unter Stadtleuten und unter Leuten vom Land gelebt – soll ich dir sagen, was der Unterschied ist?«, plauderte er. »In der Stadt, wenn sie dir einen Witz erzählen, geht es um einen Typen, der in eine Bar geht oder so was, mit einer Pointe am Ende. Auf dem Land sagen sie: ›Sieh mal, was ich mit einem Frosch und einer Autobatterie anstellen kann!‹«

Als die Straße sich in die Schlucht warf, auf der zuoberst ich so viele Tage verbracht hatte, musste ich unwillkürlich lachen angesichts dieses außerordentlichen Spektakels und dessen Kontrasts zu unserer tuckernden Kleinheit: eine rasante, schroffe Schussfahrt hin zu einem fernen Schnörkel aus Blau, dessen obere Flanken von der untergehenden Sonne in goldenes Licht getaucht wurden. Die enorme Szenerie erschien etwas weniger erheiternd, als wir im Talgrund über eine schmale einspurige Brücke ratterten und Mike in einem beißenden Dunst aus Abgasen den Geist aufgab. *Ahuuga!* Dennis setzte zurück, warf die Motorhaube auf und erwirkte eine Heilung, an deren Ende er klitschnass von Benzin war. Diese Darbietung wiederholte er noch zweimal, bevor Turd und Mike in der Dämmerung knirschend zum Stehen kamen.

Wie alle guten Dinge war Dennis' Hütte derb, aber gemütlich, einsam gelegen auf einem Plateau aus Kiefern und trockenem braunen Gras, fernab der an Rohre angeschlossenen und verkabelten Annehmlichkeiten des modernen Lebens. »Vorsicht, wenn du dich hinsetzt«, rief er, als ich die Tür zur Außentoilette öffnete. »Ein ziemlich wackeres Eichhörnchen hat sich in der Latrine häuslich eingerichtet.«

Wir warfen einen rostigen Grill an, legten ein paar Würstchen auf und öffneten Bierflaschen in Turds Zündungsschlitz. Es wärmte mir das Herz, ihn und Mike Seite an Seite im hohen Gras stehen zu sehen, ein kamerad-schaftliches Funkeln in den weit auseinanderstehenden Augen. Bald blink-ten die Sterne und der Mond am Himmel, und die laue Brise wurde frischer. Es fühlte sich an wie der letzte Abend des Sommers.

»Kann ich dich ganz offen fragen, was die Leute in Großbritannien von Trump halten?«

Ich leerte mein Bier, die direkte Antwort steckte mir im Hals. Das ferne Heulen eines Kojoten driftete durch die Kiefern. Ich wollte niemandem zu nahe treten. Vor allem nicht hier draußen. Eine Weile zuvor, als ich Turds zahlreiche Außenbordgepäckfächer bestaunte, hatte ich Dennis gefragt, was er darin verwahrte. »Reise diesmal mit leichtem Gepäck«, sagte er und fixier-te mich mit einem stechenden Blick seiner blauen Augen. »Bloß eine Axt und eine Schaufel.« Drei extrem lange Sekunden vergingen, bevor er sich vor Lachen bog.

Aber dann dachte ich: scheißdrauf. Ich hatte mir fast drei Monate lang auf die Zunge gebissen und manchmal musste ein Mann einfach sagen, was er sagen musste.

»Nun, da du ganz offen fragst, Dennis, würde ich sagen, dass Donald Trump nach allgemeiner Übereinstimmung in meinem Land als ein beschä-mender Schandfleck im Gefüge des Universums gilt.«

Sein flauschiger Bart nickte langsam im Mondlicht.

»Nun, das ist eine ziemlich kühne These in diesem Teil der Welt«, sagt er und ich wartete darauf, dass er sich vorbeugte und mir eine geöffnete Flasche Tabasco in die Nase rammte. »Aber eine, der ich zufälligerweise voll und ganz zustimme.«

Ich schätze, es waren diese formativen Jahre in Kalifornien. Damit klatschte Dennis in die Hände und stand auf, offenbar nicht willens, länger bei der absurden Tragödie zu verweilen, die seine Nation befallen hatte und ihn unter Leuten hatte stranden lassen, die sie auch noch bejubelten.

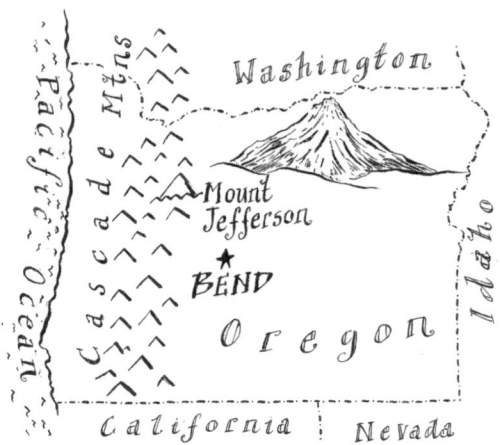

KAPITEL 18

Es war ein herrlicher, gestochen scharfer Morgen mit gleißendem Sonnenschein und einer die Nase betäubenden Kühle in der Luft. »Okay, ich reiße dir die Fetzen runter«, sagte Dennis, als wir alles verstaut hatten. Nach fünf anstrengenden Minuten stand ein ganz anderer Mike im goldenen Gras: das Stoffverdeck zurückgeklappt und befestigt, stolz wie Oskar. Dies war ein T oben ohne, in dem man sich sehen lassen konnte, wie von Henry Ford aus der Werkshalle gefahren auf den alten Reklameaufnahmen oder von Lauren und Hardy in eine Sägemühle. »Na, das nenne ich einen Model T Touring«, sagte Dennis, die Hände in die Hüften gestemmt. »Na, dann lass uns mal ein wenig auf Tour gehen.«

Mike meldete bald wiederholte Treibstoff-Not, aber nach dem dritten Mal klebte Dennis einen zusätzlichen Filter in die Benzinleitung, der Abhilfe zu schaffen schien. Wir überquerten einen Berghang voller Kiefern, von denen nach kürzlichen Waldbränden nur noch verkohlte Stummel übrig waren, dann tauchten wir immer tiefer ein in einen urtümlichen Wald roter Stämme. »Ist 'ne Weile her, dass ich hier lang bin«, murmelte Dennis, als wir an einer Weggabelung hielten, die ihm nicht vertraut war. War 'ne

Weile her, dass irgendjemand hier lang war. Beide »Straßen« waren unbefestigt und wurden bereits von den Sprossen erster kleiner Bäumchen zurückerobert, und keine von beiden war auf seinen Forstweg-Karten verzeichnet. Dennis entschied sich für die linke und ich folgte ihm durch den orangen Staub.

Kurz darauf teilte sich der Wald unvermittelt und gewährte uns einen dramatischen Anblick: der 3.200 Meter hohe schneebedeckte Vulkangipfel des Mount Jefferson, der über einem Meer aus Grün in den Himmel ragte, wie das Etikett auf einer Flasche Mineralwasser. Ich fand meine Wertschätzung dieses atemberaubenden Panoramas indes beeinträchtigt von dem gähnenden Abgrund, von dessen bröckelndem Rand aus wir es betrachteten. Der Pfad, inzwischen nur noch ein mit Kiefernzapfen bestreuter Steingarten, stürzte sich sogleich eifrig diese beängstigende Anhöhe hinab, die durch ihre grenzenlose, hyper-panoramische Exponiertheit noch beängstigender erschien. Vor mir rutschte Dennis verloren in einer körnigen Wolke die schottrigen Kehren hinab. Ich tat mein Bestes, den Anschluss zu halten, während Steinchen gegen den Boden knallten und von den Längsträgern pingten und Mikes unberechenbares Geruckel sich zu einem haltlosen, den Schotter umherstiebenden Gerutsche verstärkte. Verlass mich nicht, Dennis. So weit entfernt, dann ein bisschen näher, noch näher ... wie umsichtig von ihm, das Tempo zu drosseln, dachte ich, warf einen Brocken staubigen Schleims in die Ewigkeit aus und stürzte, wild am Lenkrad kurbelnd, in einem halbkontrollierten Slalom voran. Aber hoppla, nun zeichnet sich dort in dieser Wolke etwas ab, was ganz nach Turds hinterem Ende aussieht, und es ist echt nah an Mikes vorderem. Frage mich, wie das sein kann, wo ich doch so feste auf die Bremse trete. Vielleicht sollte ich das Pedal besser mit ganzer Kraft auf den Boden durchtreten. So ist es besser. Obwohl – nein, eigentlich nicht. Meine Motorhaube ist nun 15 Zentimeter von Dennis Ersatzrad entfernt und ich werde noch schneller. Wie überaus irritierend! Nun, ich schätze, ich sollte sehr laut schreckliche Dinge schreien, meine bleiche Faust auf die Hupe schlagen und Bruder Homer Looper von der First Pentecostal Church in dem willkommen heißen, was von meinem Leben noch übrig blieb.

»Das sollte es richten«, sagte Dennis, als er kurz darauf an Mikes Hinterrädern hockte.

Ich war in einem verwegenen Winkel zum Stillstand gekommen, einen halben Meter von der Auslöschung entfernt und noch viel weniger von Turds Hinterteil. Mit wackligen Knien beugte ich mich hinab und folgte Dennis' Finger zur Bremsanlage rechter Hand, die weit unter der Radnabe hing, die Haltemutter losgelöst durch die erschütterungsreiche Tortur.

»Ich bin so froh, dass du hier bist«, sagte ich mit bebender Stimme, während er sie wieder anzog.

Er blickte von seiner Arbeit auf und lächelte strahlend. »Aber wenn ich nicht hier wäre, wärst du es auch nicht.«

Da war was dran. Hinsichtlich Geläuf, Gefälle und Abgeschiedenheit war diese Straße die schlimmste, die ich bewältigt hatte, mit deutlichem Abstand, und ohne Dennis wäre ich niemals auch nur in ihre Nähe gekommen. Hätte ich den Löffel abgegeben, wäre ich echt sauer auf ihn gewesen.

»Versuchen wir's mal.«

Ich wischte mir die Hände an der Hose ab und ließ den Wagen an. Der Weg vor uns war abschüssig, gesäumt von dürren Kiefern, vor uns die aufragende Kuppe des Mount Jefferson. Dennis blickte über die Schulter, hob einen Daumen und rief einen Satz, den man, wenn man ihn einmal gehört hat, nicht mehr vergisst. »Falls die Bremsen wieder versagen, fahr hinten auf mich drauf und ich versuche mein Bestes, uns beide zu stoppen.« Ich hob verzagt einen Daumen. »Ist vielleicht nicht so gut für die Autos, aber besser, als in den scheiß Abgrund zu fallen.« Und in einer Wolke aus Staub und Schimpf zogen wir los und jagten in halsbrecherischem Tempo dem Logo von Paramount Pictures entgegen.

Camp Sherman war nicht viel mehr als eine alte Tankstelle im Wald, die, wie wir entdeckten, vor zwei Tagen für diese Saison dichtgemacht hatte und erst im nächsten Jahr wieder öffnen würde. Ich war so froh, am Leben und wieder in der Nähe einer asphaltierten Straße zu sein, dass es mir vollkommen egal war. Wir aßen an einem Campingtisch ein Mittagessen aus übrig gebliebenen Würstchen und Studentenfutter, dann kippte Dennis seinen Reservekanister Benzin in meinen Tank und unterzog Mike zum Abschied einem letzten Check. Irgendwann im Laufe des turbulenten Vormittags hatte ich den Rückwärtsgang eingebüßt, also hieß es Boden hoch und ab mit dem Getriebedeckel. Man schaue sich diesen Schweinestall an: eine Büchse der Pandora aus Walzen, Federn und ölgetränkten Stoffbändern. Als ich dieses Steampunk-Knäuel betrachtete, verspürte ich einen geisterhaften Anflug des blanken Schreckens, der mein Herz erfasst hatte, als Ross diesen Anblick zum ersten Mal entblößt hatte, eines fernen Sonntagmorgens in Virginia. Aber inzwischen hatten außer mir hundert weise Männer hineingeblickt und es war gerade genug Know-how knisternd von ihren Schädeln zu meinem übergesprungen; ich wuchtete das Rückwärtspedal mit einer Hand hinunter, stellte mit der anderen den erforderlichen Regler ein und damit war die Sache erledigt.

»Sicher, dass du den zweiköpfigen Fisch nicht sehen willst?«

Dennis hatte den ganzen Tag lang versucht, mein Interesse für seine Lieblingsattraktion der Region zu wecken, eine entlegene Lachsaufzucht mit einem beachtlichen Fundus an mutierten Missgeburten. »Letzte Chance.«

Er lächelte voller Hoffnung; ich tat es mit Bedauern. Wir parkten an der Auffahrt zur US-20 und ich musste Zeit gutmachen: Vor mir lag ein großer Pass, gefolgt von vielen Kilometern Nichts. Ich gab Turd einen Klaps auf die Haube und Dennis die Hand und fragte mich, ob er der letzte Retter wäre, in dessen Schuld ich stünde. Von der Million dankbarer Lebewohls, die ich unterwegs ausgeteilt hatte, war dieses eines der innigsten. Dennis war das letzte Glied der Kette aus Helden in Deschutes County, und buchstäblicher als jeder andere war er den Extraschritt gegangen. Als ich, eingeklemmt zwischen Holztransportern, begann, den Santiam Pass hinaufzudonnern, ging mir auf, dass ich eines Tages vielleicht dankbar sein würde für dieses finale Offroad-Abenteuer: ein letzter großer Auftritt im natürlichen Habitat des Model T.

Die Passhöhe lag auf knapp unter 1.500 Metern, dann bog ich rechts ab auf die US-22 und zuckelte durch dichten Wald sanft hinab. Endlich bekam ich meinen ersten Waldbrand zu sehen, ein wahres Ungetüm, das vor mir weiße Rauchwolken anderthalb Kilometer hoch in den Himmel blies und

mich zu einer Reihe von Umwegen nötigte. Dieselbe Bremse löste sich wieder; ich fuhr vorsichtig auf einen Rastplatz und behob das Problem ein für alle Mal mit einer Kontermutter. Bei Sonnenuntergang hatte ich zudem ein schmerzhaft kreischendes Gebläse repariert (Schmieren und Justieren) sowie einen plötzlichen elektrischen Tod verhindert (fester Klaps auf den neu verkabelten Verteiler). Ich wurde ziemlich gut darin. Ein bisschen spät allerdings. In Sublimity – einem eintönigen Raster aus Bungalows, das trotz seines Namens keinen Funken an Erhabenheit ausstrahlte – sank ich zurück in das Motelnylon, entfaltete eine Karte von Oregon, die Ron mir aufgedrängt hatte, und fuhr mit einem Ruck und einem enormen statischen Knistern auf. Ich hatte die Cascades überquert, meine letzte Gebirgskette, und die Küste war nur noch etwas mehr als hundert Kilometer entfernt. Sollte es das wirklich gewesen sein? Erste Nacht in Ordinary, letzte in Sublimity? Hatte ich soeben meinen letzten Tankstellen-Cheeseburger in eine Motelmikrowelle geschoben? Eine andere Frage aber war weniger rhetorisch und viel dringlicher: Was würde aus Mike werden?

Mindestens sechsmal am Tag fragte mich jemand, was ich mit dem Auto machen würde, falls und wenn ich den Pazifik erreichte, und meine Antworten variierten erheblich, je nach dem jeweils vorherrschenden Maß an Zuneigung oder Verzweiflung. Spontane Auktion am Strand an einem guten Tag, spontanes Freudenfeuer am Strand an einem schlechten. Eher rationale Überlegungen drehten sich um den Anzeigenteil des MTFCA und andere Online-Plattformen. Aber etwas änderte sich in Bend. Der ganze emotionale Aufwand, die langen Tage voller Mühsal und Weisheit, und wofür? Einen zweitägigen Abstecher ans Meer? Ich konnte Mike jetzt nicht einfach im Stich lassen. Man pflegt einen siechenden Rentner nicht gesund, nur um ihn dann bei Ebay zu verhökern.

Ein kühnerer, noblerer Plan begann an diesem Abend im Rodeway Inn in mir zu reifen und nahm durch einen Sturm morgenlicher Textnachrichten und Anrufe Gestalt an. Ich würde Mike Richtung Nordwesten nach Washington State fahren, den Pazifiksand küssen und ihn dann ostwärts nach Seattle steuern. Dort würde ein weiteres kundiges und edelmütiges MTFCA-Mitglied mir helfen, alles Nötige zu veranlassen, um ihn in einen Container zu verladen und nach Southampton zu verschiffen. Ich würde meine verhärmte alte Urlaubsaffäre mit nach Hause nehmen.

KAPITEL 19

Ich durchlief mein allmorgendliches Pflegeprogramm mit leichtem Herzen und ein Liedchen pfeifend, ein paar Tropfen hier, ein Zupfen dort. So wie meine Grundkenntnisse sich erweitert hatten, so auch mein Wartungsregime. Es genügte nicht mehr, eine Flasche Öl aus dem Walmart hineinzukippen und zu prüfen, ob die Räder im Begriff waren abzufallen: Nun gab es Klammern zu festigen, Nippel zu fetten, Schrauben mit Dons vertracktem Drehmomentschlüssel nachzuziehen. Bald eierte ein betagter Eigenbrötler auf einem ramponierten Fahrrad über den Motelparkplatz.

»Auf die alten Sitten eingestellt«, krächzte er anerkennend und lupfte einen lindgrünen Filzhut. »Finde ich gut. Rückbesinnung.«

Worte und Gedanken, die mir auf 10.000 Kilometern nicht begegnet waren. Ich fragte mich insgeheim, ob ich meinen letzten Trumpisten bereits getroffen hatte – meine abgeänderte, 420 Kilometer lange Route bis zur Küste würde mich durch mehr blau als rot führen –, dann fragte ich nicht mehr insgeheim, sondern freiheraus.

»Trump?« Ein verächtliches Schnauben. »Der Typ hat null Intellekt, nicht mal eine durchdachte Meinung zu irgendwas. Bloß ein dummes, reiches

Kind, das damit aufgewachsen ist, sich mit 100-Dollar-Scheinen den Arsch abzuwischen.«

Ein paar Stunden später, als ich im L. L.»Stub« Stewart State Park – welch trefflicher Tribut für einen Holz-Baron, dessen Firma die Skyline von Oregon 40 Jahre lang jeden Tag um 300 Bäume erleichterte – ein Mittagsmahl aus gestohlenen Motelbagels zu mir nahm, kam ich ins Gespräch mit einer vorbeikommenden Gruppe silberhaariger Wanderer.

»London in England? Hören Sie, es tut uns so leid mit dem Idioten im Weißen Haus.«

»Denken Sie nur daran, dass Hillary die Mehrzahl der Stimmen geholt hat.«

»Um Millionen! War nicht mal knapp!«

Ich fing an, meine Route zu beschreiben, die Stationen rückwärts aufzählend, kam aber nicht weit, bevor sie mich mit vor Abscheu verzerrten Mienen unterbrachen. »Sie waren auf der anderen Seite der Cascades? Na, sagen Sie nichts.«

Der Model T hatte den Amerikanern fast unbegrenzte Freiheit gegeben, aber hundert Jahre später waren sie in gewisser Weise noch immer eingepfercht. Wie erstaunlich, dass eine Gebirgskette die Leute im 21. Jahrhundert noch in jeder Hinsicht dermaßen voneinander trennen konnte. »Ich war nie östlich von Kansas City«, rühmte sich so mancher in Bend und Ron sprach von der Westküste wie von einem fremden Reich. »Wie wird das bei Trumps Basis ankommen?«, fragten sich händeringende CNN-Kommentatoren jeden Abend, in einem Tonfall furchtsamer Ratlosigkeit, die an einen wilden, isolierten Stamm denken ließ, der sich draußen in der unerforschten Pampa verbarg.

Ich hatte unter diesen Menschen gelebt und ihre Sitten kennengelernt. So grotesk es schien, verstand ich die Flyover States – kleinstädtische Bewahrer der spirituellen Flamme der Nation – inzwischen besser als viele der Küstenamerikaner, die zu beiden Seiten von ihnen lebten. Aber die wütenden alten Wanderer wollten nichts hören über die Bedauernswerten jenseits der Berge und hätten es sicher nicht zu schätzen gewusst, von mir erklärt zu bekommen, dass diese störrische, feindselige Indifferenz die hauptsächliche Ursache war für den scheußlichen orangen Präsidenten, mit dem sie geschlagen waren.

Die Autofreunde, mit denen ich so viel Zeit verbracht hatte, waren umgängliche, traditionelle, einfache gute Leute, das definitive Salz der Erde. Wann immer einer von ihnen für Donald Trump eintrat, konnte ich nicht anders, als mich ein wenig verletzt und verraten zu fühlen, als würde man von einem alten Freund hören, er würde sich jetzt glutenfrei ernähren oder habe sich der Bürgerwehr angeschlossen. Doch zum Zeitpunkt dieser Niederschrift pendelt die Zustimmung für Trump um die 40 Prozent. Das ist weniger, als jeder andere Präsident – ja, sogar Nixon – durchschnittlich erhielt, seit Meinungsforscher 1945 begonnen haben, diese Daten zu erheben, aber nicht viel. Tatsächlich haben sich die Werte kaum verändert, seit er sein Amt angetreten hat. Die Kleinstädter und Rostgürtler, deren Wut und Groll Trump ins Weiße Haus gebracht hatten, wüten weiter gegen das Sterben des Lichts. Es gab keine populistische Gegenreaktion auf Trump, nur eine fieberhafte Überreaktion derjenigen, die ihn ohnehin hassten. Für die meisten Anhänger hatte es sich allein dafür schon gelohnt: All die Leute, die sie auf die Palme bringen wollten, waren auf der Palme, und zwar hoch oben im Wipfel.

Doch ich hatte meinen Frieden mit den Trump-Wählern gemacht, wie verblendet und anstößig manche ihrer Ansichten auch sein mochten. Und genau deswegen würde ich niemals in der Lage sein, meinen Frieden mit Trump zu machen. Sie hatten ihr Vertrauen in ihn gesetzt, aber er würde es nie zurückzahlen. Denn er scherte sich einen getrockneten Kuhfladen um sie oder irgendjemand anderen außer sich selbst. Wo sie anständig und ehrenhaft waren, war er ungehobelt und schamlos. Sie waren alte Schule, er war keine Schule. Er wird sie im Stich lassen, denn er teilt keinen ihrer Werte. Aber ich nehme an, dass Donalds Basis sich erst dann gegen ihn wenden wird, wenn sie einsieht, dass er nach seinen eigenen Bedingungen gescheitert ist, was eine Weile dauern kann. Niemand kann erwarten, Amerika in ein paar Jahren wieder groß zu machen, wenn es sich seit mehr als 30 Jahren im Niedergang befand.

* * *

Für Henry Ford war es mit der Heldenverehrung bald vorbei, als der landwirtschaftliche Abschwung in die Weltwirtschaftskrise überging. Bis dahin wurde er mehr und mehr aus dem Tagesgeschäft herausgehalten und in eine Rolle als Galionsfigur gedrängt, Fords Ronald McDonald. Doch die Öffentlichkeit ahnte längst, dass er nicht mehr auf der Höhe war. Der starrsinnigen Weigerung, den T aufzurüsten, und der katastrophalen Fordlandia-Farce war eine unter keinem guten Stern stehende Tändelei mit dem Massenflugverkehr gefolgt: Henry versenkte Millionen in die Entwicklung des Ford Flivver, eines leichtgewichtigen, einsitzigen »Model T der Lüfte«, bevor er das Projekt nach einem Absturz, bei dem ein Testpilot ums Leben kam, aufgab. Die Leute begriffen allmählich, dass der Model T – von der Konzeption bis zur epischen Massenherstellung – ein einmaliger Geniestreich war. Als das Auto zu einem Witz verkam, erging es seinem Schöpfer ebenso.

1930 entließ das River-Rouge-Werk zwei Drittel seiner Belegschaft und in den folgenden drei Jahren verzeichnete Ford Verluste in Höhe von 125 Millionen Dollar. Die Löhne brachen im ganzen Land um 60 Prozent ein. Fünfzehn Millionen Amerikaner waren arbeitslos und 45 Millionen lebten in Armut. Menschen aßen Kartoffelschalen und verkauften ihr eigenes Blut. Eine Million Migranten zogen westwärts. Henrys geliebte Farmer litten fürchterlich: Weizen fiel auf den niedrigsten Preis seit den Zeiten Shakespeares und 1932 kostete ein Paar Schuhe so viel wie eine Wagenladung Hafer.

Aber Ford, bald 70, war nicht mehr der Mann, der sich einst wohlwollend über allgemeine Krankenversicherung und Verstaatlichung geäußert hatte. Nun sagte er, dass Wohltätigkeit barbarisch sei, dass die Arbeitslosen selbst schuld wären, da sie nicht hart genug arbeiteten, dass die Getreidepreise »gar nicht tief genug fallen« könnten. Er meinte, die Depression sei eine großartige Gelegenheit, zu den Wurzeln zurückzukehren und die einfachen Dinge zu schätzen. »Falls Sie Ihr ganzes Geld verloren haben«, säuselte Henry, »verbuchen Sie es einfach als Erfahrung.« Die brutalen Exzesse von Fords Service-Abteilung versetzten, als sie von einem Zeitungsfotografen festgehalten wurden, seiner »Mann des Volkes«-Masche den Todesstoß.

»Wissen Sie nicht, dass wir unsere Farmen verlieren?«, zürnte ein wütender Briefeschreiber. »Ich lasse mir das von Ihnen nicht bieten.«

Aber Ford war nicht mehr der Brieffreund der Nation. Stattdessen schrieben die Menschen zu Millionen einem neuen Heiland, Franklin D. Roosevelt, der Amerika mit dem New Deal wiederbelebte. Die Menschen gaben Ford und anderen Geschäftsmännern seines Schlags die Schuld an der Rezession und setzten ihr Vertrauen in die Regierung, ihnen aus der Patsche zu helfen. Trumps Sieg kam durch eine erstaunliche Umkehrung genau dieses Glaubens zustande.

Ford schwor übrigens nie seinem Pazifismus ab. In diesem Sinne zumindest blieb er ein Mann von tiefem Mitgefühl, ein leidenschaftlicher Gegner der Todesstrafe, so angewidert von Gewalt, dass er sich weigerte, in seinem Museum amerikanischer Innovation ein einziges Gewehr oder auch nur eine Mausefalle auszustellen. Bis zu seinem Tod trug er in seiner Brieftasche stets ein Kärtchen mit diesen Imagine-artigen Versen bei sich, die einem Gedicht von Tennyson entnommen waren:

Und so weit ein Menschenauge spähend in die Zukunft dringt.
Taucht' ich unter in die dunkle, sah die Wunder, die sie bringt.
Bis die Fahnen still sich senkten, bis die Trommel ausgegellt,
In dem Parlament der Menschheit, in dem Bundesrat der Welt!

Unter diese Zeilen schrieb Henry sogar einen eigenen »Ich bin nicht allein«-Zusatz: »Das Parlament der Menschheit wird dies alles wert sein. Ich glaube, ich sehe es kommen.« Trotz der zunehmenden Verstocktheit seiner politischen Ansichten würde sich Ford stets seinen optimistischen Glauben an das Gute im Menschen bewahren. »Mir ist nie ein wirklich schlechter Mensch begegnet«, sagte er häufig. Da ich mir beim besten Willen nicht vorstellen kann, wie Donald Trump jemals diese Worte ausspricht, frage ich mich, ob ich nicht auf das fundamentale Unglück des kleinstädtischen Amerikas gestoßen bin. Sie setzten ihren Glauben in einen rachsüchtigen Gott, eine große Knarre und einen rachsüchtigen Präsidenten. Weil sie jeglichen Glauben an ihre Mitmenschen verloren haben.

Also, wie auch immer – Henry wurde ein bisschen wie die Daily Mail, war aber ansonsten kein schlechter Kerl. Oder? Nun, da wäre noch eine Sache und ich fürchte, die ist ziemlich übel. Erfahren Sie genug über Henry Ford, um eine tiefe Bewunderung für den Mann zu entwickeln, und Sie werden versuchen, diesen Aspekt auszublenden und hinfort zu wünschen. Aber die unangenehme Wahrheit ist: Der bekannteste Unternehmer der Welt war ein hasserfüllter und unnachgiebiger Antisemit.

Ford investierte acht Jahre und zehn Millionen Dollar darin, auf den Seiten des *Dearborn Independent* – einer Zeitung, die er vor allem zu diesem Zweck kaufte und die in großer Auflage im ganzen Land vertrieben wurde – seine bösartig antisemitischen Verschwörungstheorien zu verbreiten. Insgesamt 91 Artikel aus dem *Dearborn Independent* wurden unter Fords Urheberschaft zu einer Anthologie mit dem Titel *Der Internationale Jude – Das dringlichste Problem der Welt* zusammengetragen, derzufolge Juden in der globalen Politik und Finanzwelt das Sagen hätten und für alles verantwortlich wären vom Ersten Weltkrieg bis zur Manipulation der Baseball World Series 1919 mittels Prostitution und Jazz (»Jazz ist jüdisches Machwerk«). Eine deutsche Übersetzung des Werks wurde in den 1920er Jahren nicht weniger als 29 Mal wiederaufgelegt. »Ich las es und wurde Antisemit«, erklärte der ranghohe Nazi Baldur von Schirach den Richtern bei den Nürnberger Prozessen. »Dieses Buch hat damals auf mich und meine Freunde einen so großen Eindruck gemacht, weil wir in Henry Ford den Repräsentanten des Erfolgs, den Repräsentanten aber auch einer fortschrittlichen Sozialpolitik sahen.«

»Jedes Jahr werden [die amerikanischen Juden] mehr zu den Kontrollmeistern der Produzenten in einem Volk von 120 Millionen«, schrieb Hitler in *Mein Kampf*, »nur ein einziger großer Mann – Ford – behält ihrem Zorn zum Trotz volle Unabhängigkeit.«

1938, an seinem 75. Geburtstag, wurde Henry Ford das Großkreuz des Deutschen Adlerordens verliehen: die höchste Ehre, die Nazi-Deutschland einem Ausländer erweisen konnte. Wie glücklich er auf den Fotos aussieht, bis über beide Ohren strahlend in seinem Büro in Dearborn, als ihm ein Nazi den Orden ans Revers heftet – ein Malteserkreuz, umringt von Adlern und Hakenkreuzen. Zwei Jahre später sagte Ford einem Reporter, der Zweite Weltkrieg sei das Werk »internationaler jüdischer Banker«. Inzwischen hatte er einen Schlaganfall erlitten und fiel der Demenz anheim, doch angesichts seiner Vorgeschichte war das wohl kaum ein umnachteter Moment des Wahnsinns. Antisemitismus war damals durchaus auch in der Mitte der amerikanischen Gesellschaft weit verbreitet, und neben den bösen Briefen bekam Ford auch zahlreiche zustimmende Schreiben. Doch wie ungemein widerwärtig ist es, feststellen zu müssen, dass die beiden populärsten Autos der Geschichte, der die Welt verändernde Model T und der VW Käfer, von Leuten geschaffen wurden, die Juden wirklich zutiefst verachteten.

Mikes Verdeck war nach wie vor geöffnet und die direkte Sonneneinstrahlung brannte einen eindrucksvollen roten Streifen auf meine zuvor von Fransen beschattete Stirn. Aber trotz der Sonne hatte ich Gänsehaut auf den Armen und der Herbst hielt überall um mich herum Einzug. Schwellende Kürbisse lagen wie Basketbälle auf Feldern entlang der Straße; Reihen von Weizenstoppeln glommen auf sanften Hängen. Diese Bonusextrameilen wollten in vollen Zügen genossen werden: Ich überließ mich nun wieder dem erforderlichen Expeditionsgeist, machte mich wieder vertraut mit der ganzen aufregenden Tragweite, eine gewaltige Landmasse in einem idiotisch alten Auto zu erobern.

Das ländliche nördliche Oregon bot mir auf der Durchreise umsichtig eine Anthologie liebgewonnener Hits. Große rote Scheunen, flitzende Eichhörnchen, eine rostige Trägerbrücke. »GOTT BEANTWORTET DEINE KNIE-MAILS.« Eine marode holzverschalte Tankstelle; der Duft von Stinktier; Hollywoodschaukeln auf durchhängenden Veranden. Aber die Straßen waren nun belebter und dieses Gefühl unendlicher Weiten von Ebene, Plateau, Wüste und Prärie schien bereits eine ferne Erinnerung. Der Oregon Trail endete in diesen fruchtbaren Hügeln.

Mein Motel in Clatskanie, direkt am Columbia River gelegen, unterstrich, wie weit ich gekommen war: Es verfügte über ein »Warenhaus für Erwachsene« mit Drive-in, das eiligen zugedröhnten Perverslingen Bongs,

Wasserpfeifen und Schlafzimmer-Krempel verkaufte. Der Abend hingegen gestaltete sich angenehm vertraut. Ich hatte einen Burrito im Laden gegenüber, dann ging ich zurück, machte die Glotze an und sah »TRUMP STIFTET VERWIRRUNG« in großen Lettern auf die Mattscheibe geklatscht. Ich schaltete ab und öffnete die Karte. Ein langes Ausatmen: nur noch 160 Kilometer.

KAPITEL 20

»Nun, es hat mich echt gefreut, über Ihre Reise zu hören. Danke, dass Sie mir davon erzählt haben.«

Der junge Bedienstete der Westport-Fähre schenkte mir ein Nicken und ein freundliches Lächeln. Wie ich diese begeisterungsfähige Neugierde vermissen würde, die tief in den amerikanischen Charakter eingeprägt ist. Das offene Verdeck hatte mein Prestige auf ein ganz neues Niveau gehoben. Selbst Porschefahrer winkten nun. Auch all das würde ich vermissen. Und die permanente Freude, für verträumte Seufzer und Griffe an die Brust zu sorgen, wann immer ich den Mund aufmachte und etwas sagte. Und von alten Damen »Sweetie« und von alten Männern »Partner« genannt zu werden. Zum Gruß erhobene Handflächen auf einer einsamen Straße. Der würzige Geruch von Salbei und das Funkeln eines fernen Getreidesilos. Humptulips, Washington State; Slapout, Oklahoma; Yockanookany Nature Trail, Mississippi; Bacon Level, Alabama. Auf die Hupe zu hauen, um mir Gesellschaft zu verschaffen und einen riesigen Schwarm Stare in den blauen Himmel zu scheuchen. Achtprozentiges, zuckriges Starkbier: Don't cry for me, Lime-a-Rita.

Ich rumpelte von der Fähre und schlitterte über eine Rampe hinein nach Washington, meinem zweiundzwanzigsten und letzten US-Staat. Fast zwei Drittel seiner Einwohner leben in Seattle und diese Seite ihrer Provinz war weitgehend sich selbst überlassen worden: eine Menge hügeliger Wälder, ein paar Gefängnisse. Bald bog ich auf den Pacific Highway, eine wahre Kultstraße für Roadtrip-Liebhaber, die denn auch in Scharen den Asphalt bevölkerten. Ein mit Rasierschaum eingeseifter, Dosen hinter sich herschleifender Flitterwochen-Express; ein Konvoi gealterter Biker; ausländische Touristen in gemieteten Cabrios. The Pacific Coastal Highway. Schluck. Als der Fährmann sich nach meinem Ziel erkundigte, fühlte es sich extrem komisch an, einen Endpunkt zu nennen, der fast schon in Sicht war statt ein paar Zeitzonen entfernt. Ich witterte einen ersten Hauch Seetang. Salzzerfressene Kiefernskelette scharten sich in einer Lagune. Ein Streifen Blau kroch nun von oben den Bildschirm meines Navis hinab. Aber das größte Gewässer der Erde ließ sich Zeit bis zum großen Showdown und versteckte sich scheu hinter einem Bergrücken aus Weihnachtsbäumen und Birken.

Es war angesichts des regen Verkehrs und eines schrillen Zwitscherns, das nun schmerzhaft von Mikes rechtem Vorderrad aus zu hören war, schwierig, meine Gedanken zu ordnen. Ich versuchte, die bestimmenden Sinneseindrücke der Reise zu archivieren, das Pochen, Rasseln und Quietschen, die mir durch Hände, Ohren und Hinterbacken gingen. Die ständig ölverschmierten Fingernägel; die Hose, die nicht wagen würde, sich noch als solche zu bezeichnen; die einstmals roten Sneakers, die inzwischen braun waren von Wüstenstaub, Schmiermittel und Salsa. Aufgeplatzte Lippen und eine Farmer-Bräune, gegen die alle anderen Unterarme verblassten. Irgendwie hatte ich über fünf Kilo abgenommen: Nervöse Energie hatte Tex-Mex, Slim Jims und einhundert gebrutzelten Frühstücken ein Schnippchen geschlagen.

Ich wölbte meinen Rücken und spreizte meine Beine, wie ich es fünfzig Mal am Tag getan hatte, um den beängstigenden Krampf in der Beckengegend zu lindern, der das Los des Reisenden in alten Autos ist. Des alten Reisenden in alten Autos. Denn ich war auf dieser Reise wahrlich gealtert, gezeichnet von ihren Härten und vielleicht auch vom Umgang mit alten Autos und alten Männern. Ich stieß ein kurzes, aber hörbares Stöhnen aus, wann immer ich mich erhob, und einen dankbaren Seufzer, wann immer ich mich setzte. Drei Stunden zuvor, als ich einen ebensolchen Laut von mir gab, als ich Platz nahm, um mein letztes Diner-Frühstück zu genießen, reichte die lächelnde Kellnerin mir ein laminiertes Blatt, das mit »Seniorenmenü« überschrieben war. Ich war extrem traurig, bis ich die Preise sah.

Aber Mike, der arme Mike, hatte wahrhaft gelitten. Für einen 93-Jährigen war dies die Mutter aller allerletzten Aufträge. Der Schrei eines trockenen Lagers, das Krächzen eines frischen Risses im Auspuff: Alle paar Stunden gesellte sich eine leidvolle neue Stimme zu diesem Chor aus Verwahrlosung und Verfall. Bei hoher Geschwindigkeit klang er wie eine Ein-Mann-Band, die eine Treppe hinabstürzt. Der Innenraum war eine Schande, übersät von Slim-Jim-Folien, zerbeulten Dosen und leeren Flaschen Walmart-Öl, das alles gebettet auf Sedgwick-Stroh und einer Million Sandkörner der Hochwüste. Die Windschutzscheibe war so dreckig, dass die Kamera, wenn ich versuchte, durch sie hindurch ein Foto zu machen, hartnäckig auf die Schmierflecken fokussierte. Zorns Pfotenabdrücke tapsten noch immer über die staubige Motorhaube.

Die Sonne machte sich ans Werk und ich setzte die »High Desert Model A«-Truckermütze auf, die Don mir mitgegeben hatte. Hätte mir jemand zu Beginn dieser Reise gesagt, dass ich an ihrem Ende freiwillig eine solche Mütze tragen würde, wäre ich vielleicht nie losgefahren. Aber nun fühlte sie sich auf meinem Kopf genau richtig an. So wie es sich auch richtig anfühlte, *gas* und *sidewalk* statt *petrol* und *pavement* zu sagen. Ich sprach ihre Sprache und ich trug ihre Mützen. Ich war zu einem Oldtimer-Typen geworden. Wenn auch die Sorte Oldtimer-Typ, die bei einer Panne die Haube öffnet und denkt: Jau, alles ziemlich heiß hier drin.

Wir umrundeten ein paar schmutzige Meeresarme, folgten der Küste hinauf durch trostlose Städte voller heruntergekommener Warenhäuser und Holzverarbeitungsanlagen. Eine davon war Aberdeen, wo Kurt Cobain aufgewachsen war. Es roch nach Testbenzin. Dort bog ich links ab vom beharrlich die Küste meidenden Küsten-Highway und fuhr Richtung Westen eine 30 Kilometer lange Sackgasse hinunter, die ohne Umschweife den direkten Weg ans Meer nahm. Ich ließ das Gas ein bisschen kommen, dann umklammerte ich sehr, sehr fest Mikes hölzernes Lenkrad. Wir würden es schaffen.

»Henry Ford hat unsere Heime auf Räder gestellt«, sagte der Schauspieler und Alltagspsychologe Will Rogers 1923. »Es wird hundert Jahre dauern, bis wir wissen, ob es uns geholfen oder geschadet hat.« Fast hundert Jahre später ist die Antwort immer noch unklar.

Gegen Ende der Model-T-Ära waren sämtliche transformativen Elemente des Automobil-Zeitalters bereits vorhanden. 1921: die erste Fastfood-Bude mit Drive-in, das Pig Stand in Dallas. 1922: die Country Club Plaza von Kansas City, Amerikas erstes Einkaufszentrum auf der grünen Wiese. 1923: der Bronx River Parkway, die erste Stadtautobahn. 1927 besaß jeder fünfte Amerikaner ein Auto – in Großbritannien betrug der Anteil im gleichen Jahr 1:44, in Deutschland 1:196. Autos – sie zu bauen, zu kaufen, zu unterhalten, ihnen Meilen um Meilen Asphalt zur Verfügung zu stellen – beanspruchten den Großteil von Amerikas privaten und öffentlichen Ausgaben.

Die Traktoren von Ford hatten die Mechanisierung vorangetrieben, die den kleinen Farmen weitgehend den Garaus machte, und seine Autos verschafften den auf der Strecke gebliebenen Farmersfamilien einen Ausweg. Zwischen 1926 und 1965 zogen mehr als 30 Millionen Amerikaner aus landwirtschaftlich geprägten Gemeinden in die Städte, manchen Schätzungen zufolge war es die größte Migrationsbewegung in der Geschichte der Menschheit. 1940 lebten bereits 13 Millionen Amerikaner als Pendler in Vororten und die gesamte Ostküste von New York bis Philadelphia war zu einem einzigen durchgängigen Band großstädtischer Besiedlung geworden. Gleichförmige Einkaufsmeilen waren Ende der 1950er Jahre typische Merkmale am Stadtrand geworden; ebenso riesige Shoppingmalls mit Parkplätzen für Tausende von Autos. 1930 hatte Atlanta bereits die Hälfte seiner Geschäfte in der Innenstadt eingebüßt und in den folgenden Jahrzehnten würden die meisten amerikanischen Städte dem Vorbild Detroits folgen: wohlhabende Vorstädte, die sich um von Verbrechen heimgesuchtes Brachland im Zentrum legten. Die Allmacht des Autos perfekt widerspiegelnd, wurden viele Wohnviertel ohne einen einzigen Bürgersteig angelegt.

Die soziologischen Auswirkungen waren überwältigend. Die Kehrseite war, dass Autos die Abwanderung der weißen Bevölkerung in die Vorstädte forcierten und einen zersetzenden Effekt auf das Gemeinschaftsgefühl der Nation hatten. Schon 1929 erzählte eine Hauseigentümerin aus LA einem Forscher, dass sie sämtliche ihrer sozialen Bedürfnisse bequem mit dem Auto erledigen könne, hauptsächlich »in die Stadt fahren, um ins Kino zu gehen«. »Mit unseren Nachbarn habe ich nichts zu schaffen. Ich kenne nicht mal ihre Namen.« Aber andererseits war die Freiheit, eine solche Wahl überhaupt treffen zu können, eine berauschende Neuheit für Frauen, deren Leben durch das Auto viel tiefgreifender transformiert wurde als das der Männer. Als der Model T im Jahr 1919 mit einem elektrischen Anlasser ausgestattet wurde und Muskelkraft damit keine Voraussetzung mehr war für den Autobesitz, heckte Fords Marketing-Genie Norval Hawkins eine erstaunlich fortschrittliche Kampagne aus: »Es ist Frauentag! Nicht mehr länger eine ›Eingesperrte‹, erlangt sie einen immer größeren Aktionsradius – damit sie mehr Frau sein kann. Das Auto ist eine wahre Waffe in der veränderten Ordnung.«

Bereits Mitte der 1920er Jahre wurde ein Auto als »soziale Notwendigkeit« für amerikanische Teenager erachtet. Private Rennen und betrunkene Spritztouren wurden Riten des Erwachsenwerdens. Die Polizei von Los Angeles berichtete, dass fast alle der 32 Autos, die 1926 an einem normalen Tag in der Stadt verschwanden, von unter 18-Jährigen gestohlen wurden. Einer wunderbaren Anekdote zufolge ließ Henry Ford die Rücksitzbreite des Model T auf 97 Zentimeter beschränken, um deren Besitzer, in den Worten des Automobilhistorikers James Flink, »davon abzuhalten, seine Autos als einen Ort zur sexuellen Betätigung zu gebrauchen«. Stattdessen warf Henry den leidenschaftlichen jungen Verrenkungskünstlern im ganzen Land den Fehdehandschuh hin. 1921 klagte der Chef der Motorradstaffel der Polizei von Los Angeles, dass »Coupé-Liebhaber auf Feldwegen ihre Lichter löschen und Orgien frönen« würden. Stundenhotels wiesen Reisende ab, um sich auf das, hm, »Pärchen-Geschäft« zu konzentrieren und Zimmer bis zu 16 Mal pro Nacht vermieten zu können. Das erste Autokino eröffnete 1933 in Camden, New Jersey, und als das Phänomen sich rasch im ganzen Land ausbreitete, stellten die Angestellten bald fest, dass viele Zuschauer sich recht wenig für das Treiben auf der Leinwand interessierten. »An manchen Abenden guckte ich raus und sah keinen einzigen Kopf«, erzählte der Betreiber eines Autokinos in Georgia. »Nicht einen. Alle gingen zur Sache.« Nicht von ungefähr sollen in den 1960er Jahren in Amerika 40 Prozent der Heiratsanträge in Autos gemacht worden sein. Soziologen haben unverhohlen darauf hingewiesen, dass das Auto, indem es die Partnersuche bis weit über die früheren kleinstädtischen Grenzen hinaus erweiterte, dem Genpool in bestimmten Regionen eine dringend benötigte Bereicherung bescherte.

Ford, inzwischen ein zwiespältiger und recht seniler Pazifist, lebte lange genug, um zu erleben, wie Automobil-Fließbänder den Krieg gewannen.

Ferdinand Porsche hatte es bereits geahnt: Nach seiner Tour durch das mächtige und unbarmherzige River-Rouge-Werk warnte er Hitler, dass umfunktionierte US-Automobilfabriken für jedes Flugzeug oder jeden Panzer, den ein Feind zerstörte, zwei neue bauen könnten. Und obwohl Henry 1947 starb, hatte er hinsichtlich der amerikanischen Automobilherrlichkeit nicht viel verpasst. Nach der Einführung elektronischer Lenkhilfen zog sich die US-Autoindustrie auf die zynische Perfektion der geplanten Obsoleszenz zurück und überließ technologische Innovationen den Europäern. Die nationale Gesinnung des »größer ist besser« kam den allmächtigen »Großen Drei« – Ford, Chrysler und General Motors – gut zupass: Ein riesiges, behäbiges Amischiff kostete in den 1950er Jahren in der Produktion nur um die 300 Dollar mehr als ein bescheidener »Kleinwagen«, konnte im Showroom aber einen Aufpreis von 3.000 Dollar erzielen.

Der schamlos überzogene 1959er Cadillac V8 war fast sechs Meter lang und mehr als zwei Meter breit, und wenngleich amerikanische Autos nicht noch größer wurden, wurden sie auch nicht besser. Chevrolet nutzte 24 Jahre lang den gleichen Motor und der Kraftstoffverbrauch eines durchschnittlichen amerikanischen Autos verdoppelte sich beinahe in den ersten drei Nachkriegsjahrzehnten. Cadillacs 1967er Flaggschiff, der Eldorado, war mit vorsintflutlichen Diagonalreifen und Trommelbremsen ausgestattet, die ihm bei 110 km/h einen Bremsweg von 120 Metern – die Länge eines Fußballfeldes – bescherten. Sein V8-Motor verbrauchte 24 Liter auf hundert Kilometern, mehr als das doppelte dessen, was Mike auf unserer Fahrt von Küste zu Küste schluckte.

Bis dahin hatten Hersteller aus Übersee ihre amerikanische Konkurrenz längst abgehängt. Das eheste europäische Äquivalent zum Eldorado, der Mercedes 250, hatte auch Trommelbremsen und Diagonalreifen, wog aber über eine halbe Tonne weniger und brauchte daher auch 30 Meter weniger, um von Tempo 110 zum Stehen zu kommen. Er wurde von einem Einspritzmotor angetrieben, der halb so viel verbrauchte, und kostete 2.000 Dollar weniger als der Cadillac. Amerikanische Autos waren zu dem geworden, was Henry Ford verachtete: überteuert, übergewichtig, technisch unausgereift.

1950 stellten US-Hersteller 76 Prozent der Kraftfahrzeuge auf der Welt her. Bis 1982 war der Anteil auf 19 Prozent eingebrochen. Amerika liebt Autos nach wie vor: Die Hälfte aller US-Haushalte besitzt mehr als eins. Aber sie kaufen immer mehr ausländische Produkte. Seit 1967 importieren die USA mehr Autos, als sie exportieren. Ford beschäftigt aktuell 50.000 Arbeiter im Land, weniger als halb so viele, wie in den 1920er Jahren allein in River Rouge an den Fließbändern standen. Chrysler gehört inzwischen Fiat, und GM ist in den letzten zehn Jahren durch staatliche Subventionen in Höhe von 17 Milliarden Dollar über Wasser gehalten worden.

Der Absturz der amerikanischen Automobilindustrie lässt sich vielleicht auf den März 1948 datieren, ein Jahr nachdem Henry auf den großen Schrottplatz im Himmel gekommen war. Ernest Beech, der neue Präsident der Firma, war bei einer Konferenz in Köln, wo er einen Vorschlag der alliierten Militärregierung in Deutschland ablehnte und das mit scharfen Worten:»Ich glaube nicht, dass das, was uns hier angeboten wird, auch nur einen Pfifferling wert ist!« Was ihm angeboten wurde, war das gesamte Unternehmen Volkswagen: die Fabriken, der Käfer, der ganze Kram. Und er hätte das alles umsonst haben können.

Ocean Shores erschien wie eine doppelt abgesicherte Garantie auf volle pazifische Zufriedenheit. Auf jeden Fall entsprach der Ort genau den Vorlieben meiner demografischen Gruppe, seine breite und etwas öde Hauptstraße spärlich flankiert von Rentner-Anreizen: Lebensmittel-Discounter, scheunengroße Billigmotels mit Vollpension, eine Steppdecken-Messe im Tagungszentrum. Mich matt und ein wenig leer fühlend, tuckerte ich vorbei am Lighthouse Suites Inn. Gebäude wichen niedrigen, spärlich bewachsenen Dünen, und Asphalt wich sandigem Kies. Ich ging vom Gas und Mikes Räder wisperten auf den Strand. Da war er, der Pazifik, ein fernes Glitzern unter dem von Federwolken durchzogenen Himmel. Der Sand war fest; ich beschleunigte und rauschte Richtung Meer, einen guten Kilometer den kaum bevölkerten Strand hinab. Dann wurde der Sand vor mir zusehends feuchter und ich stoppte den Wagen. Sofort sammelte sich eine Schar Schaulustiger um mich.

»Haben Sie den in einem Anhänger hergebracht? Haben Sie nicht? Sie sind aus Virginia hierher gefahren? Brat mir einer einen Storch.«

»Ich möchte dieses Auto einfach nur anfassen, es ist sexy.«

»Henry Ford war angeblich ein Cousin von mir.«

»Wie schnell fährt der? Welche Sorte Benzin tanken Sie?«

»Mein Name ist Doug Rufferson und dies ist mein Freund Brandon Drells. Dürfen wir ein Foto machen, Sir?«

Ich würde mein Bestes versuchen, diese wundervolle, schlichte Liebenswürdigkeit mit nach Hause zu nehmen. Wie ich es lieben würde, mich am Telefon als Tim Moore aus Chiswick zu melden. Ich würde außerdem mit ein paar Nährstoffdefiziten und einem geschickten Umgang mit Kontermuttern heimkehren, der mir eines Tages vielleicht gute Dienste erweisen würde, wahrscheinlich nach der Apokalypse. Außerdem mit einer Prise Hypochondrie nach all den TV-Spots. Könnte dies das erste Anzeichen einer Colitis Ulcerosa sein? Wie dunkel ist der verdunkelte Stuhl?

Und welcher Katheter wäre denn nun der richtige für mich? (Spoiler: vor-gefettet.)

Ein Mann mit einem breitkrempigen Sonnenhut stapfte mühsam heran, beide Hände um eine windgebeugte, sieben Meter lange Fiberglasstange geklammert, an deren Spitze ein enormes Sternenbanner hing.

»Mein Onkel hatte einen Model T«, gellte er, den Blick aufs Meer gerich-tet. »Meine Schwester und ich haben uns immer um die Plätze auf der Rückbank gebalgt, denn wenn man direkt hinter ihm saß, bekam man Tabakspucke ins Gesicht.«

Nach einem knappen Nicken kämpfte er sich weiter in Richtung der sanften Brandung, die Flagge hoch oben im Wind flatternd.

Als die lautesten Elemente aus Mikes kleinem Fanclub sich getrollt hat-ten, stieg ich aus, nahm das Rücksitzpolster herunter und wühlte in den toten Komponenten, die darunter begraben waren. Ramponierte ver-schmierte Pleuelstangen, alte Kupferdichtungen, zwei wuchtige Hälften einer Kurbelwelle. Und da war sie, die zerknautschte kleine Flasche, halb voll mit beigem, brackigem Atlantik.

»Gute Arbeit, Michael.« Ich tätschelte seine erhitzte Haube: 9.820 Kilo-meter in 81 Tagen. »Die Nummer mit der Kurbelwelle war aber echt mies.«

Dann schritt ich über den feuchten, flachen Sand hin zur langsam zurück-
weichenden Wasserlinie und mit einem unpoetischen Knirschen dünnen
Plastiks füllte ich den Pazifischen Ozean auf.

Ich hatte, ewig mit 51 km/h westwärts brausend, jenseits des Motometers
an meinem Bug eine majestätische Nation sich vor mir entfalten sehen. Die
John-Wayne-Felsen, die Ewigkeiten reifenden Getreides, die sich unter
einem wolkenlosen Präriehimmel erstreckten, die Old Man Rivers. Diese
Panoramen würden für immer bei mir bleiben. Ebenso das hölzerne
Geratter durch meine Füße und Finger, der Geruch von heißem Öl und
altem Leder, das mechanische Pandämonium, die Tage, die wie Monate
erschienen. Die Räder auf einem weiteren Motel-Parkplatz festkeilen, in
der Dämmerung allein eine weitere breite und verlassene Hauptstraße
entlangspazieren. Trockenes Gras, das durch Gehsteige bricht, knallbunte
kommerzielle Zuversicht, die auf jeder Wand und jeder verrammelten
Ladenfront verblasste, ein weiteres kleines Pompeji kleinstädtischen
amerikanischen Pomps. Lichte und schmuddelige Motelgardinen aufziehen und in Mikes schimmerndes Antlitz blicken, seine leuchtenden
Augen und seine große verchromte Schnauze, die funkelnde, eifrige Überraschung des ersten Abends nach und nach gedämpft zu matter, lang-
mütiger Akzeptanz.

Ich hatte gelernt, dass rustikale amerikanische Männer echt auf Frühstück abfahren und die Regierung hassen und niemals mit übereinander-
geschlagenen Beinen dasitzen. Ich hatte die letzten Bienenköniginnen der
Model-T-Schwarmintelligenz kennengelernt, die autodidaktischen, man-
nigfach beschlagenen Bastler, manche so knarrend und undicht wie die
Flivver, die sie so sehr liebten, aber auch alle ebenso zäh und beherzt. Lebe
langsam, sterbe alt. Mit diesen furchtlosen Halbgott-Großvätern Zeit zu
verbringen, war ein Privileg und eine Inspiration gewesen, beinahe eine
religiöse Erweckung. Und welch eine permanente Freude es gewesen war,
mein überallhin mich tragendes universelles Automobil Tag für Tag aufs
Neue seiner Bestimmung zuzuführen, wie Henry es vorgesehen hatte, während Motelbetreiber mit großen Augen und offenem Mund zusahen, wie
ich meine Taschen hinten rein warf und in die Morgensonne davonbockte.

Ich hatte den amerikanischen Traum gelebt, draußen auf diesen weiten offenen Straßen, und in den kleinen Städten war ich durch seine staubigen, verfallenen Grabstätten gefahren.

Mike: Tims Lizzy. Von allen geliebt, vom Trucker bis zum Biker, King of the Road ehrenhalber. »Als ein Fahrzeug war er fleißig, beständig, heroisch«, schrieb E. B. White über den Model T, »und häufig schien er diese Eigenschaften auf die Person zu übertragen, die ihn fuhr.« Danke, E. B., das hört man gerne. Wie die früheren, ihren Claim absteckenden Siedler hatte ich mich seiner würdig erwiesen. Sie nennen mich Eier-aus-Stahl-Timmy.

Am 4. November 1931, nach drei Monaten und 15.000 Kilometern, trafen Dib Fewer und Tod Snedeker wieder in San Francisco ein, nachdem sie Mike auf dem letzten Stück den Pacific Coastal Highway hinab 80 km/h entlockten. Keiner von beiden würde Kalifornien je wieder verlassen. Dib behielt Mike noch ein Jahr, dann verbesserte er sich zu einem Chevrolet Landau und gab seinen alten T an einen arbeitslosen Freund weiter. Kurz danach verkaufte dieser Bursche Mikes Motor einem Kerl, der ihn in ein Ausflugsboot einbaute, das er am Lake Tahoe liegen hatte, und karrte das Chassis auf einen Schrottplatz in Brisbane südlich von San Francisco. Mit seinem markanten, beschrifteten Kühler war Mike in seiner Ecke des Schrottplatzes nicht zu übersehen und Tod und Dib winkten ihm zu, wann immer sie auf dem Bayshore Boulevard dort vorbeirauschten. Dann hob Dib eines Tages die Hand und sah, dass er nicht mehr da war.

Ocean Shores war nicht das Ende unseres Weges, nicht ganz. Ich sagte Mike noch durch drei weitere Motelfenster, und einmal auch durch dichte Schwaden Seenebel, gute Nacht. In Seattle trafen wir ein fröhliches und hilfsbereites MTFCA-Mitglied namens Howard und erfuhren, dass sämtliche Verladefirmen soeben nach Long Beach in Kalifornien umgezogen waren. Howard bat mich, eine Weile in eine Papiertüte zu atmen, bevor er mich mit einem Mann namens »Frachter-Jim« bekannt machte, der einen sehr großen Anhänger und ein noch größeres Herz hatte. Jim würde mein Auto den ganzen Weg bis Long Beach fahren, wo ein gleichgesinnter

T-Sammler namens Kim sich seiner annehmen würde, bis die Verschiffung arrangiert werden könnte.

Drei Monate nachdem ich wieder heimgekehrt war, wurde Mike im Hafen von Southampton abgeladen und per Anhänger auf Neil Tucketts Farm in Aylesbury gebracht. Während ich dies schreibe, liegt Schnee und es fällt mir schwer, mir auszumalen, wie ich in Skiklamotten eingemummt am Steuer von Henry Fords berühmtem »bremsenlosen Wagen« sitze. Aber bald wird der Frühling da sein. Bis dahin besuche ich Mike jeden zweiten Sonntag mit einer Flasche seines Lieblingsöls.

MEHR VON DIESEM AUTOR

Tim Moore ist Britanniens unermüdlicher Jedermann-Abenteurer: Er ist bereits mit einem störrischen Vierbeiner durch Spanien gewandert (»Zwei Esel auf dem Jakobsweg«), quer durch Europa gereist, um alle Eurovision-Song-Contest-Teilnehmer zu treffen, denen die ultimative Schmach widerfuhr (»Null Punkte«), er hat fast eine richtige Tour de France gemeistert (»Alpenpässe und Anchovis«), ist gehandicapt durch ein hundert Jahre altes Fahrrad mit Holzfelgen die Strecke des berüchtigten Giro d'Italia 1914 abgeradelt (»Gironimo!«) und hat mit einem mickrigen Campingflitzer aus DDR-Produktion den kompletten Iron Curtain Trail von der Arktischen See bis ans Rote Meer bewältigt (»Mit dem Klapprad in die Kälte«). Irgendwie lebt er noch immer in London.

TIM MOORE:
GIRONIMO!
Ein Mann, ein Rad und die härteste
Italien-Rundfahrt aller Zeiten

Broschur, 378 Seiten
ISBN 978-3-936973-97-6 I EUR 14,80 [D]
auch als e-Book

TIM MOORE:
MIT DEM KLAPPRAD
IN DIE KÄLTE
Abenteuer auf dem Iron Curtain Trail

Broschur, 384 Seiten
ISBN 978-3-95726-017-8 I EUR 14,80 [D]
auch als e-Book